Die Dreiecksbeziehung
der Arbeitnehmerüberlassung im
Betriebsübergang des Entleiherbetriebs

Europäische Hochschulschriften
European University Studies
Publications Universitaires Européennes

Reihe II	**Rechtswissenschaft**
Series II	Law
Série II	Droit

Band/Volume **5879**

Nadine Uhlig

Die Dreiecksbeziehung der Arbeitnehmerüberlassung im Betriebsübergang des Entleiherbetriebs

Bibliografische Information der Deutschen Nationalbibliothek
Die Deutsche Nationalbibliothek verzeichnet diese Publikation in der Deutschen Nationalbibliografie; detaillierte bibliografische Daten sind im Internet über http://dnb.d-nb.de abrufbar.

Zugl.: Leipzig, Univ., Diss., 2015

Gedruckt auf alterungsbeständigem,
säurefreiem Papier.

15
ISSN 0531-7312
ISBN 978-3-631-68133-6 (Print)
E-ISBN 978-3-631-69765-8 (E-PDF)
E-ISBN 978-3-631-69766-5 (EPUB)
E-ISBN 978-3-631-69767-2 (MOBI)
DOI 10.3726/978-3-631-69765-8

© Peter Lang GmbH
Internationaler Verlag der Wissenschaften
Frankfurt am Main 2016
Alle Rechte vorbehalten.
PL Academic Research ist ein Imprint der Peter Lang GmbH.
Peter Lang – Frankfurt am Main · Bern · Bruxelles · New York · Oxford · Warszawa · Wien

Das Werk einschließlich aller seiner Teile ist urheberrechtlich geschützt.
Jede Verwertung außerhalb der engen Grenzen des Urheberrechtsgesetzes ist ohne Zustimmung des Verlages unzulässig und strafbar.
Das gilt insbesondere für Vervielfältigungen, Übersetzungen, Mikroverfilmungen und die Einspeicherung und Verarbeitung in elektronischen Systemen.

Diese Publikation wurde begutachtet.

www.peterlang.com

Für meine Eltern

Vorwort

Die vorliegende Arbeit wurde im Wintersemester 2014/2015 abgeschlossen und im Wintersemester 2015/2016 als Dissertationsschrift von der Juristenfakultät der Universität Leipzig angenommen. Die Arbeit wurde während meiner Beschäftigung als wissenschaftliche Mitarbeiterin am Lehrstuhl für Bürgerliches Recht, Arbeits- und Sozialrecht der Universität Leipzig bei Herrn Prof. Dr. Burkhard Boemke begonnen und während meiner anschließenden Tätigkeit als wissenschaftliche Mitarbeiterin im Bereich Arbeitsrecht der Sozietät CMS Hasche Sigle fortgesetzt und beendet.

Gewidmet ist die Arbeit meinen Eltern, Cornelia und Mario, denen ich für die jederzeit gewährte Unterstützung danke.

Leipzig, Juli 2016   Nadine Uhlig

Inhaltsverzeichnis

Kapitel 1: Einleitung 1
§ 1 Einführung 1
§ 2 Problemstellung 3
    A. Überblick 3
    B. Darstellung 5
    C. Konsequenzen 8
§ 3 Problembegrenzung 8
§ 4 Zielsetzung und Gang der Untersuchung 11
    A. Zielsetzung der Untersuchung 11
    B. Gang der Untersuchung 12

Kapitel 2: Grundlagen der Untersuchung 15
§ 1 Rechtsverhältnisse der Arbeitnehmerüberlassung 15
    A. Verhältnis zwischen Leiharbeitnehmer und Verleiher 16
        I. Inhalt 16
        II. Dogmatische Einordnung 17
    B. Verhältnis zwischen Verleiher und Entleiher 18
        I. Inhalt 18
        II. Dogmatische Einordnung 19
    C. Verhältnis zwischen Leiharbeitnehmer und Entleiher 20
        I. Inhalt 20
        II. Dogmatische Einordnung 21
§ 2 Betriebsveräußerung im zweiseitigen Arbeitsverhältnis 21
    A. Einführung 21
    B. Unstreitig erfasste Arbeitsverhältnisse 23
    C. Struktur der unstreitig erfassten Arbeitsverhältnisse 24
    D. Inhalt der übergehenden Arbeitsverhältnisse 25

	I.	Ausgangspunkt	25
	II.	Vollwirksames Arbeitsverhältnis	25
	III.	Faktisches Arbeitsverhältnis	26
	IV.	Schlussfolgerung zur Konkretisierung des Arbeitsverhältnisses nach § 613a Abs. 1 S. 1 BGB	27
		1. Allgemeine Erkenntnisse	27
		2. Neue Erkenntnisse	27

Kapitel 3: Darstellung des Meinungsstands 29

§ 1	Vorbemerkung	29
§ 2	Ausgangspunkt	29
§ 3	Rechtssache Albron Catering betreffend Richtlinie 2001/23/EG	30
	A. Einführung	30
	B. Sachverhalt der Entscheidung	31
	C. Vorlagefrage an den EuGH	33
	D. Rechtliche Würdigung: Generalanwalt und EuGH	33
	I. Schlussantrag des Generalanwalts	33
	II. Entscheidungsgründe des EuGH	35
	1. Art. 2 Abs. 1 lit. a Richtlinie 2001/23/EG	35
	2. Art. 3 Abs. 1 Richtlinie 2001/23/EG	35
	3. Art. 1 Abs. 1 lit. b i.V.m. Erwägungsgrund 3 Richtlinie 2001/23/EG	36
	E. Beantwortung der Vorlagefrage	37
	F. EuGH zum Bestand der Verhältnisse	37
§ 4	Meinungsstand im nationalen Recht	38
	A. Vorgehen	38
	B. Meinungsstand vor Albron Catering	39
	I. Einführung	39
	II. Rechtsprechung	39
	III. Schrifttum	40
	1. Vorgegriffene (unbewusste) Erkenntnis von Annuß	40

		2.	Herrschende Ansicht 41
			a) Gaul 42
			b) Posth 43
			c) Schwanda 43
			d) Seiter 44
			e) Sieg/Maschmann 44
			f) v. Hoyningen-Huene/Windbichler 45

C. Meinungsstand nach Albron Catering 45
   I. Ausgangspunkt 45
   II. Rechtsprechung 45
   III. Schrifttum 47
        1. Ausgangspunkt: Unstreitiges und Streitiges 47
            a) Unstreitiger Ausgangspunkt 47
            b) Offene Streitpunkte 49
        2. Übergang des Verhältnisses zwischen
           Leiharbeitnehmer und Verleiher 49
            a) Unmittelbare Folgen aus Albron Catering 49
               aa) Abele 50
               bb) Mückl 50
            b) Weitergehende Schlüsse aus Albron Catering 50
               aa) Heuchemer/Schielke 51
               bb) Mückl 51
               cc) Kühn 52
        3. Übergang des Verhältnisses zwischen Entleiher und
           Leiharbeitnehmer / zwischen Entleiher und Verleiher 52
            a) Überblick 52
               aa) Grundgedanke 52
               bb) Unklarheiten bezüglich der Reichweite 53
               cc) Problem: Überleitung der Beziehung
                   zwischen Verleiher und Entleiher 54
            b) Hamann 54
            c) Forst 56
            d) Elking 57

		aa)	Erster Untersuchungskomplex 57
		bb)	Zweiter Untersuchungskomplex 59
		e)	Sagan 59
	4.	Unveränderter Bestand der Verhältnisse 60
		a)	Ausgangspunkt 60
		b)	Powietzka/Christ 61
		c)	Bauer/v. Medem 61
		d)	Gussen 62
D.	Meinungsstand nach dem AÜG-Änderungsgesetz 62
	I.	Ausgangspunkt 62
	II.	Begründungsansätze 63

Kapitel 4: Kritik zum Meinungsstand 65

§ 1 Ziel der Kritik und Vorgehen 65

§ 2 Pauschale Argumentation und ergebnisoffener Ansatz 65

    A. Ausgangspunkt 66

    B. „Dauerhaft" im Sinne von Albron Catering 67

    C. „Vorübergehend" im Sinne des AÜG 67

    D. Offenes Ergebnis 69

        I. Ausschließlichkeitsverhältnis der Begriffe 69

        II. Mindestschutzniveau durch Richtlinie 70

    E. Unberücksichtigte Überlassungen 71

        I. Verbotene Überlassungen 71

        II. Ausweg 72

§ 3 Ergebnisorientierte Lösungswege 72

    A. Sprung in die Stammbelegschaft 73

        I. Ausgangspunkt 73

        II. Begriff des Betriebsinhabers 73

            1. Benennung des Widerspruchs 73

            2. Vorüberlegung: Irrelevanz sprachlicher Abweichungen 74

            3. Grundwertung von § 613a Abs. 1 S. 1 BGB 75

                a) Betriebsinhaber 75

		b)	Schlussfolgerung 76
	4.	Alternative: Grundgedanke des EuGH 77
		a)	Ausgangspunkt 77
		b)	Widerspruch zwischen Ergebnis und Begründung 77
		aa)	Innerhalb eines Konzerns 78
		bb)	Außerhalb eines Konzerns 78
		cc)	Denkbare Kollision 79
III.	Zurechnungslösung von Willemsen 79
	1.	Ausgangspunkt von Willemsen 79
	2.	Ergebnisorientierte Argumente 80
		a)	Aufweichung der Konzernstruktur 80
		b)	Offene Fragen 80
		c)	Zuwachs an Rechten und Pflichten 81
B.	Übergang des Verhältnisses zwischen Verleiher und Entleiher 82
I.	Ausgangspunkt 82
II.	Bekenntnis zum fehlenden Lösungsansatz 82
	1.	Forst 82
	2.	Elking 83
		a)	Zirkelschluss 83
		b)	Fehlerhafter historischer Rückschluss 83
		c)	Verkennung gesetzlicher Normen 84
C.	Missachtung der Methodik 85

§ 4 Argumentation mit inhaltsleerem Begriff 86
   A. Ausgangspunkt 86
   B. Kein Vertrag zu Lasten Dritter 86
      I. Keine Existenz von Verträgen zu Lasten Dritter 87
      II. Verkennung der Folge 88

§ 5 Nichtberücksichtigung des zeitlichen Faktors 88
   A. Grundannahme 88
   B. Verkennung von § 13b AÜG 89

Kapitel 5: Strukturierung der Untersuchung 91

§ 1 Ausgangspunkt: Fokussierung auf eine konkrete Beziehung 91
    A. Notwendigkeit einer feststehenden Beziehung 91
        I. Zerschneiden der Dreiecksstruktur 92
        II. Vorgehen des Gesetzgebers als Beleg für eigenes Vorgehen 92
            1. § 768 Abs. 1 S. 1 BGB 93
            2. § 816 Abs. 1 S. 1 BGB 93
            3. Anfechtung ausgeübter Vollmacht 94
    B. Wahl des führenden Verhältnisses 95
    C. Schlussfolgerung 96

§ 2 Denkbare Lösungen 96
    A. Ausgangspunkt 96
        I. Zwingende Erkenntnis 96
        II. Bestätigung der zwingenden Erkenntnis 97
    B. Denkbare Lösungsstränge 97
        I. Erste Option 97
        II. Zweite Option 98
        III. Dritte und vierte Option 98
            1. Dritte Option 98
            2. Vierte Option 99
            3. Gleiches Ergebnis 99
            4. Weiterführende Überlegung 99

Kapitel 6: Verhältnis zwischen Entleiher und Leiharbeitnehmer 101

§ 1 Vorgehen 101
§ 2 Nationaler Maßstab nach § 613a Abs. 1 S. 1 BGB 101
    A. Vorbemerkung 101
        I. Doppelfunktion des „Arbeitsverhältnisses" 102
        II. Schlussfolgerung für die Untersuchung 103
    B. Auslegung von § 613a Abs. 1 S. 1 BGB 103

I.	Wortlaut		103
	1.	Arbeitsverhältnis	104
		a) Ausgangspunkt	104
		b) Begriff des Arbeitsverhältnisses	104
		aa) Inhalt des Arbeitsverhältnisses	105
		bb) Begründung des Arbeitsverhältnisses	106
		cc) Folgerungen: Beziehung zwischen Leiharbeitnehmer und Entleiher	107
		dd) Untersuchungsschwerpunkt	108
		c) § 613a Abs. 1 S. 1 BGB und vertragslose Arbeitsverhältnisse	108
		aa) Fehlerhaftes Arbeitsverhältnis	108
		aaa) Widersprüchlichkeit der herrschenden Ansicht	109
		(1) Ausgangspunkt	109
		(2) Anfechtbarer Arbeitsvertrag	110
		(3) Anfänglich unwirksamer / fehlender Arbeitsvertrag	111
		(3.1) Überleitung des Beschäftigungsverhältnisses	111
		(3.2) Verzicht auf Arbeitsvertrag / Verpflichtungsgrund	112
		(a) Seiter und Posth	112
		(b) Fischer und Kerschner / Köhler	113
		bbb) Folgerung	113
		bb) Bauers Ansatz zum mittelbaren Arbeitsverhältnis	114
		aaa) § 613a Abs. 1 S. 1 BGB und mittelbares Arbeitsverhältnis	114
		bbb) Ansatz von Bauer	115
		ccc) Folgerung	115
		cc) Arbeitsverhältnis nach dem Ansatz von Boemke	115
		aaa) Ausgangspunkt	115
		bbb) Grundaussagen Boemkes	116
		ccc) Folgerung	117
		ddd) Gleichlauf des Ansatzes von Boemke mit allgemeinen Gedanken	117

	dd)	Unergiebigkeit des Wortlauts (BAG vom 25.2.1981, 5 AZR 991/78)	118
	aaa)	Inhalt der Entscheidung	118
	bbb)	Grundlinie der Entscheidung	119
	ccc)	Folgerung: Kein unmittelbarer Vertrag / Verpflichtungsgrund	119
	d)	Einordnung der Beziehung zwischen Entleiher und Leiharbeitnehmer	120
	aa)	Ausgangspunkt	120
	bb)	Indikatoren zum Inhalt des Arbeitsverhältnisses	120
	cc)	Indikatoren zur Begründung des Arbeitsverhältnisses	121
	dd)	Einordnung durch die Rechtsprechung	121
	aaa)	Aufgabe der Zweikomponentenlehre	122
	(1)	Wandel der Rechtsprechung	122
	(2)	Folgerung für Verhältnis zwischen Entleiher und Leiharbeitnehmer	124
	bbb)	§ 2 Abs. 1 Nr. 3 lit. a und 3 lit. d ArbGG	124
	(1)	Ausführungen des BAG	125
	(2)	Folgerung für Beziehung zwischen Entleiher und Leiharbeitnehmer	125
	e)	Ergebnis „Arbeitsverhältnis"	126
2.		Bestand des Arbeitsverhältnisses („bestehendes")	126
	a)	Begriff	127
	b)	Folgerung für Beziehung zwischen Entleiher und Leiharbeitnehmer	127
	aa)	Entstehen und Beendigung	127
	aaa)	Enger Ansatz	127
	bbb)	Weiter Ansatz	127
	ccc)	Unterschiede	128
	bb)	Stellungnahme	128
	c)	Ergebnis „bestehend"	129
3.		Auslegungsergebnis Wortlaut	129

II.	Systematische Auslegung		130
	1.	§ 613 S. 2 BGB und § 566 Abs. 1 BGB	130
		a) Kein Rückschluss aus § 613 S. 2 BGB	130
		b) Kein Rückschluss aus § 566 Abs. 1 BGB	131
	2.	Systematik innerhalb von § 613a BGB	132
		a) Rückschluss aus § 613a Abs. 2 BGB	132
		aa) Ausgangspunkt: Sprachlicher Aspekt	133
		bb) Unergiebigkeit der Wertungen aus § 613a Abs. 2 BGB	134
		aaa) Regelungsinhalt von § 613a Abs. 2 BGB	134
		bbb) Folgerung	135
		(1) Wechselwirkung	135
		(2) Erschütterung des sprachlichen Indizes	135
		b) Rückschluss aus § 613a Abs. 4 S. 1 BGB	136
		aa) Grundlagen zu § 613a Abs. 4 S. 1 BGB	136
		bb) Folgerung für § 613a Abs. 1 S. 1 BGB	137
		cc) Bedeutung für die Beziehung zwischen Entleiher und Leiharbeitnehmer	137
	3.	Auslegungsergebnis Systematik	138
III.	Historische Auslegung		138
	1.	Motivation für § 613a Abs. 1 S. 1 BGB	138
	2.	Ansätze im Schrifttum	140
	3.	Entstehung von § 613a Abs. 1 S. 1 BGB	140
		a) Gesetzesvorschlag und Auszug aus Regierungsentwurf	141
		b) Erkenntnisse aus der Regierungsbegründung	141
		aa) Reaktion auf vorangegangenen Ruf nach dem Gesetzgeber	141
		bb) „Anlehnung an Rechtsprechung"	142
		cc) „Für Arbeitsverhältnisse allgemein"	143
	4.	Auslegungsergebnis Historie	143
IV.	Teleologische Auslegung		144
	1.	Ausgangspunkt	144

	a)	Aufzählung der Normzwecke............................ 144
	b)	Fehlerhafter Verweis auf Gesetzesmaterialien 145
	c)	Begrenzung.. 145
2.	Normzweck 1: Bestandsschutz.. 146	
	a)	Herleitung des Normzwecks 146
	b)	Inhalt des Bestandsschutzes 146
	aa)	Grundgedanke 147
	bb)	Auflösung zum Arbeitsverhältnis: Verpflichtungsgrund.................................... 148
	c)	Normzweck und Veräußerung des entleihenden Betrieb 149
	aa)	Kein Bestandsschutz zwischen Entleiher und Leiharbeitnehmer 149
	aaa)	Ausgestaltung der Beziehung zwischen Entleiher und Leiharbeitnehmer 149
	bbb)	Schlussfolgerung 150
	bb)	Bestandsschutz zwischen Leiharbeitnehmer und Verleiher.. 150
	aaa)	Grundsatz: Fortbestand des Leiharbeitsverhältnisses zum Verleiher 151
	bbb)	Ausnahme: Wegfall des Leiharbeitsvertrags zum Verleiher... 152
	(1)	Schutz des Leiharbeitnehmers im Falle betriebsbedingter Kündigung................... 152
	(1.1)	Ausgangspunkt.. 152
	(1.2)	Betriebsbedingte Kündigung durch Verleiher....... 153
	(1.3)	Eigenständigkeit der Sozialauswahl 153
	(2)	Folgerungen für § 613a Abs. 1 S. 1 BGB 154
	(3)	Weiterführende Überlegung 155
	d)	Ergebnis: Keine Einschlägigkeit des Normzwecks.. 155
3.	Normzweck 2: Kontinuität des Betriebsratsamts................ 156	
	a)	Herleitung des Normzwecks 156
	b)	Inhalt des Kontinuitätsschutzes....................... 157

		c)	Normzweck und Veräußerung des entleihenden Betriebs... 157
			aa) Ausgangsfrage 157
			bb) Kein passives Wahlrecht im entleihenden Betrieb 158
			cc) Folgerung für § 613a Abs. 1 S. 1 BGB 159
		4.	Auslegungsergebnis Telos 159
	V.	Gesamtergebnis zur Auslegung von § 613a Abs. 1 S. 1 BGB ... 160	
		1.	Keine Anwendung zwischen Entleiher und Leiharbeitnehmer 160
		2.	Widersprüchlichkeit der allgemeinen Ansicht.................... 160
		3.	Weiterführendes Problem: „Hinkende" Beschäftigung..... 161

§ 3 Europarechtliche Vorgaben durch die Richtlinie 2001/23/EG 161
  A. Ausgangspunkt.. 162
    I. Richtlinie 2001/23/EG und Albron Catering................................ 162
    II. Vorgehen.. 163
  B. Streitige Reichweite der Entscheidung im Fall Albron Catering...... 164
    I. Einführung 165
    II. Schlussantrag.. 165
    III. Entscheidungsgründe 166
    IV. Stellungnahme.. 167
      1. Würdigung des Schlussantrags 167
        a) Differenzierung.. 167
        b) Missbrauch / Umgehung 168
      2. Würdigung der Entscheidungsgründe 170
      3. Abschließende Würdigung: Beschränkung auf „Sonderfall".. 170
        a) Zusammenspiel Schlussantrag und Entscheidungsgründe... 171
        b) Rechtssache Jouini... 171
        c) Schutzargument des EuGH.. 172
        d) Wertende Betrachtung... 172
    V. Ergebnis 173

C. Auslegung der Richtlinie 2001/23/EG 173
   I. Maßstab 174
   II. Auslegung 174
      1. Wortlaut 175
         a) Unproblematischer Teil 175
            aa) Arbeitnehmer 175
            bb) Veräußerer 176
         b) Problematischer Teil: Arbeitsvertrag / Arbeitsverhältnis 177
            aa) Vorfrage: Bestimmung der Definitionshoheit 177
            aaa) Ausgangspunkt 178
            bbb) Begründung Aufteilung der Definitionshoheit 178
            (1) Ansatzgedanke 179
            (2) Begründung 179
            ccc) Ergebnis 180
            bb) Begriff 180
            aaa) Inhaltliche Ausgestaltung 180
            bbb) Erforderlichkeit eines Pflichtenbands 180
            cc) Einordnung Beziehung zwischen Entleiher und Leiharbeitnehmer 181
            aaa) Inhaltliche Ausgestaltung 181
            bbb) Erforderlichkeit eines Pflichtenbands 182
         c) Auslegungsergebnis Wortlaut 182
      2. Systematische Auslegung 182
         a) Art. 4 Abs. 1 S. 1 Richtlinie 2001/23/EG 182
         b) Art. 2 Abs. 2 S. 2 lit. c Richtlinie 2001/23/EG 184
         c) Auslegungsergebnis Systematik 184
      3. Historische Auslegung 184
         a) Richtlinienbegründung 185
         b) Auslegungsergebnis Historie 186
      4. Teleologische Auslegung 186
         a) Normzweck: Bestandsschutz 186

b)	Normzweck und Veräußerung des entleihenden Betriebs 187
aa)	Vorgehen 187
bb)	(Fehlerhafter) Ansatz von Elking 187
aaa)	Mittelbarer Bestandsschutz 188
bbb)	Equal Pay und Equal Treatment 188
cc)	Kein Bestandsschutz im Verhältnis zwischen Entleiher und Leiharbeitnehmer 189
aaa)	Kein mittelbarer Bestandsschutz 189
(1)	Erster Einwand: Andere Fremdpersonaleinsätze 189
(1.1)	Kennzeichen 189
(1.2)	Vergleichbare Interessenlage 190
(2)	Zweiter Einwand: Verkennung von Art. 4 Abs. 1 S. 1 Richtlinie 2001/23/EG 190
(2.1)	Zusätzlicher Kündigungsschutz 191
(2.2)	Adressaten des Kündigungsverbots 191
bbb)	Kein Bestandsschutz durch Equal Pay und Equal Treatment 192
ccc)	Kein Bestandsschutz nach der Richtlinie 2008/104/EG 192
(1)	Ausgangspunkt 192
(2)	Konsequenzen 193
c)	Normzweck im Sonderfall der bloß formellen Aufspaltung der Arbeitgeberstellung 194
aa)	Anstellung bei bloß formeller Spaltung 194
aaa)	Typik 194
bbb)	Kernmerkmal 195
bb)	Bestandsschutz des Leiharbeitnehmers 196
aaa)	Im Verhältnis zum formellen Vertragsarbeitgeber 196
(1)	Keine potentielle Beschäftigung 196
(2)	Keine betriebsbezogene Sozialauswahl 197
bbb)	Im Verhältnis zum Beschäftigungsarbeitgeber 197
(1)	Ausgangspunkt: Grundgedanke des EuGH 198

			(2)	Bestandsschutz des Leiharbeitnehmers im Einsatzbetrieb 198
			ccc)	Eingreifen der Richtlinie 2001/23/EG durch teleologische Erwägungen 199
			(1)	Verwirklichung des Telos 199
			(2)	Irrelevanz der Überlassungsdauer 200
		d)		Auslegungsergebnis Telos 201
		5. Ergebnis Auslegung der Richtlinie 2001/23/EG 201		
		a)		Regelfall 201
		b)		Sonderfall 202
§ 4	Zusammenführung nationaler und europäischer Vorgaben 202			
	A. Einführung 202			
		I. Divergenz von europäischem und nationalem Recht 202		
		II. Begrenzung 203		
	B. Benennung der methodischen Ansätze 203			
		I. Vorüberlegungen 203		
		II. Erste Option: Institutioneller Rechtsmissbrauch 204		
		III. Zweite Option: Verbot der Gesetzesumgehung 206		
		IV. Dritte Option: Wertender Ansatz 206		
	C. Wahl des richtigen Ansatzes im nationalen Recht 207			
		I. Institutioneller Rechtsmissbrauch 207		
			1.	Ausgangspunkt: Vereinzelte Ansätze der Rechtsprechung 207
			2.	Ablehnung eines institutionellen Rechtsmissbrauchs 208
			a)	BAG: Offene Rechtsfolge 209
			b)	Fehlende Voraussetzungen 209
			aa)	Kein missbrauchtes Recht 209
			bb)	Kein entgegenstehender Rechtsgrundsatz 211
			3.	Ergebnis: Kein institutioneller Rechtsmissbrauch 212
		II. Gesetzesumgehung bzw. wertender Ansatz 212		
			1.	Ausgangspunkt: Inhaltlicher Gleichlauf 212
			2.	Gesetzesumgehung: Keine Erfassung vom Normwortlaut 212

		a)	Ausgangspunkt	213
		b)	Denkbare Lösung zum Wortlaut	213
		c)	Zusammenführung	214
	3.		Bewertung des Normzwecks	214
	4.		Ergebnis	215
D.			Zusammenführung von nationalem und europäischem Recht	215

Kapitel 7: Verhältnis zwischen Leiharbeitnehmer und Verleiher 217

§ 1 Ausgangspunkt 217

- A. Fokussierung der Beziehung zwischen Leiharbeitnehmer und Verleiher 217
  - I. Leitgedanke 217
  - II. Vorliegen der Analogievoraussetzungen 218
  - III. Europäischer Aspekt 218
- B. Reflektion bisheriger Erkenntnisse für weiteres Vorgehen 219

§ 2 Regelfall (Keine Überleitung der Beziehung zwischen Entleiher und Leiharbeitnehmer) 219

- A. Vorüberlegungen und Vorgehen 219
- B. Kein Übergang des Verhältnisses zwischen Verleiher und Leiharbeitnehmer 220
  - I. Meinungsstand 220
  - II. Auslegung von § 613a Abs. 1 S. 1 BGB / Art. 3 Abs. 1 Richtlinie 2001/23/EG 221
    1. Wortlaut 221
    2. Systematische Auslegung 222
        - a) Umkehrschluss Art. 2 Abs. 2 S. 2 lit. c Richtlinie 2001/23/EG 222
        - b) § 613a Abs. 4 S. 1 BGB / Art. 4 Abs. 1 S. 1 Richtlinie 2001/23/EG 223
            - aa) Keine Notwendigkeit eines Kündigungsverbots 223
            - bb) Verfehlte Zweckrichtung beim entleihenden Betrieb 223

		aaa)	§ 11 Abs. 1 AÜG, § 2 Abs. 1 Nr. 5 NachwG 224

                bbb) Rückschluss 224
          3. Historische Auslegung 225
          4. Teleologische Auslegung 225
     5. Ergebnis: Unveränderter Bestand 226
C. Abwicklung des Verhältnisses zwischen Verleiher und Leiharbeitnehmer bei „hinkender" Beschäftigung 227
    I. Vorüberlegungen 227
        1. Erste Option 228
        2. Zweite Option 228
    II. Inhaberschaft an der Dienstberechtigung 228
        1. Gesetzlicher Übergang 228
            a) Ansatz von Sagan 228
            b) § 25 Abs. 1 S. 2 HGB 229
        2. Rechtsgeschäftlicher Übergang 230
            a) Einigung 230
            aa) § 311c BGB 230
            bb) § 25 Abs. 1 S. 2 HGB 231
            b) (Kein) Ausschluss der Übertragbarkeit 231
            c) Ergebnis 232
        3. Weiterführender Hinweis 232
    III. Folgen in der Beziehung zwischen Verleiher und Leiharbeitnehmer 232
        1. Erwerber ist Berechtigter 233
        2. Erwerber ist Nichtberechtigter 233
            a) Ausgangspunkt: § 275 Abs. 1, § 326 Abs. 1 S. 1 Hs. 1 BGB 233
            b) Annahmeverzug des Entleihers 234
    IV. Ergebnis 235
D. Weiteres Schicksal der Beziehung zwischen Verleiher und Leiharbeitnehmer 235
    I. Unveränderter Inhalt 235
    II. Wirkungen für die Zukunft 236

§ 3 Sonderfall (Übergang der Beziehung zwischen
　　Entleiher und Leiharbeitnehmer) 237
　　A. Vorüberlegungen 237
　　B. Übergang der Beziehung zwischen Verleiher
　　　　und Leiharbeitnehmer 237
　　　　I. Meinungsstand 238
　　　　II. Auslegung von § 613a Abs. 1 S. 1 BGB /
　　　　　　Art. 3 Abs. 1 Richtlinie 2001/23/EG 238
　　　　　　1. Wortlaut 238
　　　　　　2. Systematische Auslegung 239
　　　　　　　　a) Bestandsschutz für die
　　　　　　　　　　Arbeitsvertragsbeziehung 239
　　　　　　　　b) Einsatzmöglichkeit durch Erwerber 239
　　　　　　3. Historische Auslegung 240
　　　　　　4. Teleologische Auslegung 240
　　　　　　5. Ergebnis: Veränderter Bestand 240

Kapitel 8: Verhältnis zwischen Verleiher und Entleiher 243

§ 1 Ausgangspunkt 243
　　A. Regelfall 243
　　B. Sonderfall 243
§ 2 Regelfall (Keine Überleitung der Beziehung
　　zwischen Entleiher und Leiharbeitnehmer) 244
　　A. Vorüberlegungen und Vorgehen 244
　　B. Kein Übergang des Verhältnisses zwischen Entleiher
　　　　und Verleiher 245
　　　　I. Meinungsstand 245
　　　　II. Auslegung von § 613a Abs. 1 S. 1 BGB /
　　　　　　Art. 3 Abs. 1 Richtlinie 2001/23/EG 246
　　　　　　1. Wortlaut 246
　　　　　　2. Systematische Auslegung 246
　　　　　　　　a) Struktur des Kündigungsverbots 247
　　　　　　　　b) § 613a Abs. 6 BGB 247

		3.	Historische Auslegung 247
		4.	Teleologische Auslegung 248
			a) Kein Beitrag zum Bestandsschutz 248
			b) Kein mittelbarer Bestandsschutz 249
		5.	Ergebnis: Unveränderter Bestand 249

C. Weiteres Schicksal der Beziehung zwischen Verleiher und Entleiher 250
    I. Beendigung der Beziehung zwischen Verleiher und Entleiher 250
        1. Automatische Beendigung 250
        2. Beendigung durch Kündigung des Entleihers 251
            a) Ausgangspunkt 251
            b) § 313 Abs. 1, 3 BGB 251
                aa) Kein unzumutbares Festhalten am Vertrag 252
                aaa) Zweckerreichung 252
                bbb) Zweckvereitelung 253
                bb) Folgerung 253
            c) § 314 BGB 253
            d) Ergebnis 254
    II. Fortbestand der Entgeltpflicht 254

D. Abwicklung beim Erwerber erbrachter Leistungen des Verleihers gegenüber dem Entleiher 255
    I. Problemstellung 255
    II. Vorüberlegungen 255
        1. Erste Option 256
        2. Zweite Option 256
    III. Übergang des Anspruchs auf die Überlassung 256
        1. Gesetzlicher Übergang 257
        2. Rechtsgeschäftlicher Übergang 257
            a) Einigung 257
            b) Ausschluss der Übertragbarkeit 258
        3. Ergebnis 259

		IV.	Konsequenzen... 259
			1. Ausgangspunkt: § 275 Abs. 1, § 326 Abs. 1 S. 1 Hs. 1 BGB 259
			2. Annahmeverzug des Entleihers 260
		V.	Ergebnis 261
	E.	Abwicklung beim Erwerber erbrachter Leistungen des Leiharbeitnehmers 261
		I.	Problemstellung 261
		II.	Vergütungspflicht des Erwerbers nach Bereicherungsrecht........ 261
§ 3	Sonderfall (Übergang der Beziehung zwischen Entleiher und Leiharbeitnehmer) 263
	A.	Vorüberlegungen.. 263
	B.	Vorgehen.. 263
	C.	Beendigung der Beziehung zwischen Entleiher und Verleiher......... 264
		I.	Automatische Beendigung.. 264
		II.	Beendigung durch außerordentliche Kündigung..................... 264
			1. § 313 Abs. 1, 3 BGB 264
			2. § 314 BGB 265
	D.	Ergebnis... 266

Kapitel 9: Zusammenfassung und Ergebnisse 267

§ 1	Problemstellung...267
§ 2	Meinungsstand nach Albron Catering 267
§ 3	Ansatz zur Bewältigung der Untersuchungsfrage................................268
§ 4	Beziehung zwischen Entleiher und Leiharbeitnehmer 269
	A. Vorgaben durch das nationale Recht.. 269
	B. Vorgaben durch das europäische Recht.. 270
	C. Gesamtergebnis für die Beziehung 271
§ 5	Beziehung zwischen Verleiher und Leiharbeitnehmer........................271
	A. Gewöhnliche Überlassungssachverhalte 271
	B. Sonderfall... 272

§ 6　Beziehung zwischen Verleiher und Entleiher 273
　　A. Gewöhnliche Überlassungssachverhalte 273
　　B. Sonderfall 274

Literaturverzeichnis 275

Kapitel 1: Einleitung

§ 1 Einführung

Sind zwei Personen an einem Rechtsverhältnis beteiligt, lassen sich rechtliche Fragestellungen relativ einfach unter Rückgriff auf das bekannte „Handwerkszeug" bewältigen. Verlässt man allerdings den Bereich der zweipoligen Beziehungen und betrachtet ein Drei- oder Mehrpersonenverhältnis, ist der Weg zur Erarbeitung einer juristisch vertretbaren und zufriedenstellenden Lösung in den meisten Fällen weitaus schwieriger.[1] Bekannte Normen müssen hinsichtlich ihrer Tatbestandsmerkmale häufig zerlegt und nicht selten in einzelnen Punkten (unter Rückgriff auf Sinn und Zweck der Vorschrift) modifiziert werden, um für mehrpolige Rechtsbeziehungen zu einem Ergebnis zu gelangen, welches alle Interessen in ausreichendem Maße berücksichtigt. Es müssen bei dreiseitig strukturierten Beziehungen überwiegend einzelfallbezogene Ergebnisse erarbeitet werden. Der Grund hierfür liegt darin, dass sich der Gesetzgeber bei der Normierung von Lebenssachverhalten am Normal- bzw. Grundfall, dem Zweipersonenverhältnis (vgl. z.B. hinsichtlich der Figur des Anspruchs als Rechtsbeziehung zwischen Gläubiger und Schuldner[2]), orientiert. Nur in Einzelfällen sind Mehrpersonenbeziehungen gesetzlich gesondert geregelt (vgl. z.B. §§ 328 ff. BGB).

Auf die Schwierigkeiten von dreiseitigen (bzw. mehrseitigen) rechtlichen Beziehungen nehmen u.a. auch *Schirmer* und *Blanke* Bezug, wenn sie für den Bereich der Arbeitnehmerüberlassung, die ebenso ein Mehrpersonenverhältnis darstellt, anführen, dass der Leiharbeitnehmer „ein Diener zweier Herren" sei.[3] Sie greifen hierbei die Definition der Arbeitnehmerüberlassung auf und umschreiben die juristische Tatsache, dass der Leiharbeitnehmer zu einem „Herrn" (Verleiher) in einem regelmäßig durch Arbeitsvertrag begründeten Arbeitsschuldverhältnis und zu einem anderen „Herrn" (Entleiher) in erster Linie in einer tatsächlichen Rechtsbeziehung steht, innerhalb derer er diesem gegenüber nach dessen Vorgaben weisungsabhängige Dienste erbringt (vgl. Kap. 2 § 1). Die Beteiligung von drei Rechtssubjekten (Verleiher, Leiharbeitnehmer, Entleiher) und das Vorhandensein

---

1 Vgl. z.B. *Flume*, NJW 1991, 2521, 2521 ff. zum Bereicherungsausgleich im Dreipersonenverhältnis; *Konzen*, ZfA 1982, 259, 259 ff. zum Problem arbeitsrechtlicher Drittbeziehungen; *Petersen*, Jura 2013, 1230, 1230 ff. zur Drittwirkung von Leistungspflichten; *ders.*, Jura 2014, 580, 580 ff. bzgl. Dritter im Schuldrecht; *Preiß*, JA 2010, 6, 6 ff. zur Anfechtung von Willenserklärungen in Mehrpersonenverhältnissen.
2 Vgl. § 194 Abs. 1 BGB; siehe auch *AG Berlin-Charlottenburg* vom 27.11.2009, 207 C 326/09, NZI 2010, 154, 155; Staudinger/*Peters/Jacoby*, § 194 BGB Rn. 6.
3 *Blanke*, DB 2008, 1153; *Schirmer*, in: FS 50 Jahre BAG, 1063, 1064; vgl. auch *Brauneisen/Ibes*, RdA 2014, 213, 221.

von drei Rechtsverhältnissen ist Wesensmerkmal der Arbeitnehmerüberlassung.[4] Ein Rechtsverhältnis besteht zwischen Verleiher und Leiharbeitnehmer, zwischen Verleiher und Entleiher sowie zwischen Entleiher und Leiharbeitnehmer. Die einzelnen Rechtsbeziehungen sind jeweils rechtlich selbstständig.[5] In tatsächlicher und wirtschaftlicher Hinsicht sind sie aber mehr oder weniger eng miteinander verflochten,[6] was nicht ohne Folgen für ihre wechselseitige rechtliche Beeinflussung bleibt.

Die dreiseitige Struktur der Arbeitnehmerüberlassung bringt verschiedene komplexe rechtliche Problemstellungen unterschiedlicher Art mit sich. Deren rechtliche Behandlung und Lösung ist unter verschiedenen Blickwinkeln bereits Gegenstand zahlreicher Monographien,[7] Aufsätze und Beiträge[8] gewesen. Aus der Vielzahl der juristischen Fragestellungen greift die vorliegende Arbeit ausschließlich das mit dem Zusammenspiel der Dreiecksstruktur der Arbeitnehmerüberlassung und der Betriebsveräußerung sich ergebende Schnittfeld heraus. Konkret soll untersucht werden, welche rechtlichen Auswirkungen die Veräußerung eines entleihenden Betriebs und der damit einhergehende Übergang dieses Betriebs auf einen Dritten (Erwerber)

---

4   *BAG* vom 15.4.2014, 3 AZR 395/11, BeckRS 2014, 70025: „[...] vielmehr durch eine spezifische Ausgestaltung der Vertragsbeziehungen zwischen Verleiher und Entleiher einerseits (dem Arbeitnehmerüberlassungsvertrag) und zwischen Verleiher und Arbeitnehmer andererseits (dem Leiharbeitsvertrag) sowie durch das Fehlen einer arbeitsvertraglichen Beziehung zwischen Arbeitnehmer und Entleiher gekennzeichnet."; vgl. im Grundsatz auch *Abele*, FA 2011, 7; vgl. *Becker/Wulfgramm*, Einl. AÜG Rn. 5; *Becker/Kreikebaum*, Zeitarbeit, S. 39; Boemke/Lembke/*Boemke*, § 1 AÜG Rn. 13; *Boemke*, Schuldvertrag und Arbeitsverhältnis, § 13 II. S. 555; *Dütz/Thüsing*, Arbeitsrecht, § 8 Rn. 336; *Lembke/Ludwig*, NJW 2014, 1329; *Mengel*, RdA 2008, 175; *Sandmann/Marschall*, Einl. AÜG Anm. 2, Art. 1 § 1 Anm. 3; Schüren/Hamann/*Schüren*, Einl. AÜG Rn. 106; Münch.Hdb.-ArbR/*Schüren*, § 318 Rn. 26; Thüsing/*Thüsing*, Einf. AÜG Rn. 1; Ulber/*J.Ulber*, § 1 AÜG Rn. 16; ErfK/*Wank*, Einl. AÜG Rn. 12a, § 1 AÜG Rn. 8.
5   Ulber/*J.Ulber*, § 1 AÜG Rn. 162 bezogen auf die Selbstständigkeit von Arbeitnehmerüberlassungsvertrag und Leiharbeitsverhältnis.
6   Boemke/Lembke/*Boemke*, § 1 AÜG Rn. 13; vgl. *Rüthers/Bakker*, ZfA 1990, 245, 274 sprechen im Hinblick auf den Überlassungsvertrag zwischen Entleiher und Verleiher davon, dass dieser auch „Auswirkungen auf die Rechtsstellungen der betroffenen Arbeitnehmer" hat.
7   Vgl. z.B. *Elking*, Der Nichtvertragliche Arbeitgeber (2014); *Kaufmann*, Die betriebsverfassungsrechtliche Zuordnung gewerbsmäßig überlassener Arbeitnehmer (2004); *Kim*, Die konzerninterne Arbeitnehmerüberlassung durch die Personalführungsgesellschaft und das Betriebsverfassungsrecht (2011); *Sextl*, Die Mitbestimmung des Entleiherbetriebsrats vor der Übernahme von Leiharbeitnehmern gemäß § 14 Abs. 3 AÜG (2014); *Vierthaler*, Die Arbeitskräfteüberlassung und der Betriebsübergang (2013); *Weber*, Das aufgespaltene Arbeitsverhältnis (1992).
8   Vgl. z.B. *Becker*, AuR 1982, 369, 371 ff.; *Blanke*, DB 2008, 1153, 1154 ff.; *Konzen*, ZfA 1982, 259, 266 ff., 272 ff.; *Moderegger*, ArbRB 2014, 118, 118 ff.

für den weiteren Bestand der drei Verhältnisse der Arbeitnehmerüberlassung – das Verhältnis zwischen Verleiher und Leiharbeitnehmer, zwischen Verleiher und Entleiher sowie insbesondere die Beziehung zwischen Entleiher und Leiharbeitnehmer – nach sich zieht. Diese Untersuchungsfrage birgt zahlreiche rechtliche Probleme. Sie beinhaltet die dreiseitige Struktur der Arbeitnehmerüberlassung und die Struktur der Betriebsveräußerung, bei der ebenfalls immer drei Personen, der Betriebsveräußerer, der Betriebserwerber und der Arbeitnehmer, involviert sind. Die ohnehin schon komplexe Struktur der Arbeitnehmerüberlassung wird im Rahmen der nachfolgend zu untersuchenden Fragestellung durch das Hinzutreten einer vierten Person (den Betriebserwerber) erweitert. Zwei vorhandene Dreiecksstrukturen werden aufeinander gelegt und überschneiden sich in gewissen Punkten.[9] Das erhöht die Schwierigkeit, einen für alle Beteiligten gerechten Lösungsansatz zu finden.

§ 2 Problemstellung

A. Überblick

Seit Inkrafttreten des BGB bestand in Rechtsprechung und Schrifttum Streit darüber, wie sich eine Betriebsveräußerung und der damit verbundene Übergang des Betriebs vom Veräußerer auf den Erwerber auf die zwischen dem ursprünglichen Betriebsinhaber (Veräußerer) und den Arbeitnehmern bestehenden Arbeitsverhältnisse auswirkt.[10] Kern der juristischen Auseinandersetzungen war die Frage, wie konkret man einen Bestandsschutz der von einem Betriebsübergang unmittelbar betroffenen Arbeitsverhältnisse erzielen kann. Man sah sich im Jahr 1972 in Anlehnung an die (vorschnell als vergleichbar angesehene[11]) gesetzlich angeordnete Überleitung bzw. inhaltsgleiche Neubegründung bestehender Mietverhältnisse gemäß § 571 BGB

---

9 Ohne dies explizit zu benennen, erkennt auch *Elking* im Zusammenhang mit der vorliegenden Untersuchungsfrage „dass der Interessenausgleich zwischen den Beteiligten weiter an rechtlicher Brisanz gewinnt", vgl. *Elking*, Der Nichtvertragliche Arbeitgeber, S. 19.
10 Zur Entstehungsgeschichte von § 613a Abs. 1 S. 1 BGB: vgl. Kap. 6 § 2 B. III.; vgl. auch: Hümmerich/Boecken/Düwell/*Hauck*, § 613a BGB Rn. 2 ff.; *Posth*, Arbeitsrechtliche Probleme beim Betriebsinhaberwechsel, S. 13 ff.; *Seiter*, Betriebsinhaberwechsel, S. 23 ff., 152 ff.; *Schmitt*, ZfA 1979, 503, 503 ff.; *Sieg/Maschmann*, Unternehmensumstrukturierung aus arbeitsrechtlicher Sicht, Rn. 18 f.; Willemsen/Hohenstatt/Schweibert/Seibt/*Willemsen*, Umstrukturierung und Übertragung von Unternehmen, G Rn. 1 ff., 3; HWK/*Willemsen*, § 613a BGB Rn. 1 f.
11 Eine Vergleichbarkeit von § 613a BGB und § 571 BGB a.F. hat das *BAG* entschieden abgelehnt: *BAG* vom 17.11.1977, 5 AZR 618/76, AP BGB § 613a Nr. 10 bezugnehmend hierauf *Schmitt*, ZfA 1979, 503, 515 ff. Neben den vom *BAG* aufgegriffenen wertungsmäßigen Verschiedenheiten bestehen auf der Grundlage der jeweils herrschenden Ansicht vor allem aber auch regelungstechnische Unterschiede zwischen beiden Vorschriften. Nach § 613a Abs. 1 S. 1 BGB soll ein inhaltswahrender Übergang des Arbeitsverhältnisses erfolgen, wogegen für § 566 BGB (§ 571 BGB a. F.) von einer

a.F.[12] (Vorgängernorm zu § 566 BGB n.F.) bei einer Veräußerung von vermietetem Mietraum veranlasst, mit § 613a Abs. 1 S. 1 BGB eine Regelung für die Betriebsveräußerung in das BGB aufzunehmen und damit die in dieser Hinsicht bestehende Streitfrage gesetzlich zu entscheiden. „Die Rechtsfolgen eines Betriebsübergangs [sind] für die Arbeitsverhältnisse allgemein" geregelt worden.[13] Der diesbezüglich maßgebliche Wortlaut in § 613a Abs. 1 S. 1 BGB ist bis heute unverändert geblieben und lautet:

> „Geht ein Betrieb oder Betriebsteil durch Rechtsgeschäft auf einen anderen Inhaber über, so tritt dieser in die Rechte und Pflichten aus den im Zeitpunkt des Übergangs bestehenden Arbeitsverhältnissen ein."

Der Gesetzgeber wollte mit § 613a Abs. 1 S. 1 BGB unter anderem sicherstellen, dass der soziale Besitzstand des Arbeitnehmers durch einen Betriebs- bzw. ebenso wie für einen von der Norm erfassten, in der Arbeit aber nicht von der Untersuchung umfassten Betriebs*teil*übergang nicht gefährdet wird. Der Arbeitsplatz sowie das Arbeitsverhältnis sollen auch nach dem Übergang des Betriebs auf einen Dritten in ihrer vormaligen Einheit fortbestehen.[14] Die gesetzlich zwingende Überleitung des bestehenden Arbeitsverhältnisses vom Arbeitnehmer von seinem ursprünglichen Arbeitgeber (Betriebsinhaber) hin zum Betriebserwerber gemäß § 613a Abs. 1 S. 1 BGB gewährt diesen Bestandsschutz, weil der Arbeitnehmer zu den gleichen Arbeitsbedingungen unter Beibehaltung seines Arbeitsverhältnisses gegenüber dem Erwerber verpflichtet ist, die Dienste zu erbringen, und im Gegenzug die Vergütung erhält. Auch der europäische Normgeber erkannte eine Regelungsnotwendigkeit für die individualrechtlichen Auswirkungen eines Betriebs- bzw. Betriebsteilübergangs auf die betroffene arbeitsrechtliche Beziehung und hat eine § 613a Abs. 1 S. 1 BGB entsprechende Regelung geschaffen (vgl. Art. 3 Abs. 1 Richtlinie 77/187/EWG

---

inhaltsgleichen Neubegründung des Mietverhältnisses ausgegangen wird, hierzu näher Kap. 6 § 2 B. II. 1. b). unter Bezugnahme auf die Rechtsprechung des *BGH.*

12 § 571 BGB a.F.: „(1) Wird das vermietete Grundstück nach der Überlassung an den Mieter von dem Vermieter an einen Dritten veräußert, so tritt der Erwerber an die Stelle des Vermieters in die sich während der Dauer seines Eigentums aus dem Mietverhältnis ergebenden Rechte und Verpflichtungen ein.
(2) Erfüllt der Erwerber die Verpflichtungen nicht, so haftet der Vermieter für den von dem Erwerber zu ersetzenden Schaden wie ein Bürge, der auf die Einrede der Vorausklage verzichtet hat. Erlangt der Mieter von dem Übergang des Eigentums durch Mitteilung des Vermieters Kenntnis, so wird der Vermieter von der Haftung befreit, wenn nicht der Mieter das Mietverhältnis für den ersten Termin kündigt, für den die Kündigung zulässig ist."

13 BT-Drs. VI/1786, 59.

14 Hümmerich/Boecken/*Hauck,* § 613a BGB Rn. 5; Hk-ArbR/*Karthaus/Richter,* § 613a BGB Rn. 1; vgl. *Posth,* Arbeitsrechtliche Probleme beim Betriebsinhaberwechsel, S. 42; Raab, EuZA 2011, 537, 540 f.; *Seiter,* Betriebsinhaberwechsel, S. 30; *Sieg/ Maschmann,* Unternehmensumstrukturierung aus arbeitsrechtlicher Sicht, Rn. 21.

ersetzt durch die Richtlinie 98/50/EG bzw. die Richtlinie 2001/23/EG). Kernstück der Richtlinie 2001/23/EG ist dessen Art. 3 Abs. 1 in dem es vergleichbar zu § 613a Abs. 1 S. 1 BGB heißt:

> „Die Rechte und Pflichten des Veräußerers aus einem zum Zeitpunkt des Übergangs bestehenden Arbeitsvertrag oder Arbeitsverhältnis gehen aufgrund des Übergangs auf den Erwerber über."

Nach gegenwärtigem Stand bildet § 613a BGB für die Betriebsveräußerung aufgrund der bestehenden europarechtlichen Regelungen in rechtstatsächlicher Hinsicht praktisch nur noch eine Hülle, welche durch die Auslegung der Richtlinie 2001/23/EG ausgestaltet und konkretisiert wird.[15]

B. Darstellung

Für ein zweiseitig strukturiertes Arbeitsverhältnis zwischen einem Arbeitnehmer und einem Arbeitgeber ist mit § 613a Abs. 1 S. 1 BGB ein zufriedenstellendes Schutzniveau zugunsten der Arbeitnehmer vor den individualrechtlichen Folgen einer Betriebsveräußerung geschaffen worden, weil zu deren Gunsten sowohl das Arbeitsverhältnis als für die Zukunft bestandsgesicherte Pflichtenbeziehung als auch der Arbeitsplatz, der die tatsächliche Beschäftigung ermöglicht, erhalten bleiben. Es erfolgt durch den Betriebsübergang lediglich ein Wechsel in der Person des Arbeitgebers. Letzteres wird regelmäßig ein ohne größere Einschränkungen hinzunehmender Faktor sein, weil es dem Arbeitnehmer gewöhnlich in erster Linie darauf ankommt, dass sein sozialer Besitzstand gesichert ist. Dessen Absicherung erfolgt über das bestehende Arbeitsverhältnis. Die konkrete Person, der die Arbeitgebereigenschaft zukommt, wird zumeist zweitrangig sein[16] bzw. keine ernsthafte Gefahr für den sozialen Besitzstand des Arbeitnehmers darstellen. Dennoch trägt § 613a Abs. 6 BGB diesem, vorliegend aber nicht relevanten Aspekt durch ein Widerspruchsrecht des Arbeitnehmers Rechnung.

Wird ein entleihender Betrieb rechtsgeschäftlich auf einen Dritten (Erwerber) übertragen, ist die Rechtslage weitaus komplexer. Hierbei stellen sich zwei zentrale Fragen. Erstens ist ausgehend von den Erkenntnissen zu einem zweiseitig strukturierten Arbeitsverhältnis (Normalarbeitsverhältnis) fraglich, ob § 613a Abs. 1 S. 1 BGB auf das Verhältnis zwischen Entleiher und Leiharbeitnehmer überhaupt anwendbar ist und durch den Übergang eines entleihenden Betriebs ein Erhalt von Arbeitsvertrag und Arbeitsplatz zugunsten des im entleihenden Betrieb eingesetzten

---

15 Vgl. *Commandeur/Kleinebrink*, Betriebs- und Firmenübernahme, Rn. 41; vgl. *Dütz/Thüsing*, Arbeitsrecht, § 10 Rn. 516 „§ 613a BGB setzt die Richtlinie 2001/23/EG um"; *Fuchs/Marhold*, Europäisches Arbeitsrecht, S. 181; BeckOK-BGB/*Fuchs*, § 613a BGB Rn. 5; Hümmerich/Boecken/Düwell/*Hauck*, § 613a BGB Rn. 25; *Schiefer*, NJW 1998, 1817; vgl. *Schmidt/Wittig*, Jura 2007, 568; vgl. *Sieg/Maschmann*, Unternehmensumstrukturierung aus arbeitsrechtlicher Sicht, Rn. 34; vgl. KR/*Treber*, § 613a BGB Rn. 2.
16 *Steckhan*, in: FS Schnorr von Carlosfeld, 463, 473 f.

Leiharbeitnehmers erzielt werden kann bzw. überhaupt nach Sinn und Zweck erzielt werden soll.

Grundlage dieser Zweifel ist die Tatsache, dass der Entleiher als Betriebsveräußerer nur über die tatsächliche Beschäftigungskomponente zum Leiharbeitnehmer, den Arbeitsplatz, und das damit in Zusammenhang stehende arbeitsbezogene Weisungsrecht verfügt. Er ist dagegen nicht zugleich Partei der verpflichtenden vertragsrechtlichen Beziehung zum Leiharbeitnehmer (Leiharbeitsverhältnis). Diese besteht ausschließlich zwischen Verleiher und Leiharbeitnehmer (vgl. Kap. 2 § 1 A.). Hierin liegt die maßgebliche Besonderheit der Arbeitnehmerüberlassung und zugleich der wesentliche Unterschied zu einem zweiseitig strukturierten Arbeitsverhältnis. Entleiher und Verleiher teilen sich die Stellung als Arbeitgeber (gespaltene Arbeitgeberstellung).[17] Dieser Umstand wirkt sich bei der Anwendung und den Folgen von § 613a Abs. 1 S. 1 BGB erheblich aus und führt zur Frage, ob der gespaltenen Arbeitgeberstellung gegebenenfalls eine doppelte Anwendbarkeit von § 613a Abs. 1S. 1 BGB gegenübersteht. Jedenfalls auf das zwischen Verleiher und Leiharbeitnehmer bestehende Verhältnis findet § 613a Abs. 1 S. 1 BGB im Falle der Veräußerung des verleihenden Betriebs unstreitig Anwendung und es wird eine gesetzliche Überleitung dieser Beziehung vom Verleiher auf den Erwerber bewirkt,[18] was sich auf unionsrechtlicher Ebene unmittelbar aus Art. 2 Abs. 2 S. 2 lit. c Richtlinie 2001/23/EG[19] entnehmen lässt. Unklar ist hingegen, weil nicht

---

17 Vgl. *Becker/Kreikebaum*, Zeitarbeit, S. 38, 105; *Brauneisen/Ibes*, RdA 2014, 213, 218; *Hromadka/Maschmann*, Arbeitsrecht Bd. 1, § 4 Rn. 50b; Hk-ArbR/*Lorenz*, § 1 AÜG Rn. 11; *Ramm*, ZfA 1973, 263, 291 f.; *Rüthers/Bakker*, ZfA 1990, 245, 276; *Seel*, öAT 2013, 23; Thüsing/*Thüsing*, Einf. AÜG Rn. 33.

18 *Abele*, FA 2011, 7; Staudinger/*Annuß*, § 613a BGB Rn. 29; *Bauer/v. Medem*, NZA 2011, 20; vgl. Bernsau/Dreher/Hauck/*Dreher*, § 613a BGB Rn. 25; *Forst*, RdA 2011, 228, 235; *Gaul*, Der Betriebsübergang, S. 88; BeckOK-ArbR/*Gussen*, § 613a BGB Rn. 86a; MüKo-BGB/*Müller-Glöge*, § 613a BGB Rn. 80; *Greiner*, NZA 2014, 284, 288; *Hergenröder*, AR-Blattei SD 500.1 Rn. 337; vgl. *Neufeld/Luickhardt*, AuA 2012, 72, 73; KR/*Treber*, § 613a BGB Rn. 14; ErfK/*Preis*, § 613a BGB Rn. 67; vgl. *Raab*, EuZA 2011, 537, 539; vgl. *Seiter*, Betriebsinhaberwechsel, S. 58; *Simon*, ELR 2011, 97, 98; Schüren/Hamann/*Schüren*, § 2 AÜG Rn. 106; Münch.Hdb.-ArbR/*Wank*, § 102 Rn. 125; Ulber/*J.Ulber*, Einl. C. AÜG Rn. 181; *Weiß*, Arbeitsverhältnisse im Rahmen eines Betriebsübergangs, S. 66, Willemsen/Hohenstatt/Schweibert/Seibt/*Willemsen*, Umstrukturierung und Übertragung von Unternehmen, G Rn. 128; HWK/*Willemsen/Müller-Bonanni*, § 613a BGB Rn. 225.

19 Art. 2 Abs. 2 S. 2 lit. c Richtlinie 2001/23/EG: „Die Mitgliedstaaten können jedoch vom Anwendungsbereich der Richtlinie Arbeitsverträge und Arbeitsverhältnisse nicht allein deshalb ausschließen, weil es sich um Leiharbeitsverhältnisse im Sinne von Artikel 1 Nummer 2 der Richtlinie 91/383/EWG und bei dem übertragenen Unternehmen oder dem übertragenen Betrieb oder Unternehmens- bzw. Betriebsteil als Verleihunternehmen oder Teil eines Verleihunternehmens um den Arbeitgeber handelt.", vgl. auch *Elking*, Der Nichtvertragliche Arbeitgeber, S. 38; *Raab*, EuZA 2011, 537, 539.

gesondert geregelt, die Anwendbarkeit von § 613a Abs. 1 S. 1 BGB auf die Beziehung zwischen Entleiher und Leiharbeitnehmer im Falle der Übertragung des entleihenden Betriebs.

Wird die Anwendbarkeit von § 613a Abs. 1 S. 1 BGB auf das Verhältnis zwischen Entleiher und Leiharbeitnehmer bejaht, stellt sich die zentrale Frage, zu welchen konkreten Rechtsfolgen dies führt. In Anlehnung an den Wortlaut von § 613a Abs. 1 S. 1 BGB bewirkt die Norm grundsätzlich nur einen Übergang der „Rechte und Pflichten aus den im Zeitpunkt des Übergangs bestehenden Arbeitsverhältnissen". Da § 613a Abs. 1 S. 1 BGB durch den Betriebsinhaber als Veräußerer ausgelöst wird, müssten dessen Rechte und Pflichten, die er gegenüber dem jeweiligen Leiharbeitnehmer innehat, übergehen. Folglich müsste die Veräußerung eines entleihenden Betriebs dazu führen, dass der Erwerber gemäß § 613a Abs. 1 S. 1 BGB allenfalls die tatsächliche Beschäftigungs- bzw. Erfüllungsbeziehung zwischen Entleiher und Leiharbeitnehmer und die sich hieraus ergebenden Rechte und Pflichten erwirbt, weil nur diese in der Person des Entleihers (Betriebsveräußerer) bestehen und nach dem Vorbezeichneten kraft Gesetzes übergeleitet werden können. Diese Annahme basiert aber bereits inzident darauf, dass § 613a Abs. 1 S. 1 BGB seinem Schutzzweck nach nicht zwingend an den Bestand einer rechtlichen Grundbeziehung zwischen Betriebsinhaber und Arbeitnehmer im Sinne eines durch Arbeitsvertrag oder auf sonstige Weise begründeten Arbeitsschuldverhältnisses anknüpft, weil zum Entleiher eine solche Beziehung nicht besteht. D.h. es ist zu klären, ob § 613a Abs. 1 S. 1 BGB auf Fälle eines gespaltenen Arbeitsverhältnisses überhaupt anwendbar ist, wenn derjenige, welcher den Betrieb überträgt (Entleiher) nur über die tatsächliche und ein Dritter (Verleiher) über die rechtliche Komponente des Arbeitsverhältnisses verfügt. Gelangt man zu dem Ergebnis, dass § 613a Abs. 1 S. 1 BGB auch auf das tatsächliche Verhältnis zwischen Leiharbeitnehmer und Entleiher anwendbar ist, drängt sich zwangsläufig eine weitere, hierauf aufbauende Frage auf: Bewirkt eine (mögliche) gesetzliche Überleitung der Beschäftigungssituation des Leiharbeitnehmers beim Entleiher vom Entleiher auf den Erwerber nach § 613a Abs. 1 S. 1 BGB tatsächlich nur einen Erhalt des vor dem Übergang innegehabten Arbeitsplatzes, sprich einen isolierten Übergang der Beziehung zwischen Entleiher und Leiharbeitnehmer, oder führt die Besonderheit der gespaltenen Arbeitgeberstellung dazu, dass ausnahmsweise dabei auch die rechtlich bestehende Basis, über die der Verleiher gegenüber dem Leiharbeitnehmer verfügt (Leiharbeitsvertrag), mitgerissen wird und sich beides in der Person des Betriebserwerbers vereinigt? In einem solchen Fall würde der mittels § 613a Abs. 1 S. 1 BGB angestrebte Erhalt und Übergang von Arbeitsplatz *und* Arbeitsvertrag abgesichert. In Abhängigkeit vom hierzu ermittelten Untersuchungsergebnis schließt sich die Frage an, welche Auswirkungen damit auf den Bestand der Rechtsbeziehung zwischen Verleiher und Entleiher bzw. zwischen Verleiher und Erwerber verbunden sind. Schließlich ist aber auch für sämtliche vorangegangene Überlegungen im Auge zu behalten, dass man ebenso zu dem Ergebnis gelangen könnte, dass § 613a Abs. 1 S. 1 BGB möglicherweise nicht eingreift, wenn eine gespaltene Arbeitgeberstellung in dem Sinne besteht, dass der

Veräußernde dem Arbeitnehmer nur den Arbeitsplatz mittelt und nicht über die vertragliche Grundbeziehung verfügt.

C. Konsequenzen

Wie die bisherigen Ausführungen bereits erkennen lassen, können die Folgen der Veräußerung eines entleihenden Betriebs auf den Fortbestand der Beziehungen der Arbeitnehmerüberlassung durch § 613a Abs. 1 S. 1 BGB (abweichend von der Rechtslage im zweiseitig strukturierten Arbeitsverhältnis) nicht zwingend für alle Beteiligten abschließend und interessengerecht gelöst werden. Diese Norm ist wohlmöglich nur eine zentrale Facette zur Lösung der Problemstellung. Sie kann auf den ersten Blick jedenfalls nur der Anknüpfungspunkt zur Würdigung des weiteren Bestands des Verhältnisses zwischen Leiharbeitnehmer und Entleiher sein, weil der Entleiher durch die Betriebsveräußerung die Anwendung der Norm in dem Verhältnis zum Leiharbeitnehmer auslöst. Ob man der Norm bei der konkret zu untersuchenden Fragestellung eine weitergehende Relevanz auch für die anderen beiden Rechtsbeziehungen beimessen kann und welcher konkrete Inhalt diesen in der Folge zukommt, wird sich erst im Verlauf der Untersuchung zeigen und bleibt aufgrund der Komplexität der Problemstellung an dieser Stelle zunächst noch offen.

§ 3 Problembegrenzung

Die wesentlichen Begrenzungen der im Rahmen der Arbeit zu untersuchenden Fragen ergeben sich bereits aus der Themenstellung der Arbeit selbst. Es wird allein die Veräußerung des entleihenden Betriebs und des damit zwangsweise bewirkten Übergangs desselben auf einen Dritten in den Blick genommen werden. Auch wenn hierdurch zahlreiche und vielschichtige Problemstellungen ausgelöst werden,[20] soll allein der weitere Bestand der drei bei der Arbeitnehmerüberlassung jeweils existenten Verhältnisse (Entleiher und Leiharbeitnehmer, Verleiher und Leiharbeitnehmer, Verleiher und Entleiher) nach dem Übergang des entleihenden Betriebs auf einen Dritten (Erwerber) untersucht werden. Weitergehende, sich möglicherweise aus dem veränderten Bestand der Rechtsverhältnisse ergebende Folgefragen sollen nicht Gegenstand der Arbeit sein. Beispiele solcher von der Arbeit ausgeklammerter Fragen sind z. B.: Welche Folgen hätte die Anwendung des § 613a Abs. 1 S. 1 BGB bei der Veräußerung eines entleihenden Betriebs hinsichtlich der Ausübung des Widerspruchsrechts gemäß § 613a Abs. 6 BGB durch den Leiharbeitnehmer?[21] In welcher Form und durch wen hat in einem solchen Fall die Unterrichtung nach

---

20 Einen Überblick geben: *Bauer/v. Medem*, NZA 2011, 20, 22; *Forst*, RdA 2011, 228, 233; *Heuchemer/Schielke*, BB 2011, 758, 763. Siehe ebenso unter Rückgriff auf *Heuchemer/Schielke* bei *Elking*, Der Nichtvertragliche Arbeitgeber, S. 63 f.
21 Vgl. *Bauer/v. Medem*, NZA 2011, 20, 22; angerissen bei *Heuchemer/Schielke*, BB 2011, 758, 763.

§ 613a Abs. 5 BGB zu erfolgen?[22] Abgesehen hiervon soll die Untersuchung auf die Veräußerung des entleihenden Betriebs beschränkt werden und damit sollen zugleich Fälle des (möglichen) Übergangs eines entleihenden Betriebs*teils*, in welchem der Leiharbeitnehmer eingesetzt wird, ausgespart werden, um den Grundfragen ausreichend Aufmerksamkeit widmen zu können und deren Lösung nicht durch zusätzliche Fragen zu verkomplizieren.

Im Rahmen der gesamten weiteren Darstellung soll zudem davon ausgegangen werden, dass im jeweiligen Einzelfall die tatbestandlichen Voraussetzungen einer Betriebsveräußerung im Sinne von § 613a Abs. 1 S. 1 BGB vorliegen. Konkret umfasst dies entsprechend dem Gesetzeswortlaut das Vorhandensein eines Betriebs, welcher durch Rechtsgeschäft an einen Dritten veräußert wird und letztlich auch auf diesen übergeht.[23] Das Vorliegen dieser tatbestandlichen Voraussetzungen von § 613a Abs. 1 S. 1 BGB ist nicht Gegenstand, sondern bildet die Grundlage der Untersuchung.

Dass im Rahmen der Arbeitnehmerüberlassung neben dem entleihenden Betrieb auch ein verleihender Betrieb besteht, hat sich durch die vorangegangenen Ausführungen bereits gezeigt. Die Veräußerung des verleihenden Betriebs und hiermit in Zusammenhang stehende rechtliche Fragen werden ebenso nicht Gegenstand der Arbeit sein. Dies dient der Schwerpunktsetzung und beruht überdies darauf, dass der Bestand der Beziehungen der Arbeitnehmerüberlassung nach der Veräußerung des verleihenden Betriebs durch Rechtsprechung und Schrifttum im überwiegenden Teil als geklärt angesehen werden kann. Es erfolgt eine gesetzliche Überleitung der zwischen Leiharbeitnehmer und Verleiher (Leiharbeitsvertrag) bestehenden Beziehung vom Verleiher auf den Erwerber nach § 613a Abs. 1 S. 1 BGB. Der Betriebserwerber wird neuer (vertraglicher) Arbeitgeber des Leiharbeitnehmers. Klärungsbedarf durch Rechtsprechung und Schrifttum besteht bei der Veräußerung eines verleihenden Betriebs allenfalls hinsichtlich des weiteren Bestands der Beziehung zwischen Verleiher und Entleiher (Arbeitnehmerüberlassungsvertrag),[24] weil deren unveränderter Fortbestand nicht zielführend ist.

Lässt sich für den verleihenden Betrieb ein einheitlicher Meinungsstand vorfinden, so gilt dies für die Veräußerung des entleihenden Betriebs und die sich ergebenden Auswirkungen auf die Beziehungen der Arbeitnehmerüberlassung nicht. Es fehlt an einheitlichen und klar strukturierten Ergebnissen. Der rechtlichen Lösung dieser Fragestellung wird sich zudem nur unzureichend angenommen. Zumindest in der Vergangenheit hat die vorliegende Fragestellung nur ein Schattendasein

---

22 *Heuchemer/Schielke*, BB 2011, 758, 763.
23 Umfassend zum Tatbestand des § 613a Abs. 1 S. 1 BGB: Staudinger/*Annuß*, § 613a BGB Rn. 43 ff.; Hk-ArbR/*Karthaus/Richter*, § 613a BGB Rn. 8 ff.; MüKo-BGB/*Müller-Glöge*, § 613a BGB Rn. 14 ff.; ErfK/*Preis*, § 613a BGB Rn. 5 ff.; *Schiefer/Worzalla*, DB 2008, 1566, 1566 ff.; APS/*Steffan*, § 613a BGB Rn. 13 ff.; HWK/*Willemsen*, § 613a BGB Rn. 11 ff.; Willemsen/Hohenstatt/Schweibert/Seibt/*Willemsen*, Umstrukturierung und Übertragung von Unternehmen, G. Rn. 31 ff.
24 Vgl. hierzu *Forst*, RdA 2011, 228, 236.

geführt und wurde allenfalls im Rahmen theoretischer Abhandlungen angerissen und selbst in diesem Fall unzureichend gelöst. Durch eine jüngere Entscheidung des *EuGH*[25] hat der beschränkte Meinungsstand zum Bestand der Beziehungen der Arbeitnehmerüberlassung nach der Veräußerung eines entleihenden Betriebs neue Vorgaben erfahren und ist erstmals in Rechtsprechung und Schrifttum Gegenstand kontroverser Diskussionen und Auseinandersetzungen geworden.[26] Konkret hatte sich der *EuGH* mit der Veräußerung eines entleihenden Betriebs im Falle einer dauerhaften und konzerninternen Überlassung durch eine bloße Personalführungsgesellschaft beschäftigt. Das *BAG* hat unter Bezugnahme auf die vorbezeichnete Entscheidung des *EuGH* in zwei jüngeren Entscheidungen beiläufig ausgeführt, dass die Vorgaben des *EuGH* im nationalen Recht Auswirkungen haben könnten und die getroffene Grundlinie „unter Umständen" auch auf weitere Fallgestaltungen der Arbeitnehmerüberlassung übertragbar sein könnten.[27] Nicht nur auf europäischer Ebene, sondern auch im deutschen Recht vollzieht sich daher nun möglicherweise ein Wandel bei der Beantwortung der Untersuchungsfrage. Unter Berücksichtigung der aktuellen europäischen Vorgaben bedarf die Themenstellung der Arbeit einer neuen rechtlichen Würdigung. Bestärkt wird das Interesse an der Untersuchungsfrage durch die zum 1.12.2011 erfolgte Reform des AÜG, durch welche in § 1 Abs. 1 S. 2 AÜG die Arbeitnehmerüberlassung als „vorübergehend" (und damit möglicherweise als Gegenstück zur dauerhaften Überlassung, wie sie dem *EuGH* im angesprochenen Fall vorgelegen hat) umschrieben wird. Der Einfluss der vom *EuGH* getroffenen Entscheidung könnte hierdurch wohlmöglich wieder in Frage gestellt bzw. auf bestimmte Fallgestaltungen begrenzt sein. Nicht zuletzt geben auch die im Koalitionsvertrag der Bundesregierung der 18. Legislaturperiode festgesetzten Ziele hinsichtlich der Wiedereinführung einer Höchstüberlassungsdauer für Leiharbeitnehmer[28] erneuten Anlass, die praktische Relevanz der vorbezeichneten

---

25 *EuGH* vom 21.10.2010, C-242/09, NZA 2010, 1225.
26 Zu den Folgen der Übertragung des entleihenden Betriebs für den Bestand der Beziehungen der Arbeitnehmerüberlassung nunmehr: *Abele*, FA 2010, 7, 7 ff.; *Bauer/v. Medem*, NZA 2011, 20, 20 ff.; umfassend *Elking*, Der Nichtvertragliche Arbeitgeber (2014); *Forst*, EWiR 2010, 737, 737 f.; *ders.*, RdA 2011, 228, 228 ff.; *Gaul/Ludwig*, DB 2011, 298, 299 ff.; BeckOK-ArbR/*Gussen*, § 613a BGB Rn. 86a; *Greiner*, NZA 2014, 284, 289; *Hamann*, jurisPR ArbR 29/2011 Anm. 1 unter C.; *ders.*, jurisPR-ArbR 9/2014 Anm. 3 unter C.; Heuchemer/Schielke, BB 2011, 758, 762 f.; *Kühn*, NJW 2011, 1408, 1408 ff.; *Mückl*, GWR 2011, 45; *Neufeld/Luickhardt*, AuA 2012, 72, 73 f.; ErfK/*Preis*, § 613a BGB Rn. 67; *Powietzka/Christ*, ZESAR 2013, 313, 313 ff.; *Raab*, EuZA 2011, 537, 537 ff.; *Sagan*, ZESAR 2011, 412, 420 f.; *Simon*, ELR 2011, 97, 98 f.; KR/*Treber*, § 613a BGB Rn. 14 f.; *Willemsen*, NJW 2011, 1546, 1546 ff.; auch HWK/*Willemsen/Müller-Bonanni*, § 613a BGB Rn. 225; Willemsen/Hohenstatt/Schweibert/ Seibt/*Willemsen*, G Rn. 128.
27 *BAG* vom 9.2.2011, 7 AZR 32/10, NZA 2011, 791, 796; *BAG* vom 15.5.2013, 7 AZR 525/11, NZA 2013, 1214, 1218.
28 Koalitionsvertrag zwischen CDU, CSU und SPD für die 18. Legislaturperiode vom 27.11.2013, S. 50. Zum Vorhaben generell und zur Bewertung vom diesem: *Lembke*,

Entscheidung des *EuGH* und den damit veranlassten Meinungsumschwung im deutschen Recht zu überdenken. Alle diese Gründe rechtfertigen eine intensive Auseinandersetzung mit der umrissenen Kernfrage und zugleich die in der Arbeit vorgenommene Beschränkung der zu untersuchenden Fragestellung.

§ 4 Zielsetzung und Gang der Untersuchung

A. Zielsetzung der Untersuchung

Das zentrale Anliegen der Untersuchung besteht darin, eine dogmatisch überzeugende und zugleich praxistaugliche Aussage zu gewinnen, wie sich die Veräußerung des entleihenden Betriebs und dessen Übergang vom Entleiher auf den Betriebserwerber auf den weiteren Bestand der bestehenden Beziehungen zwischen Entleiher und Leiharbeitnehmer, Verleiher und Leiharbeitnehmer sowie Entleiher und Verleiher unter Berücksichtigung europarechtlicher Vorgaben durch die Richtlinie 2001/23/EG auswirkt. In diesem Zusammenhang ist zu untersuchen, ob § 613a Abs. 1 S. 1 BGB als zentrale nationale Norm einer durch Rechtsgeschäft ausgelösten Betriebsveräußerung auf diesen Sachverhalt anwendbar ist und ein Übergang bestehender Rechte und Pflichten im Sinne der Norm erfolgen kann. Die Aufspaltung der Arbeitgeberstellung zwischen Verleiher und Entleiher macht es dabei erforderlich, aufzuzeigen, welches Rechtsverhältnis bzw. welche Rechtsverhältnisse und damit verbunden welche Rechte und Pflichten durch eine mögliche Anwendung der Norm auf die vorliegende Fragestellung überhaupt berührt werden; d. h. der Begriff des Arbeitsverhältnisses im Sinne von § 613a Abs. 1 S. 1 BGB und insbesondere die Einordnung der Beziehung zwischen Entleiher und Leiharbeitnehmer hierunter ist einer näheren Betrachtung zu unterziehen. Erfolgt durch § 613a Abs. 1 S. 1 BGB ein isolierter Übergang des bestehenden Verhältnisses zwischen Leiharbeitnehmer und Entleiher vom Entleiher auf den Erwerber oder wird wohlmöglich neben diesem auch das Verhältnis zwischen Verleiher und Leiharbeitnehmer vom Verleiher auf den Erwerber oder das zwischen Entleiher und Verleiher bestehende Verhältnis vom Entleiher auf den Erwerber „mitgerissen" und für welche Formen der Arbeitnehmerüberlassung gilt dies? Gelangt man demgegenüber dazu, dass § 613a Abs. 1 S. 1 BGB auf einen veräußerten entleihenden Betrieb keine Anwendung findet, ist die wesentliche Zielsetzung der Arbeit darin zu sehen, anhand der allgemeinen zivilrechtlichen Normen den Fortbestand und die Abwicklung des Verhältnisses zwischen Leiharbeitnehmer und Entleiher sowie der beiden anderen Verhältnisse nach dem Übergang des entleihenden Betriebs auf den Erwerber aufzuzeigen.

BB 2014, 1333, 1337 f.; *Lembke/Ludwig*, NJW 2014, 1329, 1334; *Thüsing*, NZA 2014, 10, 11; *Zürn/Maron*, BB 2014, 629, 631 f.

B. Gang der Untersuchung

Untersucht man den weiteren Bestand der Verhältnisse der Arbeitnehmerüberlassung nach einer Betriebsveräußerung des Entleihers, liegt es nahe, die Untersuchung nach diesen drei Verhältnissen zu trennen und aufzubauen. So wird auch hier verfahren werden.

Zunächst wird vorab notwendig sein, die für die Untersuchung relevanten Grundlagen vorzustellen (Kap. 2). Dies umfasst die Inhalte der in der Arbeitnehmerüberlassung existierenden Beziehungen und deren dogmatische Einordnung (Kap. 2 § 1). Überdies sind die individualrechtlichen Folgen einer Betriebsveräußerung auf die unmittelbar hiervon betroffene Beziehung zum Betriebsinhaber aufzuzeigen (Kap. 2 § 2). Hierbei wird das Normalarbeitsverhältnis im Sinne eines zweiseitig strukturierten Arbeitsverhältnisses der Darstellungsgegenstand sein, weil ausgehend hiervon erst Sonderfälle (wie die Arbeitnehmerüberlassung) erschlossen werden können.

Aufbauend hierauf wird in Kap. 3 der Meinungsstand zur Untersuchungsfrage dargestellt werden. Der zunehmende Einfluss des Europarechts auf das Recht der Mitgliedstaaten macht es dabei erforderlich, zwischen jenem auf europäischer und nationaler Ebene zu trennen. Schnell wird sich zeigen, dass das zur Untersuchungsfrage vorzufindende Meinungsbild in seinen einzelnen Facetten kaum noch zu überblicken ist. Dieses wird anschließend in Kap. 4 entflochten, hinsichtlich seiner rechtlichen Grundansätze getrennt und es werden die gedanklichen Defizite aufgezeigt. Dieser Zwischenschritt dient dazu, ausgehend hiervon eine eigene Struktur zur Beantwortung der Untersuchungsfrage zu ermöglichen und aufzuzeigen, nach welchem Ansatz und dogmatischem Gerüst der Bestand der jeweiligen Verhältnisse zwischen Entleiher, Leiharbeitnehmer, Verleiher nach dem Übergang des entleihenden Betriebs auf nachvollziehbarem Weg zu lösen ist (Kap. 5).

Anschließend werden die drei Verhältnisse nacheinander getrennt untersucht werden. In einem ersten Schritt wird sich in Kap. 6 der Beziehung zwischen Entleiher und Leiharbeitnehmer angenommen. Dieses Vorgehen ergibt sich denknotwendig daraus, dass durch die Übertragung des entleihenden Betriebs unmittelbar zunächst diese Beziehung tangiert wird, weil der Entleiher den Betrieb veräußert und hierdurch auf seine Verfügbarkeit über den Arbeitsplatz des Leiharbeitnehmers einwirkt. Bei der Untersuchung dieses Verhältnisses werden auf nationaler Ebene § 613a Abs. 1 S. 1 BGB und dessen Auslegung den Schwerpunkt bilden (vgl. Kap. 6 § 2 B.). Primär wird untersucht werden, was unter dem Arbeitsverhältnis im Sinne der Norm zu verstehen ist und welche konkrete Verbindung zwischen Betriebsinhaber und Arbeitnehmer erforderlich ist und inwieweit Sinn und Zweck der Vorschrift auch beim Verhältnis zwischen Entleiher und Leiharbeitnehmer zum Tragen kommt. Die Pflicht, das nationale Recht im Lichte der europäischen Vorgaben auszulegen (sog. Bindungswirkung des Europarechts), macht es unerlässlich, auch die Richtlinie 2001/23/EG in die vorbezeichnete Fragestellung einzubeziehen. Es ist zu klären, unter welchen Voraussetzungen und für welche rechtlichen Erscheinungsformen der Arbeitnehmerüberlassung die Richtlinie 2001/23/EG bei der

Veräußerung eines entleihenden Betriebs möglicherweise eingreifen soll (vgl. Kap. 6 § 3 C.). Das Ergebnis, welches sich aus einer Auslegung der Richtlinie 2001/23/EG ergibt, bedarf dann schließlich einer Rückkoppelung zu § 613a Abs. 1 S. 1 BGB. Zwischen beiden rechtlichen Ebenen ist, soweit möglich, die gebotene rechtliche Übereinstimmung herzustellen (vgl. Kap. 6 § 4).

In Kap. 7 und Kap. 8 werden schließlich die beiden anderen Rechtsbeziehungen nach dem Übergang des entleihenden Betriebs dargestellt. Deren jeweiliger Fortbestand wird (massiv) von dem in Kap. 6 gewonnenen Ergebnis zur Beziehung zwischen Entleiher und Leiharbeitnehmer beeinflusst. Auch wenn es sich zwar jeweils um selbstständige Verhältnisse handelt, existieren sie nicht in vollständiger Unabhängigkeit voneinander, sondern bedingen sich gegenseitig, weil sie erst durch ihr Zusammenwirken eine Arbeitnehmerüberlassung tragen. Insoweit wird sich auch erst in Kap. 7 und Kap. 8 der Gang der hierfür erforderlichen Untersuchungsschritte im Detail erschließen und soll an dieser Stelle nicht ausgeführt werden. Am Ende der Arbeit werden die gewonnenen Ergebnisse zusammengefasst (Kap. 9).

Kapitel 2: Grundlagen der Untersuchung

Will man den Fortbestand der einzelnen Verhältnisse der Arbeitnehmerüberlassung nach der Veräußerung eines entleihenden Betriebs und den damit verbundenen Übergang von diesem auf einen Dritten (Erwerber) untersuchen, so sind hierfür zweierlei rechtliche Grundlagenkomplexe voranzustellen: Vor Beginn der eigentlichen Untersuchung muss klar sein, welche Beziehungen in der Arbeitnehmerüberlassung bestehen, welchen Inhalt sie haben und wie jedes dieser Verhältnisse dogmatisch einzuordnen ist (vgl. § 1). Dieses Wissen ist erforderlich, weil man deren jeweiligen Bestand nach dem Übergang eines entleihenden Betriebs auf einen Dritten nur durchdringen kann, wenn man im Klaren darüber ist, welchen Inhalt die jeweilige Beziehung hat und wie sie dogmatisch einzuordnen ist. Überdies wird die spätere Untersuchung zeigen, dass es von erheblicher Relevanz ist, ob und welche dieser Beziehung(en) als Arbeitsverhältnis eingeordnet werden kann bzw. können. Daneben gilt es vorab aufzuzeigen, wie sich eine Betriebsveräußerung im Normalfall, einer zweiseitig strukturierten Beziehung, auf die hiervon unmittelbar erfasste(n) Beziehung(en) auswirkt (vgl. § 2). Dies erlangt insoweit Bedeutung, als sich erst ausgehend hiervon schlüssig untersuchen lässt, welche Folgen die Veräußerung des entleihenden Betriebs auf ein gespaltenes Arbeitsverhältnis (als Sonderfall) hat. Da der Gesetzgeber hinsichtlich dieser Frage mit § 613a BGB eine gesetzliche Regelung (für Arbeitsverhältnisse) geschaffen hat, wird der relevante Inhalt dieser Norm in den Fokus rücken.

§ 1 Rechtsverhältnisse der Arbeitnehmerüberlassung

Im Rahmen der Arbeitnehmerüberlassung überlässt ein Arbeitgeber (Verleiher) einem anderen Unternehmer (Entleiher) seine Arbeitnehmer (Leiharbeitnehmer), damit diese in dem Drittbetrieb eingegliedert und dort unter dem Weisungsrecht des Dritten (Entleiher) tätig werden.[29] Ausgehend hiervon werden nun das Verhältnis zwischen Verleiher und Leiharbeitnehmer (A.), das Verhältnis zwischen Verleiher und Entleiher (B.) sowie das Verhältnis zwischen Entleiher und Leiharbeitnehmer (C.) mit ihrem jeweiligen Inhalt und ihrer dogmatischen Einordnung vorgestellt.

---

29 Vgl. *BAG* vom 6.8.2003, 7 AZR 180/03, AP AÜG § 9 Nr. 6; *BAG* vom 20.4.2005, 7 ABR 20/04, NZA 2005, 1006, 1008 f.; *BAG* vom 26.5.1995, 7 AZR 850/94, NZA 1996, 92, 93; *BAG* vom 3.12.1997, 7 AZR 764/96, NZA 1998, 876, 878; *BAG* vom 13.8.2008, 7 AZR 269/07, AP AÜG § 10 Nr. 19; *BAG* vom 15.4.2014, 3 AZR 395/11, BeckRS 2014, 70025; *BAG* vom 11.4.1984, 5 AZR 316/82, NZA 1984, 161, 162; vgl. *Dütz/Thüsing*, Arbeitsrecht, § 8 Rn. 336; *Seel*, öAT 2013, 23; *Thüsing/Thüsing*, Einf. AÜG Rn. 1; vgl. *Waltermann*, Arbeitsrecht, § 20 Rn. 432; vgl. *Zöllner/Loritz/Hergenröder*, Arbeitsrecht, § 27 S. 309 f.

A. Verhältnis zwischen Leiharbeitnehmer und Verleiher

I. Inhalt

Zwischen Leiharbeitnehmer und Verleiher wird ein Arbeitsvertrag geschlossen (sog. Leiharbeitsvertrag).[30] Es handelt sich hierbei um ein gewöhnliches (sozialversicherungspflichtiges) Arbeitsverhältnis, bei welchem sich Arbeitsleistung und Vergütung als synallagmatische Pflichten gegenüber stehen (vgl. § 611 Abs. 1 BGB).[31] Der Leiharbeitnehmer leitet seinen Vergütungsanspruch, aber z.B. auch denkbare Ansprüche auf Annahmeverzugslohn (§ 615 BGB),[32] den Anspruch auf Lohnfortzahlung im Krankheitsfall (§ 6 EFZG)[33] sowie Ansprüche aus Mutterschutz und Elternzeit[34] aus dem Leiharbeitsvertrag ab. Es bestehen zwischen Verleiher und Leiharbeitnehmer jedenfalls alle Rechte und Pflichten, welche an das Arbeitsverhältnis als verpflichtendes Schuldverhältnis oder anders gesagt als Vertragsverhältnis anknüpfen.[35] Abweichend von der Auslegungsregel in § 613 S. 2 BGB ist der Arbeitgeber berechtigt, den Anspruch auf die Dienste des Arbeitnehmers zu übertragen.[36] Die rechtliche Befugnis hierzu folgt aus der bei Vertragsschluss erteilten Zustimmung

---

30 *BAG* vom 15.4.2014, 3 AZR 395/11, BeckRS 2014, 70025; *Sandmann/Marschall*, Art. 1 § 1 AÜG Anm. 6; ArbR.Hdb.-Schaub/*Koch*, § 120 Rn. 43; Schüren/Hamann/*Schüren*, Einl. AÜG Rn. 175; Münch.Hdb.-ArbR/*Schüren*, § 318 Rn. 67; umfassend *Theuersbacher*, Das Leiharbeitsverhältnis (1960).

31 Boemke/Lembke/*Boemke*, § 1 AÜG Rn. 23; vgl. *Dölle*, GRUR Int. 1973, 469, 469 f.; *Dütz/Thüsing*, Arbeitsrecht, § 8 Rn. 341; *Grimm/Brock*, Praxis der Arbeitnehmerüberlassung, § 7 Rn. 12; *Lembke*, BB 2012, 2497; Schüren/Hamann/*Schüren*, § 1 AÜG Rn. 72; vgl. *Rüthers/Bakker*, ZfA 1990, 245, 276; Thüsing/*Thüsing*, Einf. AÜG Rn. 32; *Theuersbacher*, Das Leiharbeitsverhältnis, S. 63; Thüsing/*Waas*, § 1 AÜG Rn. 48a; ErfK/*Wank*, Einl. AÜG Rn. 24 f.; vgl. *Zöllner/Loritz/Hergenröder*, Arbeitsrecht, § 27 S. 310; GA AÜG § 1 (2) zu § 1 AÜG.

32 *BAG* vom 16.4.2014, 5 AZR 483/12, NZA 2014, 1262, 1263 f.; *LAG Köln* vom 29.11.2005, 9 Sa 659/05, BeckRS 2006, 41537; *LAG Baden-Württemberg* vom 29.4.2009, 17 Sa 4/09, BeckRS 2009, 66588; ArbR.Hdb.-Schaub/*Koch*, § 120 Rn. 49; Schüren/Hamann/*Schüren*, Einl. AÜG Rn. 182, 202; *Schüren*, RdA 2007, 231, 234; Ulber/*J.Ulber*, § 1 AÜG Rn. 50 ff., 54.

33 Hümmerich/Boecken/Düwell/*Golücke*, § 1 AÜG Rn. 10; Schüren/Hamann/*Schüren*, Einl. AÜG Rn. 182, 210; Münch.Hdb.-ArbR/*Schüren*, § 318 Rn. 74; ErfK/*Wank*, Einl. AÜG Rn. 25.

34 Vgl. Hk-ArbR/*Reinecke/Velikova*, § 1 MuSchG Rn. 4; Münch.Hdb.-ArbR/*Schüren*, § 318 Rn. 79; Schüren/Hamann/*Schüren*, Einl. AÜG Rn. 231 f.; vgl. ErfK/*Wank*, Einl. AÜG Rn. 25.

35 Vgl. *Becker/Kreikebaum*, Zeitarbeit, S. 102; *Boemke*, Schuldvertrag und Arbeitsverhältnis, § 13 II. 1. S. 555 ff.

36 *Boemke*, Schuldvertrag und Arbeitsverhältnis, § 13 II. 1. a. S. 555; *Hamann*, NZA 2003, 526, 527; Hk-ArbR/*Lorenz*, § 1 AÜG Rn. 11; vgl. *Theuersbacher*, Das Leiharbeitsverhältnis, S. 63; Thüsing/*Thüsing*, Einf. AÜG Rn. 32.

des Leiharbeitnehmers.[37] Der Leiharbeitnehmer muss seine Arbeitsleistung daher nicht unmittelbar gegenüber und unter ausschließlicher arbeitsrechtlicher Weisung seines Vertragspartners (Verleiher) erbringen.[38] Die Arbeitgebereigenschaft des Verleihers bzw. deren Fortbestand wird durch den weisungsgebundenen Einsatz des Leiharbeitnehmers bei einem Dritten nicht berührt.[39]

II. Dogmatische Einordnung

Dogmatisch ist das Verhältnis zwischen Verleiher und Leiharbeitnehmer als Arbeitsverhältnis einzuordnen; konkret ist es nach überwiegender Ansicht in der Form eines Vertrags zu Gunsten Dritter ausgestaltet.[40] Es kann sich nach vorzugswürdiger Ansicht dabei nur um einen unechten Vertrag zu Gunsten Dritter handeln.[41] Dieser ist anders als der echte Vertrag zu Gunsten Dritter nach § 328 Abs. 1 BGB[42] nicht gesetzlich geregelt. Ein unechter Vertrag zu Gunsten Dritter zeichnet sich dadurch aus, dass ein Dritter, der nicht am Vertragsschluss beteiligt ist, eine Begünstigung aus diesem Vertrag erhält, ohne ein eigenständiges Forderungsrecht auf die Leistung zu haben, dieses bleibt beim Gläubiger, kann dem Dritten aber übertragen bzw. zur Ausübung überlassen werden.[43] Abgrenzend hierzu hat der Begünstigte beim echten Vertrag zu Gunsten Dritter ein eigenständiges Forderungsrecht auf die

---

37 Vgl. *Rüthers/Bakker*, ZfA 1990, 245, 274; *Waltermann*, Arbeitsrecht, § 20 Rn. 432; *Theuersbacher*, Das Leiharbeitsverhältnis, S. 63; Ulber/*J.Ulber*, § 1 AÜG Rn. 18; ErfK/*Wank*, Einl. AÜG Rn. 24.
38 *Boemke*, Schuldvertrag und Arbeitsverhältnis, § 13 II. 1. b. S. 556; Ulber/*J.Ulber*, § 1 AÜG Rn. 18; vgl. *Zöllner/Loritz/Hergenröder*, Arbeitsrecht, § 27 S. 310.
39 Schüren/Hamann/*Schüren*, § 1 AÜG Rn. 6.
40 Vgl. *Becker/Wulfgramm*, Einl. AÜG Rn. 13; *Boemke*, Schuldvertrag und Arbeitsverhältnis, § 13 II. 1. d. S. 558; Schüren/Hamann/*Schüren*, Einl. AÜG Rn. 168 ff.; Thüsing/*Thüsing*, Einf. AÜG Rn. 35; Ulber/*J.Ulber*, § 1 AÜG Rn. 20; ErfK/*Wank*, Einl. AÜG Rn. 33.
41 *Becker/Wulfgramm*, Einl. AÜG Rn. 13; *Boemke*, Schuldvertrag und Arbeitsverhältnis, § 13 II. 1. d. S. 558 f.; *Rüthers/Bakker*, ZfA 1990, 245, 274 f. bei Vorliegen einer Ausübungsermächtigung; Thüsing/*Thüsing*, Einf. AÜG Rn. 35; Ulber/*J.Ulber*, § 1 AÜG Rn. 20. Für einen echten Vertrag zugunsten Dritter plädieren: Schüren/Hamann/*Schüren*, Einl. AÜG 168, 179; Münch.Hdb.-ArbR/*Schüren*, § 318 Rn. 68; ErfK/*Wank*, Einl. AÜG Rn. 33.
42 § 328 Abs. 1 BGB: „Durch Vertrag kann eine Leistung an einen Dritten mit der Wirkung bedungen werden, dass der Dritte unmittelbar das Recht erwirbt, die Leistung zu fordern.".
43 *OLG München* vom 15.5.2013, 20 U 5004/12, BeckRS 2013, 12696; *OLG München* vom 13.8.2008, 20 U 1579/08, BeckRS 2008, 19230; *BGH* vom 12.11.1998, III ZR 275/97, BeckRS 1998, 30033347; Staudinger/*Jagmann*, § 328 BGB Rn. 3; vgl. Palandt/*Grüneberg*, Einf. v. § 328 BGB Rn. 1; vgl. *Petersen*, Jura 2013, 1230; vgl. *Preiß*, JA 2010, 6, 8.

Leistung.⁴⁴ Übertragen auf die Beziehung zwischen Verleiher und Leiharbeitnehmer ergibt sich: Der Leiharbeitsvertrag als solcher begründet keine Überlassungspflicht des Verleihers. Die aus ihm folgende Abbedingung von § 613 S. 2 BGB bildet nur die Grundlage der (möglichen) Übertragbarkeit der Dienste auf den Dritten (Entleiher). Die Pflicht des Verleihers zur Überlassung des Leiharbeitnehmers entsteht erst durch Abschluss des Arbeitnehmerüberlassungsvertrags zwischen Verleiher und Entleiher (vgl. B.).⁴⁵ Ein eigenständiges Forderungsrecht des Entleihers auf eine Leistung (hier Überlassung) wird durch den Leiharbeitsvertrag nicht begründet. Ein echter Vertrag zu Gunsten Dritter gemäß § 328 Abs. 1 BGB würde ein solches Forderungsrecht des Entleihers aber voraussetzen.

B. Verhältnis zwischen Verleiher und Entleiher

I. Inhalt

Das Rechtsverhältnis zwischen Verleiher und Entleiher wird umgangssprachlich als Überlassungsverhältnis bezeichnet.⁴⁶ Dieses entsteht durch Vertragsschluss, den Arbeitnehmerüberlassungsvertrag, welcher nicht gesetzlich geregelt ist, sondern nur in § 12 AÜG einen groben gesetzlichen Rahmen erhalten hat. Der Arbeitnehmerüberlassungsvertrag ist ein synallagmatischer Vertrag.⁴⁷ Der Verleiher ist verpflichtet, eine geeignete und leistungsbereite Arbeitskraft auszuwählen und an den Entleiher zu überlassen.⁴⁸ Je nach Vereinbarung erfolgt dies zumeist in Form einer nach Gattungsmerkmalen bestimmten Arbeitskraft.⁴⁹ Die Verrichtung der Arbeitsleistung durch den Arbeitnehmer ist nicht vom geschuldeten Leistungsumfang des Verleihers erfasst⁵⁰ (vgl. § 1 Abs. 1 S. 1 AÜG, wo nur von „überlassen" die Rede ist). Im Gegenzug zur Überlassung hat der Entleiher das vereinbarte Überlassungsentgelt

---

44 *Boemke*, Schuldvertrag und Arbeitsverhältnis, § 13 II. 1. d. S. 558 f.; vgl. *Petersen*, Jura 2013, 1230; vgl. *Preiß*, JA 2010, 6, 8; Münch.Hdb.-ArbR/*Schüren*, § 318 Rn. 68.
45 *Boemke*, Schuldvertrag und Arbeitsverhältnis, § 13 II. 1. d. S. 558 f.
46 BeckOK-ArbR/*Kock/Milenk*, § 12 AÜG vor Rn. 1, 2, 22; Münch.Hdb.-ArbR/*Schüren*, § 318 Rn. 178; ErfK/*Wank*, Einl. AÜG vor Rn. 14.
47 Vgl. *Dölle*, GRUR Int. 1973, 469, 470.
48 *BAG* vom 8.11.1978, 5 AZR 261/77, NJW 1979, 2636, 2637; *BAG* vom 25.10.2000, 7 AZR 487/99, NZA 2001, 259, 260; *BAG* vom 15.4.2014, 3 AZR 395/11, BeckRS 2014, 70025; vgl. *Boemke*, BB 2006, 997, 997 f.; Boemke/Lembke/*Boemke*, § 12 AÜG Rn. 36; vgl. *Becker/Wulfgramm*, Art. 1 § 12 AÜG Rn. 20; Urban-Crell/Germakowski/Bissels/ Hurst /*Germakowski/Bissels*, § 1 AÜG Rn. 59; ArbR.Hdb-Schaub/*Koch*, § 120 Rn. 83; Schüren/Hamann/*Schüren*, Einl. AÜG Rn. 309; *Theuersbacher*, Das Leiharbeitsverhältnis, S. 66; Thüsing/*Waas*, § 1 AÜG Rn. 49a; ErfK/*Wank*, Einl. AÜG Rn. 15.
49 *Becker/Kreikebaum*, Zeitarbeit, S. 109; Münch.Hdb.-ArbR/*Schüren*, § 318 Rn. 37 f.
50 *BAG* vom 6.8.2003, 7 AZR 180/03, AP AÜG § 9 Nr. 6; *BAG* vom 15.4.2014, 3 AZR 395/11, BeckRS 2014, 70025; *LAG Düsseldorf* vom 14.5.2004, 9 (14) Sa 1691/03, BeckRS 2004, 41440; *Brauneisen/Ibes*, RdA 2014, 213, 215; ErfK/*Wank*, Einl. AÜG Rn. 15.

zu entrichten.[51] Je nach vertraglicher Abrede wird der Entleiher mit dem Abschluss des Arbeitnehmerüberlassungsvertrags vom Verleiher ermächtigt, die arbeitsrechtliche Weisungsbefugnis während des Einsatzes gegenüber dem Leiharbeitnehmer auszuüben bzw. es wird der Anspruch auf die weisungsabhängig zu erbringende Arbeitsleistung mit der Befugnis zur Ausübung des arbeitsrechtlichen Weisungsrechts vom Verleiher an den Entleiher abgetreten.[52]

II. Dogmatische Einordnung

Das Verhältnis zwischen Entleiher und Verleiher weist keine arbeitsrechtliche Qualität auf.[53] Auch kann es (anders als der Sprachgebrauch der „Leiharbeit" vermuten lässt) dogmatisch nicht als Leihe gemäß § 598 BGB eingeordnet werden.[54] In der Praxis wird es hierfür in den meisten Fällen schon am Merkmal der Unentgeltlichkeit (vgl. § 598 BGB) der Überlassung fehlen (nach neuerer, seit 1.12.2011 geltender Rechtslage hat die Unentgeltlichkeit der Überlassung aber keinerlei Einfluss mehr auf die Erlaubnispflicht der Arbeitnehmerüberlassung, vgl. § 1 Abs. 1 S. 1 AÜG: „wirtschaftliche Tätigkeit"[55]). Jedenfalls aber wird durch den Verleiher entgegen § 598 BGB keine Sache zum Gebrauch überlassen, sondern eine natürliche Person zur Erbringung weisungsabhängiger Dienste. Die Beziehung zwischen Verleiher und Entleiher ist dogmatisch als Dienstverschaffungsvertrag zu qualifizieren,[56] dessen Zulässigkeit aus §§ 311 Abs. 1, 241 BGB folgt.[57] Er ist dadurch gekennzeichnet, dass eine Vertragspartei verpflichtet ist, der anderen Vertragspartei die Dienste

---

51 *BAG* vom 8.11.1978, 5 AZR 261/77, NJW 1979, 2636, 2637; Schüren/Hamann/*Schüren*, Einl. AÜG Rn. 308; *Theuersbacher*, Das Leiharbeitsverhältnis, S. 66; ErfK/*Wank*, Einl. AÜG Rn. 16.
52 *Rüthers/Bakker*, ZfA 1990, 245, 274 f.
53 *Boemke*, Schuldvertrag und Arbeitsverhältnis, § 13 II. 2. c. S. 562; *Theuersbacher*, Das Leiharbeitsverhältnis, S. 66 sieht das Überlassungsverhältnis außerhalb „der arbeitsrechtlichen Problematik".
54 BT-Drs. VI/2303, 10; Boemke/Lembke/*Boemke*, § 1 AÜG Rn. 11; *Theuersbacher*, Das Leiharbeitsverhältnis, S. 1; Thüsing/*Waas*, § 1 AÜG Rn. 23.
55 Zum Verzicht auf das Merkmal der Gewinnerzielungsabsicht: vgl. *Boemke*, RIW 2009, 177, 178 unter Rückgriff auf die Richtlinie 2008/104/EG, auf welcher § 1 Abs. 1 AÜG beruht; *Leuchten*, NZA 2011, 608, 609; Hk-ArbR/*Lorenz*, § 1 AÜG Rn. 14; Sandmann/*Marschall*, Art. 1 § 1 AÜG Anm. 38a; *Thüsing/Thieken*, DB 2012, 347, 347 ff.; Thüsing/ *Waas*, § 1 AÜG Rn. 101a; ErfK/*Wank*, § 1 AÜG Rn. 31.
56 *Boemke*, Schuldvertrag und Arbeitsverhältnis, § 13 II. 2. c. S. 562; *Brauneisen/Ibes*, RdA 2014, 213, 215; *Dütz/Thüsing*, Arbeitsrecht, § 8 Rn. 343; *Lembke*, BB 2012, 2497; *Ramm*, ZfA 1973, 263, 267; Thüsing/*Thüsing*, Einf. AÜG Rn. 40; ErfK/*Wank*, Einl. AÜG Rn. 14, § 12 AÜG Rn. 5.
57 Vgl. im Grundsatz *Dütz/Thüsing*, Arbeitsrecht, § 8 Rn. 343 die auf die Anwendung der Regeln des allgemeinen Schuldrechts abstellen; vgl. ebenso *Becker/Kreikebaum*, Zeitarbeit, S. 108; vgl. *Rüthers/Bakker*, ZfA 1990, 245, 274 „gelten grundsätzlich die Regeln des BGB"; Thüsing/*Thüsing*, Einf. AÜG Rn. 40.

eines Dritten zu verschaffen.[58] Eine solche Leistungspflicht besteht in der Beziehung zwischen Verleiher und Entleiher.[59]

C. Verhältnis zwischen Leiharbeitnehmer und Entleiher

I. Inhalt

Das dritte Verhältnis bei der Arbeitnehmerüberlassung ist die Beziehung zwischen Leiharbeitnehmer und Entleiher. Sie entsteht nicht durch Vertragsschluss. Leiharbeitnehmer und Entleiher sind mit Ausnahme der durch § 10 Abs. 1 AÜG normierten Fälle der illegalen Arbeitnehmerüberlassung nicht Partner eines Austauschschuldverhältnisses[60] (vgl. für erlaubnispflichtige Überlassungen: § 1 Abs. 1 S. 1 AÜG, wo der Verleiher als „Arbeitgeber" und der Entleiher nur als „Dritter", d. h. jedenfalls nicht als Arbeitgeber bezeichnet ist[61]). Die Beziehung zwischen Leiharbeitnehmer und Entleiher baut auf tatsächlichen Umständen auf: Beschäftigung des Leiharbeitnehmers im entleihenden Betrieb und damit verbundener Eingliederung in diesen, durch die Unterstellung unter das Weisungsrecht des Entleihers. Trotz des fehlenden eigenen schuldrechtlichen Pflichtenbands ist der Leiharbeitnehmer verpflichtet, gegenüber dem Entleiher weisungsabhängige Dienste zu erbringen.[62] Der Entleiher ist in der Lage, die Einzelheiten des Arbeitseinsatzes wie Arbeitszeit, Arbeitsort und Inhalt der konkreten Ausführungshandlungen gegenüber dem Leiharbeitnehmer im rechtlich zulässigen Rahmen festzusetzen[63] und den Leiharbeitnehmer nach seinen Vorstellungen und Zielen wie eine eigene Arbeitskraft in seinem Betrieb einzusetzen.[64] Grundlage hierfür ist das Zusammenspiel des Arbeitnehmerüberlassungsvertrags zwischen Entleiher und Verleiher (B.) mit dem Leiharbeitsvertrag

---

58 *Sandmann/Marschall*, Art. 1 § 1 AÜG Anm. 22; *Thüsing/Waas*, § 1 AÜG Rn. 88.
59 *Boemke/Lembke/Boemke*, § 1 AÜG Rn. 75.
60 *BAG* vom 25.10.2000, 7 AZR 487/99, NZA 2001, 259, 260; *BAG* vom 25.1.2005, 1 ABR 61/03, NZA 2005, 1199, 1202; *Becker/Kreikebaum*, Zeitarbeit, S. 40; vgl. *Becker/Wulfgramm*, Art. 1 § 1 AÜG Rn. 57; vgl. *Dütz/Thüsing*, Arbeitsrecht, § 8 Rn. 342; vgl. *Dölle*, GRUR Int. 1973, 469, 471; ArbR.Hdb.-Schaub/*Koch*, § 120 Rn. 65; *Schüren/Hamann/Schüren*, Einl. AÜG Rn. 110; *Thüsing/Waas*, § 1 AÜG Rn. 50.
61 GA AÜG § 1 (3) zu § 1 AÜG.
62 *BAG* vom 11.4.1984, 5 AZR 316/82, NZA 1984, 161, 162; *BAG* vom 25.1.2005, 1 ABR 61/03, NZA 2005, 1199, 1202; *LAG Düsseldorf* vom 14.5.2004, 9 (14) Sa 1691/03, BeckRS 2004, 41440; vgl. *Becker/Kreikebaum*, Zeitarbeit, S. 105; *Brauneisen/Ibes*, RdA 2014, 213, 218; vgl. *Dütz/Thüsing*, Arbeitsrecht, § 8 Rn. 336; *Thüsing/Thüsing*, Einf. AÜG Rn. 1; *Zöllner/Loritz/Hergenröder*, Arbeitsrecht, § 27 S. 310.
63 *Boemke*, Schuldvertrag und Arbeitsverhältnis, § 13 II. 3. b. S. 564; *Brauneisen/Ibes*, RdA 2014, 213, 221; *Schüren*, RdA 2007, 231, 234; vgl. *Theuersbacher*, Das Leiharbeitsverhältnis, S. 51 ff.; *Thüsing/Thüsing*, Einf. AÜG Rn. 33.
64 *BAG* vom 6.8.2003, 7 AZR 180/03, AP AÜG § 9 Nr. 6; *Brauneisen/Ibes*, RdA 2014, 213, 218; *Kindereit*, AuR 1971, 327, 329 „der Leiharbeitnehmer wird völlig in den Betrieb des Entleihers eingeordnet".

zwischen Verleiher und Leiharbeitnehmer (A.).[65] Dieses Verhältnis ist letztlich dadurch charakterisiert, dass der Entleiher gegenüber dem Leiharbeitnehmer eine faktische Arbeitgeberstellung hat.[66]

II. Dogmatische Einordnung

Das Gesetz selbst gibt keine Antwort, wie die Beziehung zwischen Entleiher und Leiharbeitnehmer dogmatisch einzuordnen ist. Die §§ 13a, 13b AÜG greifen sie nur auf, ohne sie zu qualifizieren.[67] Sie kann aber jedenfalls nicht allein faktischer Art sein,[68] weil die Erbringung von weisungsabhängigen Diensten des Leiharbeitnehmers sowohl für den Entleiher als auch den Leiharbeitnehmer gewisse Arbeitgeberrechte und -pflichten bzw. gewisse Arbeitnehmerrechte und -pflichten auslöst.[69] Wie sie konkret dogmatisch einzuordnen ist, ist Gegenstand zahlreicher Untersuchungen[70] und auf Grund der zahlreichen Ansätze nur schwer in komprimierter Form darzustellen. Soweit für die Untersuchung wesentlich, wird die dogmatische Einordnung dieses Verhältnisses an relevanter Stelle geklärt.

§ 2 Betriebsveräußerung im zweiseitigen Arbeitsverhältnis

A. Einführung

Die nachfolgenden Ausführungen zeigen, welche Folgen die Veräußerung eines Betriebs auf den Bestand eines zweiseitig strukturierten Arbeitsverhältnisses (Normalfall) hat. Steht dies fest, kann untersucht werden, inwieweit sich diese allgemeinen Grundlagen auf gespaltene Arbeitsverhältnisse (als Sonderfall) übertragen lassen und insbesondere welche Folgen die Übertragung eines entleihenden Betriebs auf die jeweiligen Beziehungen der Arbeitnehmerüberlassung, die in unterschiedlicher Intensität die Merkmale eines gewöhnlichen Arbeitsverhältnisses aufweisen, hat.

---

65 *Schüren*, RdA 2007, 231, 234.
66 *Becker/Wulfgramm*, Art. 1 § 1 AÜG Rn. 5 „aufgespaltene Arbeitgeberposition"; *Becker/Kreikebaum*, Zeitarbeit, S. 105 „funktionale Aufgliederung der Arbeitgeberposition"; Schüren/Hamann/*Schüren*, Einl. AÜG Rn. 156 f.; ErfK/*Wank*, Einl. AÜG Rn. 23.
67 Vgl. *Neufeld/Luickhardt*, AuA 2012, 72.
68 *Becker/Kreikebaum*, Zeitarbeit, S. 40; ArbR.Hdb.-Schaub/*Koch*, § 120 Rn. 65; vgl. *Theuersbacher*, Das Leiharbeitsverhältnis, S. 49.
69 Vgl. *Dütz/Thüsing*, Arbeitsrecht, § 8 Rn. 342; vgl. *Kindereit*, AuR 1971, 327, 329; ErfK/*Wank*, Einl. AÜG Rn. 32.
70 Überblick zum Meinungsstand bei: *Becker/Wulfgramm*, Einl. AÜG Rn. 12; *Reinsch*, Das Rechtsverhältnis zwischen Entleiher und Leiharbeitnehmer (2008); vgl. auch *Rüthers/Bakker*, ZfA 1990, 245, 277 ff.; Schüren/Hamann/*Schüren*, Einl. AÜG Rn. 113 ff.; ErfK/*Wank*, Einl. AÜG Rn. 32.

Für diese Darstellung gilt es im Ausgangspunkt § 613a Abs. 1 S. 1 BGB in den Blick zu nehmen. Dort heißt es:

> „Geht ein Betrieb [...] durch Rechtsgeschäft auf einen anderen über, so tritt dieser [Betriebserwerber] in die Rechte und Pflichten aus den im Zeitpunkt des Übergangs bestehenden Arbeitsverhältnissen ein."

Auch wenn es dem Gesetzgeber sprachlich etwas missglückt ist,[71] soll mit „dem Eintritt in die bestehenden Arbeitsverhältnisse" zum Ausdruck gebracht werden, dass die Veräußerung eines Betriebs bewirkt, dass die bestehenden Arbeitsverhältnisse vom ursprünglichen (veräußernden) Betriebsinhaber auf den Betriebserwerber durch eine zwingende gesetzliche Anordnung übergeleitet werden. Die Folge ist, dass das Arbeitsverhältnis zum ursprünglichen Betriebsinhaber entfällt[72] und der Arbeitnehmer kraft Gesetzes einen neuen Arbeitgeber (Betriebserwerber) erhält.[73] Es vollzieht sich ein Vertragsübergang kraft Gesetzes – *ipso iure*.[74] Es wird nur ein Austausch des Arbeitgebers bewirkt, aber der übrige Inhalt des Arbeitsverhältnisses wird nicht tangiert. Der Erwerber übernimmt sowohl sämtliche rückständigen als auch künftigen Forderungen des Arbeitnehmers aus dem Arbeitsverhältnis.[75] Die Folge tritt ein, sobald der Betrieb durch den Betriebserwerber fortgeführt wird, d. h. im Zeitpunkt, in welchem dieser die rechtlich begründete Organisations- und

---

71 Zur Kritik einer unsauberen Formulierung in § 613a BGB: Staudinger/*Annuß*, § 613a BGB Rn. 133; vgl. *Borngräber*, Arbeitsverhältnis bei Betriebsübergang, S. 65; *Fischer*, Individualrechtliche Probleme beim Betriebsübergang nach § 613a BGB, S. 148; vgl. *Posth*, Arbeitsrechtliche Probleme beim Betriebsübergang, S. 13; in diese Richtung auch *Wendling*, Rechtsgeschäftlicher Betriebsübergang und Arbeitsverhältnis, S. 28; vgl. Willemsen/Hohenstatt/Schweibert/Seibt/*Willemsen*, Umstrukturierung und Übertragung von Unternehmen, G Rn. 122 „Trotz des etwas unklaren Wortlauts".
72 Bernsau/Dreher/Hauck/*Dreher*, § 613a BGB Rn. 121; ArbR.Hdb.-Schaub/*Koch*, § 118 Rn. 1; ErfK/*Preis*, § 613a BGB Rn. 66; vgl. *Wendling*, Rechtsgeschäftlicher Betriebsübergang und Arbeitsverhältnis, S. 29, 33; Willemsen/Hohenstatt/Schweibert/Seibt/ *Willemsen*, Umstrukturierung und Übertragung von Unternehmen, G Rn. 122.
73 *BAG* vom 20.2.2014, 2 AZR 859/11, NZA 2014, 1083, 1085 „kraft Gesetzes in die bestehenden Arbeitsverhältnisse ein."; Staudinger/*Annuß*, § 613a BGB Rn. 135; *Hergenröder*, AR-Blattei SD 500.1 Rn. 64; jurisPK-BGB/*Kliemt/Teusch*, § 613a BGB Rn. 61.
74 Staudinger/*Annuß*, § 613a BGB Rn. 133; *Boemke*, Studienbuch Arbeitsrecht, § 3 Rn. 32; vgl. *Dütz/Thüsing*, Arbeitsrecht, § 10 Rn. 518; *Falkenberg*, DB 1980, 783, 784; Hümmerich/Boecken/Düwell/*Hauck*, § 613a BGB Rn. 11; ArbR.Hdb.-Schaub/*Koch*, § 118 Rn. 1; *Schiefer*, NJW 1998, 1817, 1818; APS/*Steffan*, § 613a BGB Rn. 80; ErfK/ *Preis*, § 613a BGB Rn. 66; vgl. KR/*Treber*, § 613a BGB Rn. 100.
75 *Boemke*, Studienbuch Arbeitsrecht, § 3 Rn. 32; *Borngräber*, Arbeitsverhältnis bei Betriebsübergang, S. 67; *Hergenröder*, AR-Blattei SD 500.1 Rn. 72; ErfK/*Preis*, § 613a BGB Rn. 66; *Seiter*, Betriebsinhaberwechsel, S. 78; vgl. *Waltermann*, Arbeitsrecht, § 19 Rn. 411; HWK/*Willemsen/Müller-Bonanni*, § 613a BGB Rn. 231.

Leitungsmacht über den Betrieb erlangt.[76] Will der Arbeitnehmer einen gesetzlichen Übergang seines Arbeitsverhältnisses auf den Erwerber verhindern, so steht ihm ein Widerspruchsrecht zu (§ 613a Abs. 6 BGB).

B. Unstreitig erfasste Arbeitsverhältnisse

§ 613a Abs. 1 S. 1 BGB findet auf „bestehende Arbeitsverhältnisse", d. h. im Zeitpunkt der Betriebsveräußerung noch nicht rechtlich beendete Arbeitsverhältnisse,[77] Anwendung. Nach unbestrittener Ansicht ging der Gesetzgeber bei der Schaffung von § 613a Abs. 1 S. 1 BGB vom allgemeinen Begriff des Arbeitsverhältnisses aus[78] (vgl. hierzu Kap. 6 § 2 B. 1. a)). Hiernach zeichnet sich ein Arbeitsverhältnis dadurch aus, dass ein Arbeitnehmer auf der Grundlage einer Verpflichtung einem Arbeitgeber persönlich zur Ableistung von fremdbestimmten und weisungsabhängigen Diensten gegen Entgelt verpflichtet ist.[79] Da § 613a Abs. 1 S. 1 BGB nicht differenziert, ob es sich um ein wirksames oder unwirksames Arbeitsverhältnis handelt, werden nach allgemeiner Ansicht neben den vollwirksamen auch fehlerhaft begründete Arbeitsverhältnisse[80] von der Norm erfasst. Ob gleiches für Arbeitsverhältnisse gilt,

---

76 BAG vom 15.12.2005, 8 AZR 202/05, NZA 2006, 597, 600; BAG vom 22.10.2009, 8 AZR 766/08, NZA-RR 2010, 660, 662; BAG vom 21.8.2008, 8 AZR 201/07, NZA 2009, 29, 32; Staudinger/*Annuß*, § 613a BGB Rn. 148; Dütz/Thüsing, Arbeitsrecht, § 10 Rn. 517; ErfK/*Preis*, § 613a BGB Rn. 66.

77 Staudinger/*Annuß*, § 613a BGB Rn. 138; vgl. *Hergenröder*, AR-Blattei SD 500.1 Rn. 339; vgl. *Sieg/Maschmann*, Unternehmensumstrukturierung aus arbeitsrechtlicher Sicht, Rn. 134.

78 *Bauer*, Unternehmensveräußerung und Arbeitsrecht, S. 43; *Borngräber*, Arbeitsverhältnis bei Betriebsübergang, S. 59; Erman/*Edenfeld*, § 613a BGB Rn. 42; *Kerschner/ Köhler*, Betriebsveräußerung und Arbeitsrecht, S. 25; vgl. *Sieg/Maschmann*, Unternehmensumstrukturierung aus arbeitsrechtlicher Sicht, Rn. 131; vgl. Willemsen/ Hohenstatt/Schweibert/Seibt/*Willemsen*, Umstrukturierung und Übertragung von Unternehmen, G Rn. 127.

79 *BAG* vom 12.12.2001, 5 AZR 253/00, NZA 2002, 787, 788; *BAG* vom 13.12.1962, 2 AZR 128/62, DB 1963, 345, 345 f.; *BAG* vom 20.8.2003, 5 AZR 610/02, NZA 2004, 39; *BAG* vom 14.3.2007, 5 AZR 499/06, NZA-RR 2007, 424, 425; *BAG* vom 15.2.2012, 10 AZR 301/10, NZA 2012, 731, 731 f., *BAG* vom 16.2.2000, 5 AZB 71/99, NZA 2000, 385, 387; vgl. *BAG* vom 9.4.1957, 3 AZR 435/54, BAGE 4, 93, 96; vgl. *Junker*, Arbeitsrecht, § 1 Rn. 91; vgl. *Konzen*, ZfA 1982, 259, 289; ErfK/*Preis*, § 611 BGB Rn. 35; Staudinger/*Richardi/Fischinger*, vor §§ 611 ff. BGB Rn. 223; Münch.Hdb.-ArbR/*Richardi*, § 16 Rn. 12 ff.

80 Staudinger/*Annuß*, § 613a BGB Rn. 140; Dornbusch/Fischermeier/Löwisch/*Bayreuther*, § 613a BGB Rn. 39; *Borngräber*, Arbeitsverhältnis bei Betriebsübergang S. 64; *Commandeur/Kleinebrink*, Betriebs- und Firmenübernahme, Rn. 100; Kass.Hdb./ *Hattesen*, 6.7. Rn. 97; vgl. Erman/*Edenfeld*, § 613a BGB Rn. 43; *Fischer*, Individualrechtliche Probleme beim Betriebsübergang, S. 105; vgl. *Gaul*, Der Betriebsübergang, S. 85; *Hergenröder*, AR-Blattei SD 500.1 Rn. 343, 345 f.; *Kerschner/Köhler*, Betriebsveräußerung und Arbeitsrecht, S. 25; Jauernig/*Mansel*, § 613a BGB Rn. 2; ErfK/*Preis*,

welche durch einen Arbeitsvertrag begründet, aber zum Zeitpunkt des Betriebsübergangs noch nicht wirksam in Vollzug gesetzt sind, wird unterschiedlich gesehen.[81] Jedenfalls für die vorliegende Untersuchung kann dies aber offen bleiben. Bei der Veräußerung eines entleihenden Betriebs, ist der Arbeitsvertrag (Leiharbeitsvertrag) durch den Verleih des Leiharbeitnehmers und das weisungsabhängige Tätigwerden im entleihenden Betrieb immer in Vollzug gesetzt.

C. Struktur der unstreitig erfassten Arbeitsverhältnisse

Nach allgemeinen Grundsätzen entstehen Arbeitsverhältnisse im Regelfall durch Vertragsschluss (sog. Vertragstheorie), den Arbeitsvertrag.[82] Sie können aber ebenso durch gesetzliche Fiktion (z.B. § 10 Abs. 1 AÜG) bzw. Ausübung eines einseitigen Gestaltungsrechts (z.B. §§ 78a Abs. 2, 102 Abs. 5 BetrVG) zustande kommen. Auch wenn es der Normwortlaut von § 613a Abs. 1 S. 1 BGB nur bedingt zum Ausdruck bringt, wird allgemein im Anwendungsbereich von § 613a Abs. 1 S. 1 BGB davon ausgegangen, dass das durch Vertrag begründete Arbeitsverhältnis unmittelbar zum (veräußernden) Betriebsinhaber bestehen muss.[83] Besonders deutlich wird dies an einer vom *LAG Köln* getroffenen Aussage, wonach § 613a Abs. 1 S. 1 BGB „nur Arbeitsverhältnisse mit dem Unternehmer (Arbeitgeber), dem der übergehende Betrieb

---

§ 613a BGB Rn. 68; *Posth*, Arbeitsrechtliche Probleme beim Betriebsinhaberwechsel, S. 88 f.; vgl. *Sieg/Maschmann*, Unternehmensumstrukturierung aus arbeitsrechtlicher Sicht, Rn. 134; APS/*Steffan*, § 613a BGB Rn. 85; *Weiß*, Arbeitsverhältnisse im Rahmen eines Betriebsübergangs, S. 59 f.; *Wendling*, Rechtsgeschäftlicher Betriebsübergang und Arbeitsverhältnis, S. 94.

81 Hierzu Beseler/Düwell/*Beseler*, Betriebsübergang und Umstrukturierung von Unternehmen, S. 89; *Hergenröder*, AR-Blattei SD 500.1 Rn. 348 lehnt ein bestehendes Arbeitsverhältnis nach § 613a BGB in diesem Fall ab.

82 *BAG* vom 27.9.2012, 2 AZR 838/11, NJW 2013, 1692, 1693; *BAG* vom 9.4.2014, 10 AZR 590/13, NZA-RR 2014, 522, 523; *Abele*, FA 2011, 7; *Borngräber*, Arbeitsverhältnis bei Betriebsübergang, S. 66; Erman/*Edenfeld*, § 611 BGB Rn. 53 f.; *Forst*, RdA 2014, 157, 158, 163; Hk-ArbR/*Kreuder*, § 611 BGB Rn. 11, 183; ErfK/*Preis*, § 611 BGB Rn. 7, 36; APS/*Preis*, Grundlagen C. Rn. 3; Staudinger/*Richardi/Fischinger*, Vorbem zu §§ 611 ff. BGB Rn. 225; HWK/*Thüsing*, § 611 BGB Rn. 30; *Waltermann*, Arbeitsrecht, § 4 Rn. 44; *Walker*, JA 1985, 138, 139. Abweichend *Boemke*, Schuldvertrag und Arbeitsverhältnis, § 8 S. 279 ff. der in der einvernehmlichen tatsächlichen Arbeitsaufnahme einen Begründungstatbestand für ein arbeitsrechtliches Erfüllungsverhältnis sieht, hierzu Kap. 6 § 2 B. 1. c) cc)).

83 *Raab*, EuZA 2011, 537, 538 unter Bezugnahme auf die Entscheidung des *LAG Köln* vom 17.3.2000, 11 Sa 1564/99, BeckRS 2000, 41018; vgl. *Sieg/Maschmann*, Unternehmensumstrukturierung aus arbeitsrechtlicher Sicht, Rn. 134 „nur beim Veräußerer bestehende Arbeitsverhältnisse".

gehört (bisheriger Inhaber)", erfasst.[84] Aber auch beispielsweise *Seiter* spricht von Arbeitsverhältnissen „zwischen Betriebsinhaber und Belegschaft".[85]

D. Inhalt der übergehenden Arbeitsverhältnisse
I. Ausgangspunkt

Das Gesetz spricht in § 613a Abs. 1 S. 1 BGB nur ganz unspezifisch von einem „Übergang bestehender Rechte und Pflichten" und meint hierbei abstrakt in Satz 1 nur solche Rechte und Pflichten, die aus individualvertraglichen bzw. kollektivvertraglichen Vereinbarungen, die durch eine Bezugnahme Bestandteil des Arbeitsvertrags geworden sind, folgen.[86] Will man wissen, welche Rechte und Pflichten im Falle einer Betriebsveräußerung vom bisherigen Betriebsinhaber auf den Betriebserwerber übergehen, muss man sich im Klaren darüber sein, welche im vorbezeichneten Sinn individualvertraglichen Rechte und Pflichten im betroffenen Arbeitsverhältnis bestehen, weil nur diese übergehen können; „bestehende Rechte und Pflichten".

II. Vollwirksames Arbeitsverhältnis

Als vollwirksames Arbeitsverhältnis soll vorliegend ein solches Arbeitsverhältnis begriffen werden, dass wirksam durch einen Vertragsschluss bzw. einen anderen anerkannten Begründungstatbestand zwischen einem Arbeitnehmer und einem Arbeitgeber geschlossen worden ist, keinerlei Anfechtungs- bzw. sonstige Nichtigkeitsgründe bestehen und welches bereits durch die tatsächliche Arbeitsaufnahme gelebt wird. In einem solchen Fall bewirkt die gesetzliche Überleitung der „bestehenden Rechte und Pflichten" im Sinne von § 613a Abs. 1 S. 1 BGB, dass der Betriebserwerber in den Arbeitsvertrag (rechtliche Komponente) einrückt. Dieser verbleibt nicht als leere Hülle bei dem alten Betriebsinhaber, sondern besteht samt seiner individualvertraglichen Rechte und Pflichten mit dem Erwerber fort.[87] Daneben hat der Erwerber die Verfügungsgewalt über den Arbeitsplatz des Arbeitnehmers im übertragenen Betrieb erlangt. Aufgrund des Fortbestehens des verpflichtenden Arbeitsverhältnisses zum Erwerber und das dortige Zusammentreffen mit dem Arbeitsplatz kann auch das Verhältnis der tatsächlichen Beschäftigung im übergegangenen Betrieb fortgesetzt werden.[88] Es werden daher bei einem vollwirksamen und gelebten Arbeitsverhältnis sowohl das Arbeitsschuldverhältnis (regelmäßig

---

84 *LAG Köln* vom 17.3.2000, 11 Sa 1564/99, BeckRS 2000, 41018.
85 *Seiter*, Betriebsinhaberwechsel, S. 56.
86 Hk-ArbR/*Karthaus/Richter*, § 613a BGB Rn. 95; ArbR.Hdb.- Schaub/*Koch*, § 118 Rn. 6; MüKo-BGB/*Müller-Glöge*, § 613a BGB Rn. 89; ErfK/*Preis*, § 613a BGB Rn. 66; KR/*Treber*, § 613a BGB Rn. 100.
87 Vgl. *Seiter*, Betriebsinhaberwechsel, S. 30; vgl. Beseler/Düwell/*Beseler*, Betriebsübergang und Umstrukturierung von Unternehmen, S. 87, 93.
88 *Sieg/Maschmann*, Unternehmensumstrukturierung aus arbeitsrechtlicher Sicht, Rn. 21 f.

Arbeitsvertrag) als Verpflichtungsgrund als auch der Arbeitsplatz als Inbegriff des tatsächlichen Leistungsaustauschs im Falle der Betriebsveräußerung vom bisherigen Inhaber auf den Erwerber übergeleitet.

III. Faktisches Arbeitsverhältnis

Ein faktisches Arbeitsverhältnis liegt hingegen vor, wenn zwischen den Arbeitsvertragsparteien ein anfechtbarer, unwirksamer oder nichtiger Arbeitsvertrag geschlossen worden ist und die Arbeitsleistung (in der Vergangenheit) tatsächlich auf dieser Grundlage erbracht wird (worden ist).[89] Nach der Lehre vom fehlerhaften Arbeitsverhältnis wirkt eine Anfechtung dieses faktischen Arbeitsverhältnisses nach überwiegender Ansicht entgegen § 142 Abs. 1 BGB nur für die Zukunft und für die Vergangenheit wird die Wirksamkeit des Arbeitsverhältnisses, abgesehen von § 123 BGB, fingiert.[90] Ein anderer Teil nimmt an, dass der Arbeitsvertrag von Anfang an unwirksam ist, es den Arbeitsvertragsparteien aber grundsätzlich verwehrt ist, sich hierauf zu berufen.[91] Beides führt zu vergleichbaren Ergebnissen. Da nunmehr nach allgemeiner Ansicht für § 613a Abs. 1 S. 1 BGB kein wirksames Arbeitsverhältnis erforderlich ist, erfolgt ebenso der gesetzliche Übergang von faktischen, auf anfechtbarer oder unwirksamer Verpflichtungsgrundlage bestehenden Arbeitsverhältnissen, sofern es nicht vor dem Übergang des Betriebs, d.h. dessen tatsächlicher Fortführung endgültig außer Vollzug gesetzt worden ist und der Erwerber z.B. durch eine Anfechtung des Arbeitsvertrags den Übergang des fehlerhaften Arbeitsverhältnisses verhindert.[92] Abgesehen hiervon muss der Erwerber beim Übergang eines fehlerhaften Arbeitsverhältnisses im Sinne von § 613a Abs. 1 S. 1 BGB sämtliche Unwirksamkeitsgründe des Arbeitsvertrags gegen sich gelten lassen, zugleich kann er sich aber auch auf sämtliche Unwirksamkeitsgründe berufen. Er erwirbt nach allgemeiner Ansicht auch das Recht, dass fehlerhafte Arbeitsverhältnis mit Wirkung für die Zukunft durch Anfechtung des Arbeitsvertrags zu beenden (§§ 142 Abs. 1, 119 BGB).[93] Im Ergebnis bewirken § 613a Abs. 1 S. 1 BGB und der angeordnete

---

89 *Boemke*, Schuldvertrag und Arbeitsverhältnis, § 11 I. S. 475 f.; *Herschel*, AuR 1983, 225 ein „faktisches Arbeitsverhältnis [ist] ein solches [...], zu dem ein Vertrag fehlt"; vgl. *Joussen,* Jura 2014, 798, 806; vgl. *Walker*, JA 1985, 138, 139 ff., 148.
90 *BAG* vom 5.12.1957, 1 AZR 594/56, NJW 1958, 516; *BAG* vom 7.6.1972, 5 AZR 512/71, AP BGB § 611 Faktisches Arbeitsverhältnis Nr. 18; *BAG* vom 16.9.1982, 2 AZR 228/80, NJW 1984, 446, 447; MüKo-BGB/*Armbrüster*, § 119 BGB Rn. 20; *Commandeur/Kleinebrink*, Betriebs- und Firmenübernahme, Rn. 100; *Dütz/Thüsing*, Arbeitsrecht, § 3 Rn. 121; *Junker*, Arbeitsrecht, § 3 Rn. 193; *Joussen,* Jura 2014, 798, 806; ArbR.Hdb.-Schaub/*Linck*, § 34 Rn. 49 f.; Staudinger/*Richardi/Fischinger*, § 611 BGB Rn. 310, 312.
91 Vgl. in diese Richtung Sack, RdA 1975, 171, 175.
92 Vgl. *Weiß*, Arbeitsverhältnisse im Rahmen eines Betriebsübergangs, S. 59 f.
93 Vgl. *Bauer*, Unternehmensveräußerung und Arbeitsrecht, S. 46; *Gaul*, Der Betriebsübergang, S. 157; *Hergenröder*, AR-Blattei SD 500.1 Rn. 345; auch *Seiter*, Betriebsinhaberwechsel, S. 59; *Posth*, Arbeitsrechtliche Probleme beim Betriebsinhaberwechsel, S. 89; *Wendling*, Rechtsgeschäftlicher Betriebsübergang und Arbeitsverhältnis, S. 95.

Übergang der „bestehenden Rechte und Pflichten" auch beim faktischen Arbeitsverhältnis, dass die rechtlich existente Rechtsbeziehung mit dem gleichen Inhalt, den sie vor dem Übergang des Betriebs hatte, beim Erwerber fortbesteht.

IV. Schlussfolgerung zur Konkretisierung des Arbeitsverhältnisses nach § 613a Abs. 1 S. 1 BGB

1. Allgemeine Erkenntnisse

Die vorangegangenen Überlegungen haben gezeigt, dass durch § 613a Abs. 1 S. 1 BGB nur das Arbeitsverhältnis in der konkreten rechtlichen Ausgestaltung, wie es beim Veräußerer bzw. bisherigen Betriebsinhaber bestanden hat, auf den Erwerber übergeleitet wird. Beispielsweise bewirkt § 613a Abs. 1 S. 1 BGB nicht, dass aus einem fehlerhaft begründeten Arbeitsverhältnis infolge der gesetzlichen Überleitung ein vollwirksames Arbeitsverhältnis entsteht. Vielmehr reißt der Übergang des Arbeitsverhältnisses die diesem anhaftenden Schwächen mit sich. Ebenso wenig können durch § 613a Abs. 1 S. 1 BGB neue Rechte und Pflichten aus dem bestehenden Arbeitsverhältnis begründet werden. Für den Normalfall eines zweiseitig strukturierten und vollwirksamen Arbeitsverhältnisses bedeutet dies, dass kraft Gesetzes sowohl der Arbeitsvertrag als auch der Arbeitsplatz bei dem Erwerber fortbestehen. Es wird nicht mehr, aber auch nicht weniger von § 613a Abs. 1 S. 1 BGB umfasst. Diese Erkenntnis ist kaum verwunderlich, weil § 613a Abs. 1 S. 1 BGB von „bestehenden Rechten und Pflichten" spricht.

2. Neue Erkenntnisse

Die bisherigen Ausführungen liefern allerdings bereits schon jetzt in einem anderen entscheidenden Punkt eine wesentliche neue Erkenntnis, die noch eine zentrale Rolle einnehmen wird. Bereits die vorangestellten Grundlagen zu § 613a Abs. 1 S. 1 BGB konnten die überwiegend vorzufindende Aussage, dass § 613a Abs. 1 S. 1 BGB ein Arbeitsverhältnis erfordert, welches durch Vertrag begründet worden und dieses unmittelbar zwischen Betriebsinhaber und Arbeitnehmer bestehen muss, in ihrer Absolutheit erschüttern. Dass das Arbeitsverhältnis im Sinne von § 613a Abs. 1 S. 1 BGB anscheinend doch nicht zwingend und in jedem Fall einen Arbeitsvertrag oder einen anderen gesetzlichen Begründungstatbestand erfordert, ließ sich anhand der Figur des faktischen Arbeitsverhältnisses verdeutlichen. Die durch die Rechtsprechung entwickelten Grundsätze zum fehlerhaften Arbeitsverhältnis modifizieren nur aufgrund allgemeiner Schutzzweckerwägungen die gesetzlich geregelte Rückwirkung einer Anfechtung (§ 142 Abs. 1 BGB – „von Anfang an") oder die zur anfänglichen Nichtigkeit führenden Wirkungen eines anderen Unwirksamkeitsgrunds. Es stellt sich jedoch die Frage, warum ein unwirksamer Arbeitsvertrag für eine Anwendung des § 613a Abs. 1 S. 1 BGB genügen soll, aber ein von Anfang an fehlender Vertrag bzw. ein von Anfang an fehlender sonstiger Verpflichtungsgrund nicht ausreichen soll. Die im Zusammenhang mit dem fehlerhaften Arbeitsverhältnis festgestellten Erkenntnisse, dass für § 613a Abs. 1 S. 1

BGB Lockerungen in Bezug auf die Existenz eines Vertrags bzw. sonstigen Verpflichtungsgrunds bestehen, fügen sich insoweit in die Struktur von § 613a Abs. 1 S. 1 BGB ein, als auf Tatbestandsseite das Merkmal des „Rechtsgeschäfts" auch nicht zwingend eine unmittelbare vertragliche Beziehung zwischen Betriebsinhaber und Betriebserwerber erfordert,[94] d. h. auch hier Lockerungen hinsichtlich der Existenz eines Vertrags bzw. sonstigen Verpflichtungsgrunds anerkannt sind.[95] Dieser Ansatz zeigt sich auch unmittelbar in der Richtlinie 2001/23/EG, bei welcher in deren Art. 1 Abs. 1 lit. a von einer „vertraglichen Übertragung" die Rede ist und dies auf der Linie des *EuGH* nicht zwingend eine vertragliche Beziehung zwischen Veräußerer und Erwerber erfordert.[96]

---

94 Grundsatzentscheidung hierzu durch *BAG* vom 25.2.1981, 5 AZR 991/78, NJW 1981, 2212. Heute allgemeine Ansicht: *BAG* vom 4.3.1993, 2 AZR 374/92, BeckRS 1993, 30744045 ebenso Parallelentscheidung vom gleichen Tag: 2 AZR 507/92, AP BGB § 613a Nr. 101; *BAG* vom 18.8.2011, 8 AZR 230/10, NZM 2012, 384, 385; *LAG Bremen* vom 7.1.2014, 1 Sa 111/13, juris Rn. 84; *LAG München* vom 21.11.2013, 2 Sa 413/13, BeckRS 2014, 71902; *LAG Hamm* vom 7.11.2012, 2 Sa 956/12, BeckRS 2013, 68966; Staudinger/*Annuß*, § 613a BGB Rn. 113; Dornbusch/Fischermeier/Löwisch/ *Bayreuther*, § 613a BGB Rn. 34; vgl. Bernsau/Dreher/Hauck /*Dreher*, § 613a BGB Rn. 113; *Dütz/Thüsing*, Arbeitsrecht, § 10 Rn. 517; *Hergenröder*, AR-Blattei SD 500.1 Rn. 317 f.; Hk-ArbR/*Karthaus/Richter*, § 613a BGB Rn. 77; ArbR.Hdb.-Schaub/*Koch*, § 117 Rn. 31 f.; *Posth*, Arbeitsrechtliche Probleme beim Betriebsinhaberwechsel, S. 80 f.; ErfK/*Preis*, § 613a BGB Rn. 58; KR/*Treber*, § 613a BGB Rn. 85 ff.
95 Diese Überlegung stellt für die vertragslose Beziehung zwischen Entleiher und Leiharbeitnehmer auch *Kühn*, NJW 2011, 1408, 1410 an.
96 Vgl. *EuGH* vom 10.12.1998, C-173/96 und C-247/96, NZA 1999, 189, 190; *EuGH* vom 25.1.2001, C-172/99, NZA 2001, 249, 251; *EuGH* vom 17.12.1987, 287/86, BeckRS 2004, 72938; *EuGH* vom 24.1.2002, C-51/00, NZA 2002, 265, 267.

Kapitel 3: Darstellung des Meinungsstands

§ 1 Vorbemerkung

Als Verständnis- und Diskussionsgrundlage wird nun der Meinungsstand zu den Auswirkungen einer Veräußerung des entleihenden Betriebs und dem damit verbundenen Übergang dieses Betriebs auf einen Dritten (Betriebserwerber) in Bezug auf den weiteren Bestand der jeweiligen Verhältnisse der Arbeitnehmerüberlassung aufgezeigt. Dabei sollen durch eine der eigentlichen Untersuchung vorgelagerte abstrakte Darstellung des Meinungsstands Verständlichkeit und Übersichtlichkeit der Ausführungen gewahrt werden. Beides könnte durch eine jeweils im Zusammenhang mit einzelnen Fragen erfolgende Darstellung beeinträchtigt werden, weil hinsichtlich der Untersuchungsfrage eine Vielzahl gedanklicher Ansätze besteht, welche die Lösung jeweils in einer anderen Beziehung der Arbeitnehmerüberlassung suchen, was allerdings zugleich wiederum Rückwirkungen auf die übrigen Beziehungen der Arbeitnehmerüberlassung hat. Nur eine Gesamtbetrachtung der vorzufindenden Ansichten mit ihren Folgerungen für die jeweilige(n) Teilfrage(n), wie sich die Veräußerung des entleihenden Betriebs auf den Bestand der Beziehungen (1.) zwischen Entleiher und Leiharbeitnehmer, (2.) zwischen Leiharbeitnehmer und Verleiher sowie (3.) zwischen Entleiher und Verleiher auswirkt, macht die vorzufindenden Ansichten als solche jeweils hinreichend verständlich und vor allem vergleichbar.

§ 2 Ausgangspunkt

Will man einen Überblick über das zur Untersuchungsfrage vorzufindende Meinungsbild erhalten, ist es erforderlich, zwischen dem Meinungsstand auf europäischer Ebene (vgl. § 3) und dem im nationalen Recht (vgl. § 4) zu trennen. Auf europaischer Ebene wird die Beantwortung der vorliegenden Rechtsfrage durch die Richtlinie 2001/23/EG, deren konkreter Inhalt letztlich im Wege der Auslegung durch den *EuGH* konkretisiert wird,[97] bestimmt. Im nationalen Recht steht die Auslegung von § 613a Abs. 1 S. 1 BGB als Pendant der Richtlinie 2001/23/EG im Fokus. Die Notwendigkeit, sowohl das durch § 613a Abs. 1 S. 1 BGB als auch das aus der Richtlinie 2001/23/EG abzuleitende Meinungsbild darzustellen, beruht darauf, dass der nationale Richter bei der Beantwortung einer Rechtsfrage an die Vorgaben des Europarechts und die vom *EuGH* konkretisierten Grundsätze gebunden ist

---

[97] Vgl. *Commandeur/Kleinebrink*, Betriebs- und Firmenübernahme, Rn. 41 f.; BeckOK-BGB/*Fuchs*, § 613a BGB Rn. 5; *Hromadka/Maschmann*, Arbeitsrecht Bd. 2, § 19 Rn. 8; *Schmidt/Wittig*, Jura 2007, 568; allgemein hierzu *Schroeder*, JuS 2004, 180, 181; APS/*Steffan*, § 613a BGB Rn. 7; vgl. *Thüsing*, Europäisches Arbeitsrecht, § 5 Rn. 6; vgl. *Waas*, ZfA 2001, 377, 383; vgl. auch Münch.Hdb.-ArbR/*Wank*, § 102 Rn. 3.

(Bindungswirkung des Europarechts[98]), d.h. das nationale Recht ist richtlinienkonform auszulegen. Lässt beispielsweise der Wortlaut einer nationalen Norm mehrere Auslegungsalternativen zu, dann ist derjenigen, welche die Ziele der Richtlinie am ehesten verwirklicht, der Vorzug zu gewähren.[99] In diesem Sinne haben die nationalen Gerichte die durch den *EuGH* verbindlich vorgegebene Auslegung zu beachten. Umgekehrt sind die Vorgaben einer Richtlinie nicht stets und einschränkungslos, sondern nur in den Grenzen der nationalen Auslegungsmethoden einzubinden.[100] Dieses Zusammenspiel der unterschiedlichen Ebenen der beiden Rechtsordnungen gebietet es, zwischen ihnen bereits bei der Darstellung des Meinungsstands zu differenzieren, weil ein vollständiger Gleichlauf nicht zwingend gegeben ist. Insbesondere wirft die Berücksichtigung der Vorgaben der Richtlinie 2001/23/EG im nationalen Recht ggf. weitere (methodische) Rechtsfragen auf (vgl. Kap. 6 § 4).

§ 3 Rechtssache Albron Catering betreffend Richtlinie 2001/23/EG

A. Einführung

Seit dem Inkrafttreten der Richtlinie 2001/23/EG und ihrer Vorgängerregelungen[101] bestand für den *EuGH* mehrfach die Gelegenheit, sich mit deren Auslegung in Fällen der Arbeitnehmerüberlassung auseinanderzusetzen.[102] Erstmals im Oktober 2010 hatte sich der *EuGH* dann mit der Auslegung der Richtlinie 2001/23/EG zu einem (besonders speziellen) Fall der Veräußerung eines entleihenden Betriebs und den damit verbundenen Folgen für die erfassten rechtlichen Beziehungen zu äußern[103] (sog. Albron Entscheidung).[104] Im Fokus stand bei der Auslegung der Richtlinie 2001/23/EG insbesondere deren Art. 3 Abs. 1. Dort heißt es:

---

98 Callies/Ruffert/*Ruffert*, Art. 288 AEUV Rn. 77; Grabitz/Hilf/Nettesheim/*Nettesheim*, Art. 288 AEUV Rn. 105, 133.
99 *Bultmann*, JZ 2004, 1100, 1104 f.; vgl. *Herdegen*, Europarecht, § 8 Rn. 41; vgl. Staudinger/*Honsell*, Einleitung zum BGB, Rn. 198; *Konzen*, in: FS Birk, 439, 443; vgl. Callies/Ruffert/*Ruffert*, Art. 288 AEUV Rn. 77; Streinz/*Schroeder*, Art. 288 AEUV Rn. 128.
100 Vgl. *Bultmann*, JZ 2004, 1100, 1105; vgl. *Herdegen*, Europarecht, § 8 Rn. 43; Streinz/*Schroeder*, Art. 288 AEUV Rn. 128.
101 Richtlinie 98/50/EG, die ihrerseits auf der Richtlinie 77/187/EWG aufbaut.
102 Umfassende Auflistung relevanter Entscheidungen zur Richtlinie 2001/23/EG bzw. deren Vorgängerrichtlinien bei: *Riesenhuber*, Europäisches Arbeitsrecht, § 24 vor Rn. 1.
103 *Raab*, EuZA 2011, 537, 538 „Mit der vorliegenden Entscheidung hatte der Europäische Gerichtshof (EuGH) erstmals die Gelegenheit [...]".
104 *EuGH* vom 21.10.2010, C-242/09, NZA 2010, 1225.

„Die Rechte und Pflichten des Veräußerers aus einem zum Zeitpunkt des Übergangs bestehenden Arbeitsvertrag oder Arbeitsverhältnis gehen aufgrund des Übergangs auf den Erwerber über."

Aufgrund der skizzierten Rückkopplung zwischen den vom *EuGH* gefundenen Auslegungsvorgaben zur Richtlinie 2001/23/EG und § 613a Abs. 1 S. 1 BGB werden nachfolgend der zugrundeliegende Sachverhalt der sog. Albron Entscheidung (vgl. B.), die konkrete Vorlagefrage an den *EuGH* (vgl. C.), die rechtlichen Begründungansätze des *Generalanwalts* und des *EuGH* (vgl. D.), das Auslegungsergebnis des *EuGH* (vgl. E.) sowie die der Entscheidung zu entnehmenden Antworten zum weiteren Bestand der einzelnen Beziehungen nach dem Übergang des entleihenden Betriebs auf den Betriebserwerber im vorgelegten Fall aufgezeigt (vgl. F.). Hierin liegt eine maßgebliche Quelle für die Beantwortung der Untersuchungsfrage.

B. Sachverhalt der Entscheidung

Der Entscheidung lag ein dem niederländischen Recht unterfallender Ausgangsfall zugrunde: Der Kläger und 70 weitere Arbeitnehmer waren im Rahmen einer konzerninternen Unternehmensstruktur durch ihren (vertraglichen) Arbeitgeber (eine bloße zentrale Personalführungsgesellschaft) an eine andere konzernangehörige Betriebsgesellschaft dauerhaft entsandt worden. Die in dem konzernangehörigen Einsatzbetrieb ausgeführten Tätigkeiten wurden durch Vertrag sodann auf einen nicht konzernangehörigen Erwerber (Albron Catering) übertragen. Der gegen die ihn infolge der Veräußerung treffenden Folgen klagende Arbeitnehmer, der auch Mitglied der Gewerkschaft FNV ist, war in dem übertragenen Betrieb nahezu 20 Jahre eingesetzt worden. Er schloss im Nachgang zur Veräußerung mit dem konzernexternen Erwerber (Albron Catering) eigenständig und durch freie Willenserklärungen einen Arbeitsvertrag. Seine Arbeitsbedingungen, die ihm von Albron Catering anschließend gewährt wurden, waren jedoch schlechter als bei seinem vorherigen Arbeitgeber, der zentralen Personalführungsgesellschaft. Der Arbeitnehmer erhob deswegen beim niederländischen Kantonrechter Klage auf Feststellung, dass die Übertragung der Tätigkeiten auf Albron Catering einen Unternehmensübergang im Sinne der Richtlinie 2001/23/EG darstellt. In diesem Sinne habe er „ab diesem Zeitpunkt von Rechts wegen bei Albron beschäftigt" werden müssen.[105] Da ihm durch Albron Catering schlechtere Arbeitsbedingungen gewährt wurden, habe er zugleich einen rückwirkenden Anspruch auf die Gewährung seiner ursprünglichen (für ihn subjektiv günstigeren) Arbeitsvertragsbedingungen, die ihm von seinem vormaligen Arbeitgeber, der zentralen Personalführungsgesellschaft, gewährt worden sind. Im Mittelpunkt des Rechtsstreits stand daher nicht die Frage, ob zwischen den Parteien (klagender Arbeitnehmer und Albron Catering) ein Arbeitsverhältnis besteht, sondern allein, ob dieses schon durch einen Betriebsübergang kraft Gesetzes

---

105 Vgl. *EuGH* vom 21.10.2010, C-242/09, NZA 2010, 1225.

und nicht erst durch den (freiwilligen) Vertragsschluss begründet worden ist.[106] Der angerufene Kantonrechter gab dem Begehren des Klägers (Arbeitnehmer) statt und befürwortete eine gesetzliche Begründung des Arbeitsverhältnisses durch die Vorschriften zum Unternehmensübergang.

Gegen die Entscheidung des Kantonrechters legte Albron Catering beim *Gerichthof de Amsterdam* Rechtsmittel ein und wollte festgestellt wissen, dass kein Unternehmensübergang und damit kein gesetzlicher Eintritt in das bestehende Arbeitsverhältnis im Sinne der Richtlinie 2001/23/EG anzunehmen war. Zur Begründung stützte sich Albron Catering darauf, dass für einen Betriebsübergang ein Arbeitsvertrag mit dem Arbeitnehmer vorliegen und dieser die Dienstleistungen in diesem Unternehmen auch ausführen müsse.[107] Dies ergebe sich aus Art. 2 Abs. 1, Art. 3 Abs. 1 Richtlinie 2001/23/EG und sei in der Rechtsprechung anerkannt.[108] Der vorliegende Fall sei dem von Leiharbeitnehmern vergleichbar. Hier sei auch anerkannt, dass Leiharbeitnehmer bei der Veräußerung eines entleihenden Betriebs nicht von den Vorschriften über den Betriebsübergang erfasst seien, weil die Überlassung des Arbeitnehmers die Zugehörigkeit zur wirtschaftlichen Einheit des übertragenen Unternehmens nicht begründe.[109] Überdies würde der Arbeitnehmer beim vorliegenden Sachverhalt zweifach geschützt, sowohl im verleihenden als auch im entleihenden Betrieb.[110] Der *Gerichtshof de Amsterdam* hatte sodann nur ausgeführt, dass nach dem niederländischen Recht die für den Betriebsübergang einschlägige Vorschrift des Art. 663 des Buches 7 des niederländischen Bürgerlichen Gesetzbuches als Veräußerer nur denjenigen ansehe, der Arbeitgeber der betroffenen Arbeitnehmer sei.[111] Konkret heißt es in Art. 663 des Buches 7 des niederländischen Bürgerlichen Gesetzbuches: „Durch den Übergang eines Unternehmens gehen die Rechte und Pflichten, die sich zu diesem Zeitpunkt für den Arbeitgeber in diesem Unternehmen aus einem Arbeitsvertrag zwischen ihm und einem dort beschäftigten Arbeitnehmer ergeben, von Rechts wegen auf den Erwerber über [...]". In Art. 610 Abs. 1 des Buches 7 des niederländischen Bürgerlichen Gesetzbuches ist der Arbeitsvertrag wiederum definiert als „Vertrag, durch den sich eine Partei, der Arbeitnehmer, gegenüber der anderen Partei, dem Arbeitgeber, für bestimmte Zeit zur entgeltlichen Arbeitsleistung verpflichtet."

---

106 *Raab*, EuZA 2011, 537, 538; vgl. *Elking*, Der Nichtvertragliche Arbeitgeber, S. 204.
107 Schlussantrag des *Generalanwalts Bot* vom 3.6.2010 zu Albron Catering (C-242/09), Rn. 29.
108 Schlussantrag des *Generalanwalts Bot* vom 3.6.2010 zu Albron Catering (C-242/09), Rn. 29.
109 Schlussantrag des *Generalanwalts Bot* vom 3.6.2010 zu Albron Catering (C-242/09), Rn. 30.
110 Schlussantrag des *Generalanwalts Bot* vom 3.6.2010 zu Albron Catering (C-242/09), Rn. 33.
111 Schlussantrag des *Generalanwalts Bot* vom 3.6.2010 zu Albron Catering (C-242/09), Rn. 22.

C. Vorlagefrage an den EuGH

Der *Gerichtshof de Amsterdam* setzte aufgrund der vorbezeichneten Unsicherheiten im Hinblick auf Art. 663 des Buches 7 des niederländischen Bürgerlichen Gesetzbuches das Verfahren aus und legte dem *EuGH* im Wege der Vorabentscheidung nach Art. 267 AEUV folgende Frage vor:

> „Ist die RL 2001/23/EG in dem Sinne auszulegen, dass es sich nach Art. 3 Abs. 1 nur dann um einen Übergang von Rechten und Pflichten handelt, wenn der Veräußerer des zu übertragenden Unternehmens auch formell der Arbeitgeber der betroffenen Arbeitnehmer ist, oder bringt der mit der RL 2001/23/EG beabsichtigte Schutz der Arbeitnehmer mit sich, dass beim Übergang eines Unternehmens einer zu einem Konzern gehörenden Betriebsgesellschaft die Rechte und Pflichten in Bezug auf die für dieses Unternehmen tätigen Arbeitnehmer auf den Erwerber übergehen, wenn das gesamte innerhalb des Konzerns tätige Personal bei einer (ebenfalls zu diesem Konzern gehörenden) Personalgesellschaft beschäftigt ist, die als zentraler Arbeitgeber fungiert ?"[112]

D. Rechtliche Würdigung: Generalanwalt und EuGH

I. Schlussantrag des Generalanwalts

In seinem Schlussantrag führt der *Generalanwalt* aus: „Ich teile diese Einwände [von Albron Catering] nicht. Wie auch die Beklagten des Ausgangsverfahrens und die Kommission der Europäischen Gemeinschaften bin ich der Ansicht, dass die Richtlinie 2001/23/EG auf den vorliegenden Fall [dauerhafte und konzerninterne Entsendung durch bloße Personalführungsgesellschaft] anwendbar ist."[113] Hierbei stellt er aber gleichermaßen fest, dass Art. 2 Abs. 1, Art. 3 Abs. 1 Richtlinie 2001/23/EG keine eindeutige Antwort hierüber liefern können und sich die Anwendung der Richtlinie 2001/23/EG vielmehr über deren Systematik und die verfolgten Ziele erschließe.[114] In diesem Zusammenhang beruft sich der *Generalanwalt* insbesondere auf den Arbeitnehmerschutz.[115] Nach seiner Auffassung führe die bisherige Rechtsprechung dazu, dass die Richtlinie 2001/23/EG bei jedem Übergang einer dauerhaft organisierten Gesamtheit von Personen zur Ausübung einer wirtschaftlichen Tätigkeit mit eigenem Zweck anwendbar sei.[116] Ein Arbeitnehmer, der bei „einer Gesellschaft des Konzerns beschäftigt ist und ständig für eine andere Gesellschaft dieses Konzerns

---

112 *EuGH* vom 21.10.2010, C-242/09, NZA 2010, 1225.
113 Schlussantrag des *Generalanwalts Bot* vom 3.6.2010 zu Albron Catering (C-242/09), Rn. 34.
114 Schlussantrag des *Generalanwalts Bot* vom 3.6.2010 zu Albron Catering (C-242/09), Rn. 35.
115 Schlussantrag des *Generalanwalts Bot* vom 3.6.2010 zu Albron Catering (C-242/09), Rn. 36.
116 Schlussantrag des *Generalanwalts Bot* vom 3.6.2010 zu Albron Catering (C-242/09), Rn. 39.

arbeitet, [steht] zu Letzterer in einem festen Verhältnis, das weitgehend mit dem vergleichbar ist, das bestünde, wenn er unmittelbar von dieser Gesellschaft eingestellt worden wäre".[117] „Ein solches Arbeitsverhältnis unterscheidet sich daher deutlich von dem Arbeitsverhältnis, das eine solche Gesellschaft mit einem Leiharbeitnehmer haben könnte. Ein Leiharbeitnehmer wird der entleihenden Gesellschaft nämlich nur vorübergehend zur Verfügung gestellt."[118] Hieraus leitet der *Generalanwalt* ab, dass der Arbeitnehmer im speziellen Fall der dauerhaften und konzerninternen Entsendung durch eine bloße Personalführungsgesellschaft dem entleihenden Betrieb zugeordnet werden könne. Weiter festigt er diese Annahme dadurch, dass er feststellt, dass die Ausführungen des *EuGH* in der Rechtssache *Jouini*[119] (Überlassung außerhalb einer Konzernstruktur), wo der *EuGH* entschieden hat, dass der Leiharbeitnehmer grundsätzlich der wirtschaftlichen Einheit des Verleihers zugehörig ist,[120] nicht auf die Entsendung im gegenständlichen Fall passe.[121] Schließlich beruft sich der *Generalanwalt* auch darauf, dass die ganz konkrete Strukturierung der Arbeitsverhältnisse im vorliegenden Fall im Sinne der Richtlinie 2001/23/EG so zu verstehen sei, „als ob die Anstellungsgesellschaft die Arbeitsverträge mit den Arbeitnehmern des Konzerns für Rechnung jeder einzelnen Betriebsgesellschaft schlösse, bei denen sie eingesetzt werden".[122] Aus diesem Grund stehe der Anwendung der Richtlinie 2001/23/EG nicht entgegen, dass der Arbeitsvertrag des klagenden Arbeitnehmers mit einer anderen Gesellschaft bestehe.[123] Einen weiteren Beleg dafür, dass die Richtlinie 2001/23/EG eingreifen müsse, sah der *Generalanwalt* darin, dass nur so verhindert werden könne, das Konzerne ihre Arbeitsverhältnisse bewusst wie im vorliegenden Fall ausgestalten, um die Anwendung der Richtlinie 2001/23/EG auszuschließen.[124] Dem Einwand von Albron Catering, dass die Anwendung der Richtlinie 2001/23/EG dazu führe, dass Leiharbeitnehmer einen doppelten Schutz

---

117 Schlussantrag des *Generalanwalts Bot* vom 3.6.2010 zu Albron Catering (C-242/09), Rn. 42.
118 Schlussantrag des *Generalanwalts Bot* vom 3.6.2010 zu Albron Catering (C-242/09), Rn. 44.
119 *EuGH* vom 13.9.2007, C-458/05, NJW 2007, 3195.
120 Schlussantrag des *Generalanwalts Bot* vom 3.6.2010 zu Albron Catering (C-242/09), Rn. 45.
121 Schlussantrag des *Generalanwalts Bot* vom 3.6.2010 zu Albron Catering (C-242/09), Rn. 44.
122 Schlussantrag des *Generalanwalts Bot* vom 3.6.2010 zu Albron Catering (C-242/09), Rn. 46.
123 Schlussantrag des *Generalanwalts Bot* vom 3.6.2010 zu Albron Catering (C-242/09), Rn. 47.
124 Schlussantrag des *Generalanwalts Bot* vom 3.6.2010 zu Albron Catering (C-242/09), Rn. 49, 50. Hiermit nimmt der *Generalanwalt* letztlich eine wirtschaftliche Betrachtung anstelle einer formalen rechtlichen Betrachtung vor. Die sich aus einer Konzernstruktur ergebende Differenzierung von verschiedenen juristischen Personen muss hinter den bei wirtschaftlicher Betrachtung unverändert erforderlichen Arbeitnehmerschutz zurücktreten. Der *Generalanwalt* stellt damit auf eine Art

erhalten, setzte der *Generalanwalt* nur entgegen, dass dies letztlich zu einer Stärkung des Arbeitnehmerschutzes führe und daher keinen Grund für eine Nichtanwendung der Richtlinie 2001/23/EG bilden könne.[125] Schließlich hebt er gegen Ende des Schlussantrags wiederholt hervor, dass die Beständigkeit des Arbeitsverhältnisses zwischen dem Arbeitnehmer und der wirtschaftlichen Einheit in der dieser tätig ist, maßgeblich für eine Anwendung der Richtlinie 2001/23/EG sei.[126] Dies sei im Fall Albron Catering kein Problem, weil der Arbeitnehmer „seit seiner Einstellung ständig für die übertragene Gesellschaft tätig gewesen ist."[127]

II. Entscheidungsgründe des EuGH

Der *EuGH* hat sich in den Entscheidungsgründen drei verschiedener rechtlicher Ansatzpunkte bedient, welche im Ergebnis zur Anwendung der Richtlinie 2001/23/EG geführt haben.

1. Art. 2 Abs. 1 lit. a Richtlinie 2001/23/EG

Der *EuGH* stützt sich zunächst auf Art. 2 Abs. 1 lit. a Richtlinie 2001/23/EG. Dort wird als „Veräußerer jede natürliche oder juristische Person angesehen, die aufgrund eines Übergangs im Sinne von Art. 1 Absatz 1 als Inhaber aus [...] dem Betrieb [...] ausscheidet." Nach dem *EuGH* folge hieraus, „dass Veräußerer ist, wer auf Grund eines Übergangs im Sinne von Art. 1 I der Richtlinie die Arbeitgebereigenschaft verliert."[128] In der vorliegenden Entscheidung habe der „nichtvertragliche Arbeitgeber durch die Einstellung der übertragenen Tätigkeit seine Eigenschaft als nichtvertraglicher Arbeitgeber verloren".[129] Es sei demnach nicht fernliegend, dass „er als ein Veräußerer im Sinne von Art. 2 I Buchst. a der Richtlinie 2001/23/EG betrachtet werden kann."[130]

2. Art. 3 Abs. 1 Richtlinie 2001/23/EG

Anschließend nimmt der *EuGH* auf Art. 3 Abs. 1 Richtlinie 2001/23/EG Bezug, worin es heißt: „Die Rechte und Pflichten des Veräußerers aus einem zum Zeitpunkt des Übergangs bestehenden Arbeitsvertrag oder Arbeitsverhältnis gehen aufgrund des

---

Umgehungsverbot bzw. auf das Verbot eines Rechtsmissbrauchs ab, ohne es mit diesen Worten explizit so zu bezeichnen (zu diesem Gedanken, Kap. 6 § 4 B. II.).

125 Schlussantrag des *Generalanwalts Bot* vom 3.6.2010 zu Albron Catering (C-242/09), Rn. 53.
126 Schlussantrag des *Generalanwalts Bot* vom 3.6.2010 zu Albron Catering (C-242/09), Rn. 55.
127 Schlussantrag des *Generalanwalts Bot* vom 3.6.2010 zu Albron Catering (C-242/09), Rn. 55.
128 *EuGH* vom 21.10.2010, C-242/09, NZA 2010, 1225, 1226.
129 *EuGH* vom 21.10.2010, C-242/09, NZA 2010, 1225, 1226.
130 *EuGH* vom 21.10.2010, C-242/09, NZA 2010, 1225, 1226.

Übergangs auf den Erwerber über." Der *EuGH* leitet folgende Erkenntnis für die Vorlagefrage her: „Sodann betrifft, wie sich bereits aus dem Wortlaut von Art. 3 I Richtlinie 2001/23/EG ergibt, der Schutz, den diese Richtlinie den Arbeitnehmern bei einem Wechsel des Betriebsinhabers gewährt, die Rechte und Pflichten des Veräußerers aus einem zum Zeitpunkt des Übergangs bestehenden Arbeitsvertrag oder Arbeitsverhältnis [...]".[131] Das Alternativverhältnis von „Arbeitsvertrag oder Arbeitsverhältnis" lasse nur den Schluss zu, dass „eine vertragliche Beziehung zum Veräußerer nicht unter allen Umständen erforderlich ist, damit den Arbeitnehmern der durch die Richtlinie 2001/23/EG gewährte Schutz zugutekommen kann".[132] Auch sei aus der Richtlinie nicht erkennbar, „dass das Verhältnis zwischen Arbeitsvertrag und Arbeitsverhältnis ein Subsidiaritätsverhältnis wäre und dass daher bei mehreren Arbeitgebern systematisch auf den vertraglichen Arbeitgeber abgestellt werden müsste".[133]

3. Art. 1 Abs. 1 lit. b i.V.m. Erwägungsgrund 3 Richtlinie 2001/23/EG

Schließlich stützt sich der *EuGH* auf Art. 1 Abs. 1 lit. b i.V.m. Erwägungsgrund 3 Richtlinie 2001/23/EG. In Art. 1 Abs. 1 lit. b heißt es: „[...] gilt als Übergang im Sinne dieser Richtlinie der Übergang einer ihre Identität bewahrenden wirtschaftlichen Einheit im Sinne einer organisierten Zusammenfassung von Ressourcen zur Verfolgung einer wirtschaftlichen Haupt- oder Nebentätigkeit." Auch dieser Bestimmung entnimmt der *EuGH*, dass nicht zwingend eine vertragliche Beziehung zwischen dem Betriebsveräußerer und den im übertragenen Betrieb tätigen Arbeitnehmern notwendig ist, damit die Richtlinie 2001/23/EG eingreift. „Daher setzt ein Übergang eines Unternehmens im Sinne der Richtlinie 2001/23/EG insbesondere einen Wechsel der juristischen oder natürlichen Person voraus, die für die wirtschaftliche Tätigkeit der übertragenen Einheit verantwortlich ist und die in dieser Eigenschaft als Arbeitgeber der Arbeitnehmer dieser Einheit Arbeitsverhältnisse mit diesen – gegebenenfalls ungeachtet des Fehlens vertraglicher Beziehungen mit diesen Arbeitnehmern – begründet".[134] Hieraus wird gefolgert, dass die Bestimmung, wer Veräußerer nach der Richtlinie 2001/23/EG ist, kein Vorrangverhältnis zwischen dem „vertraglichen Arbeitgeber, der jedoch nicht für die wirtschaftliche Tätigkeit der übertragenen wirtschaftlichen Einheit verantwortlich ist" und dem „der Stellung eines für diese Tätigkeit verantwortlichen nichtvertraglichen Arbeitgebers" zukommen kann.[135] Diese Sichtweise sieht der *EuGH* in dem 3. Erwägungsgrund der Richtlinie bestätigt, weil hierdurch die Arbeitnehmer bei einem Inhaberwechsel geschützt werden sollen.[136] Unter den Begriff des Inhaberwechsels könne nach dem

---

131 *EuGH* vom 21.10.2010, C-242/09, NZA 2010, 1225, 1226.
132 *EuGH* vom 21.10.2010, C-242/09, NZA 2010, 1225, 1226.
133 *EuGH* vom 21.10.2010, C-242/09, NZA 2010, 1225, 1226.
134 *EuGH* vom 21.10.2010, C-242/09, NZA 2010, 1225, 1226.
135 *EuGH* vom 21.10.2010, C-242/09, NZA 2010, 1225, 1226.
136 *EuGH* vom 21.10.2010, C-242/09, NZA 2010, 1225, 1226.

Verständnis des *EuGH* auch der nichtvertragliche Arbeitgeber gefasst werden, welcher lediglich die Verantwortung für die Abwicklung der übertragenen Tätigkeit trägt.[137]

E. Beantwortung der Vorlagefrage

Der *EuGH* beantwortet die Vorlagefrage des *Gerichtshofs de Amsterdam* daher im Ergebnis wie folgt:

> „Bei einem Übergang im Sinne der Richtlinie 2001/23/EG eines einem Konzern angehörenden Unternehmens auf ein Unternehmen, dass diesem Konzern nicht angehört, kann als „Veräußerer" im Sinne von Art. 2 Abs. 1 Buchst. a dieser Richtlinie auch das Konzernunternehmen, zu dem die Arbeitnehmer ständig abgestellt waren, ohne jedoch mit ihm durch einen Arbeitsvertrag verbunden gewesen zu sein, betrachtet werden, obwohl es in diesem Konzern ein Unternehmen gibt, an das die betreffenden Arbeitnehmer durch einen Arbeitsvertrag gebunden waren."[138]

F. EuGH zum Bestand der Verhältnisse

Der *EuGH* hat in der Rechtssache Albron Catering keine Aussage zum Bestand der Verhältnisse zwischen der entleihenden Gesellschaft (bisheriger Betriebsinhaber), dem Leiharbeitnehmer, der bloßen Personalführungsgesellschaft (verleihende Gesellschaft) und dem Betriebserwerber (Albron Catering) nach dem Übergang des entleihenden Betriebs im Sinne der Richtlinie 2001/23/EG getroffen, weil hierfür keine Notwendigkeit bestand. Dennoch lassen sich die Entscheidungsgründe des *EuGH* nach überwiegender Ansicht[139] nur in eine Richtung verstehen: der *EuGH* nahm unausgesprochen an, dass durch die Richtlinie 2001/23/EG vorgegeben werde, dass das Verhältnis zwischen Leiharbeitnehmer und Verleiher vom Verleiher auf den Betriebserwerber übergeleitet wird, wenn der entleihende Betrieb an einen (konzernexternen) Dritten übertragen wird. Dieses Verständnis ergibt sich daraus, dass der *EuGH* im Fall Albron Catering dem Kläger (Arbeitnehmer) einen Anspruch auf die Arbeitsvertragsbedingungen, welche ihm gegenüber seinem vorherigen Arbeitgeber (der

---

137 *EuGH* vom 21.10.2010, C-242/09, NZA 2010, 1225, 1226.
138 *EuGH* vom 21.10.2010, C-242/09, NZA 2010, 1225, 1226.
139 *Bauer/v. Medem*, NZA 2011, 20, 21 f.; *Elking*, Der Nichtvertragliche Arbeitgeber, S. 52, 199, 206, 314; offener nunmehr *Forst*, RdA 2011, 228, 232: spricht viel dafür, dass die Beziehung von Verleiher und Leiharbeitnehmer gemeint sei. Hiermit relativiert *Forst* seine zuvor getroffene Aussage, dass der Verleiher seinen Arbeitnehmer verliere, vgl. *Forst*, EWiR 2010, 737, 738; *Greiner*, NZA 2014, 284, 289; *Powietzka/Christ*, ZESAR 2013, 313, 316; *Sagan*, ZESAR 2011, 412, 421; vgl. *Raab*, EuZA 2011, 537, 541, 545. Im österreichischen Schrifttum: *Vierthaler*, Die Arbeitskräfteüberlassung und der Betriebsübergang, S. 78 versteht die Entscheidung dahin, „dass das Arbeitsverhältnis samt Lohnanspruch auf den Erwerber übergegangen ist."

bloßen Personalführungsgesellschaft) zustanden, nun auch gegenüber Albron Catering als Betriebserwerber gewährt hat. Diese Arbeitsbedingungen folgen wiederum aus dem Arbeitsvertragsverhältnis zwischen Arbeitnehmer und Personalführungsgesellschaft.[140] Die vom *EuGH* angenommene Rechtsfolge kann ausschließlich durch einen Übergang dieses Verhältnisses vom Verleiher (Personalführungsgesellschaft) auf den Erwerber bewirkt werden. Die Annahme eines (bloßen) Übergangs der Beziehung zwischen Entleiher und Leiharbeitnehmer vom Entleiher auf den Erwerber kann die vom *EuGH* befürwortete Rechtsfolge dagegen nicht tragen,[141] weil aus dieser nicht die Arbeitsbedingungen beim vormaligen Vertragsarbeitgeber folgen.

Es ist daher anzunehmen, dass zumindest in den Fällen einer dauerhaften und konzerninternen Überlassung des Arbeitnehmers durch eine bloße Personalführungsgesellschaft die Übertragung des entleihenden Betriebs an ein dem Konzern nicht angehörendes Unternehmen zur Folge hat, dass das Verhältnis zwischen Verleiher und Leiharbeitnehmer vom Verleiher auf den Erwerber übergeleitet wird, d.h. dass der Leiharbeitnehmer bei dem Erwerber zum Stammarbeitnehmer wird. Mangels einer auch nur mittelbaren Behandlung durch den *EuGH* lassen sich der Entscheidung Albron Catering allerdings keine weitergehenden Aussagen zum weiteren Bestand der Beziehung zwischen Entleiher und Leiharbeitnehmer sowie der Beziehung zwischen Verleiher und Entleiher nach dem Übergang des entleihenden Betriebs entnehmen.

§ 4 Meinungsstand im nationalen Recht

Nachfolgend werden die im nationalen Recht zur vorliegenden Untersuchungsfrage vorzufindenden Ansätze dargestellt. Über den speziellen Fall Albron Catering hinaus, werden dabei sämtliche Formen der Arbeitnehmerüberlassung in den Blick genommen.

A. Vorgehen

Im nationalen Recht ist der Meinungsstand zur Untersuchungsfrage kaum noch zu überblicken. Das ist neben jüngeren gesetzgeberischen Maßnahmen[142] und weitergehenden Vorhaben des Gesetzgebers[143] im Kern vor allem aber auf die vom

---

140 *Elking*, Der Nichtvertragliche Arbeitgeber, S. 52, 199; vgl. *Forst*, RdA 2011, 228, 232; *Greiner*, NZA 2014, 284, 289; vgl. auch *Raab*, EuZA 2011, 537, 545; Ulber/*J.Ulber*, § 1 AÜG Rn. 33.
141 *Bauer/v. Medem*, NZA 2011, 20, 21; *Elking*, Der Nichtvertragliche Arbeitgeber, S. 52, 199; vgl. *Raab*, EuZA 2011, 537, 545.
142 Vgl. die Einfügung von § 1 Abs. 1 S. 2 AÜG, welcher davon spricht, dass die Arbeitnehmerüberlassung „vorübergehend" erfolgt; vgl. hierzu auch nachfolgend unter D. und Kap. 4 § 2. C.
143 Koalitionsvertrag zwischen CDU, CSU und SPD für die 18. Legislaturperiode vom 27.11.2013, S. 50 der die Absicht zur Einführung einer gesetzlichen Höchstüberlassungsdauer von 18 Monaten bei der Arbeitnehmerüberlassung enthält.

EuGH ergangene Entscheidung in der Rechtssache Albron Catering (vgl. oben § 3) zurückzuführen. Diese hat die zuvor vorzufindenden Ansichten im nationalen Recht in Frage und gleichermaßen „auf den Kopf" gestellt. Ausgehend hiervon wird bei der Darstellung des Meinungsstands nachfolgend zwischen drei verschiedenen zeitlichen Etappen, die jeweils für sich genommen wichtige Erkenntnisse liefern, unterschieden. Im Ausgangspunkt wird das Meinungsbild vor der Rechtssache Albron Catering aufgezeigt (vgl. B.), wobei sich insoweit nur eingeschränkt Antworten zum eigentlichen Kern der Untersuchungsfrage finden lassen. In einem zweiten Schritt wird das Meinungsbild nach der Rechtssache Albron Catering, welchem für die Untersuchung eine Schlüsselrolle zukommt, aufgezeigt (vgl. C.). Abschließend wird skizziert, welche Auswirkungen das seit 1.12.2011 geltende ÄUG-Änderungsgesetz nach Teilen des Schrifttums auf die Untersuchungsfrage zeitigt (vgl. D.).

B. Meinungsstand vor Albron Catering

I. Einführung

Im Vorfeld der durch den *EuGH* getroffenen Entscheidung in der Rechtssache Albron Catering im Oktober 2010 und damit letztlich zeitlich zurückreichend bis zum Zeitpunkt der Einfügung von § 613a Abs. 1 S. 1 BGB ins BGB im Jahr 1972 ist sich nur äußerst begrenzt mit der vorliegenden Untersuchungsfrage auseinandergesetzt worden. Es lassen sich lediglich vereinzelte Ausführungen dazu finden, ob § 613a Abs. 1 S. 1 BGB bei der Veräußerung eines entleihenden Betriebs anwendbar sein soll oder nicht. Zu den Folgen einer möglichen Anwendung und insbesondere zum weiteren Bestand der verschiedenen in der Arbeitnehmerüberlassung existenten Verhältnisse nach dem Übergang eines entleihenden Betriebs auf einen Dritten lassen sich keine brauchbaren Erkenntnisse finden. Dennoch soll auch dieser zeitliche Abschnitt skizziert werden, weil er sich ausgehend von der Einführung des § 613a BGB entwickelt hat und relevante Grundsatzfragen einschließt, auf die im späteren Verlauf der Untersuchung zurückgegriffen werden kann.

II. Rechtsprechung

Gerichte haben in vereinzelten Entscheidungen darauf verwiesen, dass § 613a Abs. 1 S. 1 BGB hinsichtlich der Leiharbeitnehmer nicht anwendbar ist, wenn ein entleihender Betrieb bzw. Betriebsteil veräußert wird. Das *LAG Köln* hat beispielsweise im Jahr 2000 ausgeführt: „Von § 613a BGB werden [...] nur Arbeitsverhältnisse mit dem Unternehmen (=Arbeitgeber) erfasst, dem der übergehende Betrieb angehört (bisheriger Inhaber). [...] Es wird daher nicht das Arbeitsverhältnis eines Arbeitnehmers, der zwar im übergehenden Betrieb seinen Arbeitsplatz hat, dessen Arbeitsvertrag jedoch mit einem anderen Unternehmen besteht, erfasst."[144] In den Entscheidungsgründen hierzu heißt es zudem: „Anderenfalls gingen auch

---

144 *LAG Köln* vom 17.3.2000, 11 Sa 1564/99, BeckRS 2000, 41018.

Arbeitsverhältnisse von Leiharbeitnehmern über, die zur Zeit des Übergangs im übergehenden Betrieb ihren Arbeitsplatz hatten, was allgemein abgelehnt wird."[145] Hieraus kann für die Untersuchungsfrage jedenfalls entnommen werden, dass eine gesetzliche Überleitung bestehender Beziehungen (ohne nähere Konkretisierung, ob das Arbeitsverhältnis im Sinne der Norm die Beziehung zwischen Entleiher und Leiharbeitnehmer oder die zwischen Verleiher und Leiharbeitnehmer betrifft) gemäß § 613a Abs. 1 S. 1 BGB nicht erfolgen soll. Diese Sichtweise des *LAG Köln* liegt im vorbezeichneten Zeitraum auch auf der Linie des *BAG*, welches in einer jüngeren Entscheidung auf die Rechtslage vor der Rechtssache Albron Catering Bezug nimmt und ausführt: „Allerdings gehen nach bisherigem Verständnis des § 613a Abs. 1 S. 1 BGB entliehene Arbeitnehmer bei einem Übergang des Entleiherbetriebs nicht auf einen Erwerber über."[146]

III. Schrifttum

Auch im Schrifttum wurde auf der Linie der Rechtsprechung im vorbezeichneten Zeitraum überwiegend nur festgestellt, dass § 613a Abs. 1 S. 1 BGB nicht auf Leiharbeitnehmer anwendbar ist, wenn ein Entleiher seinen Betrieb veräußert und nicht im Einzelfall ausnahmsweise ein fingiertes Arbeitsverhältnis zwischen Entleiher und Leiharbeitnehmer nach § 10 Abs. 1 AÜG vorliegen sollte.[147]

1. Vorgegriffene (unbewusste) Erkenntnis von Annuß

Soweit ersichtlich hat allein *Annuß* schon zum damaligen Zeitpunkt offen gelassen, ob die Nichtanwendung von § 613a Abs. 1 S. 1 BGB bei der Veräußerung eines entleihenden Betriebs neben den Fällen eines echten Leiharbeitsverhältnisses, d.h. in Fällen, bei denen die Überlassung des Arbeitnehmers nicht zentraler

---

145 *LAG Köln* vom 17.3.2000, 11 Sa 1564/99, BeckRS 2000, 41018.
146 *BAG* vom 9.2.2011, 7 AZR 32/10, NZA 2011, 791, 795.
147 *Bauer*, Unternehmensveräußerung und Arbeitsrecht, S. 45; vgl. *Commendeur/ Kleinebrink*, Betriebs-, und Firmenübernahme, Rn. 65; Bernau/Dreher/Hauck/ *Dreher*, § 613a BGB Rn. 25; *Gaul*, Das Arbeitsrecht der Betriebs- und Unternehmensspaltung, § 10 Rn. 10; vgl. *Hergenröder*, AR Blattei SD 500.1 Rn. 337; Hölters/ *Bauer/von Steinau-Steinrück/Thees*, Unternehmenskauf, Teil V Rn. 102; Hk-ArbR/ *Karthaus/Richter*, § 613a BGB Rn. 96 (2. Aufl. 2010); MüKo-BGB/*Müller-Glöge*, § 613a BGB Rn. 80 (5. Aufl. 2009); vgl. ErfK/*Preis*,§ 613a BGB Rn. 67 (10. Aufl. 2010); *Posth*, Arbeitsrechtliche Probleme beim Betriebsinhaberwechsel, S. 100; Soergel/*Raab*, § 613a BGB Rn. 16 (Stand: 1997); *Sieg/Maschmann*, Unternehmensumstrukturierung aus arbeitsrechtlicher Sicht, Rn. 132; vgl. *Seiter*, Betriebsinhaberwechsel, S. 58; vgl. *v. Hoyningen-Huene/Windbichler*, RdA 1977, 329, 334; *Weiß*, Arbeitsverhältnisse im Rahmen eines Betriebsübergangs, S. 65 f.; HWK/ *Willemsen/Müller-Bonanni*, § 613a BGB Rn. 225 (4. Aufl. 2009); vgl. Willemsen/ Hohenstatt/Schweibert/Seibt/*Willemsen*, Umstrukturierung und Übertragung von Unternehmen, G Rn. 153 (3. Aufl. 2008).

Teil des Arbeitsverhältnisses ist,[148] auch in Fällen eines unechten, d.h. auf ein dem Zweck der Überlassung ausgerichtetes Leiharbeitsverhältnis,[149] zu gelten habe.[150] Hierzu heißt es bei *Annuß*: „Kein Fall des § 613a BGB liegt vor, wenn der Entleiherbetrieb den Inhaber wechselt. Das gilt uneingeschränkt jedenfalls, wenn der Verleiher eine arbeitstechnische Organisation unterhält, in die der Arbeitnehmer eingegliedert ist, z.B. wenn ein Arbeitnehmer vorübergehend zur Beschäftigung in ein anderes Konzernunternehmen abgeordnet wird, ohne dass hierdurch das Stammarbeitsverhältnis zum herrschenden Unternehmen des Konzerns aufgehoben wird. Möglich ist allerdings auch, wie etwa beim ‚unechten' Leiharbeitsverhältnis, dass der Arbeitnehmer nur oder in erster Linie seine Arbeitsleistung im Dienst des Entleihers erbringen soll."[151] An letzterem zeigt sich, dass *Annuß* die Nichtanwendung von § 613a Abs. 1 S. 1 BGB in Fällen eines unechten Leiharbeitsverhältnisses offen lässt oder aber zumindest vorsichtig hinsichtlich der Festlegung auf ein Ergebnis ist. Er leistet durch diese Zweifel (ausweislich der ausbleibenden Vertiefung: wohl eher unbewusst) schon einen Vorgriff auf das mit der Albron Catering Entscheidung sich wandelnde Meinungsbild, welches für die Anwendbarkeit von § 613a Abs. 1 S. 1 BGB bei der Veräußerung eines entleihenden Betriebs vordergründig auf die jeweilige Überlassungsform abstellt (vgl. nachfolgend unter C.).

2. Herrschende Ansicht

Abgesehen von *Annuß* wurde im vorbezeichneten Zeitraum einhellig und generell von einer Nichtanwendung des § 613a Abs. 1 S. 1 BGB auf die in einem entleihenden Betrieb eingesetzten Leiharbeitnehmer ausgegangen. Zur Begründung diente dabei stets die fehlende vertragliche Beziehung zwischen Entleiher und Leiharbeitnehmer, welche ein Eingreifen von § 613a Abs. 1 S. 1 BGB ausschließe.[152] Die Vielzahl der

---

148 ArbR.Hdb.-Schaub/*Koch*, § 120 Rn. 2; *Sandmann/Marschall*, Einl. AÜG Anm. 8; Thüsing/*Thüsing*, Einf. AÜG Rn. 13.
149 BAG vom 28.7.1992, 1 ABR 22/92, NZA 1993, 272, 276; LAG Mecklenburg-Vorpommern vom 29.8.2007, 4 Sa 291/06, juris Rn. 55; ArbR.Hdb.-Schaub/*Koch*, § 120 Rn. 2; *Lembke/Ludwig*, NJW 2014, 1329, 1330; *Sandmann/Marschall*, Einl. AÜG Anm. 8; Thüsing/*Thüsing*, Einf. AÜG Rn. 13.
150 Staudinger/*Annuß*, § 613a BGB Rn. 28 (Stand: 2005).
151 Staudinger/*Annuß*, § 613a BGB Rn. 28 (Stand: 2005).
152 Unter Rückgriff auf die Rechtslage vor Albron Catering: *Abele*, FA 2011, 7 „bezieht sich der Rechtsübergang, den § 613a BGB anordnet, nach herkömmlichem Verständnis auf das Vertragsverhältnis der Arbeitsvertragsparteien"; *Gaul/Ludwig*, DB 2011, 298, 299 „Begründet wird diese Auffassung [Nichtanwendung von § 613a BGB] maßgeblich damit, dass zwischen Leiharbeitnehmer und Entleiher kein Arbeitsvertrag besteht."; *Kühn*, NJW 2011, 1408, 1409 f. „dies wurde immer wieder damit begründet, dass eine arbeitsvertragliche Beziehung nur zwischen Leiharbeitnehmer und Verleiher, nicht aber zum Entleiher bestünde."; *Powietzka/ Christ*, ZESAR 2013, 313, 314 „Leiharbeitnehmer von einem Betriebsübergang im Entleiherbetrieb nicht erfasst würden, da der Leiharbeitnehmer in keiner (arbeits-)

Vertreter dieses (damals vorherrschenden) Verständnisses erlaubt es nachfolgend nur einzelne Stimmen und deren Begründungsstränge aufzugreifen. Dabei bedeutete die Nichtanwendung von § 613a Abs. 1 S. 1 BGB bei der Veräußerung eines entleihenden Betriebs im vorliegenden Zusammenhang im Ergebnis jedenfalls, dass eine gesetzliche Überleitung der in der Arbeitnehmerüberlassung bestehenden Beziehungen auf den Erwerber insgesamt ausgeschlossen schien.

a) Gaul

Gaul widmet sich dem Zusammenspiel von § 613a BGB und der Veräußerung eines entleihenden Betriebs und findet dabei ein klares Ergebnis: „Wird ein solcher Betrieb des entleihenden Arbeitgebers im Wege der rechtsgeschäftlich begründeten Betriebsüberleitung gemäß § 613a BGB auf einen Betriebserwerber übertragen, liegt es zunächst nahe, auch die Leiharbeitnehmer hiervon als erfasst ansehen zu wollen. Der Wortlaut der Vorschrift ist aber so klar und eindeutig auf Arbeitnehmer des vom Betriebsübergang betroffenen Betriebs ausgerichtet, dass eine darüber hinausgehende Deutung nicht gerechtfertigt erscheint."[153] Nach einem Vergleich mit Heimarbeitnehmern kommt er zu dem Schluss, dass „Leiharbeitnehmer erst Recht beim entleihenden Betrieb in der Anwendung des § 613a BGB ausgeklammert bleiben."[154] Dass *Gaul* das fehlende Vertragsverhältnis zwischen Entleiher und Leiharbeitnehmer als maßgeblichen Faktor für eine Nichtanwendung von § 613a Abs. 1 S. 1 BGB auf diese Beziehung ansieht, ergibt eine Gesamtschau seiner Ausführungen. Er stellt fest, dass der Leiharbeitnehmer nur mit dem Verleiher und nicht mit dem Entleiher in einem Vertragsverhältnis steht.[155] Bei der Veräußerung eines verleihenden Betriebs komme daher § 613a Abs. 1 S. 1 BGB für Leiharbeitnehmer zum Tragen.[156] Indem *Gaul* annimmt, dass bei der Veräußerung eines entleihenden Betriebs die Leiharbeitnehmer vom Anwendungsbereich des § 613a Abs. 1 S. 1 BGB nicht erfasst seien, kann er zwangsläufig nur das fehlende Vertragsverhältnis zwischen Entleiher und Leiharbeitnehmer als tragenden Grund der Nichtanwendung begreifen, weil hierin der entscheidende Unterschied zwischen dem (erfassten) Verhältnis zwischen Verleiher und Leiharbeitnehmer und dem (nicht erfassten Verhältnis) zwischen Entleiher und Leiharbeitnehmer liegt. Da *Gaul* jedenfalls keine gesetzliche Überleitung der bestehenden Verhältnisse befürwortet, bedeutet dies

---

vertraglichen Beziehung zum Entleiher stehe, die gemäß § 613a BGB auf den Erwerber übergehen könnte."; allgemein: *Commandeur/Kleinebrink*, Betriebs,- und Firmenübernahme, Rn. 65; *Gaul*, Der Betriebsübergang, S. 87; *Posth*, Arbeitsrechtliche Probleme, beim Betriebsinhaberwechsel, S. 99 f.; vgl. *Seiter*, Betriebsinhaberwechsel, S. 58.

153 *Gaul*, Der Betriebsübergang, S. 87.
154 *Gaul*, Der Betriebsübergang, S. 87.
155 *Gaul*, Der Betriebsübergang, S. 87.
156 *Gaul*, Der Betriebsübergang, S. 88.

wohl, dass der Leiharbeitnehmer nach dem Übergang des entleihenden Betriebs an seinen Verleiher zum Zwecke anderer bzw. erneuter Verwendung zurückfallen solle.

b) Posth

Auch *Posth* setzt sich mit der Anwendbarkeit von § 613a Abs. 1 S. 1 BGB bei der Veräußerung eines entleihenden Betriebs auseinander und stellt im Ausgangspunkt klar, dass bei der rechtlich zulässigen Arbeitnehmerüberlassung „nach der gesetzlichen Regelung [im AÜG] ein Arbeitsvertrag mit dem Entleiher [...] nicht zustande" kommt.[157] Weiter führt er fort, dass die Veräußerung eines entleihenden Betriebs das Arbeitsverhältnis zwischen Verleiher und Leiharbeitnehmer nicht berührt.[158] D.h. er zieht inzident die Schlussfolgerung, dass die Veräußerung eines entleihenden Betriebs im Grundsatz jedenfalls nicht dazu führen könne, dass aus dem Leiharbeitnehmer ein Stammarbeitnehmer des Erwerbers werde. Der Aufstieg zum Stammarbeitnehmer wäre nämlich nur denkbar, wenn § 613a Abs. 1 S. 1 BGB das Verhältnis zwischen Verleiher und Leiharbeitnehmer berührt. Ob *Posth* aber im Umkehrschluss sagen will, dass der Leiharbeitnehmer nach der Veräußerung des entleihenden Betriebs als Leiharbeitnehmer bei dem Betriebserwerber tätig wird (durch Überleitung der Beziehung zwischen Entleiher und Leiharbeitnehmer sowie gegebenenfalls dem Verhältnis zwischen Verleiher und Entleiher), kann den Ausführungen nicht abschließend und sicher entnommen werden. Wohlmöglich hat *Posth* die vorbezeichnete Variante gar nicht bedacht oder aber er wollte sie durch die Annahme, dass zwischen Entleiher und Leiharbeitnehmer kein Arbeitsvertrag besteht, inzident auch ablehnen.

c) Schwanda

Auch *Schwanda* widmet sich der Frage, ob § 613a Abs. 1 S. 1 BGB im Hinblick auf die Leiharbeitnehmer anwendbar ist, wenn ein entleihender Betrieb veräußert wird.[159] Er kommt dabei zu dem Schluss, dass abgesehen von § 10 Abs. 1 AÜG zwischen Entleiher und Leiharbeitnehmer kein Arbeitsverhältnis bestehe und daher eine Einbeziehung der Leiharbeitnehmer ausgeschlossen erscheine, weil der Leiharbeitnehmer auch in diesem Fall dem verleihenden Betrieb zugehörig bleibe.[160] Zur Begründung verweist er auf den Wortlaut („Arbeitsverhältnis") und den Sinn und Zweck des § 613a Abs. 1 S. 1 BGB. Er gelangt zu dem Schluss, dass Leiharbeitnehmer bei der Übertragung des entleihenden Betriebs nur die konkrete Beschäftigungsmöglichkeit im Einsatzbetrieb verlieren, aber nicht die Rechtsbeziehung zum Verleiher berührt werde.[161] Demnach nimmt er an, dass die Veräußerung des entleihenden Betriebs dazu führe, dass die Beziehung zwischen Entleiher und Leiharbeitnehmer aufgrund

---

157 *Posth*, Arbeitsrechtliche Probleme beim Betriebsinhaberwechsel, S. 99.
158 *Posth*, Arbeitsrechtliche Probleme beim Betriebsinhaberwechsel, S. 100.
159 Vgl. *Schwanda*, Der Betriebsübergang in § 613a BGB, S. 137 f.
160 *Schwanda*, Der Betriebsübergang in § 613a BGB, S. 137 f.
161 *Schwanda*, Der Betriebsübergang in § 613a BGB, S. 138.

des Betriebsübergangs entfalle und die vertragliche Beziehung zwischen Verleiher und Leiharbeitnehmer nach dem Übergang des entleihenden Betriebs unverändert fortbestehe. Das (noch bestehende) dritte Verhältnis zwischen Verleiher und Entleiher blendet er aus bzw. trifft zu diesem keine Aussage.

d) Seiter

Seiter stützt sich ebenso darauf, dass gewöhnlich das Rechtsverhältnis zwischen Leiharbeitnehmer und Entleiher kein Arbeitsverhältnis ist.[162] „Wechselt der Entleiherbetrieb den Inhaber, so bleibt zunächst weiterhin der bisherige Entleiher gegenüber dem Verleiher und dem Leiharbeitnehmer berechtigt."[163] Bedauerlicherweise lassen sich aus dieser Einzelaussage von *Seiter* nur bedingt Rückschlüsse über den inhaltlichen Fortbestand bzw. die inhaltliche Abwicklung der Beziehungen der Arbeitnehmerüberlassung nach dem Übergang des entleihenden Betriebs entnehmen. Jedenfalls unzweifelhaft will *Seiter* zum Ausdruck bringen, dass keine gesetzlich zwingende Änderung in den Beziehungen kraft § 613a Abs. 1 S. 1 BGB herbeigeführt wird („bleibt zunächst [...] weiterhin berechtigt"[164]). Eine Aussage über den Fortbestand der drei Verhältnisse trifft aber auch *Seiter* nicht, denn dass die Beziehungen nicht unverändert fortbestehen können, liegt insoweit auf der Hand, als dass der Entleiher den Leiharbeitnehmer nicht mehr im vormaligen Betrieb beschäftigen kann. Mangels einer solchen Einsatzmöglichkeit fällt die Grundlage der Beziehung zwischen Entleiher und Verleiher weg.

e) Sieg/Maschmann

Sieg/Maschmann führen in ihrer Monografie, welche nur wenige Monate vor der Albron Entscheidung veröffentlicht wurde, in Bezug auf die Veräußerung eines entleihenden Betriebs aus, dass Leiharbeitnehmer, sofern der Betrieb des Entleihers übergeht und kein fingiertes Arbeitsverhältnis nach § 10 Abs. 1 AÜG vorliegt, nicht vom Anwendungsbereich des § 613a BGB erfasst seien.[165] Sie nehmen daher im Umkehrschluss wohl an, dass die Übertragung des entleihenden Betriebs nur bewirke, dass die Einsatzmöglichkeit des Leiharbeitnehmers im entleihenden Betrieb entfalle und der Leiharbeitnehmer an seinen Verleiher zurückgehe, denn dies ergibt sich, wenn es zu keiner gesetzlichen Überleitung einer der Beziehungen im Sinne von § 613a Abs. 1 S. 1 BGB kommt.

---

162 *Seiter*, Betriebsinhaberwechsel, S. 58.
163 *Seiter*, Betriebsinhaberwechsel, S. 58.
164 *Seiter*, Betriebsinhaberwechsel, S. 58.
165 *Sieg/Maschmann*, Unternehmensumstrukturierung aus arbeitsrechtlicher Sicht, Rn. 132.

f) v. Hoyningen-Huene/Windbichler

Auch *v. Hoyningen-Huene* und *Windbichler* nehmen sich dem Verhältnis von § 613a Abs. 1 S. 1 BGB und der Veräußerung eines entleihenden Betriebs an und gelangen dabei zu folgendem Schluss: Der Schutz der Leiharbeitnehmer müsse nicht durch § 613a Abs. 1 S. 1 BGB gewährt werden, weil dieser bereits dadurch erfolge, dass die „Leiharbeitnehmer beim Verleiher fest eingestellt" sind.[166] Erst wenn dieses Arbeitsverhältnis zum Verleiher unwirksam ist, treffen den Entleiher Arbeitgeberpflichten (§ 10 Abs. 1 AÜG).[167] „Diese subsidiäre Haftung des Entleihers kann einen sozialen Besitzstand des Leiharbeitnehmers in dessen Betrieb aber nicht begründen, so dass ein Übergang des (nach § 10 AÜG immerhin potentiellen) Arbeitsverhältnisses auf den Betriebsübernehmer nach Sinn und Zweck des § 613a BGB nicht gerechtfertigt ist".[168]

C. Meinungsstand nach Albron Catering

I. Ausgangspunkt

Der vorbezeichnete und im Wesentlichen gefestigte Meinungsstand ist mit der Albron Entscheidung des *EuGH* vom 21.10.2010 in Rechtsprechung und Schrifttum in Bewegung geraten und ist nunmehr einer ausdifferenzierteren Betrachtung der vorliegenden Untersuchungsfrage gewichen. Jedenfalls unverändert steht auch weiterhin die Frage im Mittelpunkt, ob § 613a Abs. 1 S. 1 BGB in Bezug auf Leiharbeitnehmer anwendbar ist, wenn ein entleihender Betrieb veräußert wird. Darüber hinaus wird sich nun erstmals (in unterschiedlicher Intensität) damit auseinandergesetzt, was konkret das Arbeitsverhältnis im Sinne von § 613a Abs. 1 S. 1 BGB umschreibt, die Beziehung zwischen Entleiher und Leiharbeitnehmer und / oder die Beziehung zwischen Verleiher und Leiharbeitnehmer. Dies wiederum bedeutet, dass das konkrete (mögliche) Übergangsobjekt (Beziehung zwischen Verleiher und Leiharbeitnehmer und / oder zwischen Entleiher und Leiharbeitnehmer) bestimmt wird und damit letztlich auch darüber entschieden wird, ob die Veräußerung eines entleihenden Betriebs einen Sprung des Leiharbeitnehmers in die Stammbelegschaft beim Erwerber begründen kann.

II. Rechtsprechung

Eine konkrete Entscheidung, die sich zu den Folgen der Veräußerung eines entleihenden Betriebs auf die bestehende Dreiecksstruktur der Arbeitnehmerüberlassung positioniert, ist (soweit ersichtlich) bislang nicht ergangen. Unter Bezugnahme auf die Entscheidung des *EuGH* vom 21.10.2010 hat das *BAG* in jüngerer Zeit aber beiläufig ausgeführt: „Es erscheint danach nicht völlig ausgeschlossen, dass aus

---

166 *v. Hoyningen-Huene/Windbichler*, RdA 1977, 329, 334.
167 *v. Hoyningen-Huene/Windbichler*, RdA 1977, 329, 334.
168 *v. Hoyningen-Huene/Windbichler*, RdA 1977, 329, 334.

unionsrechtlichen Gründen der Übergang eines Konzernunternehmens Auswirkungen auf die Arbeitsverhältnisse konzernintern überlassener Arbeitnehmer hat. Die Entscheidung des EuGH kann daher unter Umständen in einer Fallgestaltung wie der vorliegenden [konzerninterne Überlassung durch Personalführungsgesellschaft, bei welcher die Gewerbsmäßigkeit bzw. die Gewinnerzielungsabsicht im Streit gestanden hat] für die Auslegung und Anwendung des § 613a BGB von Bedeutung sein".[169] Diese Ausführungen greift das *BAG* in einer weiteren Entscheidung (vom 15.5.2013) auf.[170] Auch wenn das *BAG* nicht abschließend zur vorliegenden Fragestellung entscheiden musste, kann den Ausführungen in den beiden Entscheidungen entnommen werden, dass eine Einbindung des im Fall Albron Catering ermittelten Ergebnisses in das deutsche Recht denkbar ist, jedenfalls gilt dies sicher für den Fall einer dauerhaften und konzerninternen Überlassung durch eine bloße Personalführungsgesellschaft. Dies wird insbesondere daran ersichtlich, dass es in der in Bezug genommenen Entscheidung des *BAG* vom 9.2.2011 primär um die Gewerbsmäßigkeit der Überlassung gegangen ist (zu § 1 Abs. 1 AÜG a.F.). Zur Bestimmung der Gewerbsmäßigkeit war in der Vergangenheit auf eine wirtschaftliche Betrachtung abzustellen,[171] was vom *BAG* zuletzt gerade auch innerhalb eines Konzerns unter Überspielung der rechtlichen Selbstständigkeit von Konzerngesellschaften betont wurde,[172] sodass eine wertungsmäßige Vergleichbarkeit der Sachverhalte angenommen werden kann. Ob das *BAG* darüber hinaus eine Anwendung von § 613a Abs. 1 S. 1 BGB in sämtlichen anderen Fällen der Arbeitnehmerüberlassung annehmen will, ist offen. Jedenfalls lassen die Gründe des *BAG* eine solche Ausdehnung nicht als völlig abwegig erscheinen. Hier gilt es, die weitere Rechtsentwicklung zu verfolgen.

Neben der Frage der Anwendbarkeit von § 613a Abs. 1 S. 1 BGB bleibt unverändert offen, welche konkreten Rückschlüsse das *BAG* im Fall einer Anwendung des § 613a Abs. 1 S. 1 BGB ziehen mag. Will es unter den Begriff des Arbeitsverhältnisses im Sinne von § 613a BGB die Beziehung zwischen Verleiher und Leiharbeitnehmer und / oder die zwischen Entleiher und Leiharbeitnehmer fassen. Hiermit steht und fällt die Antwort, ob der Leiharbeitnehmer bei der Veräußerung eines entleihenden Betriebs zum Stammarbeitnehmer beim Erwerber aufsteigt, denn dies ist ausschließlich im Wege der Überleitung der Arbeitsvertragsbeziehung zwischen Verleiher

---

169 *BAG* vom 9.2.2011, 7 AZR 32/10, NZA 2011, 791, 796.
170 *BAG* vom 15.5.2013, 7 AZR 525/11, NZA 2013, 1214, 1218.
171 BT-Drs. VI/2303, 10 „aus der Arbeitnehmerüberlassung einen wirtschaftlichen Gewinn zu erzielen"; *BAG* vom 18.7.2012, 7 AZR 451/11, NZA 2012, 1369, 1370 „Gewerbsmäßig [...] ist jede nicht nur gelegentliche, sondern auf eine gewisse Dauer angelegte und auf Erzielung unmittelbarer oder mittelbarer wirtschaftlicher Vorteile gerichtete selbständige Tätigkeit."; *LAG Schleswig Holstein* vom 3.7.2008, 4 TaBV 13/08, BeckRS 2008, 57826. Vgl. auch zur wirtschaftlichen Betrachtung bei einer gewerbsmäßigen Überlassung: *Becker/Kreikebaum*, Zeitarbeit, S. 39; *Thüsing/ Waas*, § 1 AÜG Rn. 96, 99.
172 Vgl. *BAG* vom 9.2.2011, 7 AZR 32/10, NZA 2011, 791, 795 f.; so auch der *Generalanwalt* im Fall Albron Catering: siehe oben Fßn. 124.

und Leiharbeitnehmer denkbar. Ein voreiliger Schluss, dass das *BAG* im Rahmen von § 613a Abs. 1 S. 1 BGB (ausschließlich) die Beziehung zwischen Verleiher und Leiharbeitnehmer unter den Begriff des Arbeitsverhältnisses fasst und sich damit wohl an die (wenn auch nicht ausdrücklich) getroffene Erkenntnis des *EuGH* in der Rechtssache Albron Catering (vgl. § 3 F.) anschließt, sollte vermieden werden. Es gibt durchaus Fälle, in welchen das *BAG* in der Vergangenheit gerade auch die Beziehung zwischen Entleiher und Leiharbeitnehmer unter den Begriff des Arbeitsverhältnisses subsumiert hat.[173] Ginge aber nur diese Beziehung zwischen Entleiher und Leiharbeitnehmer vom Entleiher auf den Erwerber über, wird der Leiharbeitnehmer nicht Stammarbeitnehmer beim Erwerber.

III. Schrifttum

Auch im Schrifttum wurde das bestehende Meinungsbild durch die Rechtssache Albron Catering komplett erneuert und vor allem ausgeweitet. Es wird nun schärfer zwischen den einzelnen Rechtsbeziehungen und deren Fortbestand nach dem Übergang des entleihenden Betriebs auf den Erwerber sowie zwischen den verschiedenen Formen der Arbeitnehmerüberlassung differenziert.

1. Ausgangspunkt: Unstreitiges und Streitiges

Ausgehend von der Entscheidung in der Rechtssache Albron Catering hat sich im nationalen Recht in Bezug auf einen ganz konkret gelagerten Fall ein überwiegend einheitliches und (zumindest vorläufig) unstreitiges Meinungsbild herauskristallisiert (vgl. a). Im Übrigen ist das Meinungsbild sehr breit gefächert und nur sehr schwer zu überblicken (vgl. b).

a) Unstreitiger Ausgangspunkt

Durch die Bindungswirkung des europäischen Rechts und des damit vorliegend als bindend empfundenen und durch die Rechtssache Albron Catering entwickelten Ergebnisses zur Anwendung der Richtlinie 2001/23/EG besteht für das nationale Recht folgender unstreitiger Ausgangspunkt: Es ist (jedenfalls bis zum AÜG-Änderungsgesetz, vgl. nachfolgend unter D.) nahezu unbestritten, dass bei einer dauerhaften und konzerninternen Überlassung durch eine bloße Personalführungsgesellschaft, so wie sie der Entscheidung des *EuGH* zugrunde gelegen hat, eine Anwendung von § 613a Abs. 1 S. 1 BGB in Bezug auf die eingesetzten Leiharbeitnehmer bejaht wird, wenn der entleihende Betrieb veräußert wird bzw. es wird zumindest angenommen,

---

173 *BAG* vom 15.3.2011, 10 AZB 49/10, NZA 2011, 653, 654 Subsumtion der Beziehung zwischen Entleiher und Leiharbeitnehmer unter den Begriff des „Arbeitsverhältnisses" im Sinne von § 2 Abs. 1 Nr. 3a, 3d ArbGG, sofern Streitigkeiten aus dem Leiharbeitsverhältnis (Verleiher und Leiharbeitnehmer) betroffen sind; hierzu auch Kap. 6 § 2 B. I. 1. d) dd) unter bbb).

dass die Rechtsprechung diesen Weg einschlagen wird.[174] In diesem Zusammenhang wird teilweise lediglich der Inhalt des überzuleitenden Verhältnisses auf den Erwerber unterschiedlich ausgelegt (vgl. 2. und 3.). Dies bedeutet, dass dem Begriff des Arbeitsverhältnisses im Rahmen von § 613a Abs. 1 S. 1 BGB teilweise eine abweichende Bedeutung zugesprochen wird, was nicht ohne Folgen auf das jeweils befürwortete Ergebnis bleibt.

Selbst diejenigen Stimmen, welche die Entscheidung des *EuGH* als schwer dogmatisch fassbar, ergebnisorientiert und in der Begründung wenig überzeugend bezeichnen,[175] sprechen sich aufgrund der Verbindlichkeit des europäischen Rechts dafür aus, dass die Grundsätze des *EuGH* nun auch im deutschen Recht gelten müssen. Lediglich eine erneute Vorlage an den *EuGH* könne Abhilfe und eine Rückkehr zu den bisherigen Grundsätzen bewirken.[176] So führt z.B. *Abele* aus: „Sollte ein deutsches Gericht systematische Bedenken gegen diese Auslegung der Richtlinie 2001/23/EG haben, die im Wege der richtlinienkonformen Auslegung des § 613a Abs. 1 S. 1 BGB auch bei einem Rechtsstreit vor einem deutschen Gericht zu beachten wäre, so müsste es über ein Vorabentscheidungsersuchen mit dem EuGH in einen Dialog eintreten."[177] Auch *Willemsen* schließt sich für den Fall einer dauerhaften Überlassung durch eine konzernangehörige Gesellschaft dem vom *EuGH* herausgearbeiteten Ergebnis an.[178] Er will aber einen abweichenden Begründungsweg gehen, indem er das Handeln des Entleihers dem Verleiher zurechnen will (Zurechnungsmodell). *Willemsen* führt aus: „Zu dem vom EuGH intendierten Ergebnis gelangt man vielmehr nur, [...] mit dem Gedanken der Zurechnung [...]".[179] Für den Fall der dauerhaften Überlassung durch eine konzerninterne Personalführungsgesellschaft müsse sich der Arbeitgeber, welcher den Arbeitnehmer dauerhaft zu anderen Konzernunternehmen entsendet „bei [der] Übertragung des Einsatzbetriebs auf einen

---

174 *Abele*, FA 2011, 7, 10; vgl. *Bauer/v. Medem*, NZA 2011, 20, 23 § 613a BGB sei nicht etwa unanwendbar, sondern das arbeitsrechtliche Kernproblem; *Forst*, EWiR 2010, 737, 738; offener *ders.*, RdA 2011, 228, 232; vgl. BeckOK-ArbR/*Gussen*, § 613a BGB Rn. 86a; *Gaul/Ludwig*, DB 2011, 298, 300 sprechen davon, dass zu erwarten ist, dass sich die Rechtsprechung der Sichtweise des *EuGH* anschließe; ebenso *Heuchemer/Schielke*, BB 2011, 758, 763; vgl. Hk -ArbR/*Karthaus/Richter*, § 613a BGB Rn. 96; *Kühn*, NJW 2011, 1408, 1409, 1411; *Mückl*, GWR 2011, 45; *Powietzka/Christ*, ZESAR 2013, 313, 315 f.; *Sagan*, ZESAR, 2011, 412, 421 erkennt die Zulässigkeit einer richtlinienkonformen Auslegung des § 613a BGB im Sinne der Albron Entscheidung, trifft aber keine abschließende Aussage; *Simon*, ELR 2010, 97, 99 plädiert für eine erneute Vorlage an den *EuGH*; KR/*Treber*, § 613a BGB Rn. 15; *Willemsen*, RdA 2012, 291, 299 f.; *ders.* NJW 2011, 1546, 1547 ff.
175 *Abele*, FA 2011, 7, 10; *Bauer/v. Medem*, NZA 2011, 20, 23; *Gaul/Ludwig*, DB 2011, 298, 300 „systemwidrig"; BeckOK-ArbR/*Gussen*, § 613a BGB Rn. 86a; *Willemsen*, NJW 2011, 1546, 1547 f.
176 Vgl. *Abele*, FA 2011, 7, 11.
177 *Abele*, FA 2011, 7, 11.
178 *Willemsen*, NJW 2011, 1546, 1547 f.
179 *Willemsen*, NJW 2011, 1546, 1548.

außenstehenden Dritten für [die] Zwecke der Richtlinie so behandeln lassen, als hätte er die dortige Beschäftigungsmöglichkeit im Wege der rechtsgeschäftlichen Betriebsveräußerung in Wegfall gebracht. Gerade darum geht es nämlich bei § 613a BGB und der zu Grunde liegenden Richtlinie."[180]

b) Offene Streitpunkte

Der infolge der Entscheidung des *EuGH* in der Rechtssache Albron Catering im nationalen Recht neu gewachsene Meinungsstand ist im Übrigen, d.h. abgesehen von dem Sonderfall einer dauerhaften, konzerninternen Überlassung durch eine bloße Personalführungsgesellschaft, sehr breit gefächert und kann nach seiner inhaltlichen Ausrichtung grob in drei Gruppen gegliedert werden. Erstens in jene, die annimmt, dass die Veräußerung des entleihenden Betriebs bewirke, dass der Leiharbeitnehmer zu einem Stammarbeitnehmer des Erwerbers aufsteigt (vgl. 2.). Zweitens in jene Meinungsströmung, die von einer gespaltenen Arbeitgeberstellung, nun aber unter Einbindung des Betriebserwerbers (als neuen Entleiher) ausgeht (vgl. 3.) und drittens dem Ansatz, der auf das Rechtsverständnis vor der Albron Entscheidung zurückgreift (vgl. 4.). Diese Unterteilung orientiert sich an der Kernaussage der jeweiligen Meinungsströmung, weil kaum eine der nachfolgenden Ansichten in der Lage ist, eine umfassende Aussage zum Fortbestand sämtlicher Beziehungen der Arbeitnehmerüberlassung nach dem Übergang des entleihenden Betriebs zu liefern.

2. Übergang des Verhältnisses zwischen Leiharbeitnehmer und Verleiher

a) Unmittelbare Folgen aus Albron Catering

Dass im Nachgang zur Rechtssache Albron Catering unbestritten eine Anwendung von § 613a Abs. 1 S. 1 BGB auf Leiharbeitnehmer befürwortet wird, wenn es zur Veräußerung eines entleihenden Betriebs kommt und die Überlassung durch eine bloße Personalführungsgesellschaft in Form eines dauerhaften und konzerninternen Einsatzes erfolgt, wurde aufgezeigt (vgl. zuvor 1.a.). Ein Teil des Meinungsspektrums legt nun für diesen konkreten Überlassungssachverhalt zugrunde, dass die Folge hiervon im deutschen Recht sei, dass mittels § 613a Abs. 1 S. 1 BGB ein Übergang der Beziehung zwischen Verleiher und Leiharbeitnehmer vom Verleiher auf den Erwerber des entleihenden Betriebs bewirkt wird. In der Folge würde der Leiharbeitnehmer zum Stammarbeitnehmer des Betriebserwerbers werden.[181]

---

180 *Willemsen*, NJW 2011, 1546, 1548 f.
181 Vgl. *Abele*, FA 2011, 7, 10 f.; *Bauer/v. Medem*, NZA 2011, 20, 21, 23; BeckOK-ArbR/ *Gussen*, § 613a BGB Rn. 86a; vgl. auch *Heuchmer/Schielke*, BB 2011, 753, 763; *Kühn*, NJW 2011, 1408, 1410 f.; *Mückl*, GWR 2011, 45; vgl. *Powietzka/Christ*, ZESAR 2013, 313, 315 f.; vgl. ErfK/*Preis*, § 613a BGB Rn. 67; vgl. *Willemsen*, RdA 2012, 291, 300 f.; *ders.* NJW 2011, 1546, 1547 f.; HWK/*Willemsen/Müller-Bonanni*, § 613a BGB Rn. 225.

aa) Abele

So führt z. B. *Abele* aus, dass „zwischen Leiharbeitnehmer und Entleiher [...] kein Arbeitsverhältnis" bestehe und „vor diesem Hintergrund der Übergang eines Leiharbeitsverhältnisses [Verleiher und Leiharbeitnehmer] gemäß § 613a BGB nur denkbar [ist], wenn ein Erwerber den Betrieb des Verleihers übernimmt". Allerdings komme der *EuGH*, „zumindest soweit die Arbeitnehmerüberlassung zwischen Konzernunternehmen vorgenommen wird", zu einem anderen Ergebnis.[182] „Diese Rechtsprechung des EuGH ist von den deutschen Gerichten zu beachten".[183] Aus dem Zusammenspiel beider Aussagen wird ersichtlich, dass *Abele* nunmehr auch für das deutsche Recht eine gesetzliche Überleitung der Beziehung zwischen Verleiher und Leiharbeitnehmer vom Verleiher auf den Erwerber befürwortet, sofern es sich um einen zum Fall Albron Catering vergleichbaren Überlassungssachverhalt handelt.

bb) Mückl

Mückl führt ebenso in Bezug auf die dauerhafte, konzerninterne Arbeitnehmerüberlassung durch eine bloße Personalführungsgesellschaft aus, dass Verleiher „ihre wertvollste Ressource, ihre Arbeitnehmer, an einen Dritten verlieren können".[184] Nimmt *Mückl* an, dass der Verleiher seinen Arbeitnehmer verliert, dann kann dies nur dadurch bewirkt werden, dass mit dem Übergang des entleihenden Betriebs auf einen Dritten der Leiharbeitnehmer (des Verleihers) zu einem Stammarbeitnehmer beim Betriebserwerber wird. Es bedarf hierzu eines Übergangs der Beziehung zwischen Leiharbeitnehmer und Verleiher vom Verleiher auf den Erwerber, anderenfalls verliert der Verleiher nicht „seine wertvollste Ressource".[185]

b) Weitergehende Schlüsse aus Albron Catering

Teile des Schrifttums wollen nun weitergehend annehmen, dass die Veräußerung eines entleihenden Betriebs auch dann eine Anwendung von § 613a Abs. 1 S. 1 BGB und einen Übergang des zwischen Verleiher und Leiharbeitnehmer bestehenden Verhältnisses vom Verleiher auf den Betriebserwerber bewirke, wenn es sich um normale Arbeitnehmerüberlassung außerhalb einer Konzernstruktur handelt.[186] Dieser Ansatz ist insofern besonders weitgehend, als die genannten Autoren inzident unterstellen, der *EuGH* habe seine rechtliche Begründung im Fall Albron Catering auf sämtliche Fälle der Arbeitnehmerüberlassung erstrecken wollen.

---

182 *Abele*, FA 2011, 7.
183 *Abele*, FA 2011, 7, 10.
184 *Mückl*, GWR 2011, 45.
185 *Mückl*, GWR 2011, 45.
186 Wohl auch *Heuchemer/Schielke*, BB 2011, 758, 763; *Kühn*, NJW 2011, 1408, 1411 will die Grundsätze ausschließlich auf dauerhafte Überlassungen erstrecken.

aa) Heuchemer/Schielke

Für ein solches (weites) Verständnis der Albron Entscheidung plädieren etwa *Heuchemer* und *Schielke*, auch wenn sie ihre Ausführungen vorsichtig treffen, teilweise im Konjunktiv formulieren und dadurch abmildern, dass diese möglicherweise durch fortschreitende Rechtsänderungen zurückgedrängt werden könnten.[187] Jedenfalls gehen sie klar davon aus, dass der *EuGH* anders als der *Generalanwalt* keine Beschränkung seiner Gründe auf einen „Sonderfall" vorgenommen hat.[188] Das begründen sie vor allem damit, dass der *EuGH* den ihm konkret vorgelegten Fall der konzerninternen, dauerhaften Überlassung durch eine bloße Personalführungsgesellschaft auch durch einen Rückgriff auf den Gedanken des Rechtsmissbrauchs hätte lösen können, aber die von ihm vorgenommene Bezugnahme und Begründung mit der Richtlinie 2001/23/EG verdeutliche, dass die Gründe allgemein für die Leiharbeit gelten[189] und eben nicht beschränkt seien. Die Autoren werfen in ihrem Aufsatz sich aus dem Albron Urteil ableitende Fragestellungen für das deutsche Recht auf und kommen zum Schluss, dass „trotz aller dogmatischen Einwände" es generell dazu führen kann, „dass der Erwerber Arbeitgeber der Leiharbeitnehmer wird. Die Leiharbeitnehmer bekämen bei [dem] Erwerb des Betriebs eine Festanstellung und könnten dieser widersprechen, wenn sie es vorziehen, Leiharbeitnehmer zu bleiben."[190] Hieran zeigt sich, dass *Heuchemer/Schielke* sogar so weit gehen wollen, dass sie in Aussicht stellen, dass die Veräußerung eines entleihenden Betriebs dem Leiharbeitnehmer den Sprung in die Stammbelegschaft des Erwerbers ermögliche und diesem überdies sogar ein Wahlrecht zwischen der Leiharbeitnehmerstellung (beim Verleiher) oder der Festanstellung (beim Erwerber) zustehe.[191]

bb) Mückl

Auch *Mückl* nimmt (wie bereits im Zusammenhang mit der besonderen Konstellation, die der Albron Entscheidung zugrunde lag) an, dass die Übertragung eines entleihenden Betriebs gleichermaßen für die normale Arbeitnehmerüberlassung bewirke, dass der Leiharbeitnehmer zum Stammarbeitnehmer des Erwerbers werde.[192] Hinsichtlich dieses Ergebnisses beruft er sich ebenso darauf, dass sich der *EuGH* in seiner Begründung nicht auf den Gedanken eines Rechtsmissbrauchs gestützt habe und daher „spreche viel dafür, seine Feststellungen [die des EuGH] nicht [auf bestimmte Überlassungskonstellationen] zu beschränken".[193]

---

187 *Heuchemer/Schielke*, BB 2011, 758, 763.
188 *Heuchemer/Schielke*, BB 2011, 758, 763.
189 Vgl. *Heuchemer/Schielke*, BB 2011, 758, 763.
190 *Heuchemer/Schielke*, BB 2011, 758, 763.
191 Vgl. *Heuchemer/Schielke*, BB 2011, 758, 763.
192 *Mückl*, GWR 2011, 45.
193 *Mückl*, GWR 2011, 45.

cc) Kühn

Kühn will einen differenzierteren, im Ergebnis aber vergleichbaren Weg wie *Mückl* und *Heuchemer/Schielke* beschreiten. Im Ausgangspunkt stellt *Kühn* fest, dass es sich bei dem Fall, über welchen der EuGH zu entscheiden hatte, für das deutsche Recht „allgemein um Arbeitnehmerüberlassung" handele.[194] Er differenziert daher für sein Ergebnis z. B. nicht zwischen konzerninterner und -externer Überlassung. Nach einer Auslegung des § 613a Abs. 1 S. 1 BGB kommt er, insbesondere unter Rückgriff auf Sinn und Zweck der Norm, zu dem Ergebnis, dass allgemein Leiharbeitnehmer im entleihenden Betrieb unter den Schutzzweck der Norm fielen, wenn die Zugehörigkeit des Arbeitsverhältnisses zum als wirtschaftliche Einheit übertragenen Betriebs(teil) vorliege.[195] Es komme „auf die Beständigkeit", mit anderen Worten den zeitlichen Faktor" der Tätigkeit an.[196] Die Tätigkeit eines Leiharbeitnehmers in einem Betrieb würde dabei im Regelfall für eine Zugehörigkeit zum Betrieb des Veräußerers sprechen und damit für einen Übergang der Arbeitsverhältnisse, wenn der entleihende Betrieb übertragen wird.[197] Ohne dass es *Kühn* ausdrücklich bezeichnet, lassen sich seine Ausführungen so verstehen, dass er als Folge der Anwendung von § 613a Abs. 1 S. 1 BGB bei der Veräußerung eines entleihenden Betriebs einen Übergang der Beziehung zwischen Leiharbeitnehmer und Verleiher vom Verleiher auf den Erwerber befürwortet, sofern das vorbezeichnete Erfordernis der „Beständigkeit" erfüllt ist. D.h. er nimmt an, dass der Leiharbeitnehmer zu einem Stammarbeitnehmer des Erwerbers wird. Das wird insbesondere daran ersichtlich, dass er ausführt, „das Rechtsverhältnis zwischen Entleiher und Leiharbeitnehmer [sei] kein Arbeitsverhältnis"[198] und letztlich zu dem Fazit gelangt, „auch die Arbeitsverhältnisse von Leiharbeitnehmern gehen damit beim Betriebsübergang des entleihenden Betriebsteil auf den Erwerber über, soweit sie diesem als wirtschaftliche Einheit übertragenen Betriebsteil zugehören."[199] Hierbei kann er denknotwendig nur die Beziehung zwischen Verleiher und Leiharbeitnehmer meinen.

3. Übergang des Verhältnisses zwischen Entleiher und Leiharbeitnehmer / zwischen Entleiher und Verleiher

a) Überblick

aa) Grundgedanke

Ein anderer (kleinerer) Teil des Schrifttums nimmt an, dass die Auswirkungen der Rechtssache Albron Catering im nationalen Recht darauf beschränkt seien, dass § 613a Abs. 1 S. 1 BGB bei der Veräußerung eines entleihenden Betriebs hinsichtlich

---

194 *Kühn*, NJW 2011, 1408, 1409.
195 *Kühn*, NJW 2011, 1408, 1410 f.
196 *Kühn*, NJW 2011, 1408, 1411.
197 *Kühn*, NJW 2011, 1408, 1411.
198 *Kühn*, NJW 2011, 1408, 1410.
199 *Kühn*, NJW 2011, 1408, 1411.

der eingesetzten Leiharbeitnehmer eingreift, aber hierdurch ein gesetzlicher Übergang der Beziehung zwischen Entleiher und Leiharbeitnehmer vom Entleiher auf den Erwerber bewirkt werde.[200] Dieses Verständnis resultiere insbesondere nach *Hamann*[201] daraus, dass sich die Auslegung des Begriffs vom „Arbeitsverhältnis", wie er im Sinne der Richtlinie 2001/23/EG zu definieren sei, nach nationalem Recht richtet (vgl. Art. 2 Abs. 1 lit. d Richtlinie 2001/23/EG). Konsequenterweise müssten die Anhänger dieses Ansatzes (so wie es z. B. *Elking*[202] umfassend getan hat) dann auch annehmen, dass die Beziehung zwischen Entleiher und Leiharbeitnehmer ein Arbeitsverhältnis im Sinne von § 613a Abs. 1 S. 1 BGB ist, was teilweise aber nur unzureichend aufgelöst wird.[203] *Sagan* stellt ohne abschließende rechtliche Prüfung beispielsweise fest, dass die praktischen Folgen der Entscheidung des *EuGH* maßgeblich davon abhängen, wie das nationale Arbeitsrecht ausgestaltet ist und führt in anderem Zusammenhang aus, dass die Beziehung zwischen Entleiher und Leiharbeitnehmer im Wege der europarechtskonformen Auslegung durchaus unter § 613a Abs. 1 S. 1 BGB gefasst werden könne.[204]

bb) Unklarheiten bezüglich der Reichweite

Allerdings lassen die in die vorbezeichnete Richtung gehenden Ansätze vielfach nicht eindeutig erkennen, ob der Übergang des Verhältnisses zwischen Entleiher und Leiharbeitnehmer vom Entleiher auf den Erwerber nur die normale Arbeitnehmerüberlassung erfassen soll oder auch für den Sonderfall im Sinne der Rechtssache Albron Catering Geltung beansprucht. Eine entsprechende Gleichstellung zwischen beiden Überlassungsformen wird durch die Vertreter dieses Ansatzes aber vielfach nahe gelegt. Deutlich wird dies z. B. bei *Forst*, der im Rahmen seiner umfangreichen Überlegungen ausführt, dass „der *EuGH* offenbar alle Formen der Arbeitnehmerüberlassung gleich behandeln [wollte], ungeachtet einer etwaigen Konzernierung"[205] und daher im deutschen Recht jedenfalls in einem Konzern dauerhaft überlassene Arbeitnehmer von § 613a Abs. 1 S. 1 BGB erfasst sind und manches dafür spricht, „dass auch sonstige Leiharbeitnehmer erfasst werden".[206] Auch *Hamann* lässt nicht erkennen, dass er bei seinen Ausführungen eine Differenzierung zwischen den Fällen einer dauerhaften, konzerninternen Überlassung durch eine

---

200 *Elking*, Der Nichtvertragliche Arbeitgeber, S. 316 ff. jedenfalls bezüglich normaler Arbeitnehmerüberlassung; vgl. auch *Hamann*, jurisPR-ArbR 29/2011 Anm. 1 unter C.; *ders.* wohl nun anderer Ansicht, jurisPR-ArbR 9/2014 Anm. 3 unter C.; *Forst*, RdA 2011, 228, 232 f.; *Greiner*, NZA 2014, 284, 289.
201 *Hamann*, jurisPR-ArbR 29/2011 Anm. 1 unter C.
202 *Elking*, Der Nichtvertragliche Arbeitgeber, S. 74 ff., insbesondere S. 126 ff.
203 *Hamann*, jurisPR-ArbR 29/2011 Anm. 1 unter C. hat dies trotz der getroffenen Erkenntnis offen gelassen und spricht davon, dass die Rechtsqualität dieser Beziehung neu überdacht werden muss.
204 *Sagan*, ZESAR 2011, 412, 420 f.
205 *Forst*, RdA 2011, 228, 230.
206 *Forst*, RdA 2011, 228, 232.

bloße Personalführungsgesellschaft und sämtlichen anderen Formen der Arbeitnehmerüberlassung vornimmt. Er stellt nur knapp fest, „ob die Albron Entscheidung des EuGH zu einer Änderung der nationalen Rechtsprechung führen muss, ist indes fraglich."[207] *Sagan*[208] und *Elking*[209] beschränken ihre Überlegungen dagegen wohl auf die Fälle der normalen Arbeitnehmerüberlassung. Zu dem Sonderfall reißt *Sagan* die Probleme lediglich an[210] und *Elking*[211] blendet ein abschließendes Ergebnis aus.

cc) Problem: Überleitung der Beziehung zwischen Verleiher und Entleiher

Abgesehen von der Unsicherheit über die Reichweite der entwickelten Ansätze erfordern diese regelmäßig zugleich ein Eingehen auf das Schicksal der Beziehung zwischen Entleiher und Verleiher, weil eine Fortführung des Beschäftigungsverhältnisses zwischen Leiharbeitnehmer und Entleiher beim Betriebserwerber nur auf entsprechender rechtlicher Pflichtengrundlage denkbar ist, welche vor dem Betriebsübergang zwischen Entleiher und Verleiher bestanden hat.

b) Hamann

Entsprechend einer von *Hamann* unmittelbar nach der Entscheidung Albron Catering veröffentlichten Anmerkung sei für die Folgen dieser Entscheidung im nationalen Recht maßgeblich, ob sich das Verhältnis zwischen Entleiher und Leiharbeitnehmer unter den Begriff des Arbeitsverhältnisses im Sinne von § 613a Abs. 1 S. 1 BGB fassen lasse: „Die Entscheidung des EuGH wird allerdings Veranlassung geben, im nationalen Recht die Rechtsqualität der zwischen dem Leiharbeitnehmer und dem Entleiher bestehenden Rechtsbeziehung europarechtskonform zu überdenken."[212] Durch den Betriebsinhaberwechsel könne sich jedenfalls keine

---

207 *Hamann*, jurisPR-ArbR 29/2011 Anm. 1 unter C.; ebenso ohne Bezugnahme auf die Unterscheidung zwischen konzerninterner oder -externer Überlassung *ders.*, jurisPR-ArbR 9/2014 Anm. 3 unter C., wobei nun wohl von einer Unanwendbarkeit des § 613a BGB ausgegangen wird.
208 *Sagan*, ZESAR 2011, 412, 421.
209 *Elking*, Der Nichtvertragliche Arbeitgeber, S. 31 „abseits des konzernbezogenen Einzelfalls", S. 206 ff. „Untersuchung der nachbezeichneten Folgen für die ‚normale' Leiharbeit".
210 *Sagan,* ZESAR 2011, 412, 421 nimmt nur den Fall des *EuGH* in den Blick und gelangt dazu, dass eine richtlinienkonforme Auslegung des § 613a BGB im Sinne der *EuGH* Entscheidung möglich erscheint, aber der *EuGH* wohl nicht nur die Beziehung zwischen Entleiher und Leiharbeitnehmer erfassen wollte, sondern vielmehr die Beziehung zwischen Leiharbeitnehmer und Verleiher. Ein abschließendes Ergebnis trifft er für den Sonderfall jedoch nicht.
211 *Elking*, Der Nichtvertragliche Arbeitgeber, S. 201 „Im Rahmen des hiesigen Diskurses stellt sich die Frage, ob sich die Leitlinien des *EuGH* abseits von Konzernstrukturen bezüglich ihrer Rechtsfolge auf die Fälle der ‚normalen' Leiharbeit übertragen lassen."
212 *Hamann*, jurisPR-ArbR 29/2011 Anm. 1 unter C.

„Metamorphose der Rechtsbeziehung" vollziehen und „aus dem Arbeitsverhältnis wird [...] kein Arbeitsvertrag".[213] Ausgehend hiervon zeigt sich, dass *Hamann* einen Übergang der Beziehung zwischen Verleiher und Leiharbeitnehmer vom Verleiher auf den Erwerber als Folge der Veräußerung des entleihenden Betriebs ablehnt. Gleiches bringt er im Jahr 2014 zum Ausdruck: „Gleichwohl bewirkt der Übergang des Entleiherbetriebs auf einen anderen Entleiher keinen Austausch des Vertragsarbeitgebers." [...] „Der Betriebserwerber wird also nicht neuer (Vertrags-)Arbeitgeber der in der wirtschaftlichen Einheit des Veräußerers eingesetzten Leiharbeitnehmer."[214] Zumindest insoweit bestätigt *Hamann* seine im Jahr 2011 eingeschlagene Linie. Er stützt dies auf Sinn und Zweck der Richtlinie 2001/23/EG bzw. § 613a Abs. 1 S. 1 BGB, wodurch nur der rechtliche status quo abgesichert, nicht aber der Leiharbeitnehmer besser gestellt werden soll, als dieser vor dem Betriebsübergang gestanden habe.[215] Ausgehend von der Erkenntnis, dass der Leiharbeitnehmer nicht Teil der Stammbelegschaft des Erwerbers wird, gelangte *Hamann* bereits im Jahr 2011 zu dem Schluss: „Vielmehr könnte der Leiharbeitnehmer nur beanspruchen, vom neuen Betriebsinhaber als Leiharbeitnehmer im Rahmen des mit dem vormaligen Betriebsinhaber abgeschlossenen Arbeitnehmerüberlassungsvertrags weiter beschäftigt zu werden."[216] In diesem Sinne bewirke die Übertragung des entleihenden Betriebs, dass der Leiharbeitnehmer fortan beim Erwerber tätig werde und das für die Arbeitnehmerüberlassung typische aufgespaltene Arbeitsverhältnis beibehalten werde. Vollkommen unklar ist allerdings, wenn *Hamann* im Anschluss ausführt, „damit ginge im Ergebnis nur der Arbeitnehmerüberlassungsvertrag über."[217] Richtigerweise müsste er meinen, dass neben dem Verhältnis zwischen Entleiher und Leiharbeitnehmer auch der Arbeitnehmerüberlassungsvertrag übergehe.

Ob die Beziehung zwischen Entleiher und Leiharbeitnehmer letztlich unter den Begriff des Arbeitsverhältnisses gefasst werden kann, untersuchte *Hamann* im Jahr 2011 nicht abschließend, aber der von ihm befürwortete Übergang dieser Beziehung auf den Erwerber legt dies inzident nahe. Bei genauerer Betrachtung der beiden Veröffentlichungen von *Hamann*[218] ergibt sich ein gewisser Widerspruch. Im Jahr 2014 stellt er gegensätzlich zu seiner früheren Anmerkung fest, „der [durch § 613a BGB] beabsichtigte Schutz der Leiharbeitnehmer verlangt nicht die Fortsetzung des Einsatzes bei einem bestimmten Entleiher. Denn der Übergang des Entleiherbetriebs auf einen anderen Entleiher beendet die Leiharbeitsverhältnisse nicht, so dass der rechtliche status quo der Leiharbeitnehmer gewahrt ist. Und vor einem Auftragsverlust ihres Arbeitgebers sind die Leiharbeitnehmer auch sonst

---

213 *Hamann*, jurisPR-ArbR 29/2011 Anm. 1 unter C.
214 *Hamann*, jurisPR-ArbR 9/2014 Anm. 3 unter C.
215 *Hamann*, jurisPR-ArbR 9/2014 Anm. 3 unter C.
216 *Hamann*, jurisPR-ArbR 29/2011 Anm. 1 unter C.
217 *Hamann*, jurisPR-ArbR 29/2011 Anm. 1 unter C.
218 Vgl. *Hamann*, jurisPR-ArbR 29/2011 Anm. 1 unter C.; *ders.*, jurisPR-ArbR 9/2014 Anm. 3 unter C.

nicht geschützt."²¹⁹ „Die Rechtsprechung [stellt] strenge Anforderungen an eine betriebsbedingte Kündigung des Leiharbeitsvertrags."²²⁰ Diese Ausführungen deuten in die Richtung, dass *Hamann* wohl nunmehr dazu übergehen will, dass nicht einmal die Beziehung zwischen Entleiher und Leiharbeitnehmer vom Entleiher auf den Erwerber übergeht und der Leiharbeitnehmer als Folge der Veräußerung des entleihenden Betriebs nicht als Leiharbeitnehmer bei dem Erwerber tätig wird. Denn die vorbezeichneten Ausführungen tragen die Annahme aus dem Jahr 2011 nicht (zum weiteren Wandel seiner Ansicht, vgl. nachfolgend unter D. II.).

c) Forst

Auch *Forst* gelangt unter Rückbesinnung auf die Albron Entscheidung dazu, dass ein Übergang des Verhältnisses zwischen Entleiher und Leiharbeitnehmer vom Entleiher auf den Erwerber im deutschen Recht die besseren Argumente in sich trage.²²¹ Im Ausgangspunkt stellt er darauf ab, dass § 613a Abs. 1 S. 1 BGB von den „Rechten und Pflichten des Veräußerers spreche" und sehe man den Entleiher als Veräußerer an, können nur dessen Rechte und Pflichten, sprich seine Beziehung zum Leiharbeitnehmer übergehen.²²² Anderenfalls, d. h. bei einem Übergang des Vertrags zwischen Verleiher und Leiharbeitnehmer, komme es „zu systematischen Friktionen".²²³ „Der Unternehmenskaufvertrag würde sich als Vertrag zu Lasten Dritter (des Leiharbeitnehmers und des Verleihers) auswirken"²²⁴ und es „käme [...] zu einer Inhaltsänderung".²²⁵ Hiermit meint *Forst* wohl das gleiche, was bereits *Hamann* erkannt hat. Es würde zu einer Metamorphose der Rechtsbeziehungen kommen, weil aus dem Leiharbeitnehmer plötzlich ein Stammarbeitnehmer würde. Die Ausführungen von *Forst* lassen erkennen, dass er dieses Ergebnis befremdlich findet. In einem nächsten Schritt führt er aus: „Geht man davon aus, dass auf den Erwerber nur das Leiharbeitsverhältnis übergeht und nicht der Arbeitsvertrag, stellt sich die Frage, ob auf den Erwerber auch der Dienstverschaffungsvertrag zwischen Verleiher und Entleiher/Veräußerer übergeht".²²⁶ Weiter fährt er fort, dass ein Übergang der zwischen Entleiher und Verleiher bestehenden Beziehung wohl erforderlich sein dürfte, um den Übergang des Leiharbeitsverhältnisses [*Forst* nutzt diesen Begriff für die Beziehung zwischen Entleiher und Leiharbeitnehmer] überhaupt erst zu ermöglichen.²²⁷ Es müsse dogmatisch zwischen dem „Nachfolgeobjekt" und dem

---

219 *Hamann*, jurisPR-ArbR 9/2014 Anm. 3 unter C.
220 *Hamann*, jurisPR-ArbR 9/2014 Anm. 3 unter C.
221 Vgl. *Forst*, RdA 2011, 228, 230.
222 *Forst*, RdA 2011, 228, 232 f., 236.
223 *Forst*, RdA 2011, 228, 232 f.
224 *Forst*, RdA 2011, 228, 233.
225 *Forst*, RdA 2011, 228, 233.
226 *Forst*, RdA 2011, 228, 234.
227 *Forst*, RdA 2011, 228, 234.

„Nachfolgetatbestand" differenziert werden.[228] Er führt in seinen Untersuchungen aus, dass jedenfalls der Dienstverschaffungsvertrag (Beziehung zwischen Verleiher und Entleiher) nicht unmittelbar von § 613a BGB erfasst ist und sucht nach dogmatischen Begründungsansätzen für eine Überleitung dieser Beziehung auf den Erwerber, damit die Arbeitnehmerüberlassung „praktisch [weiterhin] durchführbar" ist.[229] Als Ansätze benennt und lehnt er jeweils eine Analogie zu § 613a BGB, eine Gesamtanalogie zu §§ 613a, 566 BGB und eine Analogie zu §§ 774, 401 BGB, ab.[230] Abschließend kommt *Forst* zu dem Fazit, „eine Lösung, die sowohl die Leiharbeitnehmer schützt, als auch die Vertragsverhältnisse unberührt lässt, ist derzeit nicht in Sicht".[231] Bei seinen Ausführungen nimmt *Forst* letztlich insgesamt an, dass das Verhältnis des Leiharbeitnehmers zum Verleiher durch die Veräußerung des entleihenden Betriebs nicht berührt wird.[232]

d) Elking

Der eingeschlagenen Grundlinie eines Übergangs der zwischen Entleiher und Leiharbeitnehmer bestehenden Beziehung vom Entleiher auf den Erwerber folgt grundsätzlich auch *Elking*. Er nimmt an, dass bei der normalen Arbeitnehmerüberlassung die Veräußerung eines entleihenden Betriebs zunächst den Übergang der Beziehung zwischen Entleiher und Leiharbeitnehmer vom Entleiher auf den Erwerber nach § 613a Abs. 1 S. 1 BGB bewirke, sofern der Leiharbeitnehmer beim Entleiher auf einem Dauerarbeitsplatz tätig sei.[233] Der Arbeitnehmerüberlassungsvertrag folge dem, weil es nur so „zu einer Konservierung der bestehenden Verhältnisse" komme.[234] Hierzu gelangt *Elking* nach einer Prüfung, bei welcher er in zwei Komplexen vorgegangen ist. Er prüft, ob der Leiharbeitnehmer bei der Veräußerung eines entleihenden Betriebs von § 613a BGB erfasst ist und aufbauend hierauf untersucht er, welche Rechtsfolgen sich ergeben.

aa) Erster Untersuchungskomplex

Im Ausgangspunkt gelangt *Elking* dazu, dass die Beziehung zwischen Entleiher und Leiharbeitnehmer den „Statusindikatoren des BAG" für ein Arbeitsverhältnis entspreche und „allein der Mangel an unmittelbaren vertraglichen Banden [...] eine nicht zu unterschlagende Differenz ist".[235] Die tatsächliche Subsumtion dieser Beziehung unter den Begriff des Arbeitsverhältnisses erfordere, dass der Sinn und Zweck des § 613a Abs. 1 S. 1 BGB für ein solches Ergebnis spricht, welcher über die

---

228 *Forst*, RdA 2011, 228, 234.
229 *Forst*, RdA 2011, 228, 234.
230 *Forst*, RdA 2011, 228, 234.
231 *Forst*, RdA 2011, 228, 234.
232 *Forst*, RdA 2011, 228, 232 f., 234, 236.
233 *Elking*, Der Nichtvertragliche Arbeitgeber, S. 113 ff., insbesondere 186 ff., 191 f.
234 *Elking*, Der Nichtvertragliche Arbeitgeber, S. 316.
235 *Elking*, Der Nichtvertragliche Arbeitgeber, S. 135.

Richtlinie 2001/23/EG zu bestimmen sei.[236] Auch wenn nach Art. 2 Abs. 2 Richtlinie 2001/23/EG den Mitgliedstaaten das Recht zur Bestimmung des „Arbeitsverhältnisses" überlassen worden ist, nimmt *Elking* an, dass dies nur soweit gelte, wie die Mitgliedstaaten durch ihre Definitionsmacht den Schutzzweck der Richtlinie wahren.[237] Ausgehend hiervon prüft er, ob der Sinn und Zweck der Richtlinie 2001/23/EG für eine Erfassung der zwischen Entleiher und Leiharbeitnehmer bestehenden Beziehung spricht und bejaht dies, indem er sich darauf beruft, dass dem Leiharbeitnehmer anderenfalls der durch Art. 4 Abs. 1 S. 1 Richtlinie 2001/23/EG gewährte Schutz vor Kündigungen verwehrt werde. Die Anwendung der Richtlinie 2001/23/EG sichere den erforderlichen „mittelbare[n] Schutz des Leiharbeitsvertrags zwischen Verleiher und Leiharbeitnehmer" ab.[238] „Das nationale Rechtsverständnis [kann] durch einen Betriebsübergang motivierte Kündigungen des Verleihers" nicht dulden.[239] Der Schutz durch die Richtlinie 2001/23/EG sei unerlässlich, weil durch den Rückfall des Leiharbeitnehmers an seinen Verleiher in Zeiten eines Nichtverleihs kein Anspruch auf Equal Pay sowie im Wege eines Neuverleihs durch den Verleiher ggf. ein geringerer Equal Pay Anspruch bestehe als vor dem Betriebsübergang.[240] Letztlich führe eine beschäftigungslose Zeit des Leiharbeitnehmers dazu, dass dem Leiharbeitnehmer die durch Art. 6 Abs. 4 Richtlinie 2008/104/EG bzw. § 13b AÜG eingeräumte Möglichkeit zur Nutzung von sozialen Einrichtungen im Einsatzbetrieb verloren geht.[241] Die (abstrakte) jederzeitige Abberufungsmöglichkeit des Leiharbeitnehmers aus dem entleihenden Betrieb spreche jedenfalls nicht gegen eine Anwendung der Richtlinie 2001/23/EG bzw. § 613a BGB, weil der Leiharbeitnehmer bei einer Nichtanwendung ausschließlich aufgrund der Betriebsveräußerung an den Verleiher zurückgehen müsste.[242] Anderenfalls gehe der status quo verloren[243] und damit sei im Ergebnis die abstrakte Notwendigkeit einer Erfassung des Leiharbeitnehmers von der Richtlinie 2001/23/EG bzw. § 613a BGB belegt. Diese abstrakte Schutzbedürftigkeit werde einschränkend aber nur dann zur konkreten Schutzbedürftigkeit, wenn der Leiharbeitnehmer im entleihenden Betrieb zur Verrichtung von Dauertätigkeiten eingesetzt wird.[244] Der Arbeitsplatz, auf dem der Leiharbeitnehmer eingesetzt wird, müsse dauerhaft zur wirtschaftlichen Einheit des Entleihers gehören.[245]

---

236 *Elking*, Der Nichtvertragliche Arbeitgeber, S. 136.
237 *Elking*, Der Nichtvertragliche Arbeitgeber, S. 143 ff.
238 *Elking*, Der Nichtvertragliche Arbeitgeber, S. 160.
239 *Elking*, Der Nichtvertragliche Arbeitgeber, S. 157 f.
240 Vgl. *Elking*, Der Nichtvertragliche Arbeitgeber, S. 160 ff.
241 *Elking*, Der Nichtvertragliche Arbeitgeber, S. 162 f.
242 *Elking*, Der Nichtvertragliche Arbeitgeber, S. 172 f.
243 Vgl. *Elking*, Der Nichtvertragliche Arbeitgeber, S. 174.
244 *Elking*, Der Nichtvertragliche Arbeitgeber, S. 186 ff., 190.
245 *Elking*, Der Nichtvertragliche Arbeitgeber, S. 187.

bb) Zweiter Untersuchungskomplex

Die Anwendung von § 613a BGB bewirke nach *Elking* keinen Übergang der Beziehung zwischen Verleiher und Leiharbeitnehmer vom Verleiher auf den Erwerber, weil ausschließlich der Entleiher „Veräußerer" sei.[246] Auch die Auslegung des Begriffs der „Rechte und Pflichten" im Sinne der Richtlinie 2001/23/EG bzw. § 613a BGB ergebe, dass ausschließlich der Erhalt des status quo gewährleistet werden solle.[247] Die Veräußerung des entleihenden Betriebs bewirke deshalb einen Übergang des Verhältnisses zwischen Entleiher und Leiharbeitnehmer vom Entleiher auf den Erwerber, weil hierüber „das europarechtlich geforderte Minimum" gewährleistet wird.[248] *Elking* erkennt, dass es hierbei nicht bleiben kann und auch das Verhältnis zwischen Verleiher und Entleiher übergehen muss, damit ein Einsatz des Leiharbeitnehmers beim Erwerber möglich ist. Nachdem er eine Analogie zu § 613a BGB[249] bzw. § 566 BGB[250] bzw. eine Gesamtanalogie zu §§ 613a, 566 BGB[251] abgelehnt hat, führt er aus: „Die Stellung des Entleihers als Partei im Dienstverschaffungsvertrag geht in europarechtlicher Rechtsfortbildung zu § 613a BGB vom Entleiher auf den Erwerber über." [...] Die übergehende Stellung aus dem Dienstverschaffungsvertrag ist [...] ebenfalls primäres Übertragungsobjekt und gleichzeitig Teil des übergehenden ‚Arbeitsverhältnisses'."[252]

e) Sagan

Letztlich nimmt sich auch *Sagan* knapp der Untersuchungsfrage an. Er bezieht keine abschließende Position, sondern äußert vielmehr nur gedankliche Ansätze. Zumindest für die normale Arbeitnehmerüberlassung hält er es nicht für ausgeschlossen, allerdings jedoch für „zweifelhaft", dass die Überleitung des Verhältnisses zwischen Entleiher und Leiharbeitnehmer vom Entleiher auf den Erwerber als Rechtsfolge der Veräußerung eines entleihenden Betriebs möglich sei.[253] Diese Annahme stellt er aber unter die Voraussetzung, dass der Entleiher gegenüber dem Leiharbeitnehmer im Einzelfall einen Anspruch auf die Erbringung der Arbeitsleistung hat.

---

246 *Elking*, Der Nichtvertragliche Arbeitgeber, S. 217 ff., 223 f., zur Ablehnung der Stellung des Verleihers als Veräußerer, S. 220 ff.
247 *Elking*, Der Nichtvertragliche Arbeitgeber, S. 224 ff. unter Bezugnahme einer umfassenden Auslegung europarechtlicher und nationaler Kriterien, insbesondere unter Einschluss einer Auslegung der Grundrechte des Veräußerers (Entleihers) nach Art. 17 der Grundrechtscharta sowie der des Erwerbers, ebenso bzgl. des Grundrechts des Leiharbeitnehmers auf Berufsfreiheit nach Art. 15 Grundrechtecharta.
248 *Elking*, Der Nichtvertragliche Arbeitgeber, S. 316.
249 *Elking*, Der Nichtvertragliche Arbeitgeber, S. 316 f., 319 f., 324, 326.
250 *Elking*, Der Nichtvertragliche Arbeitgeber, S. 316 f., 319 f., 324, 326.
251 *Elking*, Der Nichtvertragliche Arbeitgeber, S. 316 f., 319 f., 324, 326.
252 *Elking*, Der Nichtvertragliche Arbeitgeber, S. 371.
253 *Sagan*, ZESAR 2011, 412, 421.

Nur dann könne der „Hauptleistungsanspruch [...] a maiore ad minus isoliert nach § 613a Abs. 1 S. 1 BGB auf den Erwerber übergehen."[254] *Sagan* stellt fest, dass jedenfalls das Verhältnis zwischen Verleiher und Entleiher nicht von einer gesetzlichen Überleitung nach § 613a Abs. 1 S. 1 BGB erfasst sei und empfiehlt daher eine Regelung innerhalb des dem Betriebsübergang zugrundeliegenden Vertrags[255] – wohl um letztlich den Einsatz des Leiharbeitnehmers beim Erwerber auf einer verpflichtenden Grundlage durchführen zu können.

4. Unveränderter Bestand der Verhältnisse

Abseits des Sonderfalls der dauerhaften, konzerninternen Überlassung durch eine bloße Personalführungsgesellschaft vertritt der überwiegende Teil des Schrifttums auch nach (wie bereits im Vorfeld) der Entscheidung in der Rechtssache Albron Catering weiterhin die Ansicht, dass § 613a Abs. 1 S. 1 BGB keine Anwendung auf Leiharbeitnehmer finden könne, wenn der entleihende Betrieb veräußert wird.[256] Die Veräußerung des entleihenden Betriebs bewirke hiernach weder einen gesetzlichen Übergang der Beziehung zwischen Entleiher und Leiharbeitnehmer vom Entleiher auf den Erwerber noch einen gesetzlichen Übergang der Beziehung zwischen Leiharbeitnehmer und Verleiher vom Verleiher auf den Erwerber. Im Kern wird angeführt, dass der Leiharbeitnehmer keines Schutzes durch § 613a Abs. 1 S. 1 BGB bzw. Art. 3 Abs. 1 Richtlinie 2001/23/EG bedarf, weil er anderenfalls durch den Betriebsübergang besser gestellt wäre als ein normaler Arbeitnehmer[257] und sich der Charakter der bestehenden Beziehungen ändere.

a) Ausgangspunkt

Sämtliche Autoren, die an dem Meinungsbild vor Albron Catering festhalten, berufen sich darauf, dass sich der *EuGH* nicht ausdrücklich dazu positioniert hat, ob die von ihm in diesem Verfahren entwickelten Entscheidungsgründe auch für die normale Leiharbeit greifen sollen. Unter dieser Prämisse vermeiden sie einen Widerspruch zum europäischen Recht, indem sie annehmen, die Bindungswirkung der vom *EuGH* ergangenen Entscheidung erstrecke sich nicht auf die normale Arbeitnehmerüberlassung. Die Entscheidung des *EuGH* vom 21.10.2010 habe vielmehr nur einen „Sonderfall" betroffen. *Willemsen* führt hierzu knapp und prägnant aus:

---

254 *Sagan*, ZESAR 2011, 412, 421.
255 *Sagan*, ZESAR 2011, 412, 421.
256 *Bauer/v. Medem*, NZA 2011, 20, 22; *Gaul/Ludwig*, DB 2011, 298, 299 f.; BeckOK-ArbR/*Gussen*, § 613a BGB Rn. 86a; *Neufeld/Luickhardt*, AuA 2012, 72, 74; *Powietzka/Christ*, ZESAR 2013, 313, 315 f.; offen *Sagan*, ZESAR 2011, 412, 421; wohl auch *Simon*, ELR 2010, 97, 99; vgl. KR/*Treber*, § 613a BGB Rn. 14 f.; vgl. ErfK/*Wank*, Einl. AÜG Rn. 33a; *Willemsen*, RdA 2012, 291, 300 f.; *ders*. NJW 2011, 1546, 1549 f.; HWK/*Willemsen/Müller-Bonanni*, § 613a BGB Rn. 225.
257 Vgl. *Bauer/v. Medem*, NZA 2011, 20, 22; *Gaul/Ludwig*, DB 2011, 298, 299 f.; vgl. BeckOK -ArbR/*Gussen*, § 613a BGB Rn. 86a; *Powietzka/Christ*, ZESAR 2013, 313, 316.

„Insbesondere seitens nicht konzernangehöriger Unternehmen muss es aber bei dem Grundsatz verbleiben, dass nur die Veräußerung des Verleiherbetriebs in Bezug auf dessen Personal die Rechtsfolgen des § 613a BGB auszulösen vermag."[258] Ähnlich knapp stellt *Wank* fest, dass „die Entscheidung [in der Rechtssache Albron Catering] nicht auf die reguläre Zeitarbeit übertragbar [ist], sondern [nur] für Konzernsachverhalte" gelte.[259] Es lassen sich aber auch tiefergehende Begründungen finden.

b) Powietzka/Christ

Beispielsweise *Powietzka* und *Christ* stellen fest, dass die „Anwendungsvoraussetzungen der Betriebsübergangsrichtlinie in den Fällen gewöhnlicher Leiharbeit nach deutschem Recht nicht" vorliegen.[260] Zur Begründung verweisen Sie darauf, dass „es keine Grundlage" gebe, ein Arbeitsverhältnis zwischen Entleiher und Leiharbeitnehmer in Fällen normaler Arbeitnehmerüberlassung anzunehmen und somit die Stellung des Entleihers als nichtvertraglicher Arbeitgeber zu begründen.[261] Es fehle hierfür auch an einem Schutzbedürfnis der Arbeitnehmer. „Der Leiharbeitnehmer hat bei der Übertragung des Einsatzbetriebs [...] weiterhin ein Arbeitsverhältnis zum Verleiher [...]".[262] Anhand des letzten Satzes wird deutlich, dass *Powietzka* und *Christ* davon ausgehen, dass die Übertragung des entleihenden Betriebs nur bewirke, dass der Leiharbeitnehmer an den Verleiher zurückgehe und eine Beschäftigung im entleihenden Betrieb nicht mehr erfolgt bzw. neu begründet werden müsste. Der Leiharbeitnehmer behält seinen Status als Leiharbeitnehmer unverändert (beim Verleiher).

c) Bauer/v. Medem

Ebenso gilt nach *Bauer/v. Medem* für die normale Arbeitnehmerüberlassung weiterhin: „Der Übergang des Entleiherbetriebs führt nicht dazu, dass die Rechtsverhältnisse mit Leiharbeitnehmern auf den Erwerber übergehen".[263] Zur Begründung verweisen sie darauf, dass „eine Übertragung auf die normale Leiharbeit nicht vom Sinn und Zweck der Betriebsübergangsrichtlinie gedeckt" wäre.[264] Der Leiharbeitnehmer würde anderenfalls bessergestellt.[265] Es würde sich der Charakter der Rechtsbeziehungen ändern und zudem sei das Leiharbeitsverhältnis von Beginn an auf einen wechselnden Einsatz ausgerichtet.[266]

---

258 *Willemsen*, RdA 2012, 291, 300; *ders.*, NJW 2011, 1546, 1549.
259 ErfK/*Wank*, Einl. AÜG Rn. 33a.
260 *Powietzka/Christ*, ZESAR 2013, 313, 315.
261 *Powietzka/Christ*, ZESAR 2013, 313, 315.
262 *Powietzka/Christ*, ZESAR 2013, 313, 315.
263 *Bauer/v. Medem*, NZA 2011, 20, 23.
264 *Bauer/v. Medem*, NZA 2011, 20, 22.
265 *Bauer/v. Medem*, NZA 2011, 20, 22.
266 Vgl. *Bauer/v. Medem*, NZA 2011, 20, 22.

d) Gussen

Eine umfassende Begründung dafür, dass § 613a Abs. 1 S. 1 BGB bei der normalen Leiharbeit in Fällen der Veräußerung eines entleihenden Betriebs keine Anwendung finden kann, liefert schließlich *Gussen*.[267] Er stützt sich auf den Normtelos, indem er den Erhalt des sozialen Besitzstandes in den Mittelpunkt rückt, welcher keine Besserstellung des Leiharbeitnehmers fordere.[268] Überdies würde sich der Charakter des Arbeitsverhältnisses bei einer Anwendung von § 613a BGB ändern und „der Leiharbeitnehmer würde dann ohne weitere Absprachen und eigenen Einsatz Mitglied der Stammbelegschaft."[269] Zudem bestehe ein Arbeitsverhältnis nach deutschem Rechtsverständnis nur zwischen Verleiher und Leiharbeitnehmer und nicht zwischen Entleiher und Leiharbeitnehmer.[270] Im Ergebnis nimmt er, auch wenn er es nicht ausdrücklich benennt, an, dass der Leiharbeitnehmer bei der Veräußerung des entleihenden Betriebs letztlich bloß an seinen Verleiher zurückfällt.

D. Meinungsstand nach dem AÜG-Änderungsgesetz

I. Ausgangspunkt

Mit der Änderung des AÜG zum 1.12.2011 durch die Anpassung der nationalen Vorgaben an die Richtlinie zur Leiharbeit (Richtlinie 2008/104/EG) hat sich hinsichtlich der zu untersuchenden Frage erneut ein teilweiser Meinungswandel vollzogen bzw. dieser ist bereits vor der Änderung des AÜG von einigen Autoren prognostiziert worden. Mit Wirkung zum 1.12.2011 ist das AÜG in einem für die Fragestellung (möglicherweise) relevanten Punkt geändert worden. Es heißt seitdem in § 1 Abs. 1 S. 2 AÜG: „Die Überlassung von Arbeitnehmern an Entleiher erfolgt vorübergehend". In diesem Zusammenhang sind Stimmen laut geworden, die meinen, dass mit dieser Änderung des AÜG kein Raum mehr bleibe, die durch die Entscheidung Albron Catering entwickelten Grundsätze im deutschen Recht anzuwenden.[271] Was dies nun für den Bestand der jeweiligen Beziehungen nach dem Übergang eines entleihenden Betriebs bedeutet, wird nicht gesagt. Es liegt aber die Annahme nahe, dass § 613a BGB generell bei der Veräußerung eines entleihenden Betriebs nicht greifen solle und der Leiharbeitnehmer letztlich zum Verleiher

---

267 BeckOK-ArbR/*Gussen*, § 613a BGB Rn. 86a.
268 BeckOK-ArbR/*Gussen*, § 613a BGB Rn. 86a.
269 BeckOK-ArbR/*Gussen*, § 613a BGB Rn. 86a.
270 BeckOK-ArbR/*Gussen*, § 613a BGB Rn. 86a.
271 Einen noch denkbaren Anwendungsbereich ablehnend: *Hamann*, jurisPR-ArbR 9/2014 Anm. 3 unter C.; ErfK/*Wank*, Einl. AÜG Rn. 33a der nur noch Relevanz für Gemeinschaftsbetriebe sieht. Offen bezüglich eines verbleibenden Anwendungsbereichs: *Bauer/v. Medem*, NZA 2011, 20, 23; *Forst*, RdA 2011, 228, 229 f.; *Heuchemer/Schielke*, BB 2011, 758, 763.

zurückfällt, egal um welche Form der Arbeitnehmerüberlassung es sich handelt.[272] Insoweit spricht viel für eine Rückkehr zum Meinungsbild vor der Entscheidung Albron Catering.

II. Begründungsansätze

Namentlich haben *Bauer/v. Medem* darauf verwiesen, dass sich durch die Änderung des AÜG die Rahmenbedingungen für die konzerninterne Arbeitnehmerüberlassung ändern werden.[273] „Wenn Arbeitnehmerüberlassung [...] künftig nur noch zulässig sein sollte, wenn sie vorübergehend erfolgt, ist dem Modell einer dauerhaften Überlassung durch eine zentrale Personalführungsgesellschaft die Grundlage entzogen."[274] Wenn auch mit anderen Worten sehen *Heuchemer/Schielke* die gleiche Gefahr bzw. die gleichen Folgen wie *Bauer/v. Medem*.[275] Sie sprechen von einer Zurückdrängung der Personalführungsgesellschaften bzw. davon, dass eine dauerhafte Überlassung nicht mehr möglich sei, wenn man den Gesetzeswortlaut ernst nehme.[276] Auch *Forst* prognostiziert ein Problem und verweist darauf, dass die Reichweite der Albron Entscheidung künftig durch die Richtlinie 2008/104/EG, in welcher die Leiharbeit als vorübergehend umschrieben wird, eingeschränkt werden könnte.[277] Weiter führt er aus, dass es abzuwarten gilt, ob der *EuGH* aus der Richtlinie 2008/104/EG ableiten werde, dass die Leiharbeitnehmer nicht ständig überlassen werden dürfen und daher nicht mehr von der Richtlinie 2001/23/EG erfasst werden.[278] *Forst* nimmt dabei an, dass die „Entscheidungsgründe [des EuGH] in der Rechtssache Jouini[279] in diese Richtung deuten",[280] weil der *EuGH* anführte, dass Leiharbeitnehmer dem Entleiher vorübergehend überlassen werden. *Hamann* führt nach der Änderung des AÜG vergleichbar in diese Richtung aus: „Da die Arbeitnehmerüberlassung gemäß § 1 Abs. 1 S. 2 AÜG nur noch vorübergehend zulässig ist, stellt sich die Frage, ob für dauerhafte Überlassung anderes gelten kann, nicht

---

272 Das Ergebnis einer von der konkreten Überlassungsform unabhängigen Nichtanwendung des § 613a Abs. 1 S. 1 BGB folgt daraus, dass einerseits zum Teil ein Eingreifen von § 613a BGB ohnehin nur für den Sonderfall der dauerhaften, konzerninternen Überlassung durch eine bloße Personalführungsgesellschaft angenommen worden ist und nunmehr eine dauerhafte Überlassung nicht mehr denkbar sein soll. Im Übrigen würde aber gleiches für dauerhafte Überlassungen außerhalb eines Konzerns gelten, weil das (unterstellte) Verbot einer dauerhaften Überlassung im Sinne des AÜG nicht danach differenziert, ob die Überlassung innerhalb oder außerhalb einer Konzernstruktur erfolgt.
273 *Bauer/v. Medem*, NZA 2011, 20, 23.
274 *Bauer/v. Medem*, NZA 2011, 20, 23.
275 Vgl. *Heuchemer/Schielke*, BB 2011, 758, 763.
276 *Heuchemer/Schielke*, BB 2011, 758, 763.
277 Vgl. *Forst*, RdA 2011, 228, 230.
278 *Forst*, RdA 2011, 228, 230.
279 *EuGH* vom 13.9.2007, C-458/05, NJW 2007, 3195, 3195 ff.
280 *Forst*, RdA 2011, 228, 230.

mehr."[281] Ebenso stellt *Wank* fest: „Da nach § 1 Abs. 1 S. 2 AÜG eine Überlassung nur noch vorübergehend erfolgen darf, ist die EuGH-Rechtsprechung nur noch auf Gemeinschaftsbetriebe anwendbar. Die Rechtsprechung des EuGH leidet an einem inneren Widerspruch. Einerseits erfolgt nach der Leiharbeitsrichtlinie die Überlassung ausdrücklich nur vorübergehend; eine Dauerüberlassung ist unzulässig. Dann kann aber auch vom Übergang eines Arbeitsverhältnisses keine Rede sein."[282]

---

281 *Hamann*, jurisPR-ArbR 9/2014 Anm. 3 unter C.
282 ErfK/*Wank*, Einl. AÜG Rn. 33a (13. Aufl. 2013).

Kapitel 4: Kritik zum Meinungsstand

Die u. a. von *Abele*,[283] *Gaul/Ludwig*,[284] *Gussen*[285] und *Willemsen*[286] getroffene Feststellung, dass die Entscheidung in der Rechtssache Albron Catering sehr schwer dogmatisch zu fassen sei und ergebnisorientiert erscheint, legt unmittelbar das Erfordernis einer kritischen Würdigung des durch diese Entscheidung auch für das deutsche Recht gewandelten und auf diese Entscheidung aufbauenden Meinungsstands nahe. Es ist in diesem Zusammenhang eine dogmatische Auseinandersetzung mit § 613a Abs. 1 S. 1 BGB als nationalem Spiegelbild zur Richtlinie 2001/23/EG unerlässlich. Hierzu sollen vorab einige Schwächen des vorzufindenden Meinungsstands aufgezeigt und herausgearbeitet werden, um die vorzufindenden Ansichten und Ansätze bei der eigenen Überlegung richtig einordnen zu können und deren Defizite bei der eigenen Lösung nicht fortzuführen oder zu wiederholen.

§ 1 Ziel der Kritik und Vorgehen

Die nachfolgende Kritik dient dazu, eine Grundlage für die Strukturierung des eigenen Vorgehens zu schaffen. Dabei sollen die im Meinungsstand vorzufindenden Ergebnisse nicht in dem Sinne bewertet werden, dass der überzeugendste Ansatz benannt wird. Das Ziel besteht darin aufzuzeigen, dass der vorhandene Meinungsstand in mehrfacher Hinsicht als unbefriedigend anzusehen ist, weil die vorhandenen Ansätze und Begründungen zum Teil widersprüchlich und in ihren Aussagen zu pauschal sind, um ein Ergebnis für die vorliegende Untersuchungsfrage zu liefern. Es werden in gewissem Umfang mehr Fragen aufgeworfen, als eigentlich geklärt werden konnten. Das Aufzeigen der zentralen und rechtlich angreifbaren Begründungsstränge ermöglicht es zugleich, die bestehenden Ansätze zu entflechten und in einzelne „gedankliche Pakete" aufzugliedern, welche im weiteren einfacher zu bearbeiten sind, und die Gewähr für die gedankliche Nachvollziehbarkeit und Strukturierung der eigenen Ausführungen zu schaffen.

§ 2 Pauschale Argumentation und ergebnisoffener Ansatz

Diejenigen Stimmen, die unter Rückgriff auf die gesetzliche Umschreibung der Arbeitnehmerüberlassung als „vorübergehende" Überlassung im Sinne von § 1 Abs. 1 S. 2 AÜG eine Antwort darauf liefern wollen, welche Folgen die Veräußerung eines entleihenden Betriebs auf die Beziehungen der Arbeitnehmerüberlassung

---

283 *Abele*, FA 2011, 7, 10.
284 *Gaul/Ludwig*, DB 2011, 298, 300 sprechen von „systemwidrig".
285 BeckOK-ArbR/*Gussen*, § 613a BGB Rn. 86a.
286 *Willemsen*, NJW 2011, 1546, 1547 f.

hat (vgl. Kap. 3 § 4 D.),[287] sind dem Vorwurf ausgesetzt, dass sie ein offenes und damit unbefriedigendes Ergebnis liefern, weil sie ihre rechtliche Argumentation auf unbestimmte und nicht abschließend geklärte Begriffe[288] aufbauen.

A. Ausgangspunkt

Hinsichtlich der Folgen einer Betriebsveräußerung hat der Gesetzgeber lediglich in § 613a BGB eine Regelung getroffen. § 1 Abs. 1 S. 2 AÜG lässt hingegen weder nach seinem Wortlaut noch nach seinem Inhalt einen Bezug zur Betriebsveräußerung erkennen und dennoch soll diese Norm nach den vorbezeichneten Stimmen, zu denen insbesondere *Wank*[289] zählt, in gewisser Weise eine Antwort auf die Folgen der Veräußerung eines entleihenden Betriebs liefern, nämlich in der Weise, dass die Albron Entscheidung im deutschen Recht unberücksichtigt bleiben könne. Auch wenn es kaum bzw. nicht mit derartiger Deutlichkeit gesagt wird, soll der wechselseitige Bezug zwischen § 613a BGB und § 1 Abs. 1 S. 2 AÜG darin bestehen, dass die vorübergehende Überlassung im Sinne des AÜG das Gegenstück zur dauerhaften Überlassung im Sinne der Entscheidung in der Rechtssache Albron Catering und den in diesem Zusammenhang für die Richtlinie 2001/23/EG aufgestellten Auslegungsgrundsätzen ist. Zugleich wird von diesen Anhängern notwendigerweise unterstellt, dass die vom EuGH in der Rechtssache Albron Catering entwickelten Auslegungsgrundsätze ausschließlich in Fällen einer dauerhaften Überlassung, aber hingegen nicht bei einer nur vorübergehenden Überlassung anwendbar sind. Bei näherer Betrachtung zeigt sich jedoch, dass der Rückschluss von „dauerhaft" auf „vorübergehend", wenig tragfähig ist, weil beide Begriffe offen sind (vgl. B., C.) und demnach nicht hinreichend sicher in Wechselwirkung stehen müssen (vgl. D.). Zudem ist der vorbezeichnete Ansatz aus weiteren und bisher vollends unberücksichtigten Gründen gar nicht in der Lage, eine Erkenntnis zu den Auswirkungen der Veräußerung eines entleihenden Betriebs auf die Arbeitnehmerüberlassung zu liefern (vgl. E.).

---

287 *Hamann*, jurisPR-ArbR 9/2014 Anm. 3 unter C.; ErfK/*Wank*, Einl. AÜG Rn. 33a. Hierzu Gedanken anstellend, ohne eine abschließende Position einzunehmen: *Bauer/v. Medem*, NZA 2011, 20, 23; *Forst*, RdA 2011, 228, 229 f.; *Heuchemer/Schielke*, BB 2011, 758, 763.
288 Vgl. finnisches Vorabentscheidungsverfahren mit Bezug zum Begriff „vorübergehend" und dazu *EuGH (Schlussantrag des Generalanwalts)* vom 20.11.2014, C-533/13, BeckRS 2014, 82404 in welchem mittelbar auch darüber entschieden wird, wie dieser Begriff im Sinne der Richtlinie 2008/104/EG zu verstehen bzw. jedenfalls nicht zu verstehen ist, was auch für den diese Richtlinie umsetzenden § 1 Abs. 1 S. 2 AÜG von Bedeutung ist; vgl. dazu *Ulrici*, jurisPR ArbR 1/2015 Anm. 6.
289 ErfK/*Wank*, Einl. AÜG Rn. 33a.

B. „Dauerhaft" im Sinne von Albron Catering

Weder der *EuGH* noch der *Generalanwalt* haben in der Rechtssache Albron Catering eine klare Aussage (die auch für weitere Fallgestaltungen als gewinnbringend angesehen werden kann) getroffen, was sie konkret unter dem Begriff „dauerhaft" bzw. „ständig" verstanden haben bzw. was künftig hierunter verstanden werden soll. Offen geblieben ist, ob hiervon erst ab einem bestimmten Überlassungszeitraum ausgegangen werden kann und wenn ja, ab welcher Zeitdauer dies der Fall sein soll. Ebenso offen ist, ob möglicherweise eine von Beginn an zeitlich unbefristete Überlassung oder aber mehrere aufeinanderfolgende befristete Einsätze, die im Ergebnis einer von Beginn an zeitlich unbefristeten Überlassung gleichstehen, genügen. Abgesehen hiervon kann der Entscheidung Albron Catering ausweislich des vorzufindenden Meinungsstands aber auch gar nicht zweifelsfrei entnommen werden, ob tatsächlich eine Beschränkung der für die Richtlinie 2001/23/EG herausgearbeiteten Auslegungsvorgaben auf die Fälle der dauerhaften bzw. ständigen Überlassung gewollt ist oder aber gleichermaßen diese Grundsätze bei nicht dauerhaften bzw. nicht ständigen Überlassungen anzuwenden sind (zur Reichweite dieser Entscheidung, vgl. Kap. 6 § 3 B.).

C. „Vorübergehend" im Sinne des AÜG

Der konkrete Inhalt und die Folgen der in § 1 Abs. 1 S. 2 AÜG enthaltenen Umschreibung der Arbeitnehmerüberlassung als „vorübergehende" Überlassung waren bereits vor, sind aber auch unmittelbar nach der Einführung dieser Norm ins Gesetz und ebenso noch bis zum gegenwärtigen Zeitpunkt lebhaft umstritten.[290] Jüngst hat das *BAG* diese Unsicherheit dadurch verringert, dass es, ohne vorher den *EuGH* anzurufen,[291] in § 1 Abs. 1 S. 2 AÜG entgegen einer Reihe von Gegenstimmen[292]

---

290 Vgl. *Bartl/Romanowski*, NZA 2012, 845, 846; *Hamann*, RdA 2011, 321, 324 ff.; *ders.*, NZA 2011, 70, 72 ff.; *Huke/Neufeld/Luickhardt*, BB 2012, 961, 964 f.; *Krannich/Simon*, BB 2012, 1414, 1415 ff.; *Lembke*, DB 2011, 414, 414 f.; *Leuchten*, NZA 2011, 608, 609 f.; *Raif*, GWR 2011, 303, 304; *Rieble/Vielmeier*, EuZA 2011, 474, 486 ff.; *Sandmann/Marschall*, Art. 1 § 1 AÜG Anm. 51; *Thüsing/Thüsing*, Einf. AÜG Rn. 13b ff.; *Thüsing/Waas*, § 1 AÜG Rn. 109a ff.

291 Besonders kritisch zur unterlassenen Vorlage an den *EuGH*: *Boemke/Lembke/Boemke*, § 1 AÜG Rn. 115 hat dies bereits vor der Entscheidung des *BAG* gefordert; ebenso *Lembke*, NZA 2013, 1312, 1316; *Lembke/Ludwig*, NJW 2014, 1329, 1332; *Thüsing*, NZA 2014, 10.

292 Der Annahme folgend, dass § 1 Abs. 1 S. 2 AÜG kein Verbot nicht nur vorübergehender Überlassungen enthalte: *ArbG Leipzig* vom 15.2.2012, 11 BV 79/11, BeckRS 2012, 67077; *Boemke/Lembke/Boemke*, § 1 AÜG Rn. 115; *Huke/Neufeld/Luickhardt*, BB 2012, 961, 964 f.; *Krannich/Simon*, BB 2012, 1414, 1416, 1418, 1420; *Lembke*, DB 2011, 414, 415; *Raif*, GWR 2011, 303, 304; *Rieble/Vielmeier*, EuZA 2011, 474, 486 unter Einbindung der Richtlinie 2008/104/EG; vgl. *Thüsing/Stiebert*, DB 2012, 632, 632 ff.

ein Verbot nicht nur vorübergehender Überlassungen gesehen hat.[293] Als Folge einer nicht nur vorübergehenden Überlassung soll nach dem Verständnis des *BAG* allerdings kein Vertragsverhältnis zum Entleiher in entsprechender Anwendung des § 10 Abs. 1 AÜG fingiert werden.[294] Unverändert offen hat das *BAG* die Frage gelassen, was die tatsächlichen und rechtlichen Folgen einer nicht nur vorübergehenden Überlassung sein sollen und was konkret unter dem Begriff der vorübergehenden Überlassung zu verstehen ist, d. h. unter welchen Voraussetzungen von einer vorübergehenden Überlassung auszugehen ist (offen insoweit bislang auch der *Generalanwalt*[295]). Aus diesem Grund wird der Streit hinsichtlich des Verständnisses von „vorübergehend" im Sinne von § 1 Abs. 1 S. 2 AÜG unverändert fortgeführt.[296] Abgesehen hiervon gerät aber auch die vorbezeichnete Annahme des *BAG*, dass § 1 Abs. 1 S. 2 AÜG ein Verbot von nicht nur vorübergehenden Überlassungen enthalte, selbst wieder ins Wanken. Ein finnisches Gericht hat nämlich dem *EuGH* die Frage vorgelegt, ob die mit dem Merkmal „vorübergehend" nach verbreiteter Annahme verbundenen Einschränkungen der Arbeitnehmerüberlassung durch die Mitgliedstaaten eingeführt werden dürfen.[297] In diesem Fall folgten die betreffenden

---

293 *BAG* vom 10.7.2013, 7 ABR 91/11, NZA 2013, 1296, 1298 ff.; *BAG* vom 3.6.2014, 9 AZR 111/13, BeckRS 2014, 71241 sowie die hierzu ergangenen Parallelentscheidungen vom selben Tag: 9 AZR 829/13; 9 AZR 666/13; 9 AZR 665/13. Ebenso als Verbotsnorm einordnend: *LAG Schleswig Holstein* vom 24.10.2013, 4 TaBV 8/13, BeckRS 2013, 75028.

294 *BAG* vom 10.12.2013, 9 AZR 51/13, NZA 2014, 196, 197 f.; *BAG* vom 3.6.2014, 9 AZR 111/13, BeckRS 2014, 71241. Ebenso *LAG Saarland* vom 18.12.2013, 2 TaBV 2/13, BeckRS 2014, 66531; *LAG Berlin-Brandenburg* vom 17.12.2013, 3 Sa 1092/13, BeckRS 2014, 71633; *LAG Berlin-Brandenburg* vom 3.9.2013, 12 Sa 1028/13, BeckRS 2014, 65807. Vgl. jetzt aber Vorschlag zur Änderung von § 9 Nr. 1 AÜG, vgl. BT-Drs. 18/14, 5.

295 Vgl. *EuGH (Schlussantrag des Generalanwalts)* vom 20.11.2014, C-533/13, BeckRS 2014, 82404; umfassend hierzu *Ulrici*, jurisPR-ArbR 1/2015 Anm. 6.

296 Hierzu aus jüngerer Zeit: *Francken*, NZA 2013, 1192, 1193 f.; *Hamann*, RdA 2014, 271, 272 ff.; *Lipinski/Praß*, BB 2014, 1465, 1465 ff.; *Ludwig*, BB 2013, 1276, 1276 ff.; *Nießen/Fabritius*, NJW 2014, 263, 263 ff.; *Thüsing*, NZA 2013, 1248, 1248 ff.; *ders.*, NZA 2014, 10, 10 ff.

297 Das finnische Gericht hat folgende Fragestellung an den *EuGH* vorgelegt: „Ist Art. 4 I der Richtlinie dahin auszulegen, dass er einer nationalen Regelung entgegensteht, wonach der Einsatz von Leiharbeitnehmern nur in den eigens aufgeführten Fällen wie dem Ausgleich von Arbeitsspitzen oder bei Arbeiten, die nicht durch eigene Arbeitnehmer eines Unternehmens erledigt werden können, zulässig ist? Kann der längerfristige Einsatz von Leiharbeitnehmern neben den eigenen Arbeitnehmern eines Unternehmens im Rahmen der gewöhnlichen Arbeitsaufgaben des Unternehmens als verbotener Einsatz von Leiharbeitskräften eingestuft werden?", vgl. auch abgedruckt bei: *Lembke/Ludwig*, NJW 2014, 1329, 1332 f.; auch abgedruckt *EuGH (Schlussantrag des Generalanwalts)* vom 20.11.2014, C-533/13, BeckRS 2014, 82404 Rn. 17.

Einschränkungen entgegen verbreiteter Annahme nicht aus der Richtlinie 2008/104/ EG selbst und müssten daher vom nationalen Gesetzgeber erst entsprechend konkretisiert und nicht durch bloße Bezugnahme auf die Richtlinie 2008/104/EG eingeführt werden.[298]

D. Offenes Ergebnis

Die vorstehenden Ausführungen haben deutlich gemacht, dass noch weitgehend unklar ist, unter welchen Voraussetzungen eine „dauerhafte" Überlassung im Sinne der Entscheidung Albron Catering bzw. eine „vorübergehende" Überlassung im Sinne des AÜG anzunehmen ist. Die Schlussanträge des *Generalanwalts* zum finnischen Vorabentscheidungsverfahren bringen auch keine Klärung.[299] Ausgehend hiervon kann durch eine Bezugnahme beider Begriffe denknotwendig kein Ergebnis zur vorliegenden Untersuchungsfrage gewonnen werden (vgl. I.). Überdies führt die vorbezeichnete Argumentationslinie auch aus anderen Gründen nicht zu einem eindeutigen Ergebnis (vgl. II.).

I. Ausschließlichkeitsverhältnis der Begriffe

Zwei Begriffe, die in ihrer inhaltlichen Ausgestaltung sowie abstrakten Bedeutung jeweils unklar sind bzw. zumindest Interpretationsspielraum hinsichtlich ihres Verständnisses lassen und nicht vom Normgeber selbst (z. B. durch Verwendung innerhalb einer Regelung) in ein Spiegelbildlichkeitsverhältnis gesetzt wurden, können nicht zwingend spiegelbildlich verstanden werden. Insbesondere die bereits im Meinungsstand aufgegriffenen Entscheidungen des *BAG*,[300] innerhalb derer das Gericht eine Anwendung der in der Albron Entscheidung entwickelten Auslegungsgrundsätze im deutschen Recht nahegelegt hat, geben Anlass zur Bestärkung der Annahme, dass der Rückschluss von „dauerhaft" im Sinne der Entscheidung Albron Catering auf „vorübergehend" im Sinne des § 1 Abs. 1 S. 2 AÜG verfehlt ist.

Insbesondere im Zeitpunkt der vorbenannten Entscheidung des *BAG* vom Mai 2013[301] war § 1 Abs. 1 S. 2 AÜG bereits geltendes Recht und der (mögliche) Geltungsbefehl sowie die inhaltliche Ausgestaltung von „vorübergehend" waren bereits heftig umstritten. Anzunehmen, dass diese Auseinandersetzung bezüglich der Begriffsauslegung am *BAG* vorbeigegangen ist, wäre lebensfremd. Hätte das Gericht es zumindest für denkbar gehalten, dass die Begriffe „dauerhaft" und „vorübergehend" spiegelbildlich zu verstehen sind, hätte es sicherlich in der Entscheidung vom Mai 2013 Abstand davon genommen, auf die Albron Entscheidung zurückzugreifen und

---

298 Vgl. *Ulrici*, jurisPR-ArbR 1/2015 Anm. 6.
299 Vgl. *EuGH (Schlussantrag des Generalanwalts)* vom 20.11.2014, C-533/13, BeckRS 2014, 82404.
300 *BAG* vom 9.2.2011, 7 AZR 32/10, NZA 2011, 791, 796; *BAG* vom 15.5.2013, 7 AZR 525/11, NZA 2013, 1214, 1218; vgl. Kap. 3 § 4 C. II.
301 Vgl. *BAG* vom 15.5.2013, 7 AZR 525/11, NZA 2013, 1214, 1214 ff.

auf eine durch diese Entscheidung möglicherweise sich entwickelnde Rechtsänderung im deutschen Recht zu verweisen. Das gilt vor allem, weil das *BAG* in der vorbezeichneten Entscheidung nicht unmittelbar über eine Betriebsveräußerung entscheiden musste.[302]

II. Mindestschutzniveau durch Richtlinie

Selbst wenn man entgegen sämtlichen bisherigen Erkenntnissen unterstellt, dass Klarheit darüber besteht, wann von einer „dauerhaften" Überlassung im Sinne von Albron Catering und einer „vorübergehenden" Überlassung nach dem AÜG auszugehen ist und zugleich annimmt, dass der *EuGH* seine Auslegungsgrundsätze für die Richtlinie 2001/23/EG auf den ihm konkret vorgelegten Fall der dauerhaften Überlassung beschränken wollte, ändert dies nichts daran, dass der im vorliegenden Zusammenhang kritisch betrachtete Ansatz kein eindeutiges Ergebnis liefern kann.

Richtlinien und die für diese (zumeist) vom *EuGH* entwickelten Maßstäbe zur Auslegung einzelner Begriffe oder ganzer Artikel geben vielfach, insbesondere im Arbeitsrecht, nur ein Mindestniveau vor,[303] welches die Mitgliedstaaten bei der Umsetzung der Richtlinie ins nationale Recht nicht unterschreiten dürfen. Unterstellt man auf der vorbezeichneten Linie des *BAG*, dass § 1 Abs. 1 S. 2 AÜG ein Verbot enthält[304] und nunmehr nur vorübergehende Überlassungen im nationalen Recht zulässig sind, hindert dies aber nicht per se daran, die im Fall Albron Catering für dauerhafte Überlassungen entwickelten Auslegungsgrundsätze im deutschen Recht auch auf nur vorübergehende Überlassungen zu erstrecken. Das auf europäischer Ebene für Betriebsübergänge vorgegebene Mindestschutzniveau würde hierdurch zugunsten der Leiharbeitnehmer erhöht, weil neben dauerhaften Überlassungen auch nur vorübergehende Überlassungen von den betriebsübergangsrechtlichen Schutzvorschriften erfasst wären. Es ist daher bereits im Ausgangspunkt verfehlt, aus der Albron Entscheidung einen abschließenden Rückschluss ziehen zu wollen, wie sich die Veräußerung eines entleihenden Betriebs im deutschen Recht auswirkt. Es muss vielmehr ausgehend vom nationalen Recht eine Antwort ermittelt werden und diese muss anschließend durch eine Rückkopplung mit den Mindestvorgaben des Europarechts abgeglichen werden.

---

302 Im Mittelpunkt der Entscheidung stand die Frage, ob entsprechend § 10 AÜG ein Arbeitsverhältnis zwischen Entleiher und Leiharbeitnehmer zustande kommt, wenn der Verleiher den Leiharbeitnehmer nur an einen einzigen Entleiher überlässt. Der Fall war nach alter Rechtslage (vor dem 1.12.2011) zu entscheiden.
303 Dies lässt sich mittelbar Art. 288 Abs. 3 AEUV entnehmen, worin geregelt ist, dass die Richtlinie „hinsichtlich des zu erreichenden Ziels verbindlich" ist, was es im Umkehrschluss grundsätzlich nicht ausschließt, dass die Mitglieder über das (Mindest-)Ziel hinausgehen.
304 *BAG* vom 10.7.2013, 7 ABR 91/11, NZA 2013, 1296, 1298 ff.; *BAG* vom 3.6.2014, 9 AZR 111/13, BeckRS 2014, 71241.

E. Unberücksichtigte Überlassungen

Dass der im vorliegenden Zusammenhang in den Blick genommene Ansatz von einer Wechselwirkung der Begriffe „dauerhaft" und „vorübergehend" die zu untersuchenden Rechtsprobleme nicht löst, zeigt sich auch an folgender Überlegung: Selbst wenn man auf der Linie des *BAG* annimmt, dass durch § 1 Abs. 1 S. 2 AÜG Überlassungen, die nicht nur vorübergehend erfolgen, verboten sind und eine weiterreichende Bindungswirkung der in der Albron Entscheidung entwickelten Vorgaben im nationalen Recht nicht bestehen kann, weil der *EuGH* nur dauerhafte konzerninterne und durch eine bloße Personalführungsgesellschaft erfolgende, nicht aber vorübergehende, konzernexterne oder nicht durch eine bloße Personalführungsgesellschaft erfolgende Überlassungen erfassen wollte, bleibt, solange aktuelle Gesetzesvorschläge zur Sanktionierung dauerhafter Überlassungen[305] nicht umgesetzt sind, jedenfalls folgender Fall ungelöst:

I. Verbotene Überlassungen

Auch wenn im deutschen Recht sämtliche Überlassungen, die nicht nur vorübergehend erfolgen, verboten sind, schließt dies nicht aus, dass eine in diesem Sinne verbotene (weil nicht nur vorübergehende) Überlassung eines Arbeitnehmers tatsächlich erfolgt und während des Einsatzes des Leiharbeitnehmers der entleihende Betrieb veräußert wird. Hiervon ist jedenfalls solange auszugehen, wie dem (unterstellten) Verbot der nicht nur vorübergehenden Überlassung keine konkreten Rechtsfolgen beigegeben werden, wie für die Beziehungen zwischen Leiharbeitnehmer und Verleiher sowie zwischen Leiharbeitnehmer und Entleiher zu verfahren ist. Bleibt man nur dabei stehen, dass eine nicht nur vorübergehende Überlassung jedenfalls kein Arbeitsverhältnis zwischen Entleiher und Leiharbeitnehmer entsprechend § 10 Abs. 1 AÜG begründen kann,[306] wird für die Praxis keine Abschreckung gesetzt, eine nicht nur vorübergehende Überlassung zu unterlassen. Daher hat nach aktuellem Stand allein der Umstand, dass nicht nur vorübergehende Überlassungen verboten sein sollen, keine Aussagekraft darüber, ob Leiharbeitnehmer nicht dennoch (verbotener Weise) mehr als nur vorübergehend überlassen werden. In einem solchen Fall wäre ein der Rechtssache Albron Catering hinsichtlich der Überlassungsdauer (nicht aber hinsichtlich der weiteren Besonderheiten der Entscheidung) vergleichbarer Sachverhalt betroffen. Genau für diesen Fall bleiben die Autoren des vorbezeichneten Ansatzes aber eine Antwort schuldig.

---

305 Koalitionsvertrag zwischen CDU, CSU und SPD für die 18. Legislaturperiode vom 27.11.2013, S. 49 f. sieht die Einführung einer Höchstüberlassungsdauer von 18 Monaten zur Präzisierung der vorübergehenden Überlassung vor. Umfassend hierzu: *Thüsing*, NZA 2014, 10, 11. Sanktionen für eine nicht nur vorübergehende Überlassung sieht BT-Drs. 14/18, 6 durch eine Änderung des § 9 Nr. 1 AÜG vor.
306 Vgl. *BAG* vom 10.12.2013, 9 AZR 51/13, NZA 2014, 196; *BAG* vom 3.6.2014, 9 AZR 111/13, BeckRS 2014, 71241.

II. Ausweg

Allein wenn man davon ausgeht, dass eine nicht nur vorübergehende Überlassung im Sinne des § 1 Abs. 1 S. 2 AÜG entgegen der Ansicht des *BAG* eine Fiktion des Arbeitsverhältnisses zwischen Entleiher und Leiharbeitnehmer in entsprechender Anwendung von § 10 Abs. 1 AÜG zur Folge hätte,[307] würde dies bewirken, dass die Untersuchungsfrage nach der Anwendbarkeit von § 613a Abs. 1 S. 1 BGB bei der Veräußerung eines entleihenden Betriebs in den der Albron Entscheidung entsprechenden Sachverhalten abgeschnitten wird. Der Aufstieg des Leiharbeitnehmers zum Stammarbeitnehmer würde bereits vor dem eigentlichen Betriebsübergang durch die Fiktion eines Arbeitsverhältnisses zum Entleiher im Sinne von § 10 Abs. 1 AÜG geschehen. Im Falle der Veräußerung gelte dann für den „Leiharbeitnehmer" nichts anderes als für den festangestellten Stammarbeitnehmer des Entleihers. Dass die vorbenannten Stimmen diesen rechtlichen Ansatz beschreiten, ist aber nicht ersichtlich.

§ 3 Ergebnisorientierte Lösungswege

Ein anderer Teil der im Meinungsstand vorgefundenen Ansätze zeichnet sich durch ein stark ergebnisorientiertes Vorgehen aus, wobei die dogmatischen Zusammenhänge nicht ausreichend in den Blick genommen werden. Das geltende Recht trägt die von diesem Teil des Schrifttums befürworteten Ergebnisse nicht. Es zeigt sich, dass nur auf ein konkretes Ergebnis hingearbeitet wird und dabei die dogmatischen Grundlagen ausgeblendet werden. Dieser Vorwurf kann sowohl hinsichtlich derjenigen Vertreter, die einen Sprung des Leiharbeitnehmers in die Stammbelegschaft, d. h. einen Übergang der Beziehung zwischen Verleiher und Leiharbeitnehmer vom Verleiher auf den Erwerber befürworten (vgl. Kap. 3 § 4 C. III. 2.),[308] als auch hinsichtlich der Stimmen, die für einen Leiharbeitnehmereinsatz im Betrieb des Erwerbers und damit (zumindest jedenfalls) für eine Überleitung der Beziehung zwischen Entleiher und Leiharbeitnehmer vom Entleiher auf den Erwerber, zumeist unter Rückgriff auf

---

307   Von einer entsprechenden Anwendung des § 10 AÜG gehen entgegen dem *BAG* z. B. aus: *LAG Rheinland-Pfalz* vom 1.8.2013, 11 Sa 112/13, BeckRS 2013, 74194; *LAG Berlin Brandenburg* vom 9.1.2013, 15 Sa 1635/12, NZA-RR 2013, 234, 236 f. Vgl. auch Vorschlag zur Änderung von § 9 Nr. 1 AÜG, BT-Drs. 18/14, 5.

308   Dies annehmend für den vom *EuGH* entschiedenen Sonderfall: im Ergebnis *Abele*, FA 2011, 7, 10; *Bauer/v. Medem*, NZA 2011, 20, 21 ff., 23; BeckOK-ArbR/*Gussen*, § 613a BGB Rn. 86a; *Heuchmer/Schielke*, BB 2011, 758, 763 wobei durch § 1 Abs. 1 S. 2 AÜG relativiert; *Kühn*, NJW 2011, 1408, 1410 f.; *Mückl*, GWR 2011, 45; *Powietzka/Christ*, ZESAR 2013, 313, 315 f.; ErfK/*Preis,* § 613a BGB Rn. 67; *Willemsen*, RdA 2012, 291, 300; *ders.* NJW 2011, 1546, 1547 ff.; HWK/*Willemsen/Müller-Bonanni*, § 613a BGB Rn. 225. Über diesen Sonderfall hinaus: wohl *Heuchemer/Schielke*, BB 2011, 758, 763; *Mückl*, GWR 2011, 45. *Kühn*, NJW 2011, 1408 will die Grundsätze auf dauerhafte Überlassungen erstrecken.

eine zusätzliche Überleitung des Verhältnisses zwischen Verleiher und Entleiher, plädieren (vgl. Kap. 3 § 4 C. III. 3.),[309] erhoben werden.

A. Sprung in die Stammbelegschaft

I. Ausgangspunkt

Obwohl es der *EuGH* in der Albron Entscheidung nicht in entsprechender Deutlichkeit gesagt hat, wird er überwiegend dahin verstanden, dass die Veräußerung eines entleihenden Betriebs (jedenfalls für den entschiedenen Sonderfall) bewirkt, dass das Verhältnis zwischen Verleiher und Leiharbeitnehmer vom Verleiher auf den Erwerber übergeleitet wird (vgl. Kap. 3 § 3 F.). Dies nehmen auch die Stimmen an, die im nationalen Recht von einem Sprung des Leiharbeitnehmers in die Stammbelegschaft des Erwerbers[310] ausgehen. Dabei zeigt eine Auseinandersetzung mit dem Begriff des Betriebsinhabers (vgl. II.), dass der Sprung des Leiharbeitnehmers in die Stammbelegschaft des Erwerbers nicht von § 613a Abs. 1 S. 1 BGB als nationaler Norm getragen wird, zumindest nicht auf der Grundlage der hierzu gelieferten Begründungen. Dies gilt unabhängig davon, ob es sich um eine konzerninterne oder -externe Überlassung handelt. Hieran kann auch die von *Willemsen* entwickelte Zurechnungslösung nichts ändern (vgl. III.).

II. Begriff des Betriebsinhabers

1. Benennung des Widerspruchs

Der dogmatische Widerspruch zeigt sich, wenn man sich die durch § 613a Abs. 1 S. 1 BGB angestrebte Folge vom Übergang der Beziehung zwischen Verleiher und Leiharbeitnehmer vom Verleiher auf den Erwerber einerseits und den Wortlaut von § 613a Abs. 1 S. 1 BGB andererseits anschaut. In § 613a Abs. 1 S. 1 BGB heißt es: „auf einen anderen Inhaber über, so tritt dieser in die Rechte und Pflichten aus den im Zeitpunkt des Übergangs bestehenden Arbeitsverhältnissen ein". Hieraus folgt zweifelsfrei: § 613a Abs. 1 S. 1 BGB setzt einen Betriebsinhaberwechsel voraus. D.h. es muss erstens einen alten Betriebsinhaber geben, welcher den Betrieb überträgt und zweitens muss es einen neuen Betriebsinhaber geben, welcher diesen Betrieb

---

309 *Hamann*, jurisPR-ArbR 29/2011 Anm. 1 unter C.; *ders.*, jurisPR-ArbR 9/2014 Anm. 3 nunmehr eine Anwendung von § 613a BGB wohl generell ablehnend; *Elking*, Der Nichtvertragliche Arbeitgeber, S. 113 ff., 186 ff., 324 ff. soweit Leiharbeitnehmer auf Dauerarbeitsplatz tätig wird; *Forst*, RdA 2011, 228, 232 f.; *Greiner*, NZA 2014, 284, 289.

310 Ebenso auf den „Sprung" abstellend: *Bauer/v. Medem*, NZA 2011, 20, 22; *Elking*, Der Nichtvertragliche Arbeitgeber, S. 33, 199, 206; *Heuchemer/Schielke*, BB 2011, 758, 763.

erwirbt und auch tatsächlich fortführt.[311] Der Erwerber tritt dabei entsprechend dem Gesetzeswortlaut nur in diejenigen Rechte und Pflichten aus dem bestehenden Arbeitsverhältnis ein, welche zuvor in der Person des bisherigen Betriebsinhabers bestanden haben. Ausgehend hiervon ist aber nicht ersichtlich, wie es zu einer Anknüpfung an die Rechte und Pflichten des Verleihers kommen soll, weil er nicht an der Veräußerung eines entleihenden Betriebs beteiligt ist.

2. Vorüberlegung: Irrelevanz sprachlicher Abweichungen

In der deutschen Fassung ist in Art. 2 Abs. 1 lit. a Richtlinie 2001/23/EG die Rede davon, dass „Veräußerer jede natürliche oder juristische Person ist, die aus dem [...] Betrieb ausscheidet". In der Entscheidung der Rechtssache Albron Catering heißt es abweichend hierzu, aber unter Bezugnahme auf Art. 2 Abs. 1 lit. a Richtlinie 2001/23/ EG, dass „Veräußerer [derjenige] ist, wer aufgrund eines Übergangs im Sinne von Art. 1 Abs. 1 Richtlinie 2003/23/EG die Arbeitgebereigenschaft verliert".[312] Es zeigen sich sprachliche Divergenzen, indem einerseits auf den „Verlust der Arbeitgeberstellung" und andererseits auf das „Ausscheiden aus dem Betrieb" abgestellt wird. Ausgehend hiervon liegt der Vorwurf nahe, dass der *EuGH* und auch die sich dem *EuGH* angeschlossenen Stimmen eine Wortkreation („nichtvertraglicher Arbeitgeber") erschafft haben, welche sich sprachlich nicht in Art. 2 Abs. 1 lit. a Richtlinie 2001/23/EG finden lässt, diese aber jedenfalls geeignet ist, die vorliegende Problemstellung zu lösen. Gibt es neben dem „vertraglichen Arbeitgeber" nun auch einen „nichtvertraglichen Arbeitgeber", dann lassen sich zweifelsfrei auch gespaltene Arbeitsverhältnisse erfassen, weil durch dieses sprachliche Konstrukt über das fehlende Pflichtenband hinweggegangen werden kann. Beide, sowohl der vertragliche als auch der nichtvertragliche Arbeitgeber, werden innerhalb der Richtlinie 2001/23/ EG als gleichwertige Arbeitgeber verstanden. Bereits in dieser sprachlichen Kreation des „nichtvertraglichen Arbeitgebers" könnte daher die Quelle ergebnisorientierter Auslegung liegen, weil die Anwendung beider Definitionen auf die Dreiecksbeziehung der Arbeitnehmerüberlassung zu einer gespaltenen Auslegung führt, wenn man einerseits wie die deutsche Fassung der Richtlinie 2001/23/EG zeigt, darauf abstellt, dass Veräußerer derjenige ist, welcher „aus dem Betrieb ausscheidet" und andererseits derjenige Veräußerer sein soll, welcher „die Arbeitgebereigenschaft verliert".

Bereits *Raab* hat aber zutreffend darauf verwiesen, dass die sprachlichen Abweichungen zwischen den Ausführungen des *EuGH* und dem Wortlaut der deutschen Fassung der Richtlinie 2001/23/EG auf den in den Mitgliedstaaten unterschiedlichen

---

311 Vgl. *BAG* vom 20.3.2003, 8 AZR 312/02, NZA 2003, 1338, 1339 f.; *BAG* vom 14.8.2007, 8 AZR 803/06, BeckRS 2007, 48693; vgl. *LAG Rheinland-Pfalz vom* 6.4.2004, 5 Sa 39/04, BeckRS 2004, 41911; Staudinger/*Annuß*, § 613a BGB Rn. 66; *Gaul*, Der Betriebsübergang, S. 1; vgl. BeckOK-ArbR/*Gussen*, § 613a BGB Rn. 45; *Hergenröder*, AR-Blattei SD 500.1 Rn. 107; vgl. *Schiefer/Worzalla*, DB 2008, 1566, 1569.

312 *EuGH* vom 21.10.2010, C-242/09, NZA 2010, 1225, 1226.

sprachlichen Richtlinienfassungen beruhen, aber im Ergebnis keine Auswirkungen auf die Untersuchungsfrage haben.[313] Die sprachlich abweichenden Bezeichnungen zwischen der Richtlinie 2001/23/EG und den Entscheidungsgründen des *EuGH* können den Vorwurf eines ergebnisorientierten Vorgehens im Schrifttum nicht begründen, weil der *EuGH* nicht vollkommen frei einen Begriff kreiert hat, sondern diesen vielmehr aus der Richtlinie 2001/23/EG, die in einer anderen sprachlichen Fassung vom „vertraglichen Arbeitgeber" spricht, abgeleitet hat. Den inhaltlichen Gleichlauf beider Formulierungen sieht *Raab* zutreffend dadurch hergestellt, dass der *EuGH* in der Rechtssache Albron Catering ebenso festgestellt hat, dass „ein Übergang eines Unternehmens im Sinne der Richtlinie 2001/23/EG einen Wechsel der juristischen oder persönlichen Person voraus[setzt], die für die wirtschaftliche Tätigkeit der übertragenen Einheit verantwortlich ist und die in dieser Eigenschaft als Arbeitgeber der Arbeitnehmer dieser Einheit Arbeitsverhältnisse mit diesen – gegebenenfalls ungeachtet des Fehlens vertraglicher Beziehungen mit diesen Arbeitnehmern – begründet."[314] Die vom *EuGH* befürwortete Folge des Verlustes der Stellung als vertraglicher bzw. nichtvertraglicher Arbeitgeber soll nur eintreten, wenn ein Personenwechsel in der Hinsicht erfolgt, dass nun jemand anderes die wirtschaftliche Tätigkeit der übertragenen Einheit fortführt. Der *EuGH* geht daher auch davon aus, dass der Übergang des Betriebs einen Wechsel des Betriebsinhabers und damit ein Ausscheiden des bisherigen Betriebsinhabers und den Eintritt eines neuen Inhabers erfordert. Der *EuGH* bezeichnet in der Rechtssache Albron die Folgen des Betriebsübergangs („Verlust der Arbeitgeberstellung") abweichend von der deutschen Richtlinienfassung, die auf das „Ausscheiden aus dem Betrieb" abstellt. Inhaltlich prüft der *EuGH* aber ebenso, ob die wirtschaftliche Einheit des Betriebs von einer Person auf eine andere Person übertragen wird.[315] Ausgehend hiervon kann der vorbezeichnete sprachliche Unterschied hinsichtlich des Vorwurfs eines ergebnisorientierten Vorgehens unberücksichtigt bleiben.

3. Grundwertung von § 613a Abs. 1 S. 1 BGB

Deutlich wird das ergebnisorientierte Vorgehen des vorbezeichneten Meinungsbilds dagegen, wenn man die aus § 613a Abs. 1 S. 1 BGB folgenden Anforderungen an den Betriebsinhaber und den damit verbundenen Betriebsinhaberwechsel herausarbeitet.

a) Betriebsinhaber

Bestimmt man, wer bei der Veräußerung des entleihenden Betriebs als Betriebsinhaber im Sinne des § 613a Abs. 1 S. 1 BGB anzusehen ist, ist ausgehend von den allgemeinen Grundsätzen zu fragen, wer die materiellen und immateriellen

---

313 Vgl. *Raab*, EuZA 2011, 537, 546 f.; auch *Powietzka/Christ*, ZESAR 2013, 313, 315.
314 *EuGH* vom 21.10.2010, C-242/09, NZA 2010, 1225, 1226.
315 Vgl. *Raab*, EuZA 2011, 537, 546 f.

Betriebsmittel sowie die sonstigen betrieblichen Anforderungen zur Verfolgung eines bestimmten arbeitstechnischen Zwecks im eigenen Namen koordiniert.[316] Für einen Betriebsinhaberwechsel nach § 613a BGB ist es erforderlich, dass der bisherige Betriebsinhaber seine wirtschaftliche Betätigung einstellt und die Organisations- und Leitungsmacht über die organisatorische Einheit an den neuen Inhaber überträgt und diese von diesem fortgeführt wird.[317] Ausgehend hiervon ist im Falle der Veräußerung eines entleihenden Betriebs grundsätzlich ausschließlich der Entleiher als Betriebsinhaber im Sinne der Norm anzusehen. Der Entleiher überträgt durch die Veräußerung des entleihenden Betriebs seine bisherige wirtschaftliche und organisatorische Einheit und verliert diese infolge der Fortführung des Betriebs durch den Erwerber an diesen. Es findet nur zwischen Entleiher und Erwerber ein Betriebsinhaberwechsel statt. Der Verleiher hingegen überträgt bei der Veräußerung eines entleihenden Betriebs nicht seine wirtschaftliche und organisatorische Einheit. Er kann demnach grundsätzlich auch keinen Betriebsinhaberwechsel im Sinne von § 613a BGB herbeiführen. § 613a Abs. 1 S. 1 BGB erfasst daher nicht den Verleiher.

b) Schlussfolgerung

Ausgehend von der vorbezeichneten allgemeinen Erkenntnis können durch § 613a Abs. 1 S. 1 BGB aber im Grunde auch keine Rechte und Pflichten, die der Verleiher innehat, übergeleitet werden, weil nur Rechte und Pflichten des Betriebsinhabers von § 613a Abs. 1 S. 1 BGB erfasst sein sollen.[318] Ein Übergang des Verhältnisses zwischen Verleiher und Leiharbeitnehmer vom Verleiher auf den Erwerber kann daher im Regelfall durch die Veräußerung eines entleihenden Betriebs nicht bewirkt werden. § 613a Abs. 1 S. 1 BGB kann bei der Veräußerung eines entleihenden Betriebs allenfalls Rechte und Pflichten erfassen, welche zwischen Entleiher und Leiharbeitnehmer bestehen, weil im vorbezeichneten Fall ausschließlich der Entleiher die Anforderungen an den Betriebsinhaberbegriff erfüllt. Ein Sprung des Leiharbeitnehmers in die Stammbelegschaft des Betriebserwerbers ist grundsätzlich nicht denkbar, zumindest solange nicht, wie keine vom vorbezeichneten Ansatz abweichende dogmatische Begründung geliefert wird.

---

316 Zu den allgemeinen Anforderungen an den Betriebsinhaber im Sinne von 613a BGB: vgl. *BAG* vom 14.7.1994, 2 AZR 55/94, NZA 1995, 27, 27 f., siehe auch Parallelentscheidungen vom selben Tag unter Az.: 2 AZR 102/94 und 2 AZR 86/94; *BAG* vom 20.3.2003, 8 AZR 312/02, NZA 2003, 1338, 1339; vgl. *BAG* vom 15.12.2005, 8 AZR 203/05, BeckRS 2005, 30805558; vgl. *LAG Hessen* vom 3.9.1991, 7 Sa 128/91, BeckRS 1991, 30894434; Staudinger/*Annuß*, § 613a BGB Rn. 65; *Hromadka/Maschmann*, Arbeitsrecht Bd. 2, § 19 Rn. 42.
317 Vgl. *LAG Rheinland Pfalz* vom 6.4.2004, 5 Sa 39/04, BeckRS 2004, 41911; BeckOK -ArbR/*Gussen*, § 613a BGB Rn. 45; *Hergenröder*, AR Blattei SD 500.1 Rn. 3, 7 f.; *Hromadka/Maschmann*, Arbeitsrecht Bd. 2, § 19 Rn. 42; ErfK/*Preis*, § 613a BGB Rn. 50.
318 *Forst*, RdA 2011, 228, 232 f.

4. Alternative: Grundgedanke des EuGH

Aber auch dann, wenn man sich in Fällen eines gespaltenen Arbeitsverhältnisses bemüht, auf einen modifizierten, von den allgemeinen Anforderungen abweichenden Begriff des Betriebsinhabers zurückzugreifen, kann keine tragfähige Begründung für den Sprung des Leiharbeitnehmers in die Stammbelegschaft gefunden werden. Der Vorwurf eines ergebnisorientierten Vorgehens lässt sich selbst durch dieses Verständnis nicht ausräumen.

a) Ausgangspunkt

Der *EuGH* hatte in der Rechtssache Albron Catering ausgeführt, dass „der nichtvertragliche Arbeitgeber, an den die Arbeitnehmer ständig überstellt sind, ebenfalls als ‚Veräußerer' im Sinne der Richtlinie 2001/23/EG betrachtet werden kann."[319] Es verbleibt dabei Interpretationsspielraum, ob der *EuGH* sagen wollte, dass es anstelle des Entleihers einen anderen Betriebsveräußerer (Verleiher) gibt, oder ob zum Ausdruck gebracht werden sollte, dass es bei einer gespaltenen Arbeitgeberstellung zugleich immer zwei Veräußerer gibt,[320] d.h. bei der Veräußerung eines entleihenden Betriebs zeitgleich Verleiher und Entleiher Betriebsveräußerer sind. Selbst wenn man zu Diskussionszwecken unterstellt, dass bei einem gespaltenen Arbeitsverhältnis „beide Arbeitgeber" (hier: Verleiher *und* Entleiher) Betriebsinhaber im Sinne der Vorschriften des durch Rechtsgeschäft ausgelösten Betriebsübergangs sind, könnte dies den Sprung des Leiharbeitnehmers in die Stammbelegschaft nicht oder aber wohl nur für einen beschränkten Fall rechtfertigen (vgl. b). Muss man dagegen, mangels einer rechtlich tragfähigen Begründung, dabei bleiben, dass nur der Entleiher als Betriebsveräußerer behandelt werden kann, kann ein Sprung des Leiharbeitnehmers in die Stammbelegschaft nicht begründet werden. Befürwortet man dennoch diese Rechtsfolge, dann legt dies ein ergebnisorientiertes Vorgehen nahe, jedenfalls sofern man nicht in der Lage ist, eine tragfähige dogmatische Begründung für diese Annahme zu liefern.

b) Widerspruch zwischen Ergebnis und Begründung

Die Annahme, dass bei der Veräußerung des entleihenden Betriebs *neben* dem Entleiher zugleich auch der Verleiher als Betriebsveräußerer anzusehen ist, kann bereits in ihrem Ausgangspunkt allenfalls bei Überlassungen innerhalb eines Konzerns zum Tragen kommen.

---

319 *EuGH* vom 21.10.2010, C-242/09, NZA 2010, 1225, 1226.
320 Zwei Veräußerer annehmend: *Bauer/v. Medem*, NZA 2011, 20, 21; *Elking*, Der Nichtvertragliche Arbeitgeber, S. 208; *Forst*, EWiR 2010, 737, 737 „Der EuGH kommt zu dem Ergebnis, dass sowohl der Verleiher als auch der Entleiher als Veräußerer [...] anzusehen sind."

aa) Innerhalb eines Konzerns

Der konzerninternen Überlassung ist eigen, dass sowohl Verleiher als auch Entleiher in ein und dasselbe rechtliche Gebilde (den Konzern) eingeflochten und beide einer einheitlichen Leitung unterstellt sind.[321] Da der Konzern als einheitliches Leitungsinstrument[322] sowohl über den vertraglichen (Verleiher) als auch den nichtvertraglichen Arbeitgeber (Entleiher) herrscht und insoweit ein „Verbindungselement" zwischen Verleiher und Entleiher besteht, ließe sich im Einzelfall ggf. eine Grundlage für das vorbezeichnete Verständnis entwickeln. Es ließe sich in diesem Zusammenhang allerdings die Frage aufwerfen, wenn es in einem Konzern tatsächlich zeitgleich zwei Veräußerer im Sinne der Betriebsübergangsvorschriften gibt und bei der Veräußerung eines entleihenden Betriebs auch der Verleiher als Betriebsveräußerer anzusehen ist, warum wird dann nicht bei der Veräußerung eines verleihenden Betriebs zeitgleich der Entleiher als Veräußerer angesehen? Bei näherer, aber gleichwohl noch oberflächlicher Betrachtung liegt die Rechtfertigung für diese Ungleichbehandlung sicherlich darin, dass es bei der Veräußerung eines verleihenden Betriebs keines Rückgriffs auf den Entleiher und das zwischen ihm und dem Leiharbeitnehmer bestehende Verhältnis bedarf, weil der Verleiher Inhaber des rechtlichen Grundverhältnisses zum Leiharbeitnehmer ist und das tatsächliche Beschäftigungsverhältnis zwischen Entleiher und Leiharbeitnehmer jederzeit wieder an sich ziehen könnte (Rückruf des Leiharbeitnehmers). Ausgehend hiervon belegt die Annahme, dass es bei der Veräußerung eines verleihenden Betriebs keines Rückgriffs auf den Entleiher bedarf und im umgekehrten Fall bei der Veräußerung eines entleihenden Betriebs ein Rückgriff auf den Verleiher vorgenommen werden soll, die ergebnisorientierte Argumentation zugunsten der Annahme eines Sprungs des Leiharbeitnehmers in die Stammbelegschaft. Ein nicht bloß ergebnisorientiertes Vorgehen hätte es zwingend erfordert, darzulegen, warum die Annahme von zwei Betriebsveräußerern nur in eine Richtung von Entleiher zu Verleiher, aber nicht in die gegensätzliche Richtung von Verleiher zu Entleiher wirken soll bzw. wirken kann. Allein der Umstand, dass man bei der Veräußerung des entleihenden Betriebs diesen Weg beschreiten muss, um zum gewünschten Ergebnis zu gelangen, kann jedenfalls nicht eine rechtliche Begründung ersetzen.

bb) Außerhalb eines Konzerns

Abgesehen hiervon versagt die Annahme von zwei zeitgleichen und gleichberechtigten Betriebsveräußerern in ihrer Gesamtheit aber spätestens bei der normalen Arbeitnehmerüberlassung außerhalb eines Konzerns. Verleiher und Entleiher sind

---

321 *BAG* vom 5.5.1988, 2 AZR 795/87, NZA 1989, 18, 19; vgl. *BAG* vom 18.7.2012, 7 AZR 451/11, NZA 2012, 1369, 1371; *BAG* vom 17.1.2007, 7 AZR 23/06, NJOZ 2007, 2854, 2858.

322 Siehe § 18 Abs. 1 AktG; *BAG* vom 5.5.1988, 2 AZR 795/87, NZA 1989, 18, 19; umfassend hierzu MüKo-AktG/*Bayer*, § 18 AktG Rn. 28; vgl. ErfK/*Oetker*, § 18 AktG Rn. 1 ff.; Schüren/Hamann/*Schüren*, § 1 AÜG Rn. 498 ff.

in einem solchen Fall nicht in ein und dasselbe rechtliche Gebilde eingebunden. Es bestehen kein Konzernverbund und keine einheitliche Leitung. Die Annahme, dass die Betriebsveräußerung des Entleihers ebenso den Verleiher zu einem Veräußerer aufsteigen lässt, beruht dann auf einer noch schwächeren rechtlichen Grundlage als in den Fällen der konzerninternen Überlassung. Es bleibt vollständig offen, warum die Veräußerungsentscheidung des Entleihers den Verleiher zum Veräußerer machen soll. Zudem wird auch bei gewöhnlichen Überlassungssachverhalten keine Begründung geliefert, warum die Annahme von zwei Betriebsveräußerern nur dann gelten solle, wenn der entleihende Betrieb veräußert wird (nicht dagegen bei der Veräußerung des verleihenden Betriebs); d.h. nur in den Fällen, in welchen sich anderweitig die gewünschte Rechtsfolge nicht erreichen lässt.

cc) Denkbare Kollision

Nicht zuletzt erscheint es auch generell (zumindest theoretisch) denkbar, dass Verleiher und Entleiher zeitgleich und unabhängig voneinander jeweils eine Betriebsveräußerung vornehmen. In einem solchen Fall kommt es bei der Annahme, dass sowohl Verleiher als auch Entleiher Veräußerer im Sinne der Betriebsübergangsvorschriften sind, zu einer Kollision und es stellt sich die Frage, wie sich dies für den Leiharbeitnehmer und den Fortbestand seiner Verhältnisse auswirken soll. Auch hieran zeigt sich, dass die Annahme von zwei gleichberechtigten Veräußerern im Grundsatz kaum praktikabel ist und im Ergebnis keine rechtliche Grundlage für die Annahme eines Sprungs des Leiharbeitnehmers in die Stammbelegschaft besteht bzw. durch die vorzufindenden Ansätze geliefert worden ist.

III. Zurechnungslösung von Willemsen

Im Gegensatz zum überwiegenden Schrifttum hat sich *Willemsen* dem dogmatischen Widerspruch zwischen der Veräußerung eines entleihenden Betriebs und dem Aufstieg des Leiharbeitnehmers zum Stammarbeitnehmer beim Betriebserwerber (für den Sonderfall, welcher der Entscheidung Albron Catering zugrunde gelegen hat) angenommen.[323] Aber auch hierbei drängt sich der Eindruck auf, dass lediglich ein Weg gesucht worden ist, den vom *EuGH* beschrittenen Weg einer dogmatischen Begründung zugänglich zu machen, anstatt die Thematik ergebnisoffen zu untersuchen.

1. Ausgangspunkt von Willemsen

Willemsen nimmt an, „dass im Falle einer dauerhaft gespaltenen Arbeitgeberfunktion die Betriebsveräußerung durch den Betriebsinhaber (= Gläubiger des Direktionsrechts kraft Abtretung durch den Vertragsarbeitgeber und Inhaber der betrieblichen Leitungsmacht) wie eine solche seitens des Vertragsarbeitgebers behandelt wird,

---

323 *Willemsen*, NJW 2011, 1546, 1548 f.

wenn den entsandten Arbeitnehmern ansonsten der Arbeitsplatzverlust drohen würde."[324] Die „Zurechnung des Betriebsinhaberwechsels auf der Ebene des Vertragsarbeitgebers [komme] allerdings nur in Betracht, wenn das Arbeitsverhältnis bei diesem lediglich eine ‚leere Hülle' darstellt, die erst durch die dauerhafte Entsendung zu einem Drittunternehmen inhaltlich (im Sinne der Zuweisung eines Arbeitsplatzes) ausgefüllt wird."[325] Grundlage dieses Lösungswegs ist, dass das Handeln des Entleihers (Rechtsgeschäft, welches der Betriebsveräußerung zugrunde liegt) dem Verleiher zugerechnet wird und somit die Veräußerung des entleihenden Betriebs wie eine Veräußerung durch den Verleiher nach außen in Erscheinung tritt.

2. Ergebnisorientierte Argumente

Überzeugend ist der von *Willemsen* verfolgte Grundgedanke, dass die Zurechnung des Handelns vom Entleiher zum Verleiher einen Übergang von Rechten und Pflichten des Verleihers denkbar erscheinen lässt. Der angestrebte Lösungsweg (Zurechnungslösung) beruht aber auf einer nicht tragfähigen dogmatischen Begründung.

a) Aufweichung der Konzernstruktur

Im Ausgangspunkt beinhaltet die automatische Zurechnung des Handelns vom Entleiher zum Verleiher in den der Albron Entscheidung vergleichbaren Überlassungssachverhalten die Gefahr, dass die rechtliche Selbstständigkeit jedes Unternehmens, welches dem Konzern angehört, aufgeweicht wird. Im Außenverhältnis ist nicht ersichtlich, ob eine Betriebsveräußerung durch den Entleiher oder den Verleiher erfolgt ist, weil die Veräußerung des entleihenden Betriebs wie eine Veräußerung des verleihenden Betriebs wirkt.

b) Offene Fragen

Zudem beschränkt *Willemsen* seine Zurechnungslösung auf dauerhafte Überlassungen. Wie bereits *Elking* erkannt hat,[326] liefert *Willemsen* aber keine klare Aussage, ab wann und unter welchen Voraussetzungen er von einer dauerhaften Überlassung ausgehen will. Ist unklar unter welchen Voraussetzungen die vorgeschlagene Zurechnungslösung eingreifen soll, ist dieser Ansatz nutzlos, weil offen bleibt, wann er zur Anwendung gelangen soll.[327] Ein Problem wird hierbei nur durch ein anderes ersetzt.

Überdies stellt sich die Frage, welche Auswirkungen die Veräußerung eines entleihenden Betriebs nach *Willemsen* haben soll, wenn eine nicht dauerhafte Überlassung des Leiharbeitnehmers erfolgt. Klar dürfte insoweit sein, dass in einem solchen Fall kein Rückgriff auf die von ihm entwickelte Zurechnungslösung erfolgen kann.

---

324 *Willemsen*, NJW 2011, 1546, 1549.
325 *Willemsen*, NJW 2011, 1546, 1550.
326 *Elking*, Der Nichtvertragliche Arbeitgeber, S. 209 ff.
327 *Elking*, Der Nichtvertragliche Arbeitgeber, S. 209 f.

Offen bleibt aber, ob der Leiharbeitnehmer bei einer nicht dauerhaften Überlassung automatisch an den Verleiher zurückfallen soll (so wie es *Willemsen* für die normale, d. h. konzernexterne Arbeitnehmerüberlassung befürwortet[328]) oder wohlmöglich der Leiharbeitnehmer bei der konzerninternen, nicht dauerhaften Überlassung kraft Gesetzes fortan bei dem Erwerber tätig wird. Ebenso offen ist bei dem Ansatz von *Willemsen*, worin die rechtlich tragfähige Grundlage seiner Zurechnungslösung liegen soll. Allein die Entscheidung des Verleihers, den Leiharbeitnehmer zu entsenden, und demgegenüber die alleinige Entscheidung des Entleihers, einen Leiharbeitnehmer einzusetzen, dürfte wohl keine rechtfertigende Zurechnungsgrundlage darstellen, um (insbesondere) für den Verleiher die schwerwiegende Folge eines willensunabhängigen Entzugs seines Arbeitsvertragspartners herbeizuführen. Hierin liegt vielmehr ein durch den Gesetzgeber mit dem AÜG für bestimmte Bereiche grundsätzlich anerkanntes Vorgehen.

c) Zuwachs an Rechten und Pflichten

Auch ist es verwunderlich, wenn *Willemsen* im Ausgangspunkt annimmt, dass der Entleiher durch die vom Verleiher durch „Abtretung des Direktionsrechts" erworbene Position zur weisungsabhängigen Beschäftigung des Leiharbeitnehmers ermächtigt werde,[329] und nunmehr die Veräußerung des entleihenden Betriebs dem Entleiher im Ergebnis das Recht einräumen soll, über das gesamte arbeitsrechtliche Verhältnis zwischen Verleiher und Leiharbeitnehmer zu verfügen. Letzteres wäre aber die Folge, wenn der Entleiher allein durch die Übertragung des entleihenden Betriebs dem Verleiher das arbeitsrechtliche Vertragsverhältnis mit dem Leiharbeitnehmer zugunsten des Betriebserwerbers nehmen könnte und dem Leiharbeitnehmer der Aufstieg zum Stammarbeitnehmer beim Betriebserwerber möglich wird. Der Widerspruch liegt darin, dass dem Entleiher gegenüber dem Leiharbeitnehmer ein einziges aus dem Arbeitsverhältnis abgeleitetes Recht kraft Abtretung zusteht, er aber zugleich rechtlich über das gesamte Arbeitsverhältnis zwischen Leiharbeitnehmer und Verleiher, welches aus einer Vielzahl von Rechten und Pflichten besteht, dispositionsbefugt sein soll. Die Betriebsveräußerung führt nach dem Ansatz von *Willemsen* automatisch zu einem Zuwachs an Rechten und Pflichten des Entleihers. Es wird aus einem „Weniger" ein „Mehr". Auch hieran zeigen sich die ungeklärten Fragen dieses Ansatzes.

---

328 Vgl. *Willemsen*, NJW 2011, 1546, 1549 f.
329 Vgl. *Willemsen*, NJW 2011, 1546, 1549.

B. Übergang des Verhältnisses zwischen Verleiher und Entleiher

I. Ausgangspunkt

Das ergebnisorientierte Vorgehen im Meinungsstand spiegelt sich insbesondere auch dort wider, wo angenommen wird, dass die Veräußerung eines entleihenden Betriebs dazu führe, dass der Leiharbeitnehmer nunmehr bei dem Betriebserwerber eingesetzt werde und in diesem Zusammenhang zwingend ein automatischer Mitübergang des Verhältnisses zwischen Verleiher und Entleiher vom Entleiher auf den Erwerber erfolge.[330] Der Übergang dieses Verhältnisses auf den Erwerber ist rechtlich nicht zu begründen und dies erkennen wohl überwiegend auch die diesen Ansatz verfolgenden Stimmen (hierzu II.). Dennoch plädieren sie für diesen Lösungsweg, wohl um den Aufstieg des Leiharbeitnehmers zum Stammarbeitnehmer infolge der Umsetzung der Entscheidung in der Rechtssache Albron zu vermeiden.[331] Es zeigt sich auch hier ein rechtlich beliebiges Vorgehen.

II. Bekenntnis zum fehlenden Lösungsansatz

1. Forst

Forst bekennt sich, nachdem er diverse Analogien zur Herleitung eines (automatischen) Übergangs der Beziehung zwischen Verleiher und Entleiher vom Entleiher auf den Erwerber abgelehnt hat, ganz offen dazu, dass eine dogmatische Begründung hierfür nicht in Sicht ist.[332] Kann eine dogmatische Begründung aber auch nicht durch eine Analogie o.ä. hergleitet werden, dann trägt das geltende Recht das angestrebte Ergebnis nicht und die Bindung des Richters an Recht und Gesetz (vgl. Art. 20 Abs. 3 GG) steht einem entsprechenden Ansatz entgegen. Befürwortet man dennoch dieses Ergebnis, geht man ergebnisorientiert vor.

---

330 *Hamann*, jurisPR-ArbR 29/2011 Anm. 1 unter C.; *ders.*, jurisPR-ArbR 9/2014 Anm. 3 unter C. nunmehr eine Anwendung von § 613a BGB wohl generell ablehnend; *Elking*, Der Nichtvertragliche Arbeitgeber, S. 113 ff., 186 ff., 324 ff. soweit Leiharbeitnehmer auf Dauerarbeitsplatz tätig wird; *Forst*, RdA 2011, 228, 232 f.; *Greiner*, NZA 2014, 284, 289. Umfassend hierzu Kap. 3 § 4 C. III. 3.

331 Der Umsetzung der europäischen Vorgaben wollen die Autoren dadurch genügen, dass sie im deutschen Recht wohl das Verhältnis zwischen Entleiher und Leiharbeitnehmer als „Arbeitsverhältnis" im Sinne von § 613a BGB begreifen; hierzu bereits Kap. 3 § 4 C. III. 3.

332 *Forst*, RdA 2011, 228, 234 „Es ist offensichtlich, dass hier ein Zielkonflikt mit der Relativität der Schuldverhältnisse besteht. Eine Lösung, die sowohl die Leiharbeitnehmer schützt, als auch die Vertragsverhältnisse unberührt lässt, ist derzeit nicht in Sicht."

2. Elking

Auch *Elkings* Ansatz und die in diesem Zusammenhang von ihm getroffenen Aussagen, dass „der Übergang des Dienstverschaffungsvertrags [...] Mittel zum Zweck" sei[333] oder die Nichtüberleitung des Verhältnisses zwischen Verleiher und Entleiher dem Beschäftigungsverhältnis zwischen Entleiher und Leiharbeitnehmer anderenfalls „seine Seele"[334] entreiße, belegt die Ergebnisorientiertheit des Vorgehens.

a) Zirkelschluss

Die Grundannahme *Elkings*, dass das Europarecht einen Übergang der Beziehung zwischen Entleiher und Leiharbeitnehmer „verbrieft"[335] und daher „gleichzeitig außer Frage [steht], dass der Dienstverschaffungsvertrag – notfalls durch richterliche Rechtsfortbildung des § 613a BGB – übergeht",[336] weil die Beziehung zwischen Entleiher und Leiharbeitnehmer ohne den Übergang der Beziehung zwischen Verleiher und Entleiher zu Fall gebracht werde[337] und daher bereits das „Unionsrecht [...] das ‚ob' des Transfers" zwingend vorgebe,[338] beruht auf einem Zirkelschluss. Es steht gerade in Streit, ob und inwieweit das Europarecht zwingend einen Übergang der Beziehung zwischen Entleiher und Leiharbeitnehmer vorgibt. Überdies bewirkt der Umstand, dass die Beziehung zwischen Entleiher und Verleiher nicht vom Entleiher auf den Erwerber übergeht, nicht, dass der Übergang des Verhältnisses zwischen Entleiher und Leiharbeitnehmer vom Entleiher auf den Erwerber zu Fall gebracht wird. Vielmehr bliebe es dabei, dass diese Beziehung übergeleitet wird. Es würde sich ausschließlich auf der Rechtsfolgenseite ergeben, dass die Arbeitnehmerüberlassung in ihrer bisherigen Form nicht mehr durchführbar ist, weil es an einer Ausgestaltung der Überlassung durch den Vertrag zwischen Verleiher und Entleiher fehlt. Das ändert aber nicht notwendig etwas an dem isolierten Übergang der Beziehung zwischen Entleiher und Leiharbeitnehmer.

b) Fehlerhafter historischer Rückschluss

Kaum überzeugen kann zudem die Annahme *Elkings*, dass sich das vorstehende Ergebnis daraus ableiten lasse, dass weder die Gesetzesmaterialien zu § 613a BGB noch die der Richtlinie 2001/23/EG einen Übergang des Dienstverschaffungsvertrags auf den Erwerber des entleihenden Betriebs ausdrücklich ausschließen.[339] Es lässt sich den Materialien zu § 613a BGB an keiner Stelle entnehmen, dass der Gesetzgeber den Übergang eines entleihenden Betriebs bzw. die Arbeitnehmerüberlassung vor Augen

---

333 *Elking*, Der Nichtvertragliche Arbeitgeber, S. 326.
334 *Elking*, Der Nichtvertragliche Arbeitgeber, S. 327.
335 *Elking*, Der Nichtvertragliche Arbeitgeber, S. 324.
336 *Elking*, Der Nichtvertragliche Arbeitgeber, S. 324.
337 *Elking*, Der Nichtvertragliche Arbeitgeber, S. 324.
338 *Elking*, Der Nichtvertragliche Arbeitgeber, S. 324.
339 *Elking*, Der Nichtvertragliche Arbeitgeber, S. 325 f.

gehabt hat. Es ist daher nur zu gut verständlich, dass den Gesetzesmaterialien nichts Gegensätzliches entnommen werden kann. Im Übrigen hat der europäische Gesetzgeber in Art. 2 Abs. 2 lit. b Richtlinie 2001/23/EG eine Regelung für die Veräußerung eines verleihenden Betriebs getroffen und daher die Arbeitnehmerüberlassung als solche berücksichtigt. Im Umkehrschluss kann wohl davon ausgegangen werden, dass für den Übergang des entleihenden Betriebs keine regelungsbedürftigen Besonderheiten gelten sollen. Der Übergang des Verhältnisses zwischen Verleiher und Entleiher wäre jedoch eine solche Besonderheit, weil dieses Verhältnis keinen arbeitsrechtlichen Charakter trägt[340] und insoweit von dem durch die Richtlinie 2001/23/EG verfolgten Regelungsanliegen abweicht.[341]

c) Verkennung gesetzlicher Normen

Der Übergang des Verhältnisses zwischen Entleiher und Leiharbeitnehmer nach § 613a BGB beinhalte nach *Elking* im Ergebnis letztlich unmittelbar den Arbeitnehmerüberlassungsvertrag zwischen Verleiher und Entleiher.[342] Das in dieser Annahme bereits zum Ausdruck kommende zielgerichtete, d.h. ergebnisorientierte Vorgehen wird dadurch bestärkt, dass in einem weiteren Schritt von *Elking* eine analoge Haftung des Entleihers gegenüber dem Verleiher nach § 613a Abs. 2 BGB[343] und eine analoge Anwendung des § 613a Abs. 4 S. 1 BGB,[344] woraus das Kündigungsverbot für den Dienstverschaffungsvertrag folgt, konstruiert wird. Letzteres diene dem Ausgleich, der „dreifachen Kündigungsmöglichkeit [sei] ein dreifaches Kündigungsverbot hinsichtlich sämtlicher Vertragsverhältnisse" gegenüberzustellen.[345] Im Zusammenhang mit diesen Ausführungen verkennt *Elking*, dass im Vorfeld einer Betriebsveräußerung weder Leiharbeitnehmer noch Entleiher oder Verleiher Kündigungsschutz für die Beziehung zwischen Entleiher und Verleiher genießen bzw. dieser nur insoweit besteht, wie es zwischen Verleiher und Entleiher vereinbart worden ist. Insbesondere kann der Leiharbeitnehmer jederzeit beim Entleiher abberufen werden.[346] Es ist nicht ersichtlich, warum der Leiharbeitnehmer durch den Betriebsübergang stärker geschützt werden soll als ohne diesen.

---

340 *Boemke*, Schuldvertrag und Arbeitsverhältnis, § 13 II. 2. c. S. 562; *Theuersbacher*, Das Leiharbeitsverhältnis, S. 66 der das Überlassungsverhältnis außerhalb „der arbeitsrechtlichen Problematik" sieht.
341 Die Richtlinie als solche bringt bereits durch ihre Bezeichnung unmittelbar zum Ausdruck, dass es um den Schutz des Arbeitnehmers und arbeitsrechtlicher Ansprüche geht: Richtlinie „über die Wahrung von Ansprüchen der Arbeitnehmer beim Übergang von Unternehmen, Betrieben oder Unternehmens- oder Betriebsteilen".
342 *Elking*, Der Nichtvertragliche Arbeitgeber, S. 326 f.
343 Vgl. *Elking*, Der Nichtvertragliche Arbeitgeber, S. 332 f.
344 Vgl. *Elking*, Der Nichtvertragliche Arbeitgeber, S. 333 ff.
345 *Elking*, Der Nichtvertragliche Arbeitgeber, S. 335.
346 Vgl. jeweils aus der Sicht des Arbeitnehmerüberlassungsverhältnisses Boemke/Lembke/*Lembke*, § 12 AÜG Rn. 36; Thüsing/*Thüsing*, § 12 AÜG Rn. 27; Ulber/*J. Ulber*, § 12 AÜG Rn. 23.

Überdies verkennt *Elking* bei seiner Analogie zu § 613a Abs. 4 S. 1 BGB, dass das Kündigungsverbot im Sinne von § 613a Abs. 4 S. 1 BGB so ausgestaltet ist, dass hierdurch ausschließlich eine Kündigung durch den „Veräußerer" oder durch den „Erwerber" untersagt wird, vgl. § 613a Abs. 4 S. 1 BGB – „durch den bisherigen Arbeitgeber oder den neuen Inhaber". Übertragen auf die Annahme *Elkings* hinsichtlich des übergeleiteten Verhältnisses zwischen Verleiher und Entleiher vom Entleiher auf den Erwerber wäre zwar eine Kündigung durch den Veräußerer (Entleiher) oder den Erwerber, nicht aber durch den Verleiher verboten. Vielmehr müsste bei konsequenter Anwendung des Gedankens von *Elking* aus § 613a Abs. 6 BGB sogar ein Widerspruchsrecht des Verleihers folgen.[347] Dies würde aber wiederum dazu führen, dass der Verleiher berechtigt bliebe, das Verhältnis zum Entleiher (Arbeitnehmerüberlassungsvertrag) zu kündigen oder der Überleitung zu widersprechen und dies hätte zur Folge, dass die Konstruktion *Elkings* von der automatischen Überleitung des Arbeitnehmerüberlassungsvertrags erheblich entwertet werden würde, weil dieses Verhältnis durch den Verleiher weiterhin beendet werden kann und hierdurch das „Mittel" seinen „Zweck" verfehlt.

C. Missachtung der Methodik

Sowohl der Annahme von einem Sprung des Leiharbeitnehmers in die Stammbelegschaft als auch der Annahme von einem Übergang der Beziehung zwischen Entleiher und Leiharbeitnehmer sowie der zwischen Verleiher und Entleiher liegt neben den vorbezeichneten Defiziten (vgl. jeweils zuvor A., B.) bereits in ihrem jeweiligen Ausgangspunkt ein Fehler zugrunde: In dem Bestreben, die vom *EuGH* in der Rechtsache Albron getroffenen Aussagen in das nationale Recht zu übertragen, vernachlässigen diese Ansätze, dass der *EuGH* ausschließlich über die Auslegung der Richtlinie 2001/23/EG, nicht dagegen über den Inhalt und die Auslegung des nationalen Rechts entschieden hat. Auf die von einer Betriebsveräußerung betroffenen Rechtsverhältnisse erlangen die Vorgaben der Richtlinie 2001/23/EG nur durch die Umsetzung der Richtlinie in das nationale Recht Bedeutung (sog. zweistufige Rechtsetzung[348]). Soweit eine Umsetzung der Richtlinienvorgaben im nationalen Recht nicht erfolgt ist und das nationale Recht unter Beachtung der nationalen Methodik nicht mit den Vorgaben der Richtlinie 2001/23/EG in Einklang gebracht werden kann, kann den Vorgaben der Richtlinie im nationalen Recht zwischen Privaten auch keine Bedeutung zukommen. Soweit der vorzufindende Meinungsstand überwiegend die durch den *EuGH* konkretisierten Richtlinienvorgaben der

---

347 Vgl. so *Elking*, Der Nichtvertragliche Arbeitgeber, S. 329 f.
348 *Herdegen*, Europarecht, § 8 Rn. 36; vgl. *Kokott*, RdA 2006, Sonderbeilage Heft 6, 30, 31; *Konzen*, in: FS Birk, S. 439, 441 ff.; *Streinz*, Europarecht, § 5 Rn. 474 ff.; Geiger/Khan/Kotzur/*Kotzur*, Art. 288 AEUV Rn. 10; Callies/Ruffert/*Ruffert*, Art. 288 AEUV Rn. 23; Hanau/Steinmeyer/Wank/*Steinmeyer*, Handbuch des europäischen Arbeits- und Sozialrechts, § 10 Rn. 22 ff., 25 ff.

Richtlinie 2001/23/EG in § 613a BGB einfach (ohne eine Prüfung) hinein projiziert, wird dies aber außer Acht gelassen.

Überdies ergibt sich ein weiteres Defizit daraus, dass teilweise überhaupt davon ausgegangen wird, dass der *EuGH* in der Rechtssache Albron Catering eine allgemeine Entscheidung für die Folgen der Veräußerung eines entleihenden Betriebs auf das Rechtsverhältnis zum dort tätigen Leiharbeitnehmer getroffen hat. Richtig ist zwar, dass dem *EuGH* ein Sachverhalt mit einer gespaltenen Arbeitgeberstellung vorgelegen hat und es dementsprechend nahe liegt, die gewonnenen Erkenntnisse für die Arbeitnehmerüberlassung insgesamt zu nutzen. Zwingend ist dies aber nicht, weil insbesondere die Stellungnahme des *Generalanwalts* sehr deutlich zeigt, dass gerade kein Sachverhalt einer typischen Arbeitnehmerüberlassung zur Entscheidung vorlag (vgl. Kap. 3 § 3 D. I.). Indem die Aussagen des *EuGH* ohne weiteres auf die Arbeitnehmerüberlassung generell übertragen werden, wird hierüber hinweggegangen.

§ 4 Argumentation mit inhaltsleerem Begriff

A. Ausgangspunkt

Im Meinungsstand lassen sich zudem Ansätze finden, die auf leeren Begriffen aufbauen und so nichts zur Untersuchungsfrage beitragen können. Dieser Vorwurf bezieht sich konkret auf die Aussage, dass der Leiharbeitnehmer deshalb nicht zur Stammkraft des Erwerbers „aufsteigen" könne, weil anderenfalls der dem Betriebsübergang zugrundeliegende Vertrag zwischen Entleiher und Erwerber ein Vertrag zu Lasten Dritter (des Verleihers) sei.[349]

B. Kein Vertrag zu Lasten Dritter

Die vorbezeichnete Annahme, der Aufstieg des Leiharbeitnehmers zum Stammarbeitnehmer erfolge auf der Grundlage eines Vertrags zu Lasten des Verleihers, beruht auf einem falschen Verständnis vom Vertrag zu Lasten eines Dritten. Das hat teilweise auch *Elking* erkannt, indem er ausführt: Bei einem Vertrag zu Lasten Dritter muss sich „der Wille der Parteien [...] zumindest bedingt darauf richten, dem Dritten Pflichten aufzuerlegen. Zulässig sind demgegenüber Beschränkungen, die nur einen Rechtsreflex darstellen."[350] Es ist „nicht die Intention des Veräußerers / Entleihers und Erwerbers, Verpflichtungen für den Verleiher zu begründen."[351] Weiter stellt *Elking* darauf ab, dass die negativen Folgen für den Verleiher (Entzug der Arbeitnehmer) erst durch eine gesetzliche Anwendung des § 613a BGB, aber

---

349 Vgl. *Forst*, RdA 2011, 228, 233; *Greiner*, NZA 2014, 284, 289.
350 *Elking*, Der Nichtvertragliche Arbeitgeber, S. 298 unter Rückgriff auf diverse Gerichtsentscheidungen.
351 *Elking*, Der Nichtvertragliche Arbeitgeber, S. 299.

nicht unmittelbar durch den Vertrag zwischen Entleiher und Erwerber ausgelöst werden.³⁵²

I. Keine Existenz von Verträgen zu Lasten Dritter

Richtigerweise kann das Argument, dass der dem Betriebsübergang zugrundeliegende Vertrag zwischen Entleiher und Erwerber ein Vertrag zu Lasten Dritter sei, aber unabhängig von dem Einwand *Elkings* überhaupt nicht eingreifen. Anders als von den vorbezeichneten Stimmen angenommen, existiert, wie bereits das *Reichsgericht*³⁵³ aber darüber hinaus auch sonst Teile der Rechtsprechung und der Literatur erkannt haben,³⁵⁴ die eigenständige Figur eines Vertrags zu Lasten Dritter im deutschen Recht nicht. Beim Vertrag zu Lasten Dritter geht es nicht um die Frage, ob negative Folgen bzw. Pflichten für einen (unbeteiligten) Dritten begründet werden *dürfen*, weil der Gesetzgeber dies bereits beispielsweise durch §§ 134, 138, 242, 826 BGB³⁵⁵ in dem Sinne geregelt hat, dass Verträge unter gewissen Voraussetzungen aufgrund ihres rechtlichen Inhalts unzulässig sind, z.B. auch deswegen, weil sie wie bei der Fallgruppe des Verleitens zum Vertragsbruch,³⁵⁶ zu Lasten eines Dritten wirken. Der Vertrag zulasten Dritter muss daher eine andere Wertung haben, weil er anderenfalls nur eine Wiederholung der Rechtsgedanken zu §§ 134, 138, 242, 826 BGB ist. Richtigerweise kann mit dem Vertrag zu Lasten Dritter nur zum Ausdruck gebracht werden, dass aufgrund der Relativität der Schuldverhältnisse die Vertragsparteien gar nicht in der Lage sind, für einen Dritten unmittelbar nachteilige Rechte und Pflichten aus diesem konkreten Vertragsschluss zu begründen; d.h. sie *können* aufgrund der Privatautonomie gar keinen Vertrag zu Lasten Dritter schließen.³⁵⁷ Es geht mithin beim Vertrag zu Lasten Dritter allein

---

352 Vgl. *Elking*, Der Nichtvertragliche Arbeitgeber, S. 299.
353 RG vom 21.4.1937, V 297/36, RGZ 154, 355, 361: „Es liegt im Wesen eines schuldrechtlichen Vertrags, dass [der] am Vertragsschluss Unbeteiligte nicht verpflichtet [wird]. Das geltende Recht kennt keine Verträge zulasten Dritter.".
354 *LAG München* vom 10.1.2008, 2 TaBV 83/07, BeckRS 2009, 67652 stellt auf die Unzulässigkeit eines solchen Vertrags ab; vgl. MüKo-BGB/*Gottwald*, § 328 BGB Rn. 250; Staudinger/*Jagmann*, Vorbem zu §§ 328 ff. BGB Rn. 44; Jauernig/*Stadler*, § 328 BGB Rn. 7; Prütting/Wegen/Weinreich/*Stürner/Medicus*, § 328 BGB Rn. 11; Erman/*Westermann*, Vor § 328 BGB Rn. 1.
355 In anderem Zusammenhang auf diese Normen und den Vertrag zu Lasten Dritter zurückgreifend *Salje*, NZA 1990, 299, 300 der den Unterschied zwischen dem nicht „Können" beim Vertrag zu Lasten Dritter und dem nicht „Dürfen" bei den in Bezug genommen Normen soweit ersichtlich nicht erkennt.
356 Vgl. hierzu BeckOK-BGB/*Spindler*, § 826 BGB Rn. 27 ff.; Staudinger/*Oechsler*, § 826 BGB Rn. 227 ff.
357 *BAG* vom 16.2.2000, 4 AZR 14/99, NZA 2001, 331, 334 „Durch einen Vertrag können aber keine Verpflichtungen zu Lasten Dritter begründet werden."; *LAG München* vom 10.1.2008, 2 TaBV 83/07, BeckRS 2009, 67652: „Dagegen können Verträge zu Lasten Dritter nicht wirksam geschlossen werden."; *RG* vom 21.4.1937, V 297/36,

darum, dass die Parteien gar nicht in der Lage sind, einen Vertrag zu schließen, der zu Lasten eines Dritten wirkt.

II. Verkennung der Folge

Ausgehend von diesem vorbezeichneten Verständnis des Vertrags zu Lasten Dritter ist dessen Verwendung im Zusammenhang mit den Folgen der Veräußerung eines entleihenden Betriebs als leerer Begriff anzusehen, weil er nichts darüber aussagt, ob der Leiharbeitnehmer infolge der <u>gesetzlichen Anordnung</u> in § 613a Abs. 1 S. 1 BGB zum Stammarbeitnehmer aufsteigen kann oder nicht.

§ 5 Nichtberücksichtigung des zeitlichen Faktors

Schließlich findet der zeitliche Faktor der Arbeitnehmerüberlassung innerhalb des Meinungsstands kaum Berücksichtigung. Dies zeigt sich bei der Argumentation von *Elking*, wenn er den Übergang des Verhältnisses zwischen Entleiher und Leiharbeitnehmer vom Entleiher auf den Erwerber und den zusätzlichen Übergang des Verhältnisses zwischen Verleiher und Entleiher vom Entleiher auf den Erwerber darauf stützt, dass dem Leiharbeitnehmer nicht seine Rechte auf einen Zugang zu betrieblichen Sozialeinrichtungen des Entleihers nach § 13b AÜG genommen werden dürfen. Konkret heißt es bei *Elking*: „Unabhängig vom Umfang des Teilhabeanspruchs verliert der Leiharbeitnehmer bei einer durch den Betriebsübergang indizierten Kündigung des Dienstverschaffungsvertrags seinen Anspruch auf Teilhabe am sozialen Betriebsleben. Dieser nicht monetäre Vorteil in Form ‚der sozialen Aufnahme in den Betrieb' käme dem Leiharbeitnehmer nicht mehr zugute."[358]

A. Grundannahme

Die vorangegangene Aussage *Elkings* beruht auf der Grundannahme, dass der Anspruch des Leiharbeitnehmers nach § 13b AÜG vergleichbar für die Zukunft wirkt und vergleichbar schutzwürdig ist wie der Beschäftigungs- oder der Lohnanspruch, der aus dem Arbeitsvertragsverhältnis folgt. Nur bei einem solchen in die Zukunft gerichteten Verständnis von § 13b AÜG gelangt man dazu, dass dieser Anspruch hinsichtlich seines künftigen Bestands nach dem Übergang des entleihenden Betriebs zu schützen wäre.

RGZ 154, 355, 361; *BAG* vom 23.2.2011, 4 AZR 439/09, NZA-RR 2012, 253, 255: „Einem Vertrag zu Lasten Dritter stehen die Grundsätze der Privatautonomie entgegen.".
358 Vgl. *Elking*, Der Nichtvertragliche Arbeitgeber, S. 163.

B. Verkennung von § 13b AÜG

Der Anspruch des Leiharbeitnehmers nach § 13b AÜG besteht aber allein während der Eingliederung des Leiharbeitnehmers beim Entleiher. Hierfür spricht bereits der Normwortlaut, weil in § 13b S. 1 AÜG an das Erbringen der Arbeitsleistung durch den Leiharbeitnehmer, d. h. im Ergebnis an die Unterstellung des Leiharbeitnehmers unter das Weisungsrecht des Entleihers angeknüpft wird. Aber auch der Sinn und Zweck des § 13b AÜG, eine Gleichstellung des Leiharbeitnehmers mit den Stammkräften *während* der Einsatzdauer zu erzielen,[359] spricht dafür, dass dieser Anspruch nur einen gegenwärtigen und keinen zukünftigen Schutz gewährt. Diese Überlegung wird auch dadurch bestätigt, dass für die Beziehung zwischen Entleiher und Leiharbeitnehmer kein Schutz bezüglich des künftigen Fortbestands existiert (vgl. Kap. 6 § 2 B. IV. 2. c) aa)). Insoweit kann § 13b AÜG als aus der Beziehung zwischen Entleiher und Leiharbeitnehmer sich ergebender Anspruch auch keinen Bestandschutz für die Zukunft genießen. D.h. im Ergebnis ist der Anspruch des Leiharbeitnehmers nach § 13b AÜG davon abhängig, dass der Leiharbeitnehmer tatsächlich aktuell und in der Zukunft beim Entleiher tätig wird. Knüpft der Bestand aber nur an den gegenwärtigen Einsatz des Leiharbeitnehmers beim Entleiher an, dann entfällt dieser im Umkehrschluss automatisch, wenn der Leiharbeitnehmer nicht mehr beim Entleiher tätig bzw. eingesetzt ist. Wird durch § 13b AÜG aber unabhängig von einem Betriebsübergang kein Schutz in der Hinsicht gewährt, dass er auch in der Zukunft besteht, kann diese Norm nicht als Argument dienen, dass der Anspruch im Falle einer Betriebsveräußerung gegen sein zukünftiges Entfallen geschützt werden muss.

---

359 Vgl. *Kock*, BB 2012, 323, 324 f.; vgl. BeckOK-ArbR/*Kock/Milenk*, § 13b AÜG Rn. 2; vgl. *Lembke*, NZA 2011, 319, 323; *Vielmeier*, NZA 2012, 535, 535 f.

Kapitel 5: Strukturierung der Untersuchung

Das allgemeine Phänomen, dass die Erarbeitung einer rechtlichen Lösung erschwert wird, wenn mehr als zwei Personen involviert sind, hat sich bei der vorliegenden Untersuchungsfrage auch in der Unübersichtlichkeit des Meinungsstands widergespiegelt. Dabei hat sich insbesondere gezeigt, dass es an einem klaren Ansatz zur Lösung der Untersuchungsfrage mangelt und infolgedessen nur unvollständige Ergebnisse geliefert werden (können). Dieses Defizit soll bei der eigenen Untersuchung vermieden werden, indem eine eigenständige Struktur zur Bewältigung der Untersuchungsfrage erarbeitet wird (vgl. § 1), die bereits in ihrem Ausgangspunkt alle abstrakt denkbaren Lösungsstränge für den weiteren Bestand sämtlicher Beziehungen innerhalb der Arbeitnehmerüberlassung liefern kann (vgl. § 2).

§ 1 Ausgangspunkt: Fokussierung auf eine konkrete Beziehung

Die Auswirkungen der Veräußerung eines entleihenden Betriebs auf die jeweils zweiseitig strukturierten Verhältnisse der Arbeitnehmerüberlassung können ausschließlich dann einer Lösung zugeführt werden, wenn man eine einzelne in dem dreiseitigen Konstrukt der Arbeitnehmerüberlassung bestehende Zwei-Personen-Beziehung herauslöst und zunächst eine alleinige Aussage über den Bestand dieses konkreten Verhältnisses ermittelt. Erst ausgehend hiervon gilt es, isoliert die beiden anderen Verhältnisse getrennt und aufbauend aufeinander zu untersuchen. Allein dieser Ansatz macht die Untersuchungsfrage handhabbar (vgl. A.), erfordert aber zugleich das Verhältnis zu benennen, welches die vorbezeichnete Schlüsselrolle übernehmen soll, zu benennen (vgl. B.).

A. Notwendigkeit *einer* feststehenden Beziehung

Trotz der rechtlichen Selbstständigkeit jeder einzelnen bei der Arbeitnehmerüberlassung existenten Beziehung,[360] entfalten diese untereinander in ihrem Bestand und ihrer Ausgestaltung eine faktische Abhängigkeit, weil sie erst im Zusammenspiel die Überlassung des Leiharbeitnehmers im Rahmen einer wirtschaftlichen Tätigkeit ermöglichen.[361] Beispielsweise wird das Verhältnis zwischen Entleiher und Leiharbeitnehmer erst durch den Vertrag zwischen Verleiher und Entleiher ausgestaltet

---

360 Vgl. *Becker/Wulfgramm*, Einl. AÜG Rn. 10 f.
361 *Heuchemer/Schielke*, BB 2011, 758, 763 unter Pkt. 3 verdeutlichen die Verwobenheit der Beziehungen der Arbeitnehmerüberlassung sehr deutlich hinsichtlich der aufgeworfenen Fragen, die sich im Zusammenhang mit einer Übertragung des entleihenden Betriebs auf die angrenzenden Verhältnisse der Arbeitnehmerüberlassung ergeben; ebenso *Forst*, RdA 2011, 228, 232 ff.

und ist von dessen Bestand abhängig. Ebenso sind z. B. einzelne Ansprüche aus dem Verhältnis zwischen Verleiher und Leiharbeitnehmer vom konkreten Einsatzbetrieb abhängig (z. B. hinsichtlich des Anspruchs auf Equal Pay). Die Erkenntnis über den Bestand eines Verhältnisses der Arbeitnehmerüberlassung hat regelmäßig Folgewirkungen für eine andere in der Arbeitnehmerüberlassung vorhandene Beziehung. Betrachtet man hinsichtlich der vorliegenden Untersuchungsfrage nun jedes der einzelnen Verhältnisse als gleichwertig, „dreht man sich" für die Lösung der Fragestellung „im Kreis", weil Änderungen in einem Verhältnis jeweils Änderungen in den beiden anderen Verhältnissen nach sich ziehen können.

I. Zerschneiden der Dreiecksstruktur

Die wechselseitige Beeinflussung der in der Arbeitnehmerüberlassung bestehenden Beziehungen kann nur dadurch zerschnitten werden, dass ein zweiseitig strukturiertes Verhältnis aus der dreiseitigen Struktur der Arbeitnehmerüberlassung isoliert untersucht wird und erst nachgelagert und aufbauend die beiden anderen Verhältnisse in den Blick genommen werden. Hierdurch bewegt man sich wieder in gewohnten Sphären, weil jeweils Zwei-Personen-Verhältnisse (Beziehung zwischen Entleiher und Leiharbeitnehmer, zwischen Verleiher und Leiharbeitnehmer, zwischen Verleiher und Entleiher) untersucht werden. Das Ergebnis über den Bestand einer konkreten zweiseitigen Beziehung bildet den Ausgangspunkt für die Begutachtung der sich anschließenden Untersuchung der beiden anderen Zwei-Personen-Verhältnisse. Diese Zerlegung der Dreiecksstruktur ermöglicht es, die wechselseitige Beeinflussung der drei Verhältnisse der Arbeitnehmerüberlassung zu überwinden.

Auch bei dem vorbezeichneten Vorgehen wird man bei genauerer Betrachtung erkennen müssen, dass das dreipolige Verhältnis der Arbeitnehmerüberlassung nur dadurch ersetzt wird, dass ein Zwei-Personen-Verhältnis isoliert und durch das Hinzutreten des Betriebserwerbers im Rahmen der Untersuchungsfrage letztlich wieder zu einem dreiseitigen Verhältnis wird. Dies schadet allerdings nicht, weil dennoch nur _ein_ konkretes (zweiseitiges) Rechtsverhältnis der Arbeitnehmerüberlassung hinsichtlich seiner durch die Betriebsveräußerung ausgelösten Folgewirkungen untersucht wird. Dieser Ansatz weicht in seinen Grundstrukturen nicht von den Fällen ab, in denen von vornherein nur ein gewöhnliches (zweiseitiges) Arbeitsverhältnis besteht, weil auch hier durch das Hinzutreten des Betriebserwerbers stets eine Dritte Person involviert ist.

II. Vorgehen des Gesetzgebers als Beleg für eigenes Vorgehen

Der aufgezeigte Gedanke, dass innerhalb dreiseitiger Beziehungen ein zweipoliges Verhältnis zu isolieren ist und das Ergebnis über den Bestand dieser Beziehung über den Bestand der anderen Beziehungen entscheidet, folgt aus der Natur der Sache. Abseits rechtlicher Fragestellungen wird dies auch durch die umgangssprachliche

Redewendung „drei ist einer zu viel"³⁶² zum Ausdruck gebracht. Aber auch der Gesetzgeber hat vereinzelt auf diese Erkenntnis und das damit verbundene Vorgehen der Zerlegung von dreiseitigen Strukturen zurückgegriffen. Dies dient als Bestätigung für das vorliegend angestrebte Vorgehen und wird beispielhaft durch folgende gesetzliche Grundgedanken untermauert.

1. § 768 Abs. 1 S. 1 BGB

So heißt es z.B. in § 768 Abs. 1 S. 1 BGB, dass „der Bürge [...] die dem Hauptschuldner zustehenden Einreden geltend machen" kann. Dies bedeutet, dass für die Ausgestaltung des Bürgschaftsverhältnisses zwischen Gläubiger und Bürgen hinsichtlich der Einreden maßgeblich ist, ob und in welchem Umfang solche im Rechtsverhältnis zwischen Gläubiger und Schuldner bestehen. Die Beziehung zwischen Gläubiger und Schuldner wird aus dem dreiseitigen Konstrukt (Gläubiger, Schuldner, Bürge) herausgelöst und ist „führend", weil der Bestand und Umfang der Einreden in diesem Verhältnis darüber entscheidet, inwieweit solche zwischen Bürge und Gläubiger existieren. Dieses Vorgehen folgt zumindest für die Bürgschaft als akzessorischer Sicherheit³⁶³ aus der Natur der Sache und verwundert daher kaum. Der Gesetzgeber hat aber auch nichtakzessorische Verhältnisse diesem methodischen Grundgedanken unterworfen.

2. § 816 Abs. 1 S. 1 BGB

Zum Beispiel heißt es in § 816 Abs. 1 S. 1 BGB: „Trifft ein Nichtberechtigter über einen Gegenstand eine Verfügung, die dem Berechtigten gegenüber wirksam ist, so ist er dem Berechtigten zur Herausgabe des durch die Verfügung Erlangten verpflichtet." Die Vorschrift hat Verfügungen eines Nichtberechtigten, die dem Berechtigten gegenüber wirksam sind, und einen damit in Zusammenhang stehenden Herausgabeanspruch des Berechtigten gegenüber dem Nichtberechtigten zum Gegenstand. Zur Bestimmung, ob dem Berechtigten ein Herausgabeanspruch gegenüber dem Nichtberechtigten zusteht, ist maßgeblich, ob die Verfügung zwischen Nichtberechtigtem und Dritten wirksam ist.³⁶⁴ Das Verhältnis zwischen Nichtberechtigtem und Drittem wird aus dem dreiseitigen Gefüge herausgelöst und als „führend" benannt,

---

362 Im rechtlichen Bereich gilt nicht: „Aller guten Dinge sind drei."
363 Vgl. *BGH* vom 1.10.2002, IX ZR 443/00, NJW 2003, 59, 61; *BGH* vom 16.10.2007, XI ZR 132/06, NZG 2008, 191, 192 f.; vgl. *LG Hamburg* vom 2.7.2008, 317 O 347/07, BeckRS 2009, 09426 unter 1. b. bb.; *OLG Hamm* vom 23.10.2007, 28 U 29/07, BeckRS 2008, 20227 unter I. 2. a. und 3; vgl. *OLG Frankfurt* vom 6.6.2008, 19 U 88/07, BeckRS 2011, 22164 unter II.; vgl. *OLG München* vom 9.8.2011, 1 U 1571/11, BeckRS 2011, 22632 unter A. 1.; vgl. *Larenz/Canaris*, Lehrbuch des Schuldrechts Band II/2, S. 11; *Looschelders*, Schuldrecht BT, § 48 Rn. 935; *Medicus/Lorenz*, Schuldrecht II, § 120 Rn. 1012; Palandt/*Sprau*, Einf. v. § 765 BGB Rn. 1; Jauernig/*Stadler*, § 767 BGB Rn. 1, 3 ff.
364 Vgl. *Loewenheim*, Bereicherungsrecht, S. 103 f.; vgl. *Wieling*, Bereicherungsrecht, S. 56 ff.

weil dieses im Rahmen von § 816 Abs. 1 S. 1 BGB über den Bestand bzw. Nichtbestand des Anspruchs im Verhältnis zwischen Berechtigtem und Nichtberechtigtem entscheidet.

3. Anfechtung ausgeübter Vollmacht

Aber auch bei der Lösung der rechtlichen Folgen einer betätigten Vollmacht und der nach ganz herrschender Meinung zulässigen Anfechtung dieser Vollmacht[365] spiegelt sich das vorbezeichnete Vorgehen wider.[366] Für die in diesem Zusammenhang bestehende Frage, welche Ansprüche dem Dritten nach der Anfechtung der Vollmacht zustehen, entscheidet das der Vollmachtserteilung zugrunde liegende Rechtsgeschäft zwischen Vertretenem und Vertreter, d.h. ein zweipoliges Rechtsverhältnis, an welchem der Dritte rechtlich in keiner Form beteiligt ist. Für das der Vollmachtserteilung zugrundeliegende Rechtsgeschäft zwischen Vertretenem und (vollmachtlosem) Vertreter ist maßgeblich, ob in dieser Beziehung die Voraussetzungen einer Anfechtung nach §§ 119 ff., 142 BGB vorliegen. Ist hierüber eine abschließende Aussage gefunden, dann beurteilt sich ausgehend von diesem feststehenden Ergebnis, ob der Dritte einen vertraglichen Direktanspruch gegen den Vertretenen hat (erfolglose Anfechtung der betätigten Vollmacht)[367] oder ob der Dritte nur einen Anspruch gegen den nunmehr vollmachtlosen Vertreter nach § 179 Abs. 1 BGB (erfolgreiche Anfechtung einer betätigten Vollmacht) hat.[368] Auch beurteilt sich ausgehend von der Beziehung zwischen Vertreter und Vertretenem, ob beispielsweise dem Dritten möglicherweise ein Sekundäranspruch nach § 122 BGB (betätigte Außenvollmacht) bzw. gemäß § 122 BGB analog (betätigte Innenvollmacht) gegenüber dem Vertreter zusteht.[369]

---

365 *Becker/Schäfer*, JA 2006, 597, 599 ff.; *Boemke/Ulrici*, BGB AT, § 13 Rn. 74; Palandt/*Ellenberger*, § 167 BGB Rn. 3; vgl. Jauernig/*Mansel*, § 167 BGB Rn. 11; vgl. *Köhler*, BGB AT, § 11 Rn. 28; MüKo-BGB/*Schramm*, § 167 BGB Rn. 110; vgl. *Rüthers/Stadler*, Allgemeiner Teil des BGB, § 30 Rn. 31; umfassend zur Anfechtung einer ausgeübten Innenvollmacht *Schwarze*, JZ 2004, 588, 588 ff.; BeckOK-BGB/*Valentin*, § 167 BGB Rn. 55. Einschränkend: *Wolf/Neuner*, Allgemeiner Teil des BGB, § 50 Rn. 25.

366 *Boemke/Ulrici*, BGB AT, § 13 Rn. 70 „Die Vollmacht trägt zugleich das Vertretergeschäft. Entfällt sie rückwirkend, beeinträchtigt dies zugleich das vom Vertreter in Ausübung der Vollmacht vorgenommene Rechtsgeschäft.".

367 Dies folgt bei der unzulässigen Anfechtung und einer demnach wirksamen Vollmacht bereits unmittelbar aus § 164 Abs. 1 BGB, wo geregelt ist, dass die Wirkungen des Rechtsgeschäfts den Vertretenen treffen; vgl. auch BeckOK-BGB/*Valentin*, § 167 BGB Rn. 55.

368 Jauernig/*Mansel*, § 167 BGB Rn. 11; vgl. *Rüthers/Stadler*, Allgemeiner Teil des BGB, § 30 Rn. 31; BeckOK-BGB/*Valentin*, § 167 BGB Rn. 55.

369 Hierzu *Boemke/Ulrici*, BGB AT, § 13 Rn. 72; vgl. Jauernig/*Mansel*, § 167 BGB Rn. 11; *Rüthers/Stadler*, Allgemeiner Teil des BGB, § 30 Rn. 31; vgl. BeckOK-BGB/*Valenthin*, § 167 BGB Rn. 55.

B. Wahl des führenden Verhältnisses

Dass bei dem als „führend" anzusehenden Verhältnis innerhalb der Untersuchung nicht wahllos die Beziehung zwischen Verleiher und Leiharbeitnehmer bzw. jene zwischen Verleiher und Entleiher oder die zwischen Entleiher und Leiharbeitnehmer gewählt werden kann, liegt auf der Hand. Die Themenstellung der Arbeit, bei der die Folgen der Veräußerung eines *entleihenden* Betriebs im Fokus stehen, lässt es beinah zwingend erscheinen, dass ein Verhältnis an welchem der Entleiher beteiligt ist, als Ausgangspunkt der Untersuchung dient. Insoweit kommt die Beziehung zwischen Entleiher und Verleiher oder die Beziehung zwischen Entleiher und Leiharbeitnehmer in Betracht. Im Hinblick darauf, dass der Gesetzgeber für die Betriebsveräußerung ausschließlich in Bezug auf „Arbeitsverhältnisse" in § 613a BGB eine Regelung geschaffen hat, liegt es nahe, dass die Untersuchung mit der Beziehung zwischen Entleiher und Leiharbeitnehmer zu beginnen hat. Auch wenn noch offen ist, ob diese tatsächlich als Arbeitsverhältnis im Sinne von § 613a Abs. 1 S. 1 BGB zu bewerten ist, hat sie entsprechend dem *BAG* zumindest „arbeitsrechtlichen Charakter".[370] Dem entspricht es, dass zur Entscheidung von Streitigkeiten zwischen Entleiher und Leiharbeitnehmer die Arbeitsgerichte zuständig sein können.[371] Hingegen hat die Beziehung zwischen Entleiher und Verleiher keinerlei arbeitsrechtliche Qualität.[372] Dem entspricht es, dass für solche Streitigkeiten die Arbeitsgerichte nicht zuständig sind.[373] Ausgehend hiervon ist allenfalls eine Anwendung von § 613a Abs. 1 S. 1 BGB im Verhältnis zwischen Entleiher und Leiharbeitnehmer denkbar. Aus diesem Grund liegt es nahe, als erstes den von § 613a Abs. 1 S. 1 BGB (wohlmöglich) gesetzlich erfassten Fall zu prüfen. Überdies folgt die Wahl dieses („führenden") Verhältnisses auch aus dem Umstand, dass es als einzige Beziehung unmittelbar und als erstes von dem Übergang des entleihenden Betriebs auf einen Erwerber berührt wird, weil nach dem Übergang eine Beschäftigung des Leiharbeitnehmers beim Entleiher nicht mehr denkbar ist. Das Substrat, welches eine Beschäftigung ermöglicht, ist weggefallen.

---

370 *BAG* vom 15.3.2011, 10 AZB 49/10, NZA 2011, 653, 654.
371 *BAG* vom 15.3.2011, 10 AZB 49/10, NZA 2011, 653, 654; *BAG* vom 24.4.2014, 8 AZR 1081/12, NZA 2014, 968, 969; *ArbG Freiburg* vom 7.7.2010, 12 Ca 188/10, BeckRS 2010, 71293 unter II. 1. und 2.; *LAG Hamburg* vom 24.10.2007, 4 Ta 11/07, BeckRS 2011, 66740 unter II. 2.; *LAG Hamm* vom 4.8.2003, 2 Ta 739/02, NZA-RR 2004, 106, 107; BeckOK -ArbR/*Clemens*, § 2 ArbGG Rn. 17; ErfK/*Koch*, § 2 ArbGG Rn. 16; Grunsky/Wass/Benecke/ Greiner/*Waas*, § 2 ArbGG Rn. 44; Schwab/Weth/ *Walker*, § 2 ArbGG Rn. 85.
372 *Boemke*, Schuldvertrag und Arbeitsverhältnis, § 13 II. 2. c. S. 562; *Theuersbacher*, Das Leiharbeitsverhältnis, S. 66.
373 Vgl. *BGH* vom 3.7.2003, III ZR 348/02, BeckRS 2003, 05851; vgl. *OLG München* vom 8.12.2010, 7 U 3874/10, BeckRS 2011, 00285; ArbR.Hdb.-Schaub/*Koch*, § 120 Rn. 86.

C. Schlussfolgerung

Ausgehend von diesen Erkenntnissen wird in einem ersten Schritt untersucht werden, wie die Beziehung zwischen Entleiher und Leiharbeitnehmer nach dem Übergang des entleihenden Betriebs fortbesteht (vgl. Kap. 6). Erst wenn hierüber ein abschließendes Ergebnis gewonnen ist, wird aufbauend auf die hierzu ermittelten Ergebnisse untersucht werden, wie die Beziehung zwischen Verleiher und Leiharbeitnehmer sowie die zwischen Verleiher und Entleiher fortbestehen (vgl. Kap. 7 und 8). Auch bei den letzten beiden Verhältnissen wird im Sinne einer „Stufenprüfung" vorgegangen. Erst nachdem ein abschließendes Ergebnis über eines der beiden Verhältnisse ermittelt ist, wird sich schließlich dem letzten (noch offenen) Verhältnis gewidmet.

§ 2 Denkbare Lösungen

Ein entscheidender Vorteil des wie vorbezeichnet strukturierten Vorgehens gegenüber den bisherigen Untersuchungen liegt darin, dass dieser Ansatz in der Lage ist, bereits an vorliegender Stelle abstrakt die theoretisch denkbaren Folgen der Veräußerung des entleihenden Betriebs zu benennen und zwar für sämtliche Beziehungen.

A. Ausgangspunkt

I. Zwingende Erkenntnis

Beginnt man die Untersuchung mit der Beziehung zwischen Entleiher und Leiharbeitnehmer (vgl. § 1 B.) dann gelangt man für den Fall, dass § 613a Abs. 1 S. 1 BGB hierauf im Falle der Veräußerung eines entleihenden Betriebs anwendbar ist, zu folgendem Ergebnis: Eine (mögliche) Erfassung der Beziehung zwischen Entleiher und Leiharbeitnehmer von § 613a Abs. 1 S. 1 BGB bewirkt unmittelbar nur, dass dieses konkrete Verhältnis zwischen Entleiher und Leiharbeitnehmer betroffen wird und insoweit ein Übergang „bestehender Rechte und Pflichten" vom Entleiher auf den Erwerber erfolgt (vgl. § 613a Abs. 1 S. 1 BGB: „so tritt dieser in die Rechte und Pflichten aus den im Zeitpunkt des Übergangs bestehenden Arbeitsverhältnissen ein."). Aufgrund dessen, dass § 613a Abs. 1 S. 1 BGB den „Ist-Zustand" des erfassten Verhältnisses absichert,[374] ist ein unveränderter Übergang der bestehenden Rechte und Pflichten aus dem zwischen Entleiher und Leiharbeitnehmer bestehenden Verhältnis vom Entleiher auf den Erwerber die Folge. Die Anwendbarkeit von § 613a BGB („ob") auf die Beziehung zwischen Entleiher und Leiharbeitnehmer umschließt nach dem hier gewählten Ansatz bereits die Frage, mit welchem Inhalt („wie") die Beziehung zwischen Entleiher und Leiharbeitnehmer übergeht.[375] Diese geht in unveränderter Form vom Entleiher als Veräußerer auf den Erwerber über.

374　Vgl. Staudinger/*Annuß*, § 613a BGB Rn. 9.
375　Abweichend vom vorliegenden Ansatz und eine selbstständige Unterteilung in das „ob" einer Anwendung von § 613a BGB und das „wie" der nach § 613a BGB

II. Bestätigung der zwingenden Erkenntnis

Die vorbezeichnete, sich (möglicherweise) zwingend ergebende Folge der (zunächst) isolierten Überleitung der Beziehung zwischen Entleiher und Leiharbeitnehmer vom Entleiher auf den Erwerber zieht entgegen einer Andeutung von *Sagan*[376] nicht zugleich notwendig nach sich, dass dabei *a maiore ad minus* der dem Entleiher infolge der Arbeitnehmerüberlassung zustehende Beschäftigungsanspruch mitfolgen könnte. Dies ergibt sich daraus, dass der Beschäftigungsanspruch in der Beziehung zwischen Verleiher und Leiharbeitnehmer wurzelt und auch fortlaufend in dieser Beziehung entsteht. Als dauerhaft wirkender Anspruch erfordert der Beschäftigungsanspruch daher ein ihm zugrundeliegendes (aktives) Dauerschuldverhältnis. Dieses Dauerschuldverhältnis besteht aber *bei vorläufiger Betrachtung zunächst unverändert* zwischen Verleiher und Leiharbeitnehmer und kann daher jedenfalls allein durch den Übergang der Beziehung zwischen Entleiher und Leiharbeitnehmer nicht aus der Beziehung zwischen Verleiher und Leiharbeitnehmer herausgerissen werden. Auch an der vorbezeichneten vagen Andeutung von *Sagan* zeigt sich, dass die Anwendung von § 613a Abs. 1 S. 1 BGB in ihrem Ausgangspunkt zunächst nur einen isolierten Übergang der Beziehung zwischen Entleiher und Leiharbeitnehmer bewirken kann – alles andere sind hierauf aufbauende Folgefragen, die aber jedenfalls nicht bereits unmittelbar in der Beziehung zwischen Entleiher und Leiharbeitnehmer enthalten sind.

B. Denkbare Lösungsstränge

Legt man dem weiteren Vorgehen die soeben herausgearbeitete Struktur zugrunde, dann sind im Ergebnis hinsichtlich der Folgen einer Veräußerung des entleihenden Betriebs für die jeweiligen Beziehungen der Arbeitnehmerüberlassung im Grunde nur drei bzw. vier Optionen, welche sich hinsichtlich der erzielten Ergebnisse auf drei Gedankenstränge reduzieren lassen, denkbar.

I. Erste Option

Es ist denkbar, dass die Veräußerung eines entleihenden Betriebs bewirkt, dass im Ausgangspunkt § 613a Abs. 1 S. 1 BGB auf das zwischen Entleiher und Leiharbeitnehmer bestehende Verhältnis mit der Folge anwendbar ist, dass diese Beziehung in unveränderter Form vom Entleiher auf den Erwerber übergeht. Ausgehend hiervon kann in einem zweiten Schritt möglicherweise das Verhältnis zwischen Verleiher und Leiharbeitnehmer mitgerissen werden und es bleibt nur noch

---

erfassten und übergehenden Beziehungen vornehmend: *Elking*, Der Nichtvertragliche Arbeitgeber, S. 32 ff., 66 ff. bezüglich des „ob" und S. 199 ff., 316 ff. bezüglich des „wie".

376 *Sagan*, ZESAR 2011, 412, 421.

aufbauend hierauf in einem dritten Schritt das Schicksal der Beziehung zwischen Verleiher und Entleiher aufzuzeigen.

II. Zweite Option

Es ist ebenso (wie bei der erstgenannten Option) denkbar, dass die Veräußerung eines entleihenden Betriebs bewirkt, dass im Ausgangspunkt § 613a Abs. 1 S. 1 BGB auf das Verhältnis zwischen Entleiher und Leiharbeitnehmer anwendbar ist mit der Folge, dass diese Beziehung in unveränderter Form vom Entleiher auf den Erwerber übergeht. Ausgehend hiervon kann man nun aber auch zu dem Ergebnis gelangen, dass in einem zweiten Schritt ausnahmsweise die Beziehung zwischen Verleiher und Entleiher mitgerissen wird und anschließend hierauf aufbauend in einem dritten Schritt lediglich das Schicksal der Beziehung zwischen Leiharbeitnehmer und Verleiher aufzuzeigen ist.

III. Dritte und vierte Option

1. Dritte Option

Außerdem ist denkbar, dass man in einem ersten Schritt zunächst wieder zu dem Ergebnis gelangt, dass § 613a Abs. 1 S. 1 BGB bei der Veräußerung eines entleihenden Betriebs auch auf die Beziehung zwischen Entleiher und Leiharbeitnehmer anwendbar ist und damit ein unveränderter Übergang dieser vom Entleiher auf den Erwerber erfolgt und in einem nachfolgenden Schritt festgestellt werden muss, dass weder die Beziehung zwischen Verleiher und Leiharbeitnehmer noch die Beziehung zwischen Entleiher und Verleiher mitgerissen wird. Es verbliebe dann dabei, dass mittels § 613a Abs. 1 S. 1 BGB ausschließlich ein Übergang des Verhältnisses zwischen Entleiher und Leiharbeitnehmer vom Entleiher auf den Erwerber bewirkt wird. In der Folge bedeutet dies, dass § 613a Abs. 1 S. 1 BGB bei der Veräußerung eines entleihenden Betriebs auf die Beziehung zwischen Entleiher und Leiharbeitnehmer anwendbar ist, die Arbeitnehmerüberlassung als solche dennoch nicht mehr nach dem Übergang des entleihenden Betriebs auf den Erwerber durchführbar ist. Dies gilt insbesondere deshalb, weil die Beziehung zwischen Entleiher und Verleiher die Durchführung der Beziehung zwischen Entleiher und Leiharbeitnehmer ausgestaltet und diese aber nunmehr nicht zwischen Verleiher und Erwerber besteht. Ein derartiges Verhältnis besteht (wie vor der Veräußerung des entleihenden Betriebs) nur zwischen Verleiher und dem ursprünglichen Betriebsinhaber (Entleiher). Der bisherige Entleiher kann hingegen nach dem Übergang des entleihenden Betriebs den Leiharbeitnehmer nicht mehr in dem Betrieb einsetzen, obwohl er aufgrund des Verhältnisses zum Verleiher hierzu berechtigt wäre. Es liegt nicht im Interesse des bisherigen Entleihers, dass er an den Verleiher eine Überlassungsvergütung entrichtet. Die Abwicklung und Durchführung der Arbeitnehmerüberlassung ist kaum praktikabel.

2. Vierte Option

Schließlich muss auch daran gedacht werden, dass man bei dem ersten Untersuchungsschritt zu dem Ergebnis gelangen könnte, dass § 613a Abs. 1 S. 1 BGB bei der Veräußerung eines entleihenden Betriebs auf das Verhältnis zwischen Entleiher und Leiharbeitnehmer nicht anwendbar ist und es dementsprechend auch zu keiner gesetzlichen Überleitung dieser Beziehung vom Entleiher auf den Erwerber kommen kann. Auch dieser Ansatz würde bewirken, dass die Arbeitnehmerüberlassung in ihrer bisherigen Form nicht mehr durchführbar bzw. nicht praktikabel ist. Dem Entleiher fehlt der Betrieb, um den Leiharbeitnehmer einzusetzen. Gleichzeitig wird der Entleiher bemüht sein, dass er sein Verhältnis zum Verleiher beenden kann. Gegensätzlich wird der Verleiher vor dem Problem stehen, dass der Leiharbeitnehmer (zunächst) keinen Einsatzbetrieb hat, in welchem er die geschuldeten Dienste erbringen kann (bzw. er dies erst organisieren muss).

3. Gleiches Ergebnis

Es zeigt sich, dass die vorbezeichnete vierte denkbare Lösungsoption zur Untersuchungsfrage in ihrem Ergebnis letztlich der dritten denkbaren Lösungsoption weitgehend gleichzustellen ist. Unterschiede können sich aber ergeben für die Haftung für entstandene Ansprüche. In beiden Fällen führt die Veräußerung des entleihenden Betriebs aber dazu, dass eine sinnvolle Abwicklung der jeweils zwischen Verleiher, Entleiher, Leiharbeitnehmer zuvor bestehenden Beziehungen nicht mehr denkbar ist und ein Einsatz des Leiharbeitnehmers nur anderweitig erfolgen kann.

4. Weiterführende Überlegung

Die weitgehende Gleichwertigkeit der beiden skizzierten Lösungsstränge (vgl. zuvor 1. und 2.) ist hinsichtlich des Ergebnisses nicht auf die Untersuchungsfrage beschränkt, sondern zeigt sich im Zusammenhang mit den Folgen der Veräußerung eines Betriebs nach § 613a Abs. 1 S. 1 BGB auch bei einer anderen rechtlichen Erscheinung.

Hinsichtlich der wohl allgemeinen Ansicht, dass § 613a Abs. 1 S. 1 BGB auch auf fehlerhafte Arbeitsverhältnisse Anwendung findet, macht es beispielsweise im gleichen Umfang keinen Unterschied, ob man tatsächlich auf der Linie der herrschenden Ansicht eine Anwendung des § 613a Abs. 1 S. 1 BGB in diesem Fall bejaht oder eine Anwendung von § 613a Abs. 1 S. 1 BGB ablehnt. Nach herrschender Meinung bewirkt § 613a Abs. 1 S. 1 BGB dabei, dass der fehlerhafte Arbeitsvertrag und das tatsächliche Beschäftigungsverhältnis auf den Erwerber übergehen, wenn es zu einem Betriebsübergang kommt (vgl. Kap. 6 § 2 B. I. 1. c) aa)). Nimmt man nun entgegen dem vorbezeichneten Meinungsbild an, dass § 613a Abs. 1 S. 1 BGB keine Anwendung auf das fehlerhafte Arbeitsverhältnis finden soll, ginge selbstverständlich kein fehlerhafter Arbeitsvertrag über. Bei einem gleichwohl erfolgenden Tätigwerden des Arbeitnehmers für den Betriebserwerber wäre es aber denkbar, dass sogleich wieder ein Beschäftigungsverhältnis entsteht, wenn der Arbeitnehmer beim Erwerber im

Hinblick auf ein vermeintliches Pflichtenband tätig wird.[377] Im Ergebnis würde einerseits ein fehlerhafter Arbeitsvertrag und ein Beschäftigungsverhältnis übergehen und andererseits kein Arbeitsvertrag und kein Beschäftigungsverhältnis übergehen, aber ein isoliertes Beschäftigungsverhältnis neu entstehen, wenn der Arbeitnehmer beschäftigt wird. Es läge im Ergebnis aber jeweils nur ein wirksames Beschäftigungsverhältnis zwischen Erwerber und Arbeitnehmer vor.

---

377 Dieses Ergebnis resultiert insbesondere aus dem von *Boemke* verfolgten Ansatz zur Entstehung von Schuldverhältnissen bzw. Arbeitsverhältnissen, hierzu Kap. 6 § 2 B. I. 1. c) cc).

Kapitel 6: Verhältnis zwischen Entleiher und Leiharbeitnehmer

Im folgenden Kapitel wird entsprechend der herausgearbeiteten Vorgehensweise untersucht, wie sich die Veräußerung eines entleihenden Betriebs auf die zwischen Entleiher und Leiharbeitnehmer bestehende Beziehung auswirkt. Der Fokus liegt dabei ausschließlich auf dieser Beziehung. Es wird nur für diese ein abschließendes Ergebnis dazu ermittelt werden, mit welchem Inhalt und zwischen welchen Personen sie nach dem Übergang des entleihenden Betriebs auf den Erwerber fortbesteht. Etwaige Beeinflussungen der anderen beiden das Dreiecksverhältnis der Arbeitnehmerüberlassung prägenden Verhältnisse zwischen Leiharbeitnehmer und Verleiher bzw. zwischen Verleiher und Entleiher durch die vorliegend maßgebliche Beziehung zwischen Entleiher und Leiharbeitnehmer sollen ausgeblendet und zurückgestellt werden.

§ 1 Vorgehen

Im Rahmen der Kritik am bestehenden Meinungsbild hatte sich gezeigt, dass insbesondere ein ergebnisorientiertes Vorgehen in der Form festzustellen war, dass die durch die Entscheidung in der Rechtssache Albron Catering für die Richtlinie 2001/23/EG vorgegebenen Auslegungsmaßstäbe unbesehen ins nationale Recht übertragen worden sind (vgl. Kap. 4 § 3 C.). Eine rechtliche Prüfung, ob und inwieweit das nationale Recht die gewünschten rechtlichen Folgen begründen kann, ist unterblieben. Diesem Vorwurf soll dadurch entgangen werden, dass zunächst ausschließlich das nationale Recht darauf untersucht wird, welche Folgen die Veräußerung des entleihenden Betriebs auf die zuvor bestehende Beziehung zwischen Entleiher und Leiharbeitnehmer auslöst. § 613a Abs. 1 S. 1 BGB ist umfassend auszulegen (vgl. unter § 2). Anschließend wird untersucht, welche konkreten Vorgaben für die Untersuchungsfrage auf europäischer Ebene existieren. Hierzu wird (insbesondere) die Richtlinie 2001/23/EG auszulegen sein (vgl. unter § 3). Stehen die nationalen und europäischen Ergebnisse fest, kann untersucht werden, inwieweit das nationale und das europäische Recht hinsichtlich des erzielten Ergebnisses übereinstimmen und in welchem Umfang der Versuch einer europarechtskonformen Interpretation des § 613a Abs. 1 S. 1 BGB im Sinne der Richtlinie 2001/23/EG zu erfolgen hat bzw. überhaupt erfolgen kann (vgl. unter § 4).

§ 2 Nationaler Maßstab nach § 613a Abs. 1 S. 1 BGB

A. Vorbemerkung

Im Rahmen der Auslegung von § 613a Abs. 1 S. 1 BGB kommt dem Merkmal des „Arbeitsverhältnisses" eine entscheidende Bedeutung zu. Dabei entsteht im Schrifttum gänzlich losgelöst von der vorliegenden Untersuchungsfrage vereinzelt der Eindruck, dass dieses Merkmal nur als Teil der Rechtsfolge von § 613a Abs. 1 S. 1 BGB anzusehen ist.[378] Diese Einordnung des „Arbeitsverhältnisses" in das Normgefüge von § 613a Abs. 1 S. 1 BGB ist verfehlt bzw. zumindest ungenau.[379] Dem Begriff des „Arbeitsverhältnisses" kommt innerhalb von § 613a Abs. 1 S. 1 BGB eine Doppelfunktion zu, was auch die nachfolgende Untersuchung in ein komplexeres Bild rückt und damit die Erforderlichkeit belegt, die vorangegangene fehlerhafte Annahme zur Einordnung des Arbeitsverhältnisses in das Normgefüge von § 613a BGB zu berichtigen.

I. Doppelfunktion des „Arbeitsverhältnisses"

Damit die Rechtsfolge von § 613a Abs. 1 S. 1 BGB, die in einem gesetzlichen Übergang der bestehenden Arbeitsverhältnisse vom Veräußerer auf den Erwerber liegt,[380] eingreifen kann, müssen sämtliche Tatbestandsmerkmale der Norm gegeben sein. Dies wiederum setzt voraus, dass der Anwendungsbereich der Norm eröffnet ist. Hierbei handelt es sich um einen logischen Schluss, weil die Rechtsfolge den Tatbestand voraussetzt[381] und dieser die Einschlägigkeit des Anwendungsbereiches erfordert. § 613a Abs. 1 S. 1 BGB erstreckt den (personellen) Anwendungsbereich ausschließlich auf Arbeitsverhältnisse, was sich im Normwortlaut und der systematischen Stellung im Gesetz zeigt.[382] In diesem Sinne ist § 613a Abs. 1 S. 1 BGB unanwendbar, wenn es sich um kein Arbeitsverhältnis, sondern beispielsweise um ein freies Dienstverhältnis oder einen Werkvertrag handelt. Insoweit ist eine gesetzliche Überleitung der jeweiligen rechtlichen Beziehung gemäß § 613a Abs. 1 S. 1 BGB auf den Betriebserwerber ausgeschlossen. Oder um die Worte von *Kerschner* und *Köhler* aufzugreifen: „Übergehen auf den Erwerber kann nur das, was

---

378 Vgl. *Borngräber*, Arbeitsverhältnis bei Betriebsübergang, S. 59 ff. der das „Arbeitsverhältnis" im Sinne von § 613a BGB unter dem Prüfungspunkt „Rechtsfolgenregelung des § 613a BGB" abhandelt; MüKo-BGB/*Müller-Glöge*, § 613a BGB unter dem Gliederungspunkt, III. Rechtsfolgen des Betriebsübergangs, 2. Übergang der Arbeitsverhältnisse, b) Arbeitsverhältnis"; auch in diese Richtung *Wendling*, Rechtsgeschäftlicher Betriebsübergang und Arbeitsverhältnis, S. 94 unter II. der Eintritt in Rechte und Pflichten aus dem Arbeitsverhältnis als Rechtsfolge des § 613a BGB.

379 Ebenso unter Rückgriff auf die (fehlerhaften) Ausführungen von *Borngräber*: *Fischer*, Individualrechtliche Probleme beim Betriebsübergang nach § 613a BGB, S. 104.

380 MüKo-BGB/*Müller-Glöge*, § 613a BGB Rn. 77; Staudinger/*Annuß*, § 613a BGB Rn. 134; Hk -ArbR/*Karthaus/Richter*, § 613a BGB Rn. 95; ErfK/*Preis*, § 613a BGB Rn. 66.

381 *Boemke/Ulrici*, BGB AT, § 3 Rn. 2 f.; *Zippelius*, Juristische Methodenlehre, S. 23.

382 Staudinger/*Annuß*, § 613a BGB Rn. 24; *Commandeur/Kleinebrink*, Betriebs- und Firmenübernahme, Rn. 46; KDZ/*Zwanziger*, § 613a BGB Rn. 18; Bernsau/Dreher/Hauck/*Dreher*, § 613a BGB Rn. 12; vgl. Erman/*Edenfeld*, § 613a BGB Rn. 42; *Gaul*, Der Betriebsübergang, S. 78; APS/*Steffan*, § 613a BGB Rn. 8.

bei Betriebsübergang bereits vorhanden war. Deshalb trifft § 613a BGB auch nur dann zu, wenn überhaupt Arbeitnehmer [denen begrifflich das „Arbeitsverhältnis" gleichsteht[383]] beschäftigt sind."[384]

II. Schlussfolgerung für die Untersuchung

Das Vorliegen eines „Arbeitsverhältnisses" ist im Rahmen von § 613a Abs. 1 S. 1 BGB richtigerweise Anwendungsvoraussetzung und Teil der Rechtsfolge zugleich, weil sich beide gegenseitig bedingen. Der sich teilweise aufdrängende Eindruck, dass das „Arbeitsverhältnis" bei § 613a Abs. 1 S. 1 BGB nur Teil der Rechtsfolge ist, ist in der Weise zu konkretisieren, dass dieses sowohl auf Tatbestands- als auch auf Rechtsfolgenseite fester Bestandteil ist. Die mögliche Anwendbarkeit von § 613a BGB bei der Veräußerung eines entleihenden Betriebs liefert das Ergebnis, ob der (personelle) Anwendungsbereich von § 613a Abs. 1 S. 1 BGB hinsichtlich der im entleihenden Betrieb eingesetzten Leiharbeitnehmer eröffnet ist und zugleich auch darüber, ob die Rechtsfolge des § 613a Abs. 1 S. 1 BGB auch in der Beziehung zwischen Entleiher und Leiharbeitnehmer eintreten kann.

B. Auslegung von § 613a Abs. 1 S. 1 BGB

Führt die Auslegung von § 613a Abs. 1 S. 1 BGB dazu, dass auch die Beziehung zwischen Entleiher und Leiharbeitnehmer im Falle der Veräußerung eines entleihenden Betriebs von der Norm erfasst ist, dann ergibt sich ein klares Ergebnis: Dieses konkrete Verhältnis zwischen Entleiher und Leiharbeitnehmer wird vom Entleiher auf den Erwerber gesetzlich übergeleitet und besteht zwischen Leiharbeitnehmer und Erwerber nach dem Übergang des entleihenden Betriebs fort. Zeigt die Auslegung von § 613a Abs. 1 S. 1 BGB hingegen, dass die Beziehung zwischen Entleiher und Leiharbeitnehmer nicht von der Norm umfasst ist, kann es auch zu keiner gesetzlichen Überleitung des Verhältnisses zwischen Entleiher und Leiharbeitnehmer vom Entleiher auf den Betriebserwerber kommen.

I. Wortlaut

Im Ausgangspunkt ist der Wortlaut von § 613a Abs. 1 S. 1 BGB darauf zu untersuchen, ob die Beziehung zwischen Entleiher und Leiharbeitnehmer erfasst ist, wenn der entleihende Betrieb veräußert wird. In § 613a Abs. 1 S. 1 BGB heißt es:

---

383 *Boemke*, Studienbuch Arbeitsrecht, § 2 Rn. 12; Münch.-Hdb.-ArbR/*Richardi*, § 16 Rn. 1 f.; vgl. Staudinger/*Richardi/Fischinger*, Vorbem zu §§ 611 ff. BGB Rn. 216 im Arbeitnehmerbegriff spiegelt sich der Anwendungsbereich des Arbeitsrechts wider.
384 *Kerschner/Köhler*, Betriebsveräußerung im Arbeitsrecht, S. 25.

„Geht ein Betrieb oder Betriebsteil durch Rechtsgeschäft auf einen anderen Inhaber über, so tritt dieser in die Rechte und Pflichten aus den im Zeitpunkt des Übergangs bestehenden Arbeitsverhältnissen ein."

1. Arbeitsverhältnis

a) Ausgangspunkt

Obwohl der Begriff des Arbeitsverhältnisses in unzähligen gesetzlichen Normen aufgegriffen wird (z. B. §§ 622, 623, 626 BGB, § 1 Abs. 1 und § 4 KSchG, § 1 Abs. 3 ArbGG, § 5 BUrlG), findet sich keine allgemeingültige Definition hierfür,[385] weder im BGB noch in einem anderen Gesetz. Die Bestrebungen zur Schaffung einer gesetzlichen Definition sind bislang erfolglos geblieben.[386] Der Begriff des Arbeitsverhältnisses ist über Jahrzehnte durch Rechtsprechung und Schrifttum ausgestaltet und konkretisiert worden. Dabei besteht über den im Grundsatz einheitlich zu verstehenden Begriff des Arbeitsverhältnisses nach gegenwärtigem Stand weitgehend Einigkeit.[387] Es lassen sich lediglich kleinere, überwiegend sprachliche Abweichungen vorfinden,[388] welche aber im vorliegenden Zusammenhang keine inhaltlich abweichenden Anforderungen begründen. Auch in § 613a Abs. 1 S. 1 BGB hat der Gesetzgeber an dieses allgemeingültige Verständnis des Arbeitsverhältnisses angeknüpft.[389]

b) Begriff des Arbeitsverhältnisses

Im Sinne der herrschenden Ansicht ist das Arbeitsverhältnis das zwischen einem Arbeitnehmer und einem Arbeitgeber als besonderes Schuldverhältnis bestehende Dienstverhältnis, aufgrund dessen der Arbeitnehmer dem Arbeitgeber gegenüber durch Vertrag verpflichtet ist, gegen Entgelt persönlich weisungsgebundene,

---

385 Hk-ArbR/*Kreuder*, § 611 BGB Rn. 5; ErfK/*Preis*, § 611 BGB Rn. 35 spricht davon, dass sich der Gesetzgeber einer Definition entzogen hat; Münch.-Hdb.-ArbR/*Richardi*, § 16 Rn. 3 f.

386 *Preis*, Individualarbeitsrecht, § 1 S. 9 f.; Münch.-Hdb.-ArbR/*Richardi*, § 16 Rn. 8 ff.; Staudinger/*Richardi/Fischinger*, Vorbem. zu §§ 611 ff. BGB Rn. 221 f.; *Schlochauer*, in: FS Wlotzke, S. 121, 134 ff.; *Viethen*, in: FS Wlotzke, S. 191, 203 ff.

387 Münch.-Hdb.-ArbR/*Richardi*, § 16 Rn. 12 ff.

388 *Boemke*, Studienbuch Arbeitsrecht, § 2 Rn. 12.

389 *Bauer*, Unternehmensveräußerung und Arbeitsrecht, S. 43; Dornbusch/Fischermeier/Löwisch/ *Bayreuther*, § 613a BGB Rn. 39; *Borngräber*, Arbeitsverhältnis bei Betriebsübergang, S. 59; Erman/*Edenfeld*, § 613a BGB Rn. 42; *Kerschner/Köhler*, Betriebsveräußerung und Arbeitsrecht, S. 25; ErfK/*Preis*, § 613a BGB Rn. 67; *Sieg/Maschmann*, Unternehmensumstrukturierung aus arbeitsrechtlicher Sicht, Rn. 131; APS/*Steffan*, § 613a BGB Rn. 81; vgl. Willemsen/Hohenstatt/Schweibert/Seibt/*Willemsen*, Umstrukturierung und Übertragung von Unternehmen, G Rn. 127; vgl. auch *Wendling*, Rechtsgeschäftlicher Betriebsübergang und Arbeitsverhältnis, S. 94.

fremdbestimmte Dienste zu erbringen.³⁹⁰ Sachlich gleichbedeutend mit dem Begriff des Arbeitsverhältnisses ist die Arbeitnehmereigenschaft des Dienstverpflichteten.³⁹¹ Auch § 613a BGB spricht neben dem „Arbeitsverhältnis" von „Arbeitnehmern" (vgl. § 613a Abs. 1 S. 2, Abs. 4, Abs. 6 BGB) und stellt so den inhaltlichen Bezug beider Begriffe her.

aa) Inhalt des Arbeitsverhältnisses

Unmittelbar aus der Definition des Arbeitsverhältnisses folgt dessen wesentliches Merkmal, welches zugleich das Arbeitsverhältnis von anderen Schuldverhältnissen abgrenzt. Kennzeichen eines Arbeitsverhältnisses soll nach herrschender Ansicht sein, dass der Arbeitnehmer seine Arbeit unselbstständig, d.h. weisungsabhängig erbringt.³⁹² Die Rechtsprechung bezeichnet das Merkmal der weisungsabhängigen Beschäftigung zumeist als persönliche Abhängigkeit des Arbeitnehmers³⁹³ in Gegenüberstellung zur bloß wirtschaftlichen Abhängigkeit.³⁹⁴ Weisungsabhängigkeit und persönliche Abhängigkeit sind in der Sache gleichbedeutend.³⁹⁵ Näher konkretisiert werden sie durch die sich hieraus ergebende örtliche, zeitliche und organisatorische Weisungsunterworfenheit des Arbeitnehmers gegenüber dem

---

390 Vgl. *BAG* vom 12.12.2001, 5 AZR 253/00, NZA 2002, 787, 788; *BAG* vom 13.12.1962, 2 AZR 128/62, DB 1963, 345, 345 f.; *BAG* vom 20.8.2003, 5 AZR 610/02, NZA 2004, 38, 39; *BAG* vom 14.3.2007, 5 AZR 499/06, NZA-RR 2007, 424, 425; *BAG* vom 15.2.2012, 10 AZR 301/10, NZA 2012, 731, 731 f., vgl. *BAG* vom 16.2.2000, 5 AZB 71/99, NZA 2000, 385, 387; *Junker*, Arbeitsrecht, § 2 Rn. 91; *Konzen*, ZfA 1982, 259, 289; ErfK/*Preis*, § 611 BGB Rn. 35; vgl. Staudinger/*Richardi/Fischinger*, Vorbem zu §§ 611 ff. BGB Rn. 223; Münch.-Hdb.-ArbR/*Richardi*, § 16 Rn. 12 ff.
391 *Boemke*, Studienbuch Arbeitsrecht, § 2 Rn. 12; vgl. Staudinger/*Richardi/Fischinger*, Vorbem zu §§ 611 ff. BGB Rn. 216; *Griebeling*, NZA 1998, 1137, 1139.
392 *BAG* vom 9.4.1957, 3 AZR 435/54; BAGE 4, 93, 96; vgl. *Junker*, Arbeitsrecht, § 2 Rn. 97; vgl. *Kerschner/Köhler*, Betriebsveräußerung und Arbeitsrecht, S. 25; Hk-ArbR/*Kreuder*, § 611 BGB Rn. 99; Staudinger/*Richardi/Fischinger*, Vorbem zu §§ 611 ff. BGB Rn. 192; *Thüsing/Waas*, § 1 AÜG Rn. 29.
393 *BAG* vom 20.7.1994, 5 AZR 627/93, NZA 1995, 161, 162; *BAG* vom 29.8.2012, 10 AZR 499/11, NZA 2012, 1433, 1434; *BAG* vom 9.4.2014, 10 AZR 590/13, NZA-RR 2014, 522, 523; *BAG* vom 15.2.2012, 10 AZR 301/10, NZA 2012, 731, 731 f.; *BAG* vom 30.11.1994, 5 AZR 704/93, NZA 1995, 622, 622 ff.; *BAG* vom 30.10.1991, 7 ABR 19/91, NZA 1992, 407, 408 ff.; *BAG* vom 29.1.1992, 7 ABR 27/91, NZA 1992, 894, 895 f.; *BAG* vom 28.2.1962, 4 AZR 141/61, BAGE 12, 303, 307; *BAG* vom 8.6.1967, 5 AZR 461/66, NJW 1967, 1982; *BAG* vom 17.5.1978, 5 AZR 580/77, AP Nr. 28 zu § 611 BGB Abhängigkeit.
394 Münch.-Hdb.-ArbR/*Richardi*, § 16 Rn. 19; vgl. hierzu Staudinger/*Richardi/Fischinger*, Vorbem zu §§ 611 ff. BGB Rn. 227 ff.
395 Kritisch zum Begriff der persönlichen Abhängigkeit Münch.-Hdb.-ArbR/*Richardi*, § 16 Rn. 49; Staudinger/*Richardi/Fischinger*, Vorbem zu §§ 611 ff. BGB Rn. 230.

Arbeitgeber,[396] welche sich zumeist in der Eingliederung des Arbeitnehmers in die betriebliche Organisation zeigt.[397] Ob im Einzelfall ein Arbeitsverhältnis vorliegt, wird durch eine Gesamtwürdigung der Umstände bestimmt.[398]

bb) Begründung des Arbeitsverhältnisses

Nach der früher vorzufindenden, heute in ihrer Reinform nicht mehr vertretenen *Eingliederungstheorie* kommt ein Arbeitsverhältnis durch die Eingliederung eines Arbeitnehmers in den fremden Betrieb zustande (Begründungstatbestand).[399] Die Eingliederung sollte hiernach notwendige und ausreichende Voraussetzung für das Entstehen eines Arbeitsverhältnisses sein. Ein Arbeitsvertrag muss ihr nicht zugrunde liegen. Nach gegenwärtigem Stand ist die *Vertragstheorie* als herrschend anzusehen, nach der das Arbeitsverhältnis durch Abschluss eines Arbeitsvertrags entsteht.[400] Eine indirekte Bestätigung für die Vertragstheorie sieht z. B. *Forst* als Vertreter der herrschenden Ansicht in § 105 GewO, § 310 Abs. 4 S. 2 und § 491 Abs. 2 Nr. 4 BGB.[401] Im Sinne der herrschenden Ansicht verpflichtet sich der Arbeitnehmer mit Abschluss des Arbeitsvertrags zur Erbringung der vereinbarten Dienste unter Weisung des Arbeitgebers[402] und die tatsächliche Durchführung des Arbeitsvertrags umschreibt sodann den Begriff des Arbeitsverhältnisses, weil das Arbeitsverhältnis in seinem Inhalt über die bloße Vertragsbegründung hinausgeht.[403] Der Arbeitsvertrag bildet den Rechtsgrund für das Arbeitsverhältnis.[404]

---

396 *BAG* vom 30.11.1994, 5 AZR 704/93, BAGE 78, 343, 348; *BAG* vom 26.7.1995, 5 AZR 22/94, NZA 1996, 477, 479; *Dütz/Thüsing*, Arbeitsrecht, § 2 Rn. 36; *Preis*, Individualarbeitsrecht, § 8 S. 62 f.; APS/*Preis*, Grundlagen C Rn. 16 ff.; Münch.-Hdb.-ArbR/*Richardi*, § 16 Rn. 22.
397 *BAG* vom 30.11.1994, 5 AZR 704/93, BAGE 78, 343, 348; *BAG* vom 27.3.1991, 5 AZR 273/90, BeckRS 1991, 30737179; *Dütz/Thüsing*, Arbeitsrecht, § 2 Rn. 36; vgl. *Waltermann*, Arbeitsrecht, § 4 Rn. 53 ff.
398 *BAG* vom 7.2.2007, 5 AZR 270/06, BeckRS 2007, 42399; vgl. *BAG* vom 29.8.2012, 10 AZR 499/11, NZA 2012, 1433, 1434; *Waltermann*, Arbeitsrecht, § 4 Rn. 53.
399 Vgl. *Nikisch*, Arbeitsrecht Band I, S. 3 f. (1. Aufl. 1936).
400 *BAG* vom 27.9.2012, 2 AZR 838/11, NJW 2013, 1692, 1693; *BAG* vom 9.4.2014, 10 AZR 590/13, NZA-RR 2014, 522, 523; vgl. *Abele*, FA 2011, 7; *Borngräber*, Arbeitsverhältnis bei Betriebsübergang, S. 66; Erman/*Edenfeld*, § 611 BGB Rn. 53 f.; *Forst*, RdA 2014, 157, 158, 163; auch schon *Hueck/Nipperdey*, Grundriß des Arbeitsrechts, § 13 S. 44; Hk-ArbR/*Kreuder*, § 611 BGB Rn. 11, 183; ErfK/*Preis*, § 611 BGB Rn. 7, 36; APS/*Preis*, Grundlagen C. Rn. 3; Staudinger/*Richardi/Fischinger*, Vorbem zu §§ 611 ff. BGB Rn. 225; HWK/*Thüsing*, § 611 BGB Rn. 30; *Waltermann*, Arbeitsrecht, § 4 Rn. 44, 46; *Walker*, JA 1985, 138, 139.
401 *Forst*, RdA 2014, 157, 158.
402 *Waltermann*, Arbeitsrecht, § 4 Rn. 44; vgl. Staudinger/*Richardi/Fischinger*, Vorbem zu §§ 611 ff. BGB Rn. 256 ff.
403 *Borngräber*, Arbeitsverhältnis bei Betriebsübergang, S. 66.
404 Vgl. *Borngräber*, Arbeitsverhältnis bei Betriebsübergang, S. 66; ArbR.Hdb.-Schaub/*Linck*, § 29 Rn. 8.

Allerdings kann bereits hier angemerkt werden, dass die ganz verbreitet vorzufindende Aussage, dass einem Arbeitsverhältnis ein Arbeitsvertrag zugrunde liegen muss,[405] unpräzise ist und daher nicht komplett überzeugt.[406] Der Arbeitsvertrag zwischen Arbeitnehmer und Arbeitgeber ist ausgehend vom Grundsatz der Privatautonomie nur der Regelfall, von welchem ausgehend der Verpflichtungsgrund für ein Arbeitsverhältnis entstehen kann.[407] Der überwiegend angeführte Verweis auf das Erfordernis eines Arbeitsvertrags gibt nur die Kernaussage von § 311 Abs. 1 BGB wieder. Hierin heißt es: „Zur Begründung eines Schuldverhältnisses durch Rechtsgeschäft [...] ist ein Vertrag zwischen den Beteiligten erforderlich [...]". So wie aber § 311 Abs. 2, 3 BGB auf weitere Möglichkeiten der Begründung eines Schuldverhältnisses verweisen (z. B. Aufnahme von Vertragsverhandlungen), kann auch ein Arbeitsverhältnis ohne Vertragsschluss, z. B. durch Gesetz gemäß § 10 Abs. 1 AÜG oder durch Ausübung eines Gestaltungsrechts im Wege eines einseitigen Willensaktes (vgl. § 78a BetrVG) oder durch die Fiktion eines unbefristeten Arbeitsverhältnisses nach § 16 TzBfG entstehen. Richtigerweise ist daher anzunehmen, dass dem Arbeitsverhältnis regelmäßig ein Arbeitsvertrag zugrunde liegt. Es genügt aber ebenso jeder andere rechtliche Verpflichtungsgrund, soweit hierdurch ein privatrechtliches Schuldverhältnis entsteht. Etwas anderes kann auch entgegen der Annahme von *Forst* nicht aus § 105 GewO, § 310 Abs. 4 S. 2 und § 491 Abs. 2 Nr. 4 BGB abgeleitet werden, weil diese Normen nur die rechtsgeschäftliche Ausgestaltung eines Arbeitsverhältnisses behandeln, ohne andere Begründungsformen auszuschließen.

cc) Folgerungen: Beziehung zwischen Leiharbeitnehmer und Entleiher

Ohne bisher eine Subsumtion der Beziehung zwischen Entleiher und Leiharbeitnehmer unter den allgemeinen Begriff des Arbeitsverhältnisses vorgenommen zu haben, wird schon jetzt ersichtlich, dass die rechtliche Problematik vor allem darin liegt, dass zwischen Entleiher und Leiharbeitnehmer kein Arbeitsvertrag geschlossen wird und auch kein sonstiger selbstständiger Verpflichtungsgrund besteht. Der Entleiher leitet sein Recht auf die Arbeitsleistung vielmehr nur vom Verleiher ab.[408] Als jedenfalls auf den ersten Blick kaum problematisch erscheint dagegen das Merkmal der Abhängigkeit von Weisungen, weil sich die Beschäftigung von Leiharbeitnehmern dadurch auszeichnet und zugleich von anderen Formen des drittbezogenen Personaleinsatzes abgrenzt, dass der Leiharbeitnehmer unter dem Weisungsrecht des Entleihers seine Dienste im Einsatzbetrieb verrichtet.[409]

---

405 Vgl. auch Münch.-Hdb.-ArbR/*Richardi*, § 16 Rn. 41 ff.
406 *Boemke*, Studienbuch Arbeitsrecht, § 2 Rn. 21.
407 *Boemke*, Studienbuch Arbeitsrecht, § 2 Rn. 21; *Boemke*, Schuldvertrag und Arbeitsverhältnis, § 7 III. 2. S. 241 f.
408 Vgl. *Raab*, EuZA 2011, 537, 538 f., 548.
409 Vgl. *BAG* vom 8.11.1978, 5 AZR 261/77, NJW 1979, 2636, 2637; *BSG* vom 11.2.1988, 7 RAr 5/86, NZA 1988, 748, 748 f.; Boemke/Lembke/*Boemke*, § 1 AÜG Rn. 84;

dd) Untersuchungsschwerpunkt

Es drängt sich somit förmlich auf, dass der Schwerpunkt der nachfolgenden Untersuchung darin besteht, aufzuzeigen, ob und inwieweit dem Arbeitsverhältnis im Sinne von § 613a Abs. 1 S. 1 BGB zwingend ein Arbeitsvertrag bzw. ein sonstiger Verpflichtungsgrund zugrunde liegen muss. Von diesem Umstand wird maßgeblich abhängen, ob die Beziehung zwischen Entleiher und Leiharbeitnehmer unter den Begriff des Arbeitsverhältnisses gemäß § 613a Abs. 1 S. 1 BGB subsumiert werden kann. Im Zusammenhang mit dieser Untersuchung wird sich schnell zeigen, dass die herrschende Ansicht zum Begriff eines Arbeitsverhältnisses zu kurz greift, weil sie zunächst (dies wird verkannt) speziell für § 613a Abs. 1 S. 1 BGB auch Sachverhalte erfasst, in denen es an einem Arbeitsvertrag oder einem sonstigen unmittelbaren Verpflichtungsgrund fehlt bzw. auch Ansätze bestehen, die generell in diesem Zusammenhang das Erfordernis eines Verpflichtungsgrundes als entbehrlich ansehen (vgl. c). Überdies sind auch generell Tendenzen erkennbar, nach denen das Verhältnis zwischen Entleiher und Leiharbeitnehmer insgesamt als Arbeitsverhältnis eingeordnet wird (vgl. d), was den Begriff des „Arbeitsverhältnisses" im Sinne von § 613a Abs. 1 S. 1 BGB zumindest unter Wortlautgesichtspunkten ausreichend offen erscheinen lässt, um auch die Beziehung zwischen Leiharbeitnehmer und Entleiher zu erfassen.

c) § 613a Abs. 1 S. 1 BGB und vertragslose Arbeitsverhältnisse

Die vermeintliche Erforderlichkeit eines Vertrags bzw. sonstigen Verpflichtungsgrundes zur Annahme eines Arbeitsverhältnisses wird vorliegend dadurch in Frage gestellt, dass sich im Schrifttum außerhalb des Einsatzes von Leiharbeitnehmern Konstellationen finden lassen, in denen § 613a Abs. 1 S. 1 BGB unabhängig vom Vorliegen eines (wirksamen) Arbeitsvertrags oder sonstigen (direkten) Verpflichtungsgrunds zum veräußernden Betriebsinhaber angewandt wird.

aa) Fehlerhaftes Arbeitsverhältnis

Die allgemeine Ansicht, dass von § 613a Abs. 1 S. 1 BGB auch fehlerhafte Arbeitsverhältnisse erfasst sind,[410] erscheint bei oberflächlicher Betrachtung nicht weiter erwähnenswert, weil auch hier ein „Arbeitsverhältnis" Gegenstand ist. Bei

---

Elking, Der Nichtvertragliche Arbeitgeber, S. 128 der davon spricht, dass „viele Parallelen zum normalen Arbeitnehmer zum Vorschein" kommen.

410 Staudinger/*Annuß*, § 613a BGB Rn. 140; Dornbusch/Fischermeier/Löwisch/*Bayreuther*, § 613a BGB Rn. 39; *Borngräber*, Arbeitsverhältnis bei Betriebsübergang S. 64; *Commandeur/Kleinebrink*, Betriebs- und Firmenübernahme, Rn. 100 f.; Kass.Hdb/*Hattesen*, 6.7. Rn. 97; Erman/*Edenfeld*, § 613a BGB Rn. 43; *Fischer*, Individualrechtliche Probleme beim Betriebsübergang, S. 105 f.; vgl. *Gaul*, Der Betriebsübergang, S. 85; *Hergenröder*, AR-Blattei SD 500.1 Rn. 343, 345 f.; *Kerschner/Köhler*, Betriebsveräußerung und Arbeitsrecht, S. 25; Jauernig/*Mansel*, § 613a BGB Rn. 2; ErfK/*Preis*, § 613a BGB Rn. 68; *Posth*, Arbeitsrechtliche Probleme beim Betriebsinhaberwechsel, S. 88; *Sieg/Maschmann*, Unternehmensumstrukturierung aus arbeitsrechtlicher Sicht, Rn. 134; APS/*Steffan*, § 613a BGB Rn. 85;

genauerer Würdigung und Ausblendung der allgemeinen Annahme, dass ein fehlerhaftes Arbeitsverhältnis für die Vergangenheit als wirksam erachtet wird,[411] sowie unter Berücksichtigung, dass der Betriebsübergang insbesondere Wirkungen für die Zukunft zeitigt, zeigt sich eine Besonderheit: Die herrschende Annahme, dass dem Arbeitsverhältnis im Sinne von § 613a Abs. 1 S. 1 BGB ein (wirksamer) Arbeitsvertrag bzw. ein sonstiger Verpflichtungsgrund zugrunde liegen muss, wird zum Teil komplett durchbrochen. Es lässt sich insoweit schon an dieser Stelle die Widersprüchlichkeit der herrschenden Ansicht erahnen, was nicht ohne Folgen für die vorliegende Untersuchung bleibt.

aaa) Widersprüchlichkeit der herrschenden Ansicht

(1) Ausgangspunkt

Ein fehlerhaftes Arbeitsverhältnis liegt vor, wenn zwischen den Arbeitsvertragsparteien in der vermeintlichen Annahme einer rechtlichen Verpflichtung übereinstimmend und willentlich Leistungen ausgetauscht werden, d.h. das Arbeitsverhältnis tatsächlich gelebt wird.[412] Die unzutreffende Annahme einer rechtlichen Pflicht kann auf verschiedenen Umständen beruhen. Es kann ein Arbeitsvertrag insgesamt fehlen, z.B. weil die Parteien einen Arbeitsvertragsschluss nur irrig annehmen,[413] der vermeintliche (Schein-)Erbe den Betrieb des verstorbenen Arbeitgebers übernimmt und die Arbeitnehmer weiter beschäftigt[414] oder die Weiterbeschäftigung auf der falschen Annahme beruht, dass ein Arbeitsverhältnis nach § 613a Abs. 1 S. 1 BGB übergegangen ist.[415] Zum anderen kann dem Leistungsaustausch auch ein nicht vollwirksamer Arbeitsvertrag zugrunde liegen[416] – hierin liegt der typische Fall des fehlerhaften Arbeitsverhältnisses.[417] Dies ist in der Form denkbar, dass der Vertrag von Anfang an unwirksam ist, z.B. weil der Arbeitsvertragsschluss gegen

---

Weiß, Arbeitsverhältnisse im Rahmen eines Betriebsübergangs, S. 59 f.; *Wendling*, Rechtsgeschäftlicher Betriebsübergang und Arbeitsverhältnis, S. 94 f.

411 *BAG* vom 5.12.1957, 1 AZR 594/56, NJW 1958, 516; *BAG* vom 16.9.1982, 2 AZR 228/80, NJW 1984, 446, 447; MüKo-BGB/*Armbrüster*, § 119 BGB Rn. 20; *Commandeur/Kleinebrink*, Betriebs- und Firmenübernahme, Rn. 100; *Dütz/Thüsing*, Arbeitsrecht, § 3 Rn. 121; *Junker*, Arbeitsrecht, § 3 Rn. 193; *Joussen*, Jura 2014, 798, 806; ArbR.Hdb.-Schaub/*Linck*, § 34 Rn. 49 f.; Staudinger/*Richardi/Fischinger*, § 611 BGB Rn. 308, 310.

412 *Boemke*, Schuldvertrag und Arbeitsverhältnis, § 11 I. S. 475, 476; vgl. *Gaul*, Der Betriebsübergang, S. 85; vgl. *Joussen*, Jura 2014, 798, 806; *Walker*, JA 1985, 138, 139 f.

413 *Boemke*, Schuldvertrag und Arbeitsverhältnis, § 11 I. S. 476; vgl. *Walker*, JA 1985, 138, 139. A.A. ErfK/*Preis*, § 611 BGB Rn. 145.

414 *Boemke*, Schuldvertrag und Arbeitsverhältnis, § 11 I. S. 476; *Walker*, JA 1985, 138, 139.

415 *Boemke*, Schuldvertrag und Arbeitsverhältnis, § 11 I. S. 476.

416 *Boemke*, Schuldvertrag und Arbeitsverhältnis, § 11 I. S. 475; ErfK/*Preis*, § 611 BGB Rn. 145; *Walker*, JA 1985, 138, 139 f.

417 ErfK/*Preis*, § 611 BGB Rn. 145 dies als einzigen Fall anerkennend.

ein gesetzliches Verbot im Sinne von § 134 BGB verstoßen hat[418] oder die durch Tarifvertrag vorgeschriebene Schriftform bei Abschluss eines Arbeitsvertrags nicht eingehalten worden ist.[419] Es ist aber ebenso denkbar, dass der Arbeitsvertrag erst nachträglich (zum Betriebsübergang) unwirksam wird, insbesondere weil er erst nachfolgend angefochten wird.[420]

Zum Teil ohne Unterscheidung bzw. Problematisierung dieser verschiedenen Erscheinungen des fehlerhaften Arbeitsverhältnisses wird z.B. von *Sieg* und *Maschmann*[421] sowie *Annuß*[422] nur pauschal festgestellt, dass auch das fehlerhafte Arbeitsverhältnis von § 613a Abs. 1 S. 1 BGB erfasst ist. Die Besonderheit, d.h. das teilweise Fehlen eines wirksamen Arbeitsvertrags bzw. sonstigen Verpflichtungsgrunds und der damit verbundene Verzicht hierauf, bleibt unerwähnt. Gerade das Beispiel des fehlerhaften Arbeitsverhältnisses zieht aber das (strikte) Erfordernis eines Arbeitsvertrags im Rahmen von § 613a Abs. 1 S. 1 BGB insgesamt in Zweifel, was bei einer detaillierten Unterscheidung der einzelnen Erscheinungsformen des fehlerhaften Arbeitsverhältnisses besonders deutlich wird.

(2) Anfechtbarer Arbeitsvertrag

Relativ undeutlich bleibt der vorbezeichnete Widerspruch noch, wenn die Fälle eines erst nachträglich unwirksamen Arbeitsvertrags in den Blick genommen werden. Bei dieser Fallgruppe des fehlerhaften Arbeitsverhältnisses wirkt die Anfechtung des Arbeitsvertrags entgegen § 142 Abs. 1 BGB grundsätzlich nicht für die Vergangenheit,[423] sondern nur für die Zukunft. Nach einer Mindermeinung soll es den Arbeitsvertragsparteien hingegen verwehrt sein, sich auf die Rückwirkung der Anfechtung zu berufen.[424] Im Ergebnis ergeben sich hieraus keine Unterschiede. Der Zeitpunkt der Anfechtung des Arbeitsvertrags stellt jeweils den Endpunkt des

---

418 *Boemke*, Schuldvertrag und Arbeitsverhältnis, § 11 I. S. 476; *Walker*, JA 1985, 138, 140; HWK/*Thüsing*, § 611 BGB Rn. 71.
419 *Boemke*, Schuldvertrag und Arbeitsverhältnis, § 11 I. S. 476; vgl. Staudinger/*Richardi/Fi-schinger*, § 611 BGB Rn. 49.
420 Vgl. *Boemke*, Schuldvertrag und Arbeitsverhältnis, § 11 I. S. 476; vgl. *Walker*, JA 1985, 138, 140.
421 *Sieg/Maschmann*, Unternehmensumstrukturierung aus arbeitsrechtlicher Sicht, Rn. 134.
422 Staudinger/*Annuß*, § 613a BGB Rn. 140.
423 BAG vom 5.12.1957, 1 AZR 594/96, NJW 1958, 516; BAG vom 16.9.1982, 2 AZR 228/80, NJW 1984, 446, 447; MüKo-BGB/*Armbrüster*, § 119 BGB Rn. 20; *Commandeur/Kleinebrink*, Betriebs- und Firmenübernahme, Rn. 100; *Dütz/Thüsing*, Arbeitsrecht, § 3 Rn. 121; *Junker*, Arbeitsrecht, § 3 Rn. 193; *Joussen*, Jura 2014, 798, 806; ArbR.Hdb.-Schaub/*Linck*, § 34 Rn. 49 f.; Staudinger/*Richardi/Fischinger*, § 611 BGB Rn. 310, 312.
424 Vgl. in diese Richtung *Sack*, RdA 1975, 171, 175.

fehlerhaften Arbeitsverhältnisses dar.[425] Bis zum Zeitpunkt der Anfechtung besteht ein vollwirksamer Arbeitsvertrag, d. h. ein Verpflichtungsgrund. Bei der Betriebsveräußerung wird das fehlerhafte, im Zeitpunkt des Betriebsübergangs noch vollwirksame Arbeitsverhältnis nach § 613a Abs. 1 S. 1 BGB auf den Erwerber übergeleitet.[426] Hiernach gehen im Zeitpunkt des Betriebsübergangs der noch nicht angefochtene, aber anfechtbare Arbeitsvertrag sowie das tatsächliche Beschäftigungsverhältnis auf den Erwerber über. Insoweit sind keine nennenswerten Besonderheiten ersichtlich, weil sowohl der (an einem Rechtsmangel leidende) Vertrag als auch die sich daraus ableitende Beschäftigung übergehen. In der Konsequenz berechtigt dies nach herrschender Ansicht den Erwerber aber zur Ausübung des Anfechtungsrechts.[427]

(3) Anfänglich unwirksamer / fehlender Arbeitsvertrag

Beruht hingegen die vermeintliche Verpflichtung zur Arbeitsleistung auf einem von Anfang an unwirksamen oder einem gänzlich fehlenden Arbeitsvertrag, zeigt sich eine entscheidungserhebliche Besonderheit, die bisher nicht berücksichtigt worden ist. In solchen Fällen kann mittels § 613a Abs. 1 S. 1 BGB nur eine Überleitung des zwischen Veräußerer und Arbeitnehmer bestehenden tatsächlichen Beschäftigungsverhältnisses auf den Erwerber erfolgen, weil nicht mehr existiert (vgl. (3.1)). Dies bedeutet im Umkehrschluss aber, dass auf einen Arbeitsvertrag bzw. einen sonstigen Verpflichtungsgrund zum Betriebsinhaber verzichtet und insoweit die allgemeine Ansicht zu § 613a Abs. 1 S. 1 BGB durchbrochen wird (vgl. (3.2)).

(3.1) Überleitung des Beschäftigungsverhältnisses

Beruhen die Dienste des Arbeitnehmers auf einem von Anfang an unwirksamen bzw. gänzlich fehlenden Arbeitsvertrag bzw. Verpflichtungsgrund, besteht für den Arbeitnehmer keine Dienstleistungspflicht und für den Arbeitgeber keine Beschäftigungspflicht. Es ist allein das tatsächlich vollzogene Beschäftigungsverhältnis existent.[428] Nur dieses kann Gegenstand von § 613a Abs. 1 S. 1 BGB sein, weil nur der im Zeitpunkt des Betriebsübergangs bestehende status quo durch § 613a Abs. 1 S. 1 BGB abgesichert wird.[429] In diesem Sinne kann sich das übergehende

---

425 *BAG* vom 29.8.1984, 7 AZR 34/83, NZA 1985, 58, 59; ErfK/*Preis*, § 611 BGB Rn. 145, 367; Staudinger/*Oetker*, Vorbem zu §§ 620 ff. BGB Rn. 76.
426 *Posth*, Arbeitsrechtliche Probleme beim Betriebsinhaberwechsel, S. 89; Staudinger/*Annuß*, § 613a BGB Rn. 140.
427 *Hergenröder*, AR-Blattei SD 500.1 Rn. 345 f.; *Bauer*, Unternehmensveräußerung und Arbeitsrecht, S. 46; *Gaul*, Der Betriebsübergang, S. 157; vgl. *Seiter*, Betriebsinhaberwechsel, S. 59; *Posth*, Arbeitsrechtliche Probleme beim Betriebsinhaberwechsel, S. 89; *Wendling*, Rechtsgeschäftlicher Betriebsübergang und Arbeitsverhältnis, S. 95.
428 Vgl. *Boemke*, Schuldvertrag und Arbeitsverhältnis, § 11 I. S. 476; *A. Hueck*, JherJb 74 (1924), S. 358, 382 f.
429 Vgl. Staudinger/*Annuß*, § 613a BGB Rn. 9; *Hergenröder*, AR-Blattei SD 500.1 Rn. 1020; MüKo-BGB/*Müller-Glöge*, § 613a BGB Rn. 6.

fehlerhafte Arbeitsverhältnis nicht in ein fehlerfreies Arbeitsverhältnis wandeln.[430] § 613a Abs. 1 S. 1 BGB kann keinen Zuwachs an Rechten vermitteln. Der ausschließliche Übergang des tatsächlichen Beschäftigungsverhältnisses auf den Erwerber ist logische Konsequenz der Anwendung von § 613a Abs. 1 S. 1 BGB.

(3.2) Verzicht auf Arbeitsvertrag / Verpflichtungsgrund

Erfolgt im vorbezeichneten Fall nur die Überleitung des allein bestehenden Beschäftigungsverhältnisses vom Veräußerer auf den Erwerber, wird im Umkehrschluss auf einen Arbeitsvertrag bzw. sonstigen Verpflichtungsgrund zum Betriebsinhaber verzichtet. Dies erkennt die herrschende Ansicht überwiegend nicht oder blendet es zumindest stillschweigend aus, was möglicherweise darauf beruht, dass nicht bedacht wird, dass der anfechtbare Arbeitsvertrag nur eine von mehreren Fallgruppen des fehlerhaften Arbeitsverhältnisses ist, nicht aber die einzige. Die unzureichende Auseinandersetzung hiermit bewirkt dann konsequenterweise, dass der eigene Verzicht auf einen Vertrag bzw. sonstigen Verpflichtungsgrund innerhalb von § 613a Abs. 1 S. 1 BGB unerkannt bleibt. Soweit aber vorwiegend in älteren Aufzeichnungen die einschlägigen Fallgruppen des fehlerhaften Arbeitsverhältnisses (zumindest im Ansatz) bedacht werden,[431] wird die sich hieraus ableitende Besonderheit ebenso nicht benannt.

(a) Seiter und Posth

Beispielsweise benennt *Seiter* die Anwendbarkeit von § 613a Abs. 1 S. 1 BGB auf „nichtige Arbeitsverhältnisse",[432] ohne darauf einzugehen, dass beim (von Anfang an) nichtigen Arbeitsverhältnis auf das (scheinbar) unerlässliche Erfordernis eines Vertrags bzw. sonstigen Verpflichtungsgrunds verzichtet wird. Vergleichbar gelangt *Posth* zur Erkenntnis, dass es für § 613a Abs. 1 S. 1 BGB irrelevant ist, „ob dem Beschäftigungsverhältnis ein fehlerhafter oder ein fehlender Vertrag zugrunde liegt".[433] Gleichwohl geht er dennoch nicht darauf ein, dass die Anwendung von § 613a Abs. 1 S. 1 BGB auf Beschäftigungsverhältnisse, denen ein fehlender Vertrag zugrunde liegt, im Ergebnis einen Verzicht auf das (vermeintlich) erforderliche Vertragsverhältnis zum Betriebsinhaber bedeutet.

---

430 Vgl. *Hergenröder*, AR-Blattei SD. 500.1 Rn. 1022 spricht davon, dass sich am Status des Arbeitsverhältnisses nichts ändert.

431 Vgl. jeweils auf „nichtige" oder „anfechtbare" Arbeitsverhältnisse bzw. „fehlerhaften" oder „fehlenden" Arbeitsvertrag abstellend: *Fischer*, Individualrechtliche Probleme beim Betriebsübergang nach § 613a BGB, S. 105; *Kerschner/Köhler*, Betriebsveräußerung und Arbeitsrecht, S. 25; *Posth*, Arbeitsrechtliche Probleme beim Betriebsinhaberwechsel, S. 88; *Seiter*, Betriebsinhaberwechsel, S. 59.

432 *Seiter*, Betriebsinhaberwechsel, S. 59.

433 *Posth*, Arbeitsrechtliche Probleme beim Betriebsinhaberwechsel, S. 88.

(b) Fischer und Kerschner / Köhler

Auch *Fischer* führt aus, dass es für § 613a Abs. 1 S. 1 BGB nicht entscheidend sei, ob der dem Arbeitsverhältnis zugrundeliegende Vertrag nichtig ist.[434] Vielmehr sei maßgeblich, dass „eine tatsächliche Übereinstimmung zwischen Arbeitgeber und Arbeitnehmer dahingehend besteht, dass dieser fremdbestimmte Dienste leistet."[435] Hierfür spreche, „dass das faktische Arbeitsverhältnis bereits einen gewissen Bestandsschutz genießt" und „§ 613a BGB schützt die Arbeitsverhältnisse in ihrem mehr oder weniger starken Bestand."[436] Trotz dieser Erkenntnisse geht *Fischer* nicht darauf ein, dass er im Ergebnis auf einen unmittelbaren Arbeitsvertrag zum Betriebsinhaber verzichtet, soweit er an einen nichtigen Vertrag anknüpft. Eine vergleichbar (eindeutige) Argumentationslinie verfolgen auch *Kerschner* und *Köhler*, ohne dass diese den eigenen Verzicht auf einen Vertrag erkennen. Sie stellen ebenso im Zusammenhang mit § 613a Abs. 1 S. 1 BGB fest, „dass es auch ohne Bedeutung [ist], ob der dem Arbeitsverhältnis zugrundeliegende Arbeitsvertrag nichtig oder anfechtbar ist; wichtig ist nur, dass eine Übereinstimmung zwischen Arbeitgeber und Arbeitnehmer über zu leistende Dienste besteht."[437]

bbb) Folgerung

Die vorangegangenen Ausführungen zeigen, dass sich die herrschende Ansicht zu Unrecht auf das zwingende Erfordernis eines Arbeitsvertrags zum Betriebsinhaber beruft, weil sie zumindest beim fehlerhaften Arbeitsverhältnis in bestimmten Fällen selbst auf einen Arbeitsvertrag zum Betriebsinhaber verzichtet. Aus diesem Grund sind die vorbezeichneten mehr oder weniger eindeutigen Erkenntnisse von *Seiter*, *Posth*, *Fischer* sowie *Kerschner* und *Köhler* nicht nur als vereinzelte Ansichten zu werten, sondern diese sind generell logische Folge einer Anwendung von § 613a Abs. 1 S. 1 BGB auf das fehlerhafte Arbeitsverhältnis – so wie es auch die herrschende Ansicht befürwortet. In dieser Hinsicht ist der aufgezeigte Meinungsstand zur Untersuchungsfrage abermaliger Kritik ausgesetzt, weil die Anwendung von § 613a Abs. 1 S. 1 BGB auf die Beziehung zwischen Entleiher und Leiharbeitnehmer überwiegend mehr oder weniger pauschal mit dem Argument des fehlenden Arbeitsvertrags verworfen wird (vgl. Kap. 3 § 4 B. und C. III. 4.). Wie nun aber gezeigt werden konnte, ist das Erfordernis eines Arbeitsvertrags für die Annahme eines „Arbeitsverhältnisses" nicht immer zwingend. Unter diesem Blickwinkel rückt auch die Erfassung der vertragslosen Beziehung zwischen Entleiher und Leiharbeitnehmer in ein anderes Licht.

---

434 *Fischer*, Individualrechtliche Probleme beim Betriebsübergang nach § 613a BGB, S. 105.
435 *Fischer*, Individualrechtliche Probleme beim Betriebsübergang nach § 613a BGB, S. 105.
436 *Fischer*, Individualrechtliche Probleme beim Betriebsübergang nach § 613a BGB, S. 105 f.
437 *Kerschner/Köhler*, Betriebsveräußerung und Arbeitsrecht, S. 25.

bb) Bauers Ansatz zum mittelbaren Arbeitsverhältnis

Trotz seiner geringen praktischen Relevanz[438] lässt sich auch am Beispiel des mittelbaren Arbeitsverhältnisses aufzeigen, dass für § 613a Abs. 1 S. 1 BGB nicht unter jedem denkbaren Gesichtspunkt ein Arbeitsvertrag zum Betriebsinhaber erforderlich ist. Das mittelbare Arbeitsverhältnis ist zudem für die Untersuchungsfrage von besonderem Interesse, weil es eine hohe Ähnlichkeit mit der Arbeitnehmerüberlassung aufweist.[439]

aaa) § 613a Abs. 1 S. 1 BGB und mittelbares Arbeitsverhältnis

Beim mittelbaren Arbeitsverhältnis schließt ein Arbeitnehmer (Zwischenarbeitnehmer), der selbst in einem durch Vertrag begründeten Arbeitsverhältnis zu einem Arbeitgeber (Unternehmer) steht, im eigenen Namen mit einem anderen Arbeitnehmer (mittelbarer Arbeitnehmer) einen Arbeitsvertrag, um diesen zur Erfüllung seiner eigenen Arbeitspflicht mit Wissen des Unternehmers in dessen Betrieb einzusetzen.[440] Die Beziehung vom mittelbaren Arbeitnehmer zum Unternehmer ist durch einen fehlenden Arbeitsvertrag gekennzeichnet.[441] Überträgt nun der Unternehmer den Betrieb durch Rechtsgeschäft auf einen Dritten, so gilt im Verhältnis zum Zwischenarbeitnehmer unstreitig § 613a Abs. 1 S. 1 BGB, weil hier ein Arbeitsvertrag, auf dessen Grundlage das Arbeitsverhältnis durchgeführt wird, besteht.[442] Mit dem Umstand wie sich die Betriebsveräußerung des Unternehmers auf den mittelbaren Arbeitnehmer auswirkt, beschäftigen sich nur wenige Autoren. *Seiter* stellt als einer der wenigen Autoren lediglich fest, dass sich „reflexartige Auswirkungen" auf das Arbeitsverhältnis zwischen unmittelbarem Arbeitgeber (Zwischenarbeitnehmer) und Arbeitnehmer (mittelbarer Arbeitnehmer) ergeben.[443] Jedenfalls aber in der Beziehung von Arbeitnehmer (mittelbarer Arbeitnehmer) und mittelbarem Arbeitgeber (Unternehmer) bestehe kein Arbeitsverhältnis, weshalb auch keines nach § 613a BGB übergehen könne.[444]

---

438 Schüren/Hamann/*Hamann*, § 1 AÜG Rn. 229; MüKo-BGB/*Müller-Glöge*, § 611 BGB Rn. 1282; ErfK/*Preis*, § 611 BGB Rn. 172.
439 Ulber/*J.Ulber*, Einl. C Rn. 127 ff.; Schüren/Hamann/*Hamann*, § 1 AÜG Rn. 228 ff.
440 *BAG* vom 9.4.1957, 3 AZR 435/54, BAGE 4, 93, 98; *BAG* vom 12.12.2001, 2 AZR 253/00, NZA 2002, 787, 788; *Gaul*, Der Betriebsübergang, S. 86; MüKo-BGB/*Müller-Glöge*, § 611 BGB Rn. 1282; ErfK/*Preis*, § 611 BGB Rn. 172; *Posth*, Arbeitsrechtliche Probleme beim Betriebsinhaberwechsel, S. 95; *Theuersbacher*, Das Leiharbeitsverhältnis, S. 32; HWK/*Thüsing*, Vor §§ 611 BGB Rn. 116; *Waas*, RdA 1993, 153, 153 f.; Thüsing/*Waas*, § 1 AÜG Rn. 90; *Weber*, Das aufgespaltene Arbeitsverhältnis, S. 27.
441 *Theuersbacher*, Das Leiharbeitsverhältnis, S. 32; *Waas*, RdA 1993, 153, 154.
442 *Posth*, Arbeitsrechtliche Probleme beim Betriebsinhaberwechsel, S. 96; vgl. auch *Seiter*, Betriebsinhaberwechsel, S. 58.
443 *Seiter*, Betriebsinhaberwechsel, S. 58.
444 *Seiter*, Betriebsinhaberwechsel, S. 58.

bbb) Ansatz von Bauer

Einen abweichenden Erklärungsansatz liefert (soweit ersichtlich allein) *Bauer*, wenn er für § 613a Abs. 1 S. 1 BGB in Fällen des mittelbaren Arbeitsverhältnisses zu folgender Erkenntnis gelangt: „Zu den Arbeitnehmern eines Betriebs gehören auch die, die nicht vom Betriebsinhaber selbst, sondern von einer Zwischenperson eingestellt worden sind. In diesen Fällen wird die Arbeitgeberfunktion zwischen dem Betriebsinhaber und der Zwischenperson aufgeteilt. Entscheidend für die Anwendbarkeit des § 613a BGB ist, dass eine Bindung des mittelbaren Arbeitnehmers an die Weisungen des mittelbaren Arbeitgebers besteht und das Arbeitsergebnis dessen Betrieb zugutekommt."[445] Ausgehend hiervon plädiert *Bauer* letztlich auch dann für eine Anwendung von § 613a Abs. 1 S. 1 BGB, wenn es an einem unmittelbaren Arbeitsvertrag bzw. sonstigen Verpflichtungsgrund zwischen den im Betrieb tätigen Arbeitnehmern und dem Betriebsinhaber fehlt. Die weisungsabhängige Beschäftigung gegenüber dem Betriebsinhaber und die Eingliederung des Arbeitnehmers im übertragenen Betrieb sollen genügen und zumindest bei einer gespaltenen Arbeitgeberstellung über das Defizit des fehlenden Vertrags zum Betriebsinhaber hinweghelfen. Denn, dass zwischen Unternehmer und mittelbarem Arbeitnehmer keine vertraglichen Beziehungen bestehen, zweifelt auch *Bauer* (soweit erkennbar) nicht an.

ccc) Folgerung

Auch wenn *Bauer* nur eine Einzelmeinung darstellt und nicht die herrschende Ansicht zum mittelbaren Arbeitsverhältnis widerspiegelt, zeigt sich bei genauerer Betrachtung, dass der von *Bauer* verfolgte Ansatz seinem Inhalt nach auf der Linie der herrschenden Ansicht zum fehlerhaften Arbeitsverhältnis liegt. Auch für dieses konnte nachgewiesen werden, dass das Erfordernis eines Vertrags bzw. eines sonstigen Verpflichtungsgrunds in bestimmten Fällen zurücktritt, wenn die Parteien das Arbeitsverhältnis tatsächlich mit allen seinen Anforderungen leben. Nichts anderes sagt auch *Bauer*, wenn er auf die Eingliederung und die weisungsabhängige Beschäftigung abstellt, weil auch in diesem Fall (abgesehen vom Verpflichtungsgrund) an die ein Arbeitsverhältnis kennzeichnenden Merkmale angeknüpft wird. Auch insoweit wird die Möglichkeit der Subsumtion von vertragslosen Beziehungen zum Betriebsinhaber unter den Begriff des „Arbeitsverhältnisses" im Sinne von § 613a Abs. 1 S. 1 BGB bestärkt.

cc) Arbeitsverhältnis nach dem Ansatz von Boemke

aaa) Ausgangspunkt

Boemke verfolgt einen gegenüber der herrschenden Ansicht deutlich weiterreichenden, für das gesamte Arbeitsrecht bedeutsamen Ansatz zur Bestimmung des Arbeitsverhältnisses, nach dem ein Arbeitsverhältnis durchaus auch ohne Arbeitsvertrag

---

445 *Bauer*, Unternehmensveräußerung und Arbeitsrecht, S. 46.

bzw. sonstigen Verpflichtungsgrund vorliegen kann. *Boemke* distanziert sich von der herrschenden Vertragstheorie.[446] Er versteht das Arbeitsverhältnis nicht als starren Begriff, wenn er annimmt: „Ebenso wie schon die bloße Verpflichtung zur Arbeitsleistung eine arbeitsrechtliche Beziehung, also ein Arbeitsverhältnis begründet, entstehen durch die tatsächliche Leistung weisungsabhängiger Dienste arbeitsrechtliche Beziehungen und damit Arbeitsverhältnisse, auch wenn kein Verpflichtungstatbestand zugrunde liegt."[447] Auch wenn der Ansatz von *Boemke* im Schrifttum meist skeptisch betrachtet wird,[448] lässt die jüngere Entwicklung in der Rechtsprechung dessen Durchsetzung erkennen.[449] Jedenfalls kann hierdurch belegt werden, dass der Begriff des Arbeitsverhältnisses ausreichend offen ist und keine Aussage darüber enthält, ob diesem ein Arbeitsvertrag oder ein sonstiger Verpflichtungsgrund zugrunde liegen muss.

bbb) Grundaussagen Boemkes

Boemke unterscheidet zwischen einem Arbeitsverhältnis im Sinne eines arbeitsrechtlichen Grundverhältnisses und einem Arbeitsverhältnis im Sinne eines arbeitsrechtlichen Erfüllungsverhältnisses.[450] Rechtliche Folgen sollen sich nicht per se aus dem Arbeitsverhältnis ergeben, sondern entweder aus dem arbeitsrechtlichen Grund- oder dem arbeitsrechtlichen Erfüllungsverhältnis.[451] Das arbeitsrechtliche Grundverhältnis lasse zwischen Arbeitnehmer und Arbeitgeber schuldrechtliche Verpflichtungen entstehen.[452] Es umschreibe den Verpflichtungstatbestand des Arbeitsverhältnisses.[453] Dieses entstehe durch Vertragsschluss (oder einen anderen Verpflichtungsgrund) und zwar auch ohne Verpflichtungswirkung bereits im Zeitpunkt des Vertragsabschlusses.[454] Der Arbeitnehmer verpflichte sich durch das arbeitsrechtliche Grundverhältnis dazu, dass er weisungsabhängige Dienste gegenüber dem Arbeitgeber erbringe, und der Arbeitgeber verpflichte sich zur Entgeltzahlung. Das arbeitsrechtliche Erfüllungsverhältnis entstehe hingegen losgelöst von

---

446 *Boemke*, Schuldvertrag und Arbeitsverhältnis, § 6 V. 3. S. 226 ff.
447 *Boemke*, Schuldvertrag und Arbeitsverhältnis, § 6 V. 3. S. 227.
448 Vgl. Staudinger/*Richardi/Fischinger*, § 611 BGB Rn. 258 BGB; MüKo-BGB/*Müller-Glöge*, § 611 BGB Rn. 164.
449 Z. B. durch Erfassung der Leiharbeitnehmer in der Betriebsverfassung des entleihenden Betriebs: *BAG* vom 5.12.2012, 7 ABR 48/11, NZA 2013, 793; *BAG* vom 18.10.2011, 1 AZR 335/10, NZA 2012, 221; *BAG* vom 13.3.2013, 7 ABR 69/11, NZA 2013, 789; *BAG* vom 24.1.2013, 2 AZR 140/12, NZA 2013, 726.
450 *Boemke*, Schuldvertrag und Arbeitsverhältnis, § 6 I. 1. S. 197, § 7 S. 230 ff., § 8 S. 279 ff.
451 *Boemke*, Schuldvertrag und Arbeitsverhältnis, § 6 VI. S. 229, § 10 S. 389 ff.
452 *Boemke*, Schuldvertrag und Arbeitsverhältnis, § 6 V. 3. a. S. 227, § 7 S. 230, § 7 III. S. 240 ff., § 14 S. 619.
453 *Boemke*, Schuldvertrag und Arbeitsverhältnis, § 6 V. 3. a. S. 227, § 7 S. 230, § 7 III. S. 240 ff., § 14 S. 619.
454 *Boemke*, Schuldvertrag und Arbeitsverhältnis, § 6 V. 2. b. S. 222, § 6 V. 3. a. S. 227.

einem Verpflichtungsgrund durch die Vollziehung des durch das Grundverhältnis bezweckten Leistungsaustauschs, d.h. durch die Erbringung weisungsabhängiger Dienste des Arbeitnehmers.[455] Die Erfüllungsleistung des Arbeitnehmers, die in der Verrichtung der Dienste besteht, sei eine tatsächliche und gerade keine rechtsgeschäftliche Handlung.[456] Das arbeitsrechtliche Erfüllungsverhältnis sei das entsprechend der Eingliederungstheorie bestehende Verhältnis, welches „auf Grund der einvernehmlichen Leistung von Arbeit besteht".[457]

ccc) Folgerung

Ausgehend vom Verständnis Boemkes kann der Begriff des Arbeitsverhältnisses sowohl das arbeitsrechtliche Grund- als auch das (von einem Arbeitsvertrag und sonstigen Verpflichtungstatbestand unabhängige) arbeitsrechtliche Erfüllungsverhältnis meinen. Insoweit hat Boemke das Arbeitsrecht in seine Bereiche zerlegt und geht jeweils gesondert der Frage nach, ob der Begriff des Arbeitsverhältnisses in der jeweiligen Norm bzw. dem einer Norm zuzuordnenden Bereich an das arbeitsrechtliche Grund- oder aber das Erfüllungsverhältnis anknüpft,[458] wobei er zur Bestimmung vor allem teleologische Erwägungen anstellt.[459] Für die vorliegende Wortlautauslegung bedeutet dies, dass zunächst festgehalten werden kann, dass der Begriff des Arbeitsverhältnisses nach § 613a Abs. 1 S. 1 BGB offen ist, weil das Erfordernis eines Arbeitsvertrags bzw. sonstigen Verpflichtungsgrunds zum Betriebsinhaber nicht eindeutig erforderlich ist bzw. erst im Wege der teleologischen Erwägungen aufgezeigt werden kann.

ddd) Gleichlauf des Ansatzes von Boemke mit allgemeinen Gedanken

Trotz dessen, dass der Ansatz von Boemke ein von der herrschenden Meinung abweichendes Verständnis zur Entstehung von Arbeitsverhältnissen aufweist, liegt dieser in seinem Ergebnis zumindest innerhalb von § 613a Abs. 1 S. 1 BGB wieder auf der Linie der herrschenden Ansicht:

Boemke verweist darauf, dass die abstrakte Betrachtung des Normwortlauts keine Aussagekraft habe, ob an das arbeitsrechtliche Grundverhältnis oder das arbeitsrechtliche Erfüllungsverhältnis oder aber an beides anknüpft werde. Erst die Auslegung und Einordnung der Norm liefere ein abschließendes Ergebnis. Hierin zeigt sich die Parallele zur herrschenden Ansicht bei § 613a Abs. 1 S. 1 BGB und zu den in diesem Zusammenhang herausgearbeiteten Erkenntnissen zum fehlerhaften Arbeitsverhältnis, weil beim fehlerhaften Arbeitsverhältnis neben dem Wortlaut insbesondere teleologische Erwägungen angeführt worden sind. Besonders deutlich zeigt sich dies bei Fischer, wenn er im Zusammenhang mit dem fehlerhaften

---

455 Boemke, Schuldvertrag und Arbeitsverhältnis, § 6 V. 2. b. S. 222 f.
456 Boemke, Schuldvertrag und Arbeitsverhältnis, § 6 V. 2. b. S. 223.
457 Boemke, Schuldvertrag und Arbeitsverhältnis, § 6 V. 3. a. S. 227.
458 Boemke, Schuldvertrag und Arbeitsverhältnis, § 10 S. 390 ff.
459 Allgemein: Boemke, Schuldvertrag und Arbeitsverhältnis, § 10 S. 389 ff.

Arbeitsverhältnis darauf abstellt, dass „§ 613a BGB die Arbeitsverhältnisse in ihrem mehr oder weniger starken Bestand schützt."[460] Der Bestandsschutz von Arbeitsverhältnissen ist wiederum maßgeblicher Normzweck von § 613a Abs. 1 S. 1 BGB. Der Wortlaut wird ebenso durch teleologische Erwägungen gestützt und überlagert, was im Einzelfall einen Verzicht auf einen Arbeitsvertrag bzw. einen sonstigen Verpflichtungsgrund bewirken kann.

dd) Unergiebigkeit des Wortlauts (BAG vom 25.2.1981, 5 AZR 991/78)

Ein wenn auch schwächeres und bloß mittelbares Indiz dafür, dass für das Arbeitsverhältnis nach § 613a Abs. 1 S. 1 BGB entgegen der herrschenden Annahme nicht unbedingt ein Arbeitsvertrag bzw. ein anderer Verpflichtungsgrund zwischen dem Arbeitnehmer und dem Veräußerer erforderlich ist,[461] liefert eine frühe Entscheidung des *BAG* zu § 613a Abs. 1 S. 1 BGB.[462] Das *BAG* hatte entschieden, dass das der Betriebsveräußerung zugrundeliegende Rechtsgeschäft nicht notwendigerweise eine unmittelbare vertragliche Beziehung zwischen dem bisherigen Betriebsinhaber und dem Erwerber erfordere, sondern es genüge, dass der Betriebserwerber seine Befugnis zur Betriebsfortführung aus einem Rechtsgeschäft herleite. Diese Linie wurde nachfolgend mehrfach bestätigt[463] und ist gegenwärtig allgemein anerkannt.[464]

aaa) Inhalt der Entscheidung

Gegenstand der vorbezeichneten Entscheidung war ein Pächterwechsel. Ein Eigentümer hatte nach Ablauf eines Pachtvertrags mit dem sog. Altpächter den Betrieb an einen Dritten (sog. Neupächter) verpachtet. Der Neupächter verhandelte mit den Arbeitnehmern des Altpächters über den (möglichen) Abschluss eines Arbeitsvertrags. Eine Arbeitnehmerin, die aufgrund ihrer Schwangerschaft keinen Arbeitsvertrag vom Neupächter angeboten bekam, klagte. Sie wollte festgestellt

---

460 *Fischer*, Individualrechtliche Probleme beim Betriebsübergang nach § 613a BGB, S.106.
461 *Kühn*, NJW 2011, 1408, 1410 spricht unter Bezugnahme auf die maßgebliche Entscheidung des *BAG* davon, dass der Betriebsübergang ohnehin keine lückenlose rechtsgeschäftliche Verbindung zwischen den am Betriebsübergang beteiligten Personen voraussetzt.
462 *BAG* vom 25.2.1981, 5 AZR 991/78, NJW 1981, 2212.
463 *BAG* vom 18.8.2011, 8 AZR 230/10, NZA 2012, 267, 269; *BAG* vom 25.10.2007, 8 AZR 917/06, NZA-RR 2008, 367, 369; *BAG* vom 26.8.1999, 8 AZR 827/98, NZA 2000, 371, 373.
464 *LAG Bremen* vom 7.1.2014, 1 Sa 111/13, juris Rn. 83 f.; Staudinger/*Annuß*, § 613a BGB Rn. 110; *Commandeur/Kleinebrink*, Betriebs- und Firmenübernahme, Rn. 236 ff.; Hk ArbR/*Karthaus/Richter*, § 613a BGB Rn. 77; *Kraft*, in: FS 25 Jahre BAG, S. 299, 305 f.; KR/*Treber*, § 613a BGB Rn. 85 ff.; *Posth*; Arbeitsrechtliche Probleme beim Betriebsinhaberwechsel, S. 80 f.; ErfK/*Preis*, § 613a BGB Rn. 60; HWK/*Willemsen*, § 613a BGB Rn. 198.

wissen, dass ein Betriebsübergang vom Alt- an den Neupächter erfolgt ist und ihr Arbeitsverhältnis kraft Gesetzes übergangenen sei. Dies wurde vom *BAG* bejaht, obwohl zwischen Alt- und Neupächter kein unmittelbares Rechtsgeschäft über die Betriebsübertragung vorgenommen worden ist, sondern nur der Eigentümer mit dem Neupächter einen Pachtvertrag über diesen Betrieb abgeschlossen hatte. Zur Begründung führte das *BAG* aus: „Auch beim Pächterwechsel ist der Schutz der Arbeitsplätze besonders wichtig. Könnte der zweite Pächter als Betriebsnachfolger frei darüber entscheiden, welche Arbeitnehmer er weiterbeschäftigen will, brauchte er den Maßstab der sozialen Auswahl, der bei jeder anderen betriebsbedingten Kündigung gilt (§ 1 Abs. 3 KSchG) nicht zu beachten. Er könnte sich darauf beschränken, junge und leistungsfähige Fachkräfte zu übernehmen, während alte und kranke Arbeitnehmer, Schwangere und Schwerbehinderte weitgehend schutzlos blieben. Eine solche Lücke des Arbeitsplatzschutzes wäre nicht mit dem Grundgedanken des § 613a Abs. 1 BGB zu vereinbaren."[465]

bbb) Grundlinie der Entscheidung

Die vorbezeichnete Entscheidung zeigt, dass eine Anwendung von § 613a Abs. 1 S. 1 BGB nicht daran scheitern soll, dass an „übertriebenen" formalen Betrachtungsweisen festgehalten wird, sondern solche strengen Maßstäbe zurückzudrängen sind, sofern anderenfalls der Normzweck vereitelt wird. Das *BAG* verfolgte wohl das Anliegen, sicherzustellen, dass der Normzweck nicht dadurch ausgehebelt werden kann, dass die Betriebsveräußerung in der Weise erfolgt bzw. organisiert wird, dass es an unmittelbaren rechtsgeschäftlichen Beziehungen zwischen Betriebsinhaber und Betriebsveräußerer fehlt. Um den Normzweck abzusichern, sind keine unmittelbaren vertraglichen Beziehungen erforderlich und es kann genügen, dass der rechtsgeschäftliche Kontakt über ein „Dreieck" in abgeleiteter Form besteht.

ccc) Folgerung: Kein unmittelbarer Vertrag / Verpflichtungsgrund

Das charakteristische der Entscheidung ist das Fehlen der unmittelbaren rechtsgeschäftlichen Beziehung zwischen Betriebsinhaber und Erwerber, was im Ergebnis einem Übergang des Betriebs nicht entgegenstehen soll. Es ergibt sich folgender Gedanke: Kann beim Tatbestandsmerkmal des Rechtsgeschäfts auf eine unmittelbare vertragliche Beziehung zwischen Inhaber und Erwerber verzichtet werden, kann es ebenso denkbar sein, ein Arbeitsverhältnis zum Betriebsinhaber im Sinne von § 613a Abs. 1 S. 1 BGB anzunehmen, wenn der dem Arbeitsverhältnis zugrunde liegende Arbeitsvertrag bzw. sonstige Verpflichtungsgrund nicht unmittelbar zwischen Betriebsinhaber und Arbeitnehmer, sondern zu einem Dritten besteht, jedoch das Arbeitsverhältnis als solches zwischen Betriebsinhaber und Arbeitnehmer durchgeführt bzw. abgewickelt wird. Hiergegen spricht jedenfalls nicht, dass dies eine uferlose Anwendung der Norm bewirkt, weil ebenso wie im Pachtfall des

---

465   *BAG* vom 25.2.1981, 5 AZR 991/78, NJW 1981, 2212.

BAG nur ein einziges Kriterium für § 613a Abs. 1 S. 1 BGB extensiv ausgelegt wird. Ist es im Fall der Pacht der Begriff des „Rechtsgeschäfts", ist es im anderen Fall der Begriff des „Arbeitsverhältnisses".

d) Einordnung der Beziehung zwischen Entleiher und Leiharbeitnehmer

aa) Ausgangspunkt

Ausgehend von den aufgezeigten Anforderungen an das Arbeitsverhältnis im Sinne von § 613a Abs. 1 S. 1 BGB kann herausgearbeitet werden, ob die Beziehung zwischen Entleiher und Leiharbeitnehmer als ein solches verstanden werden kann. Dabei spielt es abweichend von dem Vorgehen *Elkings*[466] keine Rolle, wie diese Beziehung in ihren konkreten Einzelheiten dogmatisch zu qualifizieren ist. Es ist allein entscheidend, ob sie ein Arbeitsverhältnis im Sinne von § 613a Abs. 1 S. 1 BGB ist und nicht, ob es sich hierbei z. B. um ein Schuldverhältnis ohne oder mit primären Leistungspflichten handelt.[467] Misst man die Beziehung zwischen Entleiher und Leiharbeitnehmer an den allgemeinen Indikatoren eines Arbeitsverhältnisses, wird neben der inhaltlichen Ausgestaltung (vgl. bb)) und den Anforderungen zur Begründung dieses Verhältnisses (vgl. cc)), insbesondere der Einordnung von diesem durch die Rechtsprechung, ein besonderes Gewicht zukommen (vgl. dd)).

bb) Indikatoren zum Inhalt des Arbeitsverhältnisses

Dass die Beziehung zwischen Entleiher und Leiharbeitnehmer die inhaltlichen Indikatoren des Arbeitsverhältnisses erfüllt, ist deutlich. So hat *Düwell* bereits darauf verwiesen, dass es ein „wesentliches positives Merkmal der Arbeitnehmerüberlassung" darstellt, dass „Arbeitsaufgaben nach den Weisungen eines Dritten (Entleiher) für dessen betriebliche Zwecke in einem fremden Betrieb" verrichtet werden.[468] Im Merkmal der weisungsabhängigen Beschäftigung liegt das Wesensmerkmal eines gewöhnlichen, d. h. zweiseitig strukturierten Arbeitsverhältnisses, auf welches auch § 613a Abs. 1 S. 1 BGB abstellt. Auch *Theuersbacher* ist schon im Jahr 1960 vergleichbar zur Erkenntnis gelangt: „Wie sich aus der teilweisen Übertragung der Arbeitgeberfunktion an den Entleiher ohne weiteres ergibt, [ist das Verhältnis zwischen Entleiher und Leiharbeitnehmer] ein arbeitsvertragliches Rechtsverhältnis, das aber nicht alle Funktionen eines Arbeitsverhältnisses umfasst, sondern nur diejenigen, die mit der Arbeitsleistung des Leiharbeiters im Entleiherbetrieb notwendig verbunden sind."[469] Die Beziehung zwischen Entleiher und Leiharbeitnehmer

---

466 *Elking*, Der Nichtvertragliche Arbeitgeber, S. 77 ff.
467 Zum Meinungsstand hinsichtlich der Qualifizierung dieser Beziehung: Becker/Wulfgramm, Einl. Rn. 12; *Reinsch*, Das Rechtsverhältnis zwischen Entleiher und Leiharbeitnehmer (2008); Schüren/Hamann/*Schüren*, Einl. Rn. 113 ff.; ErfK/*Wank*, Einl. AÜG Rn. 32; hierzu schon Kap. 2 § 1 C. II.
468 Kass.Hdb./*Düwell*, 4.5 Rn. 1f.
469 *Theuersbacher*, Das Leiharbeitsverhältnis, S. 49.

weißt hinsichtlich ihres Inhalts keine nennenswerten Abweichungen zu gewöhnlichen Arbeitsverhältnissen auf. Der Entleiher bestimmt einseitig die Einzelheiten des Arbeitseinsatzes wie Beginn und Ende der täglichen Arbeitszeit oder die Art und Ausführung der Arbeitsleistung.[470] Im Übrigen bestehen auch sonstige auf die Arbeitsleistung bezogene Pflichten und Rechte, vgl. z.B. §§ 11 Abs. 6 und 7 AÜG hinsichtlich des Arbeitsschutzes[471] oder die Auskunftsansprüche des Leiharbeitnehmers gegen den Entleiher nach §§ 13, 13a AÜG, den Zugangsanspruch des Leiharbeitnehmers nach § 13b AÜG, ebenso finden die Regelungen zum innerbetrieblichen Schadensausgleich Anwendung.[472]

cc) Indikatoren zur Begründung des Arbeitsverhältnisses

Will man an der allgemeinen Ansicht festhalten, dass das Arbeitsverhältnis im Sinne von § 613a Abs. 1 S. 1 BGB einen diesem zugrundeliegenden Arbeitsvertrag zum Betriebsinhaber erfordert, kann die Beziehung zwischen Entleiher und Leiharbeitnehmer nicht hierunter gefasst werden, weil sie sich abgesehen von § 10 Abs. 1 AÜG durch einen vertragslosen Zustand auszeichnet. Im Hinblick auf die herausgearbeiteten Ergebnisse, lässt sich diese Annahme aber nicht rechtfertigen. Es konnte am Beispiel des fehlerhaften Arbeitsverhältnisses nachgewiesen werden, dass auch die herrschende Ansicht in vereinzelten Fällen auf einen Vertrag zum Betriebsinhaber verzichtet. Überdies haben die Ausführungen von *Bauer* und *Boemke* die Annahme bestärkt, dass im Einzelfall auf einen Vertrag zum Betriebsinhaber verzichtet werden kann. Ausgehend hiervon scheint es durchaus denkbar, dass die vertragslose Beziehung zwischen Entleiher und Leiharbeitnehmer als Arbeitsverhältnis im Sinne von § 613a Abs. 1 S. 1 BGB verstanden werden kann; d.h. sie kann *möglicherweise* den Indikatoren zur Annahme eines Arbeitsverhältnisses entsprechen. Ein abschließendes Ergebnis liefert die Wortlautauslegung aber nicht. Dieses ist der teleologischen Auslegung vorbehalten, weil auch z.B. die herrschende Meinung beim fehlerhaften Arbeitsverhältnis maßgeblich teleologische Erwägungen anstellt. Auf dem gleichen Gedanken basieren im Grunde auch die Ansätze von *Bauer* und von *Boemke*.

dd) Einordnung durch die Rechtsprechung

Aktuelle Tendenzen der Rechtsprechung legen es in verschiedener Hinsicht nahe, dass das Verhältnis zwischen Entleiher und Leiharbeitnehmer tatsächlich als Arbeitsverhältnis verstanden werden kann.[473] In diese Richtung denken wohl auch

---

470 *Becker/Wulfgramm*, Art. 1 § 11 AÜG Rn. 59a; vgl. Kass.Hdb/*Düwell*, 4.5. Rn. 443.; *Kindereit*, AuR 1971, 327, 329; ArbR.-Hdb.-Schaub/*Koch*, § 120 Rn. 65; *Schüren*, RdA 2007, 231, 234; Thüsing/*Thüsing*, Einf. AÜG Rn. 33.
471 Vgl. *LAG Hamm* vom 4.8.2003, 2 Ta 739/02, NZA-RR 2004, 106, 107; vgl. *Sandmann/ Marschall*, Hdb. Zeitarbeit, Kap. 11 Rn. 513.
472 *Dütz/Thüsing*, Arbeitsrecht, § 8 Rn. 342; Thüsing/*Thüsing*, Einf. AÜG Rn. 38.
473 Vgl. hinsichtlich der Rechtswegeröffnung für Streitigkeiten zwischen Entleiher und Leiharbeitnehmer *BAG* vom 15.3.2011, 10 AZB 49/10, NZA 2011, 653, 654

Powietzka und *Christ*, wenn sie ausführen: „Die erweiterten Definitionskriterien des *BAG* [könnten] ein Einfallstor für die Umsetzung der „Albron"-Entscheidung in das deutsche Recht darstellen [...], da diese auch auf den Entleiher zutreffen könnten."[474]

aaa) Aufgabe der Zweikomponentenlehre

Das *BAG* hat jüngst die sog. *Zweikomponentenlehre* aufgegeben und ist für eine Zuordnung des Leiharbeitnehmers zum verleihenden oder entleihenden Betrieb in bestimmten Bereichen vom Erfordernis eines Arbeitsvertrags zum Betriebsinhaber abgerückt. Projiziert man diese überwiegend für das Betriebsverfassungsrecht entwickelten Grundsätze auf Betriebsübertragungen, so scheint es durchaus denkbar, dass § 613a Abs. 1 S. 1 BGB, welcher durch ein Gesetz zur Änderung des Betriebsverfassungsrechts eingefügt wurde, die Beziehung zwischen Entleiher und Leiharbeitnehmer als „Arbeitsverhältnis" erfasst.

(1) Wandel der Rechtsprechung

In der Vergangenheit wurde angenommen, dass es für die betriebsverfassungsrechtliche Zuordnung von Arbeitnehmern zu einem konkreten Betrieb unerlässlich ist, dass der Arbeitnehmer in einem Arbeitsvertrag zum Betriebsinhaber steht (1. Komponente) und dieser in den Betrieb eingegliedert ist (2. Komponente).[475] In der Folge waren Leiharbeitnehmer nicht dem entleihenden Betrieb betriebsverfassungsrechtlich zuzuordnen,[476] weil es am Arbeitsvertrag zum Entleiher fehlt. Konkret führte das *BAG* in diesem Zusammenhang stets aus:

„Nach der ständigen Rechtsprechung des BAG sind betriebszugehörig i.S. des Betriebsverfassungsgesetzes die Arbeitnehmer, die in einem Arbeitsverhältnis zum Inhaber des Betriebes stehen und innerhalb der Betriebsorganisation des Arbeitgebers abhängige Arbeitsleistungen [erbringen]. Zu den konstitutiven Merkmalen der Betriebszugehörigkeit gehören somit grundsätzlich einerseits ein Arbeitsverhältnis zu dem Betriebsinhaber, das in der Regel durch einen Arbeitsvertrag, ausnahmsweise aber auch durch

---

worin die Beziehung zwischen Entleiher und Leiharbeitnehmer als Beziehung mit „arbeitsrechtlichem Charakter" qualifiziert worden ist. Zur betriebsverfassungsrechtlichen Zuordnung zum entleihenden Betrieb: *BAG* vom 5.12.2012, 7 ABR 48/11, NZA 2013, 793; *BAG* vom 24.1.2013, 2 AZR 140/12, NZA 2013, 726; *BAG* vom 13.3.2013, 7 ABR 69/11, NZA 2013, 789; *BAG* vom 18.10.2011, 1 AZR 335/10, NZA 2012, 221.

474 *Powietzka/Christ*, ZESAR 2013, 313, 314 f.
475 *BAG* vom 10.3.2004, 7 ABR 49/03, NZA 2004, 1340, 1341; *BAG* vom 7.5.2008, 7 ABR 17/07, NZA 2008, 1142, 1143; *BAG* vom 10.11.2004, 7 ABR 12/04, NZA 2005, 707; *BAG* vom 16.4.2003, 7 ABR 53/02, NZA 2003, 1345, 1346; *BAG* vom 22.3.2000, 7 ABR 34/98, NZA 2000, 1119, 1120; *BAG* vom 19.6.2001, 1 ABR 43/00, NZA 2001, 1263, 1264; *BAG* vom 29.1.1992, 7 ABR 27/91, NZA 1992, 894, 897 f.; *BAG* vom 20.4.2005, 7 ABR 20/04, NZA 2005, 1006, 1007.
476 *BAG* vom 20.4.2005, 7 ABR 20/04, NZA 2005, 1006, 1007.

Gesetz wie z. B. nach § 10 I AÜG zu Stande kommen kann, andererseits eine tatsächliche Eingliederung des Arbeitnehmers in die Betriebsorganisation. Die Eingliederung setzt nicht voraus, dass der Arbeitnehmer seine Arbeiten auf dem Betriebsgelände verrichtet. Der Betriebsbegriff ist nicht in dem Sinne räumlich zu verstehen, dass mit der Grenze des Betriebsgrundstücks oder der Betriebsräume der Betriebsbereich ende. Vielmehr sind betriebszugehörig auch die einem Betrieb zugeordneten Arbeitnehmer, die ihre Tätigkeit außerhalb der Betriebsräume verrichten. Entscheidend ist, ob der Arbeitgeber mit Hilfe der Arbeitnehmer den arbeitstechnischen Zweck seines Betriebs verfolgt. Daher gehören auch die sog. Außendienstmitarbeiter, wie etwa Bauarbeiter, Kraftfahrer, Monteure, Reiseleiter, Zeitungsausträger zum Betrieb."[477]

Von diesem Ansatz hat sich das *BAG* erstmalig in einer zunächst vereinzelten Entscheidung vom 18.10.2011 distanziert, bei welcher die Leiharbeitnehmer bei den Schwellenwerten im entleihenden Betrieb gemäß § 111 BetrVG einbezogen worden sind.[478] Diesen Ansatz hat das *BAG* ausgebaut, indem es in der Entscheidung vom 5.12.2012 die Leiharbeitnehmer bei der Ermittlung der im entleihenden Betrieb freizustellenden Betriebsratsmitglieder mitgezählt hat, vgl. § 38 Abs. 1 BetrVG.[479] Am 13.3.2013 hat es diesen Ansatz auf die Schwellenwerte nach § 9 BetrVG erstreckt.[480] Die gleichen Grundsätze hat das *BAG* jüngst für § 23 Abs. 1 S. 3 KSchG herangezogen und Leiharbeitnehmer bei der Bestimmung der Betriebsgröße im entleihenden Betrieb berücksichtigt.[481] Im Zusammenhang mit der Entscheidung vom 5.12.2012, bei welcher das *BAG* die Zweikomponentenlehre ausdrücklich aufgegeben hat, hat es zur Begründung auf folgendes verwiesen:

„Hiernach sind beim drittbezogenen Personaleinsatz und einer aufgespaltenen Arbeitgeberstellung differenzierende Lösungen geboten, die zum einen die jeweiligen ausdrücklich normierten spezialgesetzlichen Konzepte, zum anderen aber auch die Funktion des Arbeitnehmerbegriffs im jeweiligen betriebsverfassungsrechtlichen Zusammenhang angemessen berücksichtigen."[482]

Im Ergebnis verzichtet das *BAG* nunmehr in bestimmten Fällen auf einen Arbeitsvertrag zum Betriebsinhaber und lässt allein die Eingliederung des Arbeitnehmers in den entleihenden Betrieb genügen, um die betriebsverfassungs- bzw. betrieblichkündigungsrechtliche Zuordnung des Leiharbeitnehmers zu begründen.[483]

---

477 *BAG* vom 22.3.2000, 7 ABR 34/98, NZA 2000, 1119, 1120.
478 *BAG* vom 18.10.2011, 1 AZR 335/10, NZA 2012, 221, 222.
479 *BAG* vom 5.12.2012, 7 ABR 48/11, NZA 2013, 793, 794 ff.
480 *BAG* vom 13.3.2013, 7 ABR 69/11, NZA 2013, 789, 791 ff.
481 *BAG* vom 24.1.2013, 2 AZR 140/12, NZA 2013, 726, 727 ff.
482 *BAG* vom 5.12.2012, 7 ABR 48/11, NZA 2013, 793, 795 f.
483 Vgl. unter Rückgriff auf den Rechtsprechungswandlung des *BAG* auch in der Literatur: *Bauer/Heimann*, NJW 2013, 3287, 3288; *Schubert/Schmitt*, ZfA 2013, 433, 515.

(2) Folgerung für Verhältnis zwischen Entleiher und Leiharbeitnehmer

Auch wenn das *BAG* durch den vorbezeichneten Rechtsprechungswandel nicht explizit entschieden hat, dass zwischen Entleiher und Leiharbeitnehmer stets ein Arbeitsverhältnis besteht, hat es jedenfalls für das Betriebsverfassungsrecht und die Eröffnung des betrieblichen Anwendungsbereichs des KSchG entschieden, dass der Einzelfall und der jeweilige Normtelos darüber entscheiden, ob der Leiharbeitnehmer dem entleihenden Betrieb zugeordnet wird bzw. werden kann.[484] Den Umstand, dass der Leiharbeitnehmer dabei möglicherweise doppelt, d. h. sowohl im verleihenden als auch im entleihenden Betrieb, erfasst sein kann, hat das *BAG* nicht problematisiert.[485] Die Entscheidung zum kündigungsrechtlichen Schwellenwert des § 23 Abs. 1 S. 3 KSchG macht aber deutlich, dass dieser neue Grundansatz nicht auf betriebsverfassungsrechtliche Fragestellungen beschränkt ist, sondern darüber hinaus Bedeutung erhält und wohlmöglich auch auf weitere Bereiche erstreckt werden könnte.

Dieser Wandel der Rechtsprechung legt es nahe, dass möglicherweise auch die Beziehung zwischen Entleiher und Leiharbeitnehmer von § 613a Abs. 1 S. 1 BGB erfasst sein könnte, weil ein Arbeitsvertrag unter Umständen fehlen kann. Dementsprechend hat *Fuhlrott* bemerkt, dass die Aufgabe der Zweikomponentenlehre dazu veranlassen könne, „den Übergang der Arbeitsverhältnisse der im Entleiherbetrieb eingesetzten Leiharbeitnehmer auf den Erwerber im Falle eines Betriebsübergangs gemäß § 613a BGB zu diskutieren. Schließlich hat der *EuGH* bereits ausdrücklich entschieden, dass zu den übergehenden Arbeitnehmern auch Leiharbeitnehmer gehören können, wenn diese im veräußerten Betrieb regelmäßig beschäftigt waren. Auch hier störte den *EuGH* das Fehlen eines formalen Arbeitsverhältnisses zwischen Leiharbeitnehmer und Betriebsveräußerer nicht, der sich für seine Entscheidung ebenfalls auf den Regelungszweck der Richtlinie – den Arbeitnehmerschutz bei Betriebsübergängen – berief und eine wertende Betrachtung zugrunde legte. Diese Entscheidung ist zwar bislang singulär gewesen, der Weg für eine derartige Auslegung für das *BAG* gleichwohl damit geebnet."[486]

bbb) § 2 Abs. 1 Nr. 3 lit. a und 3 lit. d ArbGG

Wie schon *Elking* gezeigt hat,[487] kann dem Umstand, dass für Streitigkeiten zwischen Leiharbeitnehmer und Entleiher der Rechtsweg zu den Arbeitsgerichten gemäß § 2 Abs. 1 Nr. 3a und 3d ArbGG eröffnet sein soll, entnommen werden, dass die Einordnung der Beziehung zwischen Entleiher und Leiharbeitnehmer als Arbeitsverhältnis denkbar ist. Dies legt wiederum nahe, dass das Verhältnis zwischen

---

484 Im Ergebnis vollzieht das *BAG* nur das, was zuvor schon *Boemke*, Schuldvertrag und Arbeitsverhältnis (1999) erarbeitet hatte.
485 Kritisch: *Bauer/Heimann*, NJW 2013, 3287, 3288.
486 *Fuhlrott*, GWR 2013, 332, 334.
487 *Elking*, Der Nichtvertragliche Arbeitgeber, S. 133 ff.

Entleiher und Leiharbeitnehmer auch unter den Begriff des Arbeitsverhältnisses nach § 613a Abs. 1 S. 1 BGB gefasst werden kann.

(1) Ausführungen des BAG

§ 2 Abs. 1 Nr. 3a ArbGG lautet: „Die Gerichte für Arbeitssachen sind ausschließlich zuständig für bürgerliche Rechtsstreitigkeiten zwischen Arbeitnehmern und Arbeitgebern aus dem Arbeitsverhältnis." § 2 Abs. 1 Nr. 3d ArbGG erstreckt die bürgerlichen Rechtsstreitigkeiten zudem auf „unerlaubte Handlungen, soweit diese mit dem Arbeitsverhältnis im Zusammenhang stehen". In Bezug auf die Rechtswegeröffnung bei Streitigkeiten zwischen Entleiher und Leiharbeitnehmer hat das *BAG* in der Entscheidung vom 15.3.2011 im Einklang mit dem Schrifttum[488] ausgeführt:

> „Der Leiharbeitnehmer wird aber in die Betriebsorganisation des Entleihers eingegliedert. Dieser übt das Direktionsrecht aus und entscheidet über die Zuweisung des konkreten Arbeitsplatzes und die Art und Weise der Erbringung der Arbeitsleistungen. Der Leiharbeitnehmer ist verpflichtet, die ihm aus dem Arbeitsvertrag mit dem Verleiher obliegende Arbeitspflicht gegenüber dem Entleiher zu erbringen. Tatsächlich entstehen somit auch zum Entleiher rechtliche Beziehungen mit arbeitsrechtlichem Charakter. [...] Werden dem Entleiher wesentliche Arbeitgeberfunktionen vom Verleiher übertragen, so muss dieser gespaltenen Arbeitgeberstellung bei der Zuständigkeit der Gerichte für Arbeitssachen Rechnung getragen werden. Ergeben sich bürgerliche Rechtsstreitigkeiten zwischen einem Leiharbeitnehmer und einem Entleiher aus dem Leiharbeitsverhältnis, ist nach Sinn und Zweck der Zuständigkeitsnorm des § 2 Abs. 1 Nr. 3 Buchst. a ArbGG der Rechtsweg zu den Gerichten für Arbeitssachen eröffnet [...] Ebenso sind die Arbeitsgerichte zuständig bei unerlaubten Handlungen zwischen Leiharbeitnehmer und Entleiher, soweit sie mit dem Leiharbeitsverhältnis im Zusammenhang stehen, § 2 Abs. 1 Nr. 3 Buchst. d ArbGG."[489]

Auch wenn es das *BAG* nicht ausdrücklich so bezeichnet hat, lassen die vorangegangenen Ausführungen nur den Schluss zu, dass die Beziehung zwischen Entleiher und Leiharbeitnehmer als „Arbeitsverhältnis" verstanden worden ist. Dies ist dadurch bedingt, dass § 2 Abs. 1 Nr. 3a und 3d ArbGG das „Arbeitsverhältnis" als Tatbestandsvoraussetzung benennt.

(2) Folgerung für Beziehung zwischen Entleiher und Leiharbeitnehmer

Auch die vorbezeichneten Erwägungen belegen, dass der fehlende Arbeitsvertrag zwischen Entleiher und Leiharbeitnehmer nicht ausschließt, dass dieses Verhältnis zumindest für bestimmte rechtliche Bereiche dennoch als Arbeitsverhältnis qualifiziert werden kann. Insbesondere auch hier hat sich gezeigt, dass teleologische vor

---

488 Vgl. *Ulrici*, jurisPR-ArbR 36/2010 Anm. 4.
489 *BAG* vom 15.3.2011, 10 AZB 49/10, NZA 2011, 653, 654 mit zust. Anm. *Ulrici*, jurisPR-ArbR 26/2011 Anm. 3.

bloße formale Erwägungen treten sollen,[490] weil den Besonderheiten der gespaltenen Arbeitgeberstellung Rechnung getragen werden muss.[491] Kann das Verhältnis zwischen Entleiher und Leiharbeitnehmer bei der Bestimmung der Rechtswegzuständigkeit als Arbeitsverhältnis verstanden werden, kann gleiches grundsätzlich für die Betriebsveräußerung gelten. Auch hier könnte man sich darauf stützen, dass so den Besonderheiten der gespaltenen Arbeitgeberstellung Rechnung getragen wird. Insoweit bleibt die Anwendung von § 613a Abs. 1 S. 1 BGB auf das Verhältnis zwischen Entleiher und Leiharbeitnehmer weiterhin denkbar.

e) Ergebnis „Arbeitsverhältnis"

Im Rahmen von § 613a Abs. 1 S. 1 BGB wird an den allgemeinen Begriff des Arbeitsverhältnisses, welches nach herrschender Ansicht durch einen Vertragsschluss oder einen sonstigen Verpflichtungstatbestand entsteht, angeknüpft. Am Beispiel des fehlerhaften Arbeitsverhältnisses konnte aber nachgewiesen werden, dass die herrschende Ansicht bei § 613a Abs. 1 S. 1 BGB teilweise auf einen Arbeitsvertrag bzw. einen anderen Verpflichtungsgrund als Grundlage des Arbeitsverhältnisses verzichtet. Zudem konnten auch die Begründungsansätze von *Bauer* und *Boemke* jeweils belegen, dass nicht stets ein Arbeitsvertrag zum Betriebsinhaber erforderlich ist, um von einem Arbeitsverhältnis zu sprechen und damit zu einer Anwendung des § 613a Abs. 1 S. 1 BGB zu gelangen. Auch verschiedene Beispiele aus der Rechtsprechung haben gezeigt, dass das vertragslose Verhältnis zwischen Entleiher und Leiharbeitnehmer durchaus als Arbeitsverhältnis verstanden werden kann. Es ist daher denkbar, dass die Beziehung zwischen Entleiher und Leiharbeitnehmer insgesamt als Arbeitsverhältnis im Sinne von § 613a Abs. 1 S. 1 BGB verstanden werden kann. Ein abschließendes Ergebnis konnte die Wortlautauslegung jedoch nicht liefern.

2. Bestand des Arbeitsverhältnisses („bestehendes")

Aufgrund dessen, dass § 613a Abs. 1 S. 1 BGB nicht sämtliche Arbeitsverhältnisse, sondern ausschließlich im Zeitpunkt des Betriebsübergangs „bestehende" Arbeitsverhältnisse erfasst und eine Subsumtion der Beziehung zwischen Entleiher und Leiharbeitnehmer unter das Arbeitsverhältnis denkbar ist (vgl. Kap. 6 § 2 B. I. 1. d)), gilt zu klären, wann und unter welchen Voraussetzungen von einem „bestehenden" Arbeitsverhältnis auszugehen ist. Relevant wird sein, aufzuzeigen, wann und unter welchen Voraussetzungen das Verhältnis zwischen Entleiher und Leiharbeitnehmer als in Bezug auf den entleihenden Betrieb denkbares Arbeitsverhältnis „besteht".

---

490 Dabei lassen die Entscheidungsgründe des *BAG* erkennen, dass vergleichbar dem Vorgehen *Boemkes* maßgeblich im Einzelfall der Normtelos darüber entscheiden soll, ob die Beziehung zwischen Entleiher und Leiharbeitnehmer als Arbeitsverhältnis zu qualifizieren ist; bei der Rechtswegbestimmung sei jedenfalls eine Qualifizierung als Arbeitsverhältnis geboten.
491 Vgl. *BAG* vom 5.12.2012, 7 ABR 48/11, NZA 2013, 793, 795 f.

a) Begriff

Eine allgemeingültige Definition, welche besagt, wann von einem „bestehenden" Arbeitsverhältnis im Sinne von § 613a Abs. 1 S. 1 BGB auszugehen ist, existiert nicht. Negativ formuliert wird aber dann von einem „bestehenden" Arbeitsverhältnis gesprochen, wenn dieses im Zeitpunkt des Betriebsübergangs noch nicht rechtlich beendet ist.[492] Hiernach sind z.B. gekündigte, aber vor Ablauf der Kündigungsfrist noch nicht beendete Arbeitsverhältnisse als „bestehend" anzusehen, weil sie noch kein rechtliches Ende gefunden haben. Typischerweise wird der Begriff des „bestehenden" Arbeitsverhältnisses weitergehend anhand verschiedener Fallgruppen abgehandelt. Das Herausarbeiten sämtlicher Fallgruppen unterbleibt an dieser Stelle, weil hierdurch nichts zur Untersuchungsfrage beigetragen werden kann. Es ist ausschließlich das Verhältnis zwischen Entleiher und Leiharbeitnehmer zu untersuchen.

b) Folgerung für Beziehung zwischen Entleiher und Leiharbeitnehmer

aa) Entstehen und Beendigung

Eine gesetzliche Regelung, die besagt, zu welchen Bedingungen die Beziehung zwischen Entleiher und Leiharbeitnehmer rechtlich existent ist, enthält das Gesetz nicht. Es kommen denknotwendig aber nur zwei Ansätze in Betracht:

aaa) Enger Ansatz

Ein möglicher enger Ansatz geht dahin, dass die Beziehung zwischen Entleiher und Leiharbeitnehmer nur während der tatsächlichen Beschäftigung des Leiharbeitnehmers im entleihenden Betrieb existent ist und besteht. Die Konsequenz hiervon ist, dass diese jeden Tag durch die tatsächliche Arbeitsaufnahme des Leiharbeitnehmers im entleihenden Betrieb neu entsteht.[493] Dem Bestand der Beziehung zwischen Entleiher und Leiharbeitnehmer würde keine Dauerwirkung zukommen.

bbb) Weiter Ansatz

Demgegenüber besteht ein möglicher weiter Ansatz darin, dass das Verhältnis zwischen Entleiher und Leiharbeitnehmer durch die Eingliederung des Leiharbeitnehmers in den entleihenden Betrieb und die Unterstellung des Leiharbeitnehmers unter das Weisungsrecht entsteht und durch die Abberufung des Leiharbeitnehmers aus dem entleihenden Betrieb endet.[494] In diesem Zwischenzeitraum „besteht" die

---

492 Staudinger/*Annuß*, § 613a BGB Rn. 138; *Hergenröder*, AR-Blattei SD 500.1 Rn. 339; vgl. *Sieg/Maschmann*, Unternehmensumstrukturierung aus arbeitsrechtlicher Sicht, Rn. 134.
493 In diese Richtung wohl für den Auskunftsanspruch des § 13 AÜG: *BAG* vom 24.4.2014, 8 AZR 1081/12, NZA 2014, 968, 970 „Tag für Tag".
494 In diese Richtung auch *BAG* vom 24.9.2014, 5 AZR 254/13, BeckRS 2014, 73720.

Beziehung. Bei einem solchen Verständnis käme dem Verhältnis eine Dauerwirkung zu, weil es nur dadurch beendet wird, dass die Unterstellung des Leiharbeitnehmers unter das Weisungsrecht des Entleihers aufgehoben wird, d. h. der Leiharbeitnehmer aus dem Einsatzbetrieb abberufen wird.

ccc) Unterschiede

Die Unterschiede der beiden Ansätze zeigen sich beispielsweise dann, wenn der Arbeitnehmer im Zeitpunkt des Betriebsübergangs im Urlaub oder arbeitsunfähig erkrankt ist. Nur sofern dem Verhältnis eine Dauerwirkung zukommt, ist dieses auch z. b. bei einer Arbeitsunfähigkeit des Leiharbeitnehmers als „bestehend" im Sinne von § 613a Abs. 1 S. 1 BGB anzusehen. Es ist daher eine abschließende Positionierung erforderlich.

bb) Stellungnahme

Wie verschiedene Wertungen zeigen, kommt der Beziehung zwischen Entleiher und Leiharbeitnehmer eine Dauerwirkung zu. Ausgehend hiervon kann sie denknotwendig nur mit der Unterstellung unter das Weisungsrecht des Entleihers und der Eingliederung im entleihenden Betrieb begründet und durch die Abberufung aus diesem Betrieb rechtlich beendet werden. Sie ist daher nicht bloß während eines aktiven Einsatzes „existent". Dieses weite Verständnis beruht erstens auf dem Umstand, dass das Arbeitsverhältnis als Dauerschuldverhältnis strukturiert ist und sich nicht in einem einmaligen Leistungsaustausch erschöpft.[495] Auch wenn gerade in Frage steht, ob und inwieweit das Verhältnis zwischen Entleiher und Leiharbeitnehmer als Arbeitsverhältnis einzuordnen ist, ist jedenfalls unstreitig, dass diese Beziehung „arbeitsrechtlichen Charakter" hat[496] und das gleiche Interesse eines Unternehmers befriedigt wird, wie bei einem normalen Arbeitsverhältnis. Dies legt es zumindest in dieser Hinsicht nahe, dass die gleiche Qualifizierung als Dauerschuldverhältnis erfolgt. Aber auf die Qualifizierung als Arbeitsverhältnis kommt es dabei auch primär gar nicht an, weil der Dauercharakter eine allgemeine Erscheinung von Leistungsbeziehungen ist und nicht auf Arbeitsverhältnisse beschränkt ist.[497] Dass sich das Verhältnis zwischen Entleiher und Leiharbeitnehmer nicht (vergleichbar z. B. einem Kaufvertrag) in einem einmaligen Leistungsaustausch erschöpft, zeigt sich neben der tatsächlichen Abwicklung dieser Beziehung zweitens auch an den gesetzlichen Wertungen, die von einem Dauercharakter dieses Verhältnisses ausgehen.

---

495 Hk-ArbR/*Kreuder*, § 611 BGB Rn. 2; ErfK/*Preis*, § 611 BGB Rn. 6; *Preis*, Individualarbeitsrecht, § 6 S. 42.

496 *BAG* vom 15.3.2011, 10 AZB 49/10, NZA 2011, 653, 654; *Dölle*, GRUR Int. 1973, 469, 471; *Theuersbacher*, Das Leiharbeitsverhältnis, S. 49 f.

497 Ebenso als Dauerschuldverhältnis zu qualifizieren sind z. B. das Mietverhältnis (§§ 535 ff. BGB), Darlehen (§§ 488 ff. BGB); Verwahrung (§§ 688 ff. BGB). Im Übrigen ebenso sämtliche a-typische Verhältnisse, die nicht auf einen einmaligen Leistungsaustausch beschränkt sind, vgl. BeckOK-BGB/*Lorenz*, § 314 BGB Rn. 4 f.

Der Dauercharakter zeigt sich beispielsweise daran, dass in §§ 13a und 13b AÜG dem Entleiher Informationspflichten gegenüber dem Leiharbeitnehmer aufgegeben werden (§ 13a AÜG) und dem Leiharbeitnehmer Zugang zu den Gemeinschaftseinrichtungen des Entleihers zu gewähren ist (§ 13b AÜG). Insbesondere letzteres macht nur Sinn, wenn man nicht ausschließlich an den tatsächlichen Leistungsaustausch anknüpft, weil Gemeinschaftseinrichtungen wie z.B. ein Fitnesscenter oder eine Betriebskantine während der eigentlichen aktiven Diensterbringung gar nicht genutzt werden können. Überdies gilt das Schlechterstellungsverbot nach § 3 Abs. 1 Nr. 3 und § 9 Nr. 2 und § 10 Abs. 4 AÜG auch im Hinblick auf Urlaub und arbeitsfreie Tage (vgl. Art. 3 Abs. 1 lit. f Alt. i Richtlinie 2008/104/EG) und damit denknotwendig nicht nur während des konkreten Leistungsaustauschs. Außerdem kommen dem Betriebsrat des entleihenden Betriebs in Bezug auf Leiharbeitnehmer auch Mitbestimmungsrechte zu. Diese Mitbestimmungsrechte hat der Gesetzgeber in § 14 Abs. 3 AÜG ausdrücklich anerkannt, wobei der entleihende Betriebsrat insbesondere bei der Übernahme eines Leiharbeitnehmers mitbestimmt (vgl. § 14 Abs. 3 AÜG, § 99 BetrVG). Es wäre absolut lebensfremd anzunehmen, dass der entleihende Betriebsrat jeden Tag aufs Neue beteiligt wird und mitbestimmt, ob der Leiharbeitnehmer für den jeweiligen Arbeitstag in den entleihenden Betrieb übernommen und eingesetzt wird. Das Mitbestimmungsrecht des Betriebsrats erstreckt sich vielmehr auf eine für eine bestimmte Dauer erfolgende Einstellung (vgl. § 99 BetrVG).[498]

c) Ergebnis „bestehend"

Das Verhältnis zwischen Entleiher und Leiharbeitnehmer „besteht" im Sinne von § 613a Abs. 1 S. 1 BGB ab dem Zeitpunkt der Eingliederung des Leiharbeitnehmers in den entleihenden Betrieb und der Unterstellung des Leiharbeitnehmers unter das Weisungsrecht des Entleihers bis zur Abberufung des Leiharbeitnehmers aus dem entleihenden Betrieb. Ausgehend hiervon kann für die Anwendung des § 613a Abs. 1 S. 1 BGB unberücksichtigt bleiben, ob der Leiharbeitnehmer im Zeitpunkt des Betriebsübergangs möglicherweise arbeitsunfähig krank oder im Urlaub ist. Diese Umstände haben keinen Einfluss auf den „Bestand" dieses Verhältnisses.

3. Auslegungsergebnis Wortlaut

Die Wortlautauslegung hat gezeigt, dass der Begriff des „Arbeitsverhältnisses" relativ unbestimmt ist. Ob auf der Linie der herrschenden Vertragstheorie ein Arbeitsvertrag zum Betriebsinhaber erforderlich ist, um von einem Arbeitsverhältnis ausgehen zu können, bleibt offen. Jedenfalls hat die Auslegung gezeigt, dass die Nichterfassung der Beziehung zwischen Entleiher und Leiharbeitnehmer nicht pauschal aufgrund des fehlenden Arbeitsvertrags angenommen werden kann. Am Beispiel des fehlerhaften Arbeitsverhältnisses ist deutlich geworden, dass die

---

498 Vgl. *BAG* vom 9.3.2011, 7 ABR 137/09, NZA 2011, 871, 872 f.; *BAG* vom 23.1.2008, 1 ABR 74/06, NZA 2008, 603, 605; Boemke/Lembke/*Boemke*, § 14 AÜG Rn. 102 f.

herrschende Ansicht (ohne es zu erkennen) einen Widerspruch in sich trägt, weil sie in bestimmten Fällen auf einen Arbeitsvertrag oder einen sonstigen Verpflichtungsgrund zum Betriebsinhaber verzichtet. Auch die ganz unterschiedliche Aspekte betreffenden Ansätze von *Bauer* und *Boemke* haben gezeigt, dass die Einordnung des Verhältnisses zwischen Entleiher und Leiharbeitnehmer als Arbeitsverhältnis zumindest denkbar erscheint, ohne dass hierüber ein abschließendes Ergebnis gefunden werden konnte. Überdies haben auch Beispiele aus der Rechtsprechung belegt, dass die Beziehung zwischen Entleiher und Leiharbeitnehmer durchaus bereits in der Vergangenheit als „Arbeitsverhältnis" verstanden worden ist, was auch im vorliegenden Zusammenhang eine solche Einordnung als wahrscheinlich erscheinen lässt. Dabei hat das *BAG* zwar keine allgemeingültige Aussage getroffen, sondern die Annahme eines Arbeitsverhältnisses auf den entschiedenen Bereich beschränkt, aber dies schließt es nicht aus, dass ein vergleichbarer Ansatz bei § 613a Abs. 1 S. 1 BGB angewendet werden kann bzw. wird. Zur Bestimmung, wann die Beziehung zwischen Entleiher und Leiharbeitnehmer als „bestehend" im Sinne von § 613a Abs. 1 S. 1 BGB gilt, konnte herausgearbeitet werden, dass dies ab der Eingliederung des Leiharbeitnehmers in den entleihenden Betrieb und der damit verbundenen Unterwerfung unter das Weisungsrecht des Entleihers bis zum Zeitpunkt der Abberufung des Leiharbeitnehmer aus dem entleihenden Betrieb anzunehmen ist.

II. Systematische Auslegung

Bei der systematischen Auslegung von § 613a Abs. 1 S. 1 BGB kommen als Bezugsobjekte die sonstigen (thematisch einschlägigen) Normen im BGB (vgl. 1.) sowie der systematische Aufbau innerhalb von § 613a BGB (vgl. 2.) in Betracht.

1. § 613 S. 2 BGB und § 566 Abs. 1 BGB

a) Kein Rückschluss aus § 613 S. 2 BGB

Als in gewisser Weise anzusehende „Vorläufer"-Vorschrift zum später eingefügten § 613a Abs. 1 S. 1 BGB heißt es in § 613 S. 2 BGB: „Der Anspruch auf die Dienste ist im Zweifel nicht übertragbar." Der Aussagegehalt der Vorschrift ist darauf beschränkt, dass der Anspruch auf die Dienste nur übertragbar ist, sofern dies gesondert zwischen den Arbeitsvertragsparteien vereinbart worden ist.[499] Dies deutet zumindest vage auf das Erfordernis eines Arbeitsvertrags bzw. eines sonstigen Verpflichtungsgrundes, aus welchem der zu übertragende Anspruch auf die Dienste folgt, hin.[500] Bei § 613a Abs. 1 S. 1 BGB geht es allerdings nicht darum, ob der Anspruch auf die Dienste

---

499 Vgl. *Hergenröder*, AR-Blattei SD 500.1 Rn. 24; MüKo-BGB/*Müller-Glöge*, § 613 BGB Rn. 20 ff.; Staudinger/*Richardi/Fischinger*, § 613 BGB Rn. 18 ff.
500 Diese Annahme ist aber nicht zwingend, weil es ebenso denkbar ist, dass der Inhaber des Anspruchs auf die Arbeitsleistung diese Inhaberschaft nur von einem Dritten ableitet und diese sodann wiederum an einen anderen überträgt, was nicht unmittelbar einen Verpflichtungsgrund bei dem Übertragenen erfordert.

übertragbar ist, sondern, dass ein Schuldverhältnis als Ganzes kraft Gesetzes übergeht. § 613a Abs. 1 S. 1 BGB geht in seinem Regelungsinhalt weit über § 613 S. 2 BGB hinaus,[501] weil unabhängig von einer im Arbeitsverhältnis getroffenen Abrede nicht nur eine andere Person die Berechtigung für die geschuldeten Dienste erlangt, sondern der Arbeitnehmer auch einen neuen Arbeitgeber zugewiesen bekommt. Dass es für § 613a Abs. 1 S. 1 BGB vollkommen unerheblich ist, ob eine Abrede im Sinne von § 613 S. 2 BGB besteht, zeigt sich daran, dass § 613a Abs. 1 S. 1 BGB unstreitig bei der Veräußerung eines verleihenden Betriebs eingreift[502] und in diesem Fall zwischen Verleiher und Leiharbeitnehmer eine Abbedingung von § 613 S. 2 BGB vorliegt. Gleichermaßen findet § 613a Abs. 1 S. 1 BGB aber in einem gewöhnlichen Arbeitsverhältnis, bei welchem § 613 S. 2 BGB regelmäßig nicht abbedungen ist, Anwendung. Aufgrund dieser gänzlich verschiedenen Regelungsrichtungen kann aus § 613 S. 2 BGB kein Rückschluss für § 613a Abs. 1 S. 1 BGB gezogen werden.

b) Kein Rückschluss aus § 566 Abs. 1 BGB

Obwohl im Zusammenhang mit § 613a Abs. 1 S. 1 BGB vielfach auf Erwägungen zu § 566 Abs. 1 BGB zurückgegriffen und beide Normen als ihrem Regelungsinhalt vergleichbar beschrieben werden,[503] können richtigerweise aus § 566 Abs. 1 BGB keine Erkenntnisse für § 613a Abs. 1 S. 1 BGB gewonnen werden, insbesondere nicht im Hinblick auf die Notwendigkeit eines Vertrags bzw. anderweitigen Verpflichtungsgrundes. Das *BAG* hat die Vergleichbarkeit von § 566 Abs. 1 BGB und § 613a Abs. 1 S. 1 BGB abgelehnt, weil beim Arbeitsverhältnis die persönliche Bindung im Vordergrund stehe und beim Mietverhältnis die Mietsache. Es gehe bei letzterem um eine „Verdinglichung", die es beim Arbeitsverhältnis nicht gebe.[504] Unabhängig davon, wie überzeugend das Unterscheidungskriterium des *BAG* ist, steht einem systematischen Rückschluss von § 566 Abs. 1 BGB auf § 613a Abs. 1 S. 1 BGB entgegen, dass nach ständiger Rechtsprechung des *BGH* und herrschender Ansicht zu

---

[501] Vgl. *Hergenröder*, AR-Blattei SD 500.1 Rn. 1154 spricht davon, dass § 613a Abs. 1 S. 1 BGB eine Sonderregelung zu § 613 S. 2 BGB ist; MüKo-BGB/*Müller-Glöge*, § 613 BGB Rn. 21.

[502] *Abele*, FA 2011, 7; Staudinger/*Annuß*, § 613a BGB Rn. 29; *Bauer/v. Medem*, NZA 2011, 20; *Forst*, EWiR 2010, 737, 738; *ders.*, RdA 2011, 228, 235; Bernsau/Dreher/Hauck/*Dreher*, § 613a BGB Rn. 25; *Gaul*, Der Betriebsübergang, S. 88; BeckOK-ArbR/*Gussen*, § 613a BGB Rn. 86a; MüKo-BGB/*Müller-Glöge*, § 613a BGB Rn. 80; *Greiner*, NZA 2014, 284, 288; *Hergenröder*, AR-Blattei SD 500.1 Rn. 337; *Neufeld/Luickhardt*, AuA 2012, 72, 73; KR/*Treber*, § 613a BGB Rn. 14; ErfK/*Preis*, § 613a BGB Rn. 67; *Raab*, EuZA 2011, 537, 539; *Seiter*, Betriebsinhaberwechsel, S. 58; *Simon*, ELR 2011, 97, 98; Schüren/Hamann/*Schüren*, § 2 AÜG Rn. 106; Münch.-Hdb.-ArbR/*Wank*, § 102 Rn. 125; Ulber/*J.Ulber*, Einl. C. AÜG Rn. 181.

[503] MüKo-BGB/*Müller-Glöge*, § 613a BGB Rn. 8; ErfK/*Preis*, § 613a BGB Rn 3; Staudinger/*Annuß*, § 613a BGB Rn. 133; *Hromadka*, NZA-Beil. 2009, 1; *Willemsen*, NZA-Beil. 2008, 155, 157.

[504] BAG vom 2.10.1974, 5 AZR 504/73, AP BGB § 613a BGB Nr. 1.

§ 566 Abs. 1 BGB kein Übergang des Mietverhältnisses erfolgt, sondern zwischen Mieter und Erwerber kraft Gesetzes ein neues Mietverhältnis entsteht, welches inhaltsgleich mit dem alten Mietverhältnis zwischen Mieter und Altvermieter ist.[505] Bei § 613a Abs. 1 S. 1 BGB kommt es aber zu einer unveränderten Überleitung des bestehenden Arbeitsverhältnisses zwischen Inhaber und Arbeitnehmer auf den Erwerber und das Arbeitsverhältnis entsteht damit nicht neu.[506] Beide Normen haben daher nur ihrem ersten Anschein nach einen identischen Regelungsinhalt, weshalb wiederum keine Erkenntnisse für die vorliegende Fragestellung zu § 613a Abs. 1 S. 1 BGB erlaubt sind.

2. Systematik innerhalb von § 613a BGB

Innerhalb der Systematik von § 613a BGB rücken zwei Regelungen in den Fokus: § 613a Abs. 2 BGB (vgl. a.) und § 613a Abs. 4 S. 1 BGB (vgl. b.) sind auszulegen, ob hieraus Rückschlüsse bezüglich der Erforderlichkeit eines Arbeitsvertrags bzw. sonstigen Verpflichtungsgrundes zum Betriebsinhaber hergeleitet werden können.

a) Rückschluss aus § 613a Abs. 2 BGB

Im Zusammenhang mit der Haftungsverteilung zwischen bisherigem Betriebsinhaber und Betriebserwerber hat der Gesetzgeber in § 613a Abs. 2 BGB geregelt:

> „Der bisherige Arbeitgeber haftet neben dem neuen Inhaber für Verpflichtungen nach Absatz 1, soweit sie vor dem Zeitpunkt des Übergangs entstanden sind und vor Ablauf von einem Jahr nach diesem Zeitpunkt fällig werden, als Gesamtschuldner. Werden solche Verpflichtungen nach dem Zeitpunkt des Übergangs fällig, so haftet der bisherige Arbeitgeber für sie jedoch nur in dem Umfang, der dem im Zeitpunkt des Übergangs abgelaufenen Teil ihres Bemessungszeitraums entspricht."

Der ursprüngliche Betriebsinhaber ist in Abs. 2 als „bisheriger Arbeitgeber" und der Betriebserwerber als „neuer Inhaber" bezeichnet. Hingegen wird in § 613a Abs. 1 S. 1 BGB nur ganz allgemein von dem „anderen Inhaber" gesprochen, wobei das Gesamtbild von Abs. 1 zeigt, dass mit „anderen Inhaber" der Betriebserwerber gemeint ist. Der bisherige Betriebsinhaber hat keine eigene sprachliche Bezeichnung und kann entsprechend der gesetzlichen Formulierung in Abs. 1 S. 1 nur als ein vom Betriebserwerber zu unterscheidender „anderer Inhaber" umschrieben werden. Diese sprachlichen Differenzen zwischen Abs. 2 und Abs. 1 lassen zunächst zwar

---

505 *BGH* vom 2.6.2010, XII ZR 110/08, NJW-RR 2010, 1309, 1310; *BGH* vom 2.2.2006, IX ZR 67/02, NJW 2006, 1800, 1801; *BGH* vom 3.5.2000, XII ZR 42/98, NJW 2000, 2346; Palandt/*Weidenkaff*, § 566 BGB Rn. 15; a.A. MüKo-BGB/*Häublein*, § 566 BGB Rn. 23.

506 Vgl. *Bauer*, Unternehmensveräußerung und Arbeitsrecht, S. 42; Kass.Hdb/*Hattesen*, 6.7. Rn. 93 „eintreten"; *Heinze*, DB 1980, 205; KR/*Treber*, § 613a BGB Rn. 100 „eintreten"; Palandt/*Weidenkaff*, § 613a BGB Rn. 23.

Rückschlüsse für die Untersuchungsfrage zu (vgl. aa)), welche aber jedenfalls durch inhaltliche Erwägungen zu § 613a Abs. 2 BGB wieder abgemildert werden (vgl. bb)).

aa) Ausgangspunkt: Sprachlicher Aspekt

Die sprachlichen Abweichungen zwischen § 613a Abs. 1 S. 1 und Abs. 2 BGB lassen erkennen, dass der Gesetzgeber unterschiedliche Begriffe nutzt. In Abs. 1 ist der bisherige Betriebsinhaber als bloßer „Inhaber" qualifiziert und in Abs. 2 wird dieser als „bisheriger Arbeitgeber" bezeichnet. Dabei liegt es nahe, dass dem Gesetzgeber diese sprachliche Abweichung bekannt gewesen ist, weil Abs. 1 und Abs. 2 zeitgleich im Jahr 1972 ins Gesetz eingeführt und diskutiert worden sind.[507] Zudem ist bereits in der Ursprungsfassung von § 613a BGB in Abs. 1 S. 1 auf den „Inhaber"[508] und in Abs. 2 auf den „bisherigen Arbeitgeber"[509] abgestellt worden. Nach allgemeinem Sprachgebrauch lässt aber nur der Begriff des „Arbeitgebers" bzw. des „bisherigen Arbeitgebers" (wie in Abs. 2) einen unmittelbaren Bezug zum Arbeitsverhältnis erkennen, weil sich der Begriff des Arbeitgebers vom Arbeitnehmerbegriff ableitet und dieser sachlich gleichbedeutend mit dem des Arbeitsverhältnisses ist.[510] Der Begriff des „Inhabers" (wie in Abs. 1 S. 1) ist hingegen offener und lässt nicht zugleich einen Bezug zur unmittelbaren Arbeitgeberstellung erkennen. Ausgehend hiervon lässt sich folgende Hypothese aufstellen:

Der Gesetzgeber spricht in Abs. 1 S. 1 nicht von „Arbeitsverhältnissen zum bisherigen Arbeitgeber" oder aber zumindest auf der Linie der nach Abs. 1 S. 1 relativ offen Formulierung von „Arbeitsverhältnissen zum Inhaber".[511] Dies lässt es denkbar erscheinen, dass für Abs. 1 S. 1 genügt, dass ein Arbeitsverhältnis im Sinne einer tatsächlichen Leistungsbeziehung zwischen Inhaber und Arbeitnehmer besteht und der Arbeitsvertrag im Sinne des arbeitsrechtlichen Verpflichtungsgrundes zwischen dem Arbeitnehmer und einem Dritten vorliegt. Denn, sofern der Gesetzgeber ein engeres Verständnis im Sinne eines unmittelbaren Arbeitsvertrags zwischen Inhaber und Arbeitnehmer angestrebt hätte, wäre es naheliegend gewesen, in Anlehnung an Abs. 2 auch in Abs. 1 S. 1 BGB von „Arbeitsverhältnissen zum bisherigen Arbeitgeber" zu sprechen. Auch bei diesem Verständnis würde man die Linie der herrschenden Ansicht, die zur Begründung eines Arbeitsverhältnisses

---

507 Regierungsentwurf zum Betriebsverfassungsgesetz, BT-Drs. VI/1786, 27 f., 59.
508 § 613a Abs. 1 S. 1 BGB von 1972: „Geht ein Betrieb oder Betriebsteil durch Rechtsgeschäft auf einen anderen über, so tritt dieser in die Rechte und Pflichten aus den im Zeitpunkt des Übergangs bestehenden Arbeitsverhältnissen ein."
509 § 613a Abs. 2 S. 1 BGB von 1972: „Der bisherige Arbeitgeber haftet neben dem neuen Inhaber für Verpflichtungen nach Absatz 1, soweit sie vor dem Zeitpunkt des Betriebsübergangs entstanden sind und vor Ablauf von einem Jahr nach diesem Zeitpunkt fällig werden, als Gesamtschuldner."
510 *Boemke*, Studienbuch Arbeitsrecht, § 2 Rn. 12; Münch.-Hdb.-ArbR/*Richardi*, § 16 Rn. 1 f.
511 So auch der Gedanke von *Kühn*, NJW 2011, 1408, 1410 der dies im Rahmen der Wortlautauslegung behandelt.

auf einen Arbeitsvertrag bzw. einen sonstigen Verpflichtungstatbestand verweist, nicht verlassen. Es würde unverändert angenommen, dass dem Arbeitsverhältnis im Sinne von Abs. 1 S. 1 BGB ein Arbeitsvertrag bzw. ein anderer verpflichtender Grund (nunmehr zu einem Dritten) zugrunde liegt. Dieser vorbezeichnete Gedanke, hat sich vergleichbar bereits im Rahmen der vom *BAG* entwickelten und nunmehr in Rechtsprechung und Schrifttum gefestigten Ansicht zum sog. Pachtfall[512] im Hinblick auf das tatbestandliche Merkmal des „Rechtsgeschäfts" gezeigt. Auch hier ist ein Verzicht auf *unmittelbare rechtsgeschäftliche* Beziehungen anerkannt.

bb) Unergiebigkeit der Wertungen aus § 613a Abs. 2 BGB

Die vorangegangenen, auf sprachlichen Erwägungen basierenden Erkenntnisse, müssten sich aber auch bei den inhaltlichen Wertungen von § 613a Abs. 1 S. 1 und Abs. 2 BGB finden lassen, weil schon die Wortlautauslegung gezeigt hat, dass der sprachliche Aspekt als solcher offen und konturenlos sein kann.

aaa) Regelungsinhalt von § 613a Abs. 2 BGB

Der Gesetzgeber wollte mit § 613a Abs. 2 BGB sicherstellen, dass die Ansprüche der Arbeitnehmer über den Zeitpunkt des Betriebsübergangs hinaus durch eine zumindest zeitlich begrenzte Haftung des „bisherigen Arbeitgebers" abgesichert sind.[513] Die Betriebsveräußerung soll es nicht erlauben, sich vollständig noch ausstehenden Ansprüchen gegenüber dem Arbeitnehmer zu entziehen.[514] Bisheriger Arbeitgeber und Betriebserwerber sollen zeitlich begrenzt[515] für solche Ansprüche, die vor dem Betriebsübergang entstanden sind, als Gesamtschuldner nach §§ 421 ff. BGB haften.[516] Abs. 2 S. 2 ist auf Anregung des Bundesrats eingefügt worden,[517] um klarzustellen, dass der „bisherige Arbeitgeber" jedenfalls nicht für ausstehende Lohnforderungen haften muss, die erst nach dem Betriebsübergang entstanden sind.[518]

---

512 *BAG* vom 25.2.1981, 5 AZR 991/78, NJW 1981, 2212; vgl. hierzu auch schon Kap. 6 § 2 B. I. 1. c) dd).
513 BT-Drs. VI/1786, 59; ErfK/*Preis*, § 613a BGB Rn. 133; *Wendling*, Rechtsgeschäftlicher Betriebsübergang und Arbeitsverhältnis, S. 17.
514 Staudinger/*Annuß*, § 613a BGB Rn. 250; vgl. HWK/*Willemsen/Müller-Bonanni*, § 613a BGB Rn. 296; MüKo-BGB/*Müller-Glöge*, § 613a BGB Rn. 164.
515 APS/*Steffan*, § 613a BGB Rn. 160; HWK/*Willemsen/Müller-Bonanni*, § 613a BGB Rn. 296.
516 *Hergenröder*, AR-Blattei SD 500.1 Rn. 75, 1327; Staudinger/*Annuß*, § 613a BGB Rn. 253 ff.; MüKo-BGB/*Müller-Glöge*, § 613a BGB Rn. 164.
517 BT-Drs. VI/1786, 67.
518 BT-Drs. VI/1786, 67; *Seiter*, Betriebsinhaberwechsel, S. 103; HWK/*Willemsen/Müller-Bonanni*, § 613a BGB Rn. 296.

bbb) Folgerung

Auch wenn § 613a Abs. 1 S. 1 und Abs. 2 BGB inhaltlich verselbstständigte Regelungen sind, zeigt der Regelungsinhalt von Abs. 2 das an den des Abs. 1 S. 1 angeknüpft wird.[519] Beide Absätze nehmen Bezug aufeinander und stehen in Wechselwirkung,[520] was nicht ohne Folgen für die Untersuchungsfrage bleibt.

(1) Wechselwirkung

Die Wechselwirkung der beiden Absätze beruht darauf, dass Abs. 1 S. 1 davon ausgeht, dass der bisherige Betriebsinhaber aus dem Arbeitsverhältnis ausscheidet und der neue Betriebsinhaber in das Arbeitsverhältnis eintritt. Dies erfasst auch den Eintritt des Erwerbers in die Haftung der vor dem Betriebsübergang entstandenen Rechte und Pflichten.[521] Der bisherige Inhaber haftet nach Abs. 1 S. 1 hingegen nicht mehr, weil er aus dem Arbeitsverhältnis vollständig ausscheidet.[522] Das gilt grundsätzlich auch für vor dem Betriebsübergang entstandene Ansprüche. Mittels Abs. 2 wird dieser Missstand ausgeglichen, indem die Haftung des bisherigen Arbeitgebers auch nach der Betriebsveräußerung erhalten bleibt, aber zeitlich begrenzt wird. Abs. 2 knüpft an die Schwächen des Abs. 1 S. 1 an.[523] Insoweit muss Abs. 2 zwangsweise auf die gleiche Person wie Abs. 1 S. 1 abstellen.

(2) Erschütterung des sprachlichen Indizes

Die Erkenntnis, dass Abs. 1 S. 1 und Abs. 2 an eine identische Person anknüpfen, legt es im Hinblick auf den ergangenen Hinweis in der Gesetzesbegründung zu Abs. 2 S. 2 nahe, dass an ein Arbeitsverhältnis mit zugrundeliegendem Verpflichtungsgrund angeknüpft wird. Konkret lautet der Hinweis zu Abs. 2 S. 2, dass „der bisherige Arbeitgeber grundsätzlich nicht für die Vergütung von Leistungen der Arbeitnehmer haften [soll], die nach der Betriebsübertragung erbracht worden sind."[524] Folglich soll der bisherige Arbeitgeber nur für die eigenen, aber nicht für fremde Lohnforderungen, haften. Lohnforderungen knüpfen an ein verpflichtendes Grundverhältnis an, insoweit müsste gleiches für den Begriff des Arbeitsverhältnisses im Sinne von Abs. 1 S. 1 gelten.

---

519 Vgl. auch HWK/*Willemsen/Müller-Bonanni*, § 613a BGB Rn. 295.
520 *Kerschner/Köhler*, Betriebsveräußerung und Arbeitsrecht, S. 45; vgl. auch ErfK/*Preis*, § 613a BGB Rn. 133.
521 BAG vom 19.9.2007, 4 AZR 711/06, NZA 2008, 241, 242; vgl. *Heinze*, DB 1980, 205, 206.
522 *Hergenröder*, AR-Blattei SD 500.1 Rn. 75; ErfK/*Preis*, § 613a BGB Rn. 133.
523 *Hergenröder*, AR-Blattei SD 500.1 Rn. 76 f., 1326 f.; Staudinger/*Annuß*, § 613a BGB Rn. 247 ff.
524 BT-Drs. VI/1786, 67.

b) Rückschluss aus § 613a Abs. 4 S. 1 BGB

Unabhängig von der vormals strittigen Frage, ob § 613a Abs. 4 S. 1 BGB ein eigenständiges Kündigungsverbot[525] oder eine Untergruppe der sozialen Rechtfertigung einer Kündigung im Sinne des KSchG[526] normiert, wird jedenfalls die Kündigung des Arbeitsverhältnisses durch den bisherigen Arbeitgeber oder den Erwerber „wegen des Übergangs eines Betriebs" untersagt („Die Kündigung des Arbeitsverhältnisses eines Arbeitnehmers durch den bisherigen Arbeitgeber oder durch den neuen Inhaber wegen des Übergangs eines Betriebs oder eines Betriebsteils ist unwirksam."). Hieraus kann abgeleitet werden, dass an ein Arbeitsverhältnis mit zugrundeliegendem Verpflichtungsgrund angeknüpft wird, was wiederum Folgewirkungen für das Verständnis von § 613a Abs. 1 S. 1 BGB zeitigt.

aa) Grundlagen zu § 613a Abs. 4 S. 1 BGB

Mit einer Kündigung kann eine zwischen den Parteien geschaffene Verpflichtung für die Zukunft einseitig gelöst und das rechtliche Verhältnis beendet werden.[527] Die Kündigung setzt einen verpflichtenden Grundtatbestand voraus,[528] weil erst der Verpflichtungsgrund, der zumeist durch einen Vertrag begründet wird, für die Zukunft Rechte und Pflichten, die von den Parteien zu erfüllen sind, entstehen lässt.[529] Besteht kein Vertrag oder sonstiger Verpflichtungsgrund, dann bedarf es auch keiner Kündigung,[530] weil es an für die Zukunft wirkenden Rechten und Pflichten fehlt. Dies zeigt sich deutlich am Beispiel des fehlerhaften Arbeitsverhältnisses. Ein fehlerhaftes Arbeitsverhältnis wird bzw. kann nach allgemeiner Ansicht nicht gekündigt (werden),[531] weil kein Verpflichtungsgrund besteht, den es für die Zukunft zu beseitigen gilt.

---

525 Heute ganz herrschende Ansicht: *BAG* vom 12.7.1990, 2 AZR 39/90, NZA 1991, 63, 64 f.; Staudinger/*Annuß*, § 613a BGB Rn. 373; *Commandeur/Kleinebrink*, Betriebs- und Firmenübernahme, Rn. 647; KDZ/*Zwanziger*, § 613a BGB Rn. 198; *Gaul*, Der Betriebsübergang, S. 343; BeckOK-ArbR/*Gussen*, § 613a BGB Rn. 115; *Hergenröder*, AR-Blattei SD 500.1 Rn. 626 ff.; ErfK/*Preis*, § 613a BGB Rn. 153; HWK/*Willemsen/Müller-Bonanni*, § 613a BGB Rn. 304; KR/*Treber*, § 613a BGB Rn. 178.
526 Offen gelassen: *Bauer*, Unternehmensveräußerung und Arbeitsrecht, S. 83.
527 *Preis*, Prinzipien des Kündigungsrechts bei Arbeitsverhältnissen, S. 53 der die Kündigung als Ausfluss der Vertragsfreiheit umschreibt.
528 Vgl. *Boemke*, Schuldvertrag und Arbeitsverhältnis, § 6 V. 2. d. S. 224 f., § 7 III 4. d. bb., S. 252 f.; vgl. auch *Esser/Schmidt*, Schuldrecht AT I, § 20 I. S. 319; *Medicus/Lorenz*, Schuldrecht I, Rn. 611 stellen darauf ab, dass die Kündigung bei Dauerschuldverhältnissen erfolgt, welche auf unbestimmte Dauer „abgeschlossen" worden sind.
529 Vgl. *Boemke*, Schuldvertrag und Arbeitsverhältnis, § 6 V. 2 d. S. 224 f., § 7 I. S. 230.
530 ArbR.Hdb.-Schaub/*Linck*, § 34 Rn. 51; MüKo-BGB/*Müller-Glöge*, § 611 BGB Rn. 639.
531 *BAG* vom 16.9.1982, 2 AZR 228/80, NJW 1984, 446, 447; ArbR.Hdb-Schaub/*Linck*, § 34 Rn. 51; ErfK/*Müller-Glöge*, § 620 BGB Rn. 17; MüKo-BGB/*Müller-Glöge*, § 611 BGB Rn. 639.

Hat der Gesetzgeber in § 613a Abs. 4 S. 1 BGB „die Kündigung des Arbeitsverhältnisses" ausgeschlossen, kann nur an ein Arbeitsverhältnis angeknüpft worden sein, dem ein Verpflichtungsgrund zugrunde liegt. Anderenfalls, d. h. ohne Arbeitsvertrag bzw. anderweitigen verpflichtenden Grund, bestünden keine zu kündigenden Rechte und Pflichten. Das normierte Kündigungsverbot in Abs. 4 wäre inhaltsleer. Diese Erkenntnis lässt aber zugleich im Hinblick auf das fehlerhafte Arbeitsverhältnis Zweifel aufkommen, weil dieses nach allgemeiner Ansicht von § 613a Abs. 1 S. 1 BGB erfasst ist und das fehlerhafte Arbeitsverhältnis als solches nicht gekündigt werden kann, d. h. dieses auch nicht vor (potentiellen) Kündigungen durch § 613a Abs. 4 BGB geschützt werden muss.

bb) Folgerung für § 613a Abs. 1 S. 1 BGB

Wie schon *Annuß* in Anlehnung an das *BAG* festgestellt hat, deckt sich der Anwendungsbereich des Abs. 4 S. 1 mit dem des Abs. 1.[532] Das aus Abs. 4 S. 1 folgende Kündigungsverbot hat eine Komplementärfunktion zu § 613a Abs. 1 S. 1 BGB.[533] Ausgehend hiervon muss auch in Abs. 1 S. 1 vergleichbar zu Abs. 4 S. 1 an ein Arbeitsverhältnis mit zugrundeliegendem Vertrag bzw. Verpflichtungsgrund angeknüpft werden. Dies folgt daraus, dass Abs. 4 S. 1 die Rechtsfolge von Abs. 1 S. 1 absichert, indem die Kündigung des Arbeitsverhältnisses „aufgrund des Betriebsübergangs" untersagt und somit eine Gewähr für den Bestand der Arbeitsverhältnisse geschaffen wird.[534] Diese Erkenntnis sagt aber vorliegend noch nichts darüber, ob der verpflichtende Teil des Arbeitsverhältnisses und die tatsächliche Durchführung des Arbeitsverhältnisses nicht möglicherweise zwischen zwei Personen aufgespalten sein können, dies bleibt offen (zu diesem Gedanken, vgl. Kap. 6 § 2 B. II. 2. a) aa)).

cc) Bedeutung für die Beziehung zwischen Entleiher und Leiharbeitnehmer

Ausgehend vom Vorangegangenen muss *vorerst* dabei stehen geblieben werden, dass es für die Anwendung von § 613a Abs. 1 S. 1 BGB möglicherweise genügt, dass das durch Arbeitsvertrag zwischen Verleiher und Leiharbeitnehmer begründete Verhältnis zwischen Entleiher und Leiharbeitnehmer durchgeführt wird. Dies gilt jedenfalls, sofern man für § 613a Abs. 1 S. 1 BGB auf den Gedanken des gespaltenen Arbeitsverhältnisses abstellt. Die Auflösung dieses Ansatzes ist selbst aber erst an anderer Stelle möglich (vgl. Kap. 6 § 2 B. IV. 2. b) bb)). Bei dem vorbezeichneten

---

532 Staudinger/*Annuß*, § 613a BGB Rn. 372.
533 *BAG* vom 12.7.1990, 2 AZR 39/90, NZA 1991, 63, 64 darauf abstellend, dass Abs. 4 an Abs. 1 anknüpft; Staudinger/*Annuß*, § 613a BGB Rn. 372; vgl. *Bauer*, Unternehmensveräußerung und Arbeitsrecht, S. 81 f.; *Hergenröder*, AR-Blattei SD 500.1 Rn. 625; KR/*Treber*, § 613a BGB Rn. 177; Willemsen/Hohenstatt/Schweibert/Seibt/ *Willemsen*, Umstrukturierung und Übertragung von Unternehmen, G Rn. 19; HWK/*Willemsen*, § 613a BGB Rn. 7.
534 BeckOK-ArbR/*Gussen*, § 613a BGB Rn. 115; *Hergenröder*, AR-Blattei SD 500.1 Rn. 623 f.; vgl. KR/*Treber*, § 613a BGB Rn. 177.

Verständnis würde sich das in § 613a Abs. 4 S. 1 BGB statuierte Kündigungsverbot jedenfalls denknotwendig dann auf die Beziehung zwischen Verleiher und Leiharbeitnehmer beziehen, weil nur hier ein Verpflichtungsgrund besteht. Folglich dürfte der Verleiher den Arbeitsvertrag mit dem Leiharbeitnehmer nicht allein deshalb kündigen, weil der Entleiher den Betrieb veräußert hat.

3. Auslegungsergebnis Systematik

Eine Gesamtbetrachtung der systematischen Auslegung zeigt, dass nur begrenzt ein abschließendes Ergebnis ermittelt werden konnte, inwieweit die Beziehung zwischen Entleiher und Leiharbeitnehmer von § 613a Abs. 1 S. 1 BGB erfasst ist. Der systematische Rückschluss von § 613a Abs. 4 S. 1 BGB zu Abs. 1 S. 1 spricht jedenfalls dafür, dass Abs. 1 S. 1 an ein Arbeitsverhältnis mit Verpflichtungsgrund anknüpft. Ob dieser Vertrag bzw. sonstige Verpflichtungsgrund unmittelbar zum Betriebsinhaber bestehen muss, ist noch weitgehend offen geblieben. Insoweit konnte zumindest aufgezeigt werden, dass es für den Gesetzgeber ein leichtes gewesen wäre, die Regelungsanordnung in Abs. 1 S. 1 auf „Arbeitsverhältnisse zum bisherigen Inhaber" bzw. zum „Betriebsinhaber" einzuschränken. Dieser, nunmehr nicht abschließend geklärte Gedanke zur Behandlung gespaltener Arbeitsverhältnisse, könnte die Beziehung zwischen Entleiher zu Leiharbeitnehmer erfassen, weil der Entleiher eine faktische Arbeitgeberstellung gegenüber dem ihm weisungsabhängig tätigen Leiharbeitnehmer hat und nur der Vertrag zu einem Dritten (Verleiher) besteht. Aufschluss gibt endgültig aber erst die weitere, insbesondere teleologische Auslegung.

III. Historische Auslegung

Die bisherigen Auslegungsschritte haben erkennen lassen, dass der aus § 613a Abs. 1 S. 1 BGB abzuleitende Sinn und Zweck die zentrale Schnittstelle zur Ermittlung eines abschließenden Auslegungsergebnisses ist. Der Sinn und Zweck erschließt sich maßgeblich über die Entstehungsgeschichte, weil hieraus die gesetzgeberischen Vorstellungen und Zielsetzungen der Vorschrift abzuleiten sind, weshalb die Entstehungsgeschichte von § 613a Abs. 1 S. 1 BGB im Hinblick auf die Untersuchungsfrage zu beleuchten ist.

1. Motivation für § 613a Abs. 1 S. 1 BGB

Seit jeher werden Betriebe übertragen.[535] Insoweit stand von Beginn an die Frage im Raum, welche Auswirkungen eine solche Übertragung auf die betroffenen Arbeitnehmer hat.[536] Man war sich schnell einig, dass der Arbeitnehmer geschützt

---

535   Vgl. *Hergenröder*, AR-Blattei SD 500.1 Rn. 1; *Schmitt*, ZfA 1979, 503; vgl. *v. Hoyningen-Huene/Windbichler*, RdA 1977, 329; Willemsen/Hohenstatt/Schweibert/Seibt/*Willemsen*, Umstrukturierung und Übertragung von Unternehmen, G Rn. 1;
536   Vgl. *Bötticher*, in: FS Nikisch, S. 3ff.; *Gaul*, Betriebsinhaberwechsel und Arbeitsverhältnis, S. 45; *Gitter*, in: FS 25 Jahre BAG, S. 133, 134; *Kirschner*, DB 1964, 1061;

werden muss, damit er nicht allein durch die Veräußerung des Betriebs seine soziale Absicherung verliert. Ausgehend hiervon gab es bereits mit dem „Entwurf eines allgemeinen Arbeitsvertragsgesetzes"[537] von 1923 oder dem hierauf aufbauenden „Entwurf eines Gesetzes über Arbeitsverhältnisse"[538] von 1938 Bestrebungen, den Übergang der Arbeitsverhältnisse auf den Erwerber kraft Gesetzes anzuordnen. Beide Kodifikationsversuche sind jedoch nicht über den Gesetzesentwurf hinausgekommen,[539] weshalb es vor der Normierung von § 613a BGB an einer gesetzlichen Regelung hierzu fehlte. In der Folge ist die damals, d. h. vor der Kodifikation von § 613a BGB herrschende Ansicht dabei geblieben, dass die Überleitung des Arbeitsverhältnisses bei der Betriebsveräußerung auf den Erwerber nur durch eine (in den einzelnen Begründungsansätzen jeweils abweichende) rechtsgeschäftliche Vereinbarung erreicht werden könne.[540] Dabei sollte teilweise die Einigung zwischen Veräußerer und Erwerber genügen.[541] Der überwiegende Teil forderte zudem die Zustimmung des Arbeitnehmers,[542] teilweise wurde diese auch unterstellt, weil im Rahmen der Betriebsveräußerung von einer stillschweigenden Abbedingung des § 613 S. 2 BGB ausgegangen worden ist.[543] Diese Gesamtlage wurde als unbefriedigend empfunden, weil das Arbeitsverhältnis des Arbeitnehmers nur lückenhaft geschützt war und der Übergang des Arbeitsverhältnisses entscheidend vom Willen des Erwerbers abhängig gewesen ist.[544]

Kraft, in: FS 25 Jahre BAG, S. 299, 300; *Schmitt*, ZfA 1979, 503; vgl. Staudinger/ *Annuß*, § 613a BGB Rn. 3; *Wendling*, Rechtsgeschäftlicher Betriebsübergang und Arbeitsverhältnis, S. 1; Willemsen/Hohenstatt/Schweibert/Seibt/*Willemsen*, Umstrukturierung und Übertragung von Unternehmen, G Rn. 1; vgl. HWK/*Willemsen*, § 613a BGB Rn. 2.

537 § 25 des Entwurfs lautete: „Wird ein Unternehmen veräußert oder aus anderem Rechtsgrunde von einem Dritten fortgeführt, so sind die Ansprüche auf Arbeitsleistung im Zweifel übertragbar und übertragen. Mit den Ansprüchen gegen den Arbeitnehmer gehen auch die Verpflichtungen aus dem Arbeitsvertrags des früheren Arbeitgebers auf den neuen Arbeitgeber über."

538 § 90 des Entwurfs lautete: „Geht ein Betrieb als Ganzes, [...] in andere Hände über, so tritt der Unternehmer in die bestehenden Arbeitsverhältnisse ein. Eine abweichende Regelung durch Vereinbarung zwischen dem bisherigen und dem neuen Unternehmer ist nichtig. [...]"

539 Vgl. *Kreitner*, Kündigungsrechtliche Probleme beim Betriebsinhaberwechsel, S. 96 f.

540 *BAG* vom 29.11.1962, 2 AZR 176/62, BAGE 13, 333, 337 f.; *BAG* vom 2.10.1974, 5 AZR 504/73, NJW 1975, 1378; *LAG Düsseldorf* vom 20.1.1954, 1 Sa 110/53, DB 1954, 236; vgl. hierzu *Edenfeld*, AuA 1996, 379, 380; Staudinger/*Annuß*, § 613a BGB Rn. 3 ff.

541 *Schnorr von Carlosfeld*, Arbeitsrecht, S. 299 f.

542 *BAG* vom 2.10.1974, 5 AZR 504/73, NJW 1975, 1378; *Hueck/Nipperdey*, Lehrbuch des Arbeitsrechts Band I, § 54 III 2, S. 514.

543 *Hueck/Nipperdey*, Lehrbuch des Arbeitsrechts Band I, S. 514 ff.

544 *Hergenröder*, AR-Blattei SD 500.1 Rn. 29; vgl. Staudinger/*Annuß*, § 613a BGB Rn. 5.

2. Ansätze im Schrifttum

Es sind im Vorfeld zur Normierung von § 613a BGB infolge der unbefriedigenden Interessenlage zahlreiche Ansätze entwickelt worden, um einen absoluten Schutz für Arbeitnehmer zu erreichen. Zurückgehend auf *Nikisch*[545] nahm ein Teil des Schrifttums[546] an, dass durch eine Analogie zu der im Mietrecht bestehenden Vorschrift des § 571 BGB a.F.[547] eine gesetzliche Überleitung der bestehenden Arbeitsverhältnisse erfolgen könne.[548] Andere Stimmen stützten sich insoweit abweichend hierzu auf § 419 BGB a.F.[549] oder auf § 25 HGB.[550] Insbesondere das *BAG*[551] erteilte der Annahme einer gesetzlichen, vom Willen des Erwerbers unabhängigen Überleitung der Arbeitsverhältnisse auf den Erwerber eine Absage, wobei sich das *BAG* hiermit allerdings nur im Hinblick auf leitende Angestellte und Beschäftigte mit Diensten höherer Art auseinandersetzen musste.

3. Entstehung von § 613a Abs. 1 S. 1 BGB

Die Normierung von § 613a BGB ging letztlich auf eine Forderung des DGB zurück, nach welcher der Betriebsübergang als solcher der Mitbestimmung des Betriebsrats unterworfen werden sollte. Im Regierungsentwurf ist dieser Forderung nicht gefolgt worden. Man entschied sich stattdessen dazu, im Rahmen der Änderung des BetrVG eine Regelung ins BGB einzufügen, welche die Rechtsfolgen für einen

---

545 Vgl. *Nikisch*, Arbeitsrecht Band I, S. 657 f.
546 *Bötticher*, in: FS Nikisch, S. 3, 10 f.; vgl. *Hörnig*, RdA 1955, 132, 134; *Schmidt*, BB 1971, 1199, 1201 f.
547 § 571 Abs. 1 BGB a.F.: „Wird das vermietete Grundstück nach der Überlassung an den Mieter von dem Vermieter an einen Dritten veräußert, so tritt der Erwerber an Stelle des Vermieters in die sich während der Dauer seines Eigentums aus dem Mietverhältnis ergebenden Rechte und Verpflichtungen ein."
548 Unentschieden dazu *BAG* vom 26.5.1955, 2 AZR 38/54, NJW 1955, 1413 zur Haftung für Altschulden.
549 § 419 Abs. 1 BGB a.F.: „Übernimmt jemand durch Vertrag das Vermögen eines anderen, so können dessen Gläubiger, unbeschadet der Fortdauer der Haftung des bisherigen Schuldners, von dem Abschluss des Vertrags an ihre zu dieser Zeit bestehenden Ansprüche auch gegen den Übernehmer geltend machen."
550 § 25 Abs. 1 HGB: „Wer ein unter Lebenden erworbenes Handelsgeschäft unter der bisherigen Firma mit oder ohne Beifügung eines das Nachfolgeverhältnis andeutenden Zusatzes fortführt, haftet für alle im Betrieb des Geschäfts begründeten Verbindlichkeiten des früheren Inhabers. Die in dem Betrieb begründeten Forderungen gelten den Schuldnern gegenüber als auf den Erwerber übergegangen, falls der bisherige Inhaber oder seine Erben in die Fortführung der Firma gewilligt haben."
551 *BAG* vom 18.2.1960, 5 AZR 472/57, NJW 1960, 1490 für leitende Angestellte; *BAG* vom 29.11.1962, 2 AZR 176/62, JZ 1963, 758 für Arbeitnehmer die Dienste höherer Art verrichten.

Betriebsübergang im Allgemeinen regelt.[552] Dieses Anliegen ist mit § 613a Abs. 1 S. 1 BGB, der am 19.1.1972 durch § 122 BetrVG ins BGB eingefügt worden ist, umgesetzt worden.[553]

a) Gesetzesvorschlag und Auszug aus Regierungsentwurf

Der eingebrachte Gesetzesvorschlag lautete: „Geht ein Betrieb oder Betriebsteil durch Rechtsgeschäft auf einen anderen über, so tritt dieser in die Rechte und Pflichten aus den im Zeitpunkt des Übergangs bestehenden Arbeitsverhältnisse ein." In der Begründung des Regierungsentwurfs zu § 613a Abs. 1 S. 1 BGB heißt es nur:

> „Da gelegentlich Betriebe erworben werden, um sie alsbald stillzulegen, war gefordert worden, den Betriebsübergang als solchen der Mitbestimmung des Betriebsrats ausdrücklich zu unterwerfen. Der Entwurf ist diesem Vorschlag nicht gefolgt. Er sieht vielmehr die Einfügung eines neuen Paragraphen in das Bürgerliche Gesetzbuch vor, mit dem die Rechtsfolgen eines Betriebsübergangs für die Arbeitsverhältnisse allgemein geregelt werden. Die Vorschrift lehnt sich an die allgemeine Rechtsprechung an, erstreckt deren Grundsätze jedoch gleichmäßig auf alle Arbeitnehmer. [...] Die Regelung des Betriebsübergangs hat betriebsverfassungsrechtliche Bedeutung, da sich das Mitbestimmungsrecht des Betriebsrats auch gegen den neuen Arbeitgeber richtet, wenn dieser Maßnahmen beabsichtigt, die nachteilige Auswirkungen für die Arbeitnehmer haben können".[554]

b) Erkenntnisse aus der Regierungsbegründung

aa) Reaktion auf vorangegangenen Ruf nach dem Gesetzgeber

Der Gesetzgeber hat entgegen der ursprünglichen Forderung den Betriebsübergang nicht der Mitbestimmung des Betriebsrats unterworfen („Der Entwurf ist diesem Vorschlag nicht gefolgt"[555]). Im Übrigen lassen sich keine klaren gesetzgeberischen Zielsetzungen aus der Regierungsbegründung zu § 613a Abs. 1 BGB ableiten,[556] was darauf beruht, dass der Gesetzgeber zum Gesetzesvorschlag von

---

552 Vgl. Staudinger/*Annuß*, § 613a BGB Rn. 1; *Bauer*, Unternehmensveräußerung und Arbeitsrecht, S. 17; *Fischer*, Individualrechtliche Probleme beim Betriebsübergang nach § 613a BGB, S. 6; *Kraft*, in: FS 25 Jahre BAG, S. 299, 301 f.; *Kerschner/Köhler*, Betriebsveräußerung und Arbeitsrecht, S. 13; vgl. *Wendling*, Rechtsgeschäftlicher Betriebsübergang und Arbeitsverhältnis, S. 16 f.
553 BT-Drs. VI/1786, 27, 59; BT-Drs. 8/3317, 7; Staudinger/*Annuß*, § 613a BGB Rn. 1; KR/*Treber*, § 613a BGB Rn. 1; *Seiter*, Betriebsinhaberwechsel, S. 26 f.; Willemsen/Hohenstatt/Schweibert/Seibt/*Willemsen*, Umstrukturierung und Übertragung von Unternehmen, G. Rn. 3.
554 BT-Drs. VI/1786, 59.
555 BT-Drs. VI/1786, 59.
556 Vgl. *Pottmeyer*, Die Überleitung der Arbeitsverhältnisse im Falle des Betriebsinhaberwechsels nach § 613a BGB, S. 95 ff., 111 ff.

§ 613a Abs. 1 S. 1 BGB geschwiegen hat. Dies hindert aber nicht daran, einen Rückschluss zu den gesetzgeberischen Motiven zu ziehen.[557]

Die Einfügung von § 613a Abs. 1 S. 1 BGB ist als Reaktion auf die dem Betriebsübergang vorausgegangenen Diskussionen zu sehen.[558] Dass der Gesetzgeber die Beendigung dieser Streitfrage vor Augen hatte, folgt, wie *Pottmeyer* zutreffend erkannt hat, aus folgendem Umkehrschluss: Setzt sich der Gesetzgeber mit der vereinzelten Forderung des DGB, den Betriebsübergang der Mitbestimmung zu unterwerfen, auseinander und lehnt dies ab, dann kann das Schweigen hinsichtlich der in § 613a Abs. 1 S. 1 BGB nunmehr angestrebten Ziele nur bedeuten, dass man sich den ursprünglichen Bestrebungen im Schrifttum anschließt bzw. diese gesetzlich umsetzt.[559] *Pottmeyer* führt wörtlich hierzu aus: „Wenn der Gesetzgeber es schon für notwendig hielt, einen Lösungsvorschlag ausdrücklich abzulehnen, der nur von einer geringen Anzahl an Vertretern an ihn herangetragen wurde, so wäre er erst recht in dieser Weise verfahren, wenn er dem Ruf zahlreicher Stimmen in der Literatur nicht gefolgt wäre, die [...] einen Bestandsschutz hinsichtlich der Arbeitsplätze im Falle des Betriebsinhaberwechsels befürworteten."[560] In diesem Sinne verwirklicht § 613a Abs. 1 S. 1 BGB das Anliegen, die Arbeitnehmer davor zu schützen, dass diese allein durch den Betriebsübergang ihr Arbeitsverhältnis verlieren.

bb) „Anlehnung an Rechtsprechung"

In der Regierungsbegründung heißt es zudem, dass man sich bei der Schaffung von § 613a BGB an die bisherige Rechtsprechung angelehnt habe.[561] Hieraus können aber keine brauchbaren Erkenntnisse für die vorliegende Fragestellung abgeleitet werden, weil man bei einer Bezugnahme auf die bisherige Rechtsprechung erkennt, dass der Übergang eines gesamten Schuld- bzw. Arbeitsverhältnisses nur bei einer vertraglichen Übereinstimmung angenommen worden ist.[562] Zudem hatte das *BAG* entschieden, dass jedenfalls für leitende Angestellte[563] und Beschäftigte, die Dienste höherer Art erbringen,[564] eine Überleitung ihrer Arbeitsverhältnisse auf den Erwerber nicht gegen deren Willen erfolgen könne. Mit § 613a Abs. 1 S. 1 BGB und der dort

---

557 Vgl. Pottmeyer, Die Überleitung der Arbeitsverhältnisse im Falle des Betriebsinhaberwechsels nach § 613a BGB, S. 101.
558 Vgl. Staudinger/Annuß, § 613a BGB Rn. 3: § 613a BGB beantwortet die alte Streitfrage.
559 *Pottmeyer*, Die Überleitung der Arbeitsverhältnisse im Falle des Betriebsinhaberwechsels nach § 613a BGB, S. 101.
560 *Pottmeyer*, Die Überleitung der Arbeitsverhältnisse im Falle des Betriebsinhaberwechsels nach § 613a BGB S. 101.
561 BT-Drs. VI/1786, 59: „Anlehnung an bisherige Rechtsprechung".
562 Vgl. *BAG* vom 1.2.1971, 3 AZR 7/70, DB 1971, 923; *BAG* vom 24.10.1972, 3 AZR 102/72, NJW 1973, 822 f.
563 *BAG* vom 18.2.1960, 5 AZR 472/57, NJW 1960, 1490.
564 *BAG* vom 29.11.1962, 2 AZR 176/62, BAGE 13, 333, 337 ff.

geregelten gesetzlichen, d.h. vom Willen des Erwerbers unabhängigen Überleitung der Arbeitsverhältnisse ist die Frage vom Gesetzgeber in dem Sinne entschieden worden, dass die Zustimmung von allen Beteiligten entbehrlich ist.

cc) „Für Arbeitsverhältnisse allgemein"

Aus dem Regierungsentwurf vom 29.1.1971 folgt zudem, dass mit § 613a BGB eine Regelung „für Arbeitsverhältnisse allgemein"[565] geschaffen werden sollte. Dies könnte gegen eine Erfassung der Beziehung zwischen Entleiher und Leiharbeitnehmer sprechen. Grundlage dieser Annahme ist, dass in der Regierungsbegründung vom 23.6.1971 zu dem am 11.10.1972 in Kraft getretenen AÜG in § 9 Nr. 2 AÜG a.F. vom „Arbeitsverhältnis zwischen Verleiher und Leiharbeitnehmer" gesprochen wird und sich gleiches in § 9 Nr. 3, 4, 5 oder § 11 Abs. 4 AÜG a.F. finden lässt. Überdies ist in dem Bericht des Ausschusses für Arbeit und Sozialordnung bezüglich des zum AÜG eingebrachten Regierungsentwurfs ausgeführt worden, dass „der Verleiher echter Arbeitgeber des Leiharbeitnehmers" ist.[566] Insoweit ist der Gesetzgeber offensichtlich davon ausgegangen, dass nur zwischen Verleiher und Leiharbeitnehmer ein Arbeitsverhältnis besteht. Bei dem zeitlich hierzu eng zusammenfallenden Entwurf zu § 613a BGB hat der Gesetzgeber einschränkungslos eine Regelung „allgemein für Arbeitsverhältnisse" geschaffen. Dies legt es nahe, dass das Verhältnis zwischen Entleiher und Leiharbeitnehmer wohl nicht von § 613a BGB erfasst sein sollte, weil nach den Vorstellungen des Gesetzgebers nur die Beziehung zwischen Verleiher und Leiharbeitnehmer als Arbeitsverhältnis gilt bzw. nur der Verleiher „echter Arbeitgeber" ist.

4. Auslegungsergebnis Historie

Die historische Auslegung zeigt, dass mit § 613a BGB der bestehende Streit zu den Folgen der Betriebsveräußerung beendet werden sollte. Zum Schutz des Arbeitnehmers ist dies im Sinne einer gesetzlichen Überleitung bestehender Arbeitsverhältnisse vom Veräußerer auf den Erwerber erfolgt. Ob dieses Anliegen auch innerhalb der Beziehung zwischen Entleiher und Leiharbeitnehmer zum Tragen kommt, bleibt der teleologischen Auslegung vorbehalten. Die historischen Erwägungen geben kaum Aufschluss. Allenfalls der Vergleich zur Regierungsbegründung zu dem am 11.10.1972 in Kraft getretenen AÜG lässt die Tendenz erkennen, dass § 613a Abs. 1 S. 1 BGB nicht bei der Veräußerung eines entleihenden Betriebs gilt, weil die Beziehung zwischen Leiharbeitnehmer und Entleiher kein Arbeitsverhältnis sein soll.

---

565 BT-Drs. VI/1786, 59.
566 Bericht von *Jaschke* zu BT/Drs. VI/3505, 4.

IV. Teleologische Auslegung

In einem letzten Schritt gilt es den Sinn und Zweck von § 613a Abs. 1 S. 1 BGB herauszuarbeiten. Nur soweit dieser in der Beziehung zwischen Entleiher und Leiharbeitnehmer zum Tragen kommt, besteht ein Bedürfnis für die Anwendung von § 613a Abs. 1 S. 1 BGB.

1. Ausgangspunkt

a) Aufzählung der Normzwecke

Wie bereits die historische Auslegung offenbart hat, liegt das primäre Anliegen von § 613a Abs. 1 S. 1 BGB darin, den sozialen Besitzstand des Arbeitnehmers durch die gesetzliche Überleitung seines Arbeitsverhältnisses vom Veräußerer auf den Erwerber abzusichern und insoweit einen Bestandsschutz für das Arbeitsverhältnis zu garantieren.[567] Überdies wird als weiterer Normzweck die Absicherung der Kontinuität des Betriebsratsamts benannt, mit der zugleich die Absicherung der Mitbestimmungsrechte von dem im Zeitpunkt des Betriebsübergangs bestehenden Betriebsrats verbunden ist.[568] Teilweise werden noch der Schutznormcharakter von

---

567 *BAG* vom 2.10.1974, 5 AZR 504/73, BAGE 26, 301, 307 f.; *BAG* vom 3.7.1980, 3 AZR 1077/78, BAGE 34, 34, 36 f.; *BAG* vom 17.1.1980, 3 AZR 160/79, BAGE 32, 326, 331 f.; *BAG* vom 19.3.2009, 8 AZR 722/07, NZA 2009, 1091, 1093; *Bauer*, Unternehmensveräußerung und Arbeitsrecht, S. 18; vgl. *Commandeur/Kleinebrink*, Betriebs- und Firmenübernahme, Rn. 35; Bernsau/Dreher/Hauck/*Dreher*, § 613a BGB Rn. 6; Kass.Hdb/*Hattesen*, 6.7. Rn. 11; *Edenfeld*, AuA 1996, 379, 381; *Fischer*, Individualrechtliche Probleme beim Betriebsübergang, S. 8 f.; *Kerschner/Köhler*, Betriebsveräußerung und Arbeitsrecht, S. 13 f.; *Kühn*, NJW 2011, 1408, 1409; *Posth*, Arbeitsrechtliche Probleme beim Betriebsinhaberwechsel, S. 42; ErfK/*Preis*, § 613a BGB Rn. 2; *Sieg/Maschmann*, Unternehmensumstrukturierung aus arbeitsrechtlicher Sicht, Rn. 20; *Seiter*, Betriebsinhaberwechsel, S. 30; *Wendling*, Rechtsgeschäftlicher Betriebsübergang und Arbeitsverhältnis, S. 19 ff., 21 f.; Willemsen/Hohenstatt/Schweibert/Seibt/*Willemsen*, Umstrukturierung und Übertragung von Unternehmen, G Rn. 19.

568 *BAG* vom 3.7.1980, 3 AZR 1077/78, BAGE 34, 34, 36 f.; *BAG* vom 17.1.1980, 3 AZR 160/79, BAGE 32, 326, 331 ff.; *BAG* vom 2.10.1974, 5 AZR 504/73, BAGE 26, 301, 307; *Edenfeld*, AuA 1996, 379, 380; *Bauer*, Unternehmensveräußerung und Arbeitsrecht, S. 18; *Borngräber*, Arbeitsverhältnis bei Betriebsübergang, S. 32 f.; *Commandeur/Kleinebrink*, Betriebs- und Firmenübernahme, Rn. 36; Kass.Hdb/*Hattesen*, 6.7 Rn. 11; *Fischer*, Individualrechtliche Probleme beim Betriebsübergang nach § 613a BGB, S. 7 f.; *Kerschner/Köhler*, Betriebsveräußerung und Arbeitsrecht, S. 14; ErfK/*Preis*, § 613a BGB Rn. 2; APS/*Steffan*, § 613a BGB Rn. 1, 148; *Wendling*, Rechtsgeschäftlicher Betriebsübergang und Arbeitsverhältnis, S. 22; Willemsen/Hohenstatt/Schweibert/Seibt/*Willemsen*, Umstrukturierung und Übertragung von Unternehmen, G Rn. 19.

§ 613a BGB für Arbeitnehmer[569] sowie Rechtssicherheit und Rechtsklarheit als weitere Normzwecke angeführt.[570]

b) Fehlerhafter Verweis auf Gesetzesmaterialien

Rechtsprechung und Literatur belegen die vorbezeichneten Normzwecke zum Teil durch einen pauschalen Verweis auf die Gesetzesmaterialien zu § 613a BGB.[571] Prüft man diesen Nachweis, so wird man ratlos zurückgelassen, weil die Normzwecke nicht unmittelbar ersichtlich sind. Es ist dort beispielsweise an keiner Stelle (wie fälschlicherweise oft angeführt wird) die Rede davon, dass den Arbeitnehmern der status quo bzw. der Erhalt ihrer Arbeitsplätze zugesichert werden soll.[572] Die Gesetzesbegründung ist zur Herleitung der normativen Zwecke von § 613a Abs. 1 S. 1 BGB wertlos, sofern man nur auf deren Wortlaut abstellt. Dies bedeutet aber nicht, dass die bezeichneten Normzwecke insgesamt angezweifelt werden. Die Kritik bezieht sich vielmehr darauf, dass diese Normzwecke durch einen fehlerhaften Verweis auf die Gesetzesmaterialien belegt werden. Die Normzwecke folgen richtigerweise jeweils aus dem Gesetzeswortlaut, dem Regelungsinhalt sowie den Umständen und dem Ablauf des Gesetzgebungsverfahrens.

c) Begrenzung

Ausgehend von der Erkenntnis eines nicht tragenden Verweises auf die Gesetzesmaterialien bleibt zugleich festzustellen, dass die teilweise angeführten Normzwecke der Rechtssicherheit und -klarheit sowie der Schutznormcharakter nicht als eigenständige Normzwecke angesehen werden können. Die Gesetzesbegründung benennt beides nicht ausdrücklich. Sowohl die Rechtssicherheit und -klarheit als auch der Schutznormcharakter sind vielmehr bloßer Ausfluss der Normzwecke des Bestandsschutzes der Arbeitsverhältnisse und der Absicherung der Kontinuität des Betriebsratsamtes. Dies zeigt sich daran, dass der Bestandsschutz der Arbeitsverhältnisse zugleich den Charakter von § 613a BGB als Schutznorm umschließt. Gleiches gilt hinsichtlich der angestrebten Kontinuität des im Zeitpunkt des Übergangs bestehenden Betriebsrats, weil die Ausübung der diesem zukommenden

---

569 *BAG* vom 26.2.1987, 2 AZR 768/85, NZA 1987, 419, 420; BeckOK-ArbR/*Gussen*, § 613a BGB Rn. 83; wohl auch *Gaul*, Der Betriebsübergang, S. 74; *Hergenröder*, AR-Blattei SD 500.1 Rn. 63; ErfK/*Preis*, § 613a BGB Rn. 2; vgl. auch APS/*Steffan*, § 613a BGB Rn. 1.
570 *Bauer*, Unternehmensveräußerung und Arbeitsrecht, S. 18; *Hergenröder*, AR-Blattei SD 500.1 Rn. 63; auch *Posth*, Arbeitsrechtliche Probleme beim Betriebsübergang, S. 41 f.; vgl. *Seiter*, Betriebsinhaberwechsel, S. 31, vgl. *Wendling*, Rechtsgeschäftlicher Betriebsübergang und Arbeitsverhältnis, S. 23.
571 MüKo-BGB/*Müller-Glöge*, § 613a BGB Rn. 6; Staudinger/*Annuß*, § 613a BGB Rn. 11; HWK/*Willemsen*, § 613a BGB Rn. 6.
572 Vgl. BT-Drs. VI/1786, 59.

Mitbestimmungsrechte im Interesse der Arbeitnehmer liegt.[573] Ein Beitrag zur Rechtsklarheit und -sicherheit erfolgt automatisch durch die gesetzliche Normierung von § 613a Abs. 1 S. 1 BGB.

2. Normzweck 1: Bestandsschutz

a) Herleitung des Normzwecks

Entgegen dem fehlerhaften Verweis auf die Gesetzesmaterialien zu § 613a BGB folgt der Normzweck des Bestandsschutzes vielmehr aus folgendem: Die Normierung von § 613a Abs. 1 S. 1 BGB ist eine Reaktion auf den zuvor bestehenden Diskussionsstand. Man wollte die Arbeitnehmer vor dem Verlust ihres Arbeitsverhältnisses aufgrund eines Betriebsübergangs schützen (vgl. Kap. 6 § 2 B. III. 3. b)). Der gesetzlich angeordnete Übergang der Arbeitsverhältnisse sichert das Arbeitsverhältnis in seiner Existenz ab, weil es nach dem Betriebsübergang zwischen Erwerber und Arbeitnehmer unverändert fortbesteht.[574] Der Eintritt dieser Folge ist zwingend ausgestaltet.[575] Hierdurch erhält der Arbeitnehmer eine „Garantie", dass sein Arbeitsverhältnis *nicht allein* aufgrund des Betriebsübergangs durch den Veräußerer oder Erwerber beendet werden kann, was nunmehr auch in § 613a Abs. 4 BGB verankert ist.[576] Der Bestandsschutz des Arbeitsverhältnisses wird unmittelbar durch den Regelungsinhalt von § 613a Abs. 1 S. 1 BGB, welcher durch § 613a Abs. 4 BGB abgesichert wird, gewährleistet.

b) Inhalt des Bestandsschutzes

Das *BAG* hatte sich unmittelbar nach der Einfügung von § 613a Abs. 1 S. 1 BGB mit dem Betriebsübergang zu beschäftigen und hat dabei im Hinblick auf den Bestandsschutz der Arbeitsverhältnisse ausgeführt:

> „Hier hat § 613a BGB die Rechtslage entscheidend verändert. Der neue Inhaber des Betriebes oder Betriebsteiles kann keine negative Auswahl mehr treffen. Darin liegt eine Erweiterung des Bestandsschutzes des Arbeitsverhältnisses, der sich auf die Kündigungsbefugnis sowohl des Veräußerers wie des Erwerbers auswirkt. Der Veräußerer kann das Arbeitsverhältnis aus betriebsbedingten Gründen nicht allein deshalb kündigen, weil der Erwerber die Übernahme einzelner Arbeitnehmer ablehnt. Der Erwerber ist zur Übernahme gezwungen. Auch er kann keine Kündigung aussprechen,

---

573 *Junker*, Arbeitsrecht, Rn. 640; Münch.-Hdb.-ArbR/v. *Hoyningen-Huene*, § 212 Rn. 12.
574 Vgl. *Borngräber*, Arbeitsverhältnis bei Betriebsübergang, S. 65; *Posth*, Arbeitsrechtliche Probleme beim Betriebsübergang, S. 42 f.
575 *Hergenröder*, AR-Blattei SD 500.1 Rn. 56; KR/*Treber*, § 613a BGB Rn. 6.
576 Bereits vor der Normierung hat das *BAG* den Gedanken des Kündigungsverbots aus Sinn und Zweck der Vorschrift abgeleitet, vgl. *BAG* vom 2.10.1974, 5 AZR 504/73, NJW 1975, 1378, 1379; vgl. auch *Posth*, Arbeitsrechtliche Probleme beim Betriebsübergang, S. 105 ff.

weil er einzelne Arbeitnehmer nicht übernehmen will. Das würde dem Schutzgedanken des § 613a BGB zuwider laufen. Wohl aber sind alle betrieblichen Rationalisierungsmaßnahmen mit Folgen für einzelne Arbeitsplätze denkbar, die auch der ursprüngliche Arbeitgeber hätte durchführen können. Nur der Betriebsübergang als solcher ist kein Kündigungsgrund."[577]

aa) Grundgedanke

Die gesetzliche Überleitung bestehender Arbeitsverhältnisse vom Veräußerer auf den Betriebserwerber nach § 613a Abs. 1 S. 1 BGB impliziert den Bestandsschutz der Arbeitsverhältnisse, weil hierdurch eine Lücke im Kündigungsschutz geschlossen wird.[578] Ohne den gesetzlichen Übergang des Arbeitsverhältnisses auf den Erwerber könnte dieser anderenfalls nach freiem Ermessen seine Arbeitnehmer auswählen.[579] Er wäre befugt eine Negativselektion unter den vorhandenen Arbeitnehmern im erworbenen Betrieb vorzunehmen.[580] Spiegelbildlich könnte der ursprüngliche Betriebsinhaber die nicht vom Erwerber übernommenen Arbeitnehmer nach dem Übergang des Betriebs nicht mehr beschäftigen,[581] weil die Betriebsmittel, die als Arbeits- und Beschäftigungsgrundlage gedient haben,[582] auf den Erwerber übergangen sind und der bisherige Betriebsinhaber nicht mehr hierüber verfügt. Der Wegfall des Beschäftigungsbedarfs beim bisherigen Betriebsinhaber bewirkt regelmäßig, dass eine ordentliche betriebsbedingte Kündigung der Arbeitnehmer im Raum steht.[583] Findet im Einzelfall das KSchG Anwendung, dann gilt § 1 Abs. 2 S. 1 Alt. 3 KSchG. Insoweit ist eine betriebsbedingte Kündigung denkbar, wenn dringende betriebliche Erfordernisse einer Beschäftigungsmöglichkeit des Arbeitnehmers entgegenstehen.[584] Solche betrieblichen Erfordernisse liegen vor, wenn eine unternehmerische Entscheidung die Grundlage einer Beschäftigungsmöglichkeit vernichtet.[585] Dringend sind die betrieblichen Erfordernisse, wenn der Arbeitgeber nur mit der

---

577 *BAG* vom 2.10.1974, 5 AZR 504/73, NJW 1975, 1378, 1379.
578 Staudinger/*Annuß*, § 613a BGB Rn. 9; Hk-ArbR/*Karthaus/Richter*, § 613a BGB Rn. 1.
579 *BAG* vom 12.7.1990, 2 AZR 39/90, NZA 1991, 63, 65; *Gitter*, in: FS 25 Jahre BAG, S. 133, 137; *Hergenröder*, AR-Blattei SD 500.1 Rn. 55; HWK/*Willemsen*, § 613a BGB Rn. 8; *Wendling*, Rechtsgeschäftlicher Betriebsübergang und Arbeitsverhältnis, S. 19 f.
580 *Hergenröder*, AR-Blattei SD 500.1 Rn. 55.
581 *Gitter*, in: FS 25 Jahre BAG, S. 133, 137; *Moll*, NJW 1993, 2016, 2017; *Wendling*, Rechtsgeschäftlicher Betriebsübergang und Arbeitsverhältnis, S. 56.
582 *Kühn*, NJW 2011, 1408, 1409.
583 Vgl. *Hergenröder*, AR-Blattei SD 500.1 Rn. 55; *Seiter*, Betriebsinhaberwechsel, S. 30; HWK/*Willemsen*, § 613a BGB Rn. 8.
584 Vgl. allgemein *BAG* vom 29.3.2007, 2 AZR 31/06, NZA 2007, 855, 857; ErfK/*Oetker*, § 1 KSchG Rn. 211; KR/*Griebeling*, § 1 KSchG Rn. 514.
585 *BAG* vom 23.4.2008, 2 AZR 1110/06, NZA 2008, 939, 940; *LAG Baden Württemberg* vom 7.5.2014, 21 Sa 67/13, BeckRS 2014, 70400; *LAG Hamm* vom 10.12.2013, 9 Sa 689/13, BeckRS 2014, 68428; ErfK/*Oetker*, § 1 KSchG Rn. 217.

Kündigung die betriebliche Lage verbessern kann.[586] Das dem Betriebsübergang zugrundeliegende Rechtsgeschäft zwischen dem bisherigen Betriebsinhaber und dem Erwerber wäre als eine solche unternehmerische Entscheidung anzusehen, welche die Beschäftigungsmöglichkeit entzieht, weil der Betrieb nun der Leitung eines Dritten untersteht und durch diesen fortgeführt wird. Der bisherige Arbeitgeber kann dem gewöhnlich nur mit einer Kündigung des Arbeitsverhältnisses entgegenwirken und dies obwohl der bisherige Arbeitsplatz des Arbeitnehmers unverändert vorhanden ist, nur nunmehr bei einer anderen Person, dem Betriebserwerber. Diese unbefriedigende Lage beseitigt § 613a Abs. 1 S. 1 BGB, weil der Erwerber kraft Gesetzes in das Arbeitsverhältnis mit dem Arbeitnehmer eintritt und über § 613a Abs. 4 S. 1 BGB zudem eine ordentliche, aber ebenso eine außerordentliche Kündigung dieses Arbeitsverhältnisses durch Inhaber und Erwerber ausgeschlossen wird,[587] jedenfalls sofern diese allein auf die Übertragung des Betriebs zurückzuführen ist.

bb) Auflösung zum Arbeitsverhältnis: Verpflichtungsgrund

Konnte im Rahmen der vorangegangenen Auslegungsschritte keine abschließende Aussage getroffen werden, ob dem Arbeitsverhältnis im Sinne von § 613a Abs. 1 S. 1 BGB ein Vertrag bzw. anderer verpflichtender Grund zugrunde liegen muss, kann dies nun aufgelöst werden:

Der Grundgedanke, dass § 613a BGB den Bestandsschutz der von einem Betriebsübergang unmittelbar erfassten Arbeitsverhältnisse absichern soll, zeigt, dass nur ein Arbeitsverhältnis welches auf einem Pflichtentatbestand basiert, Gegenstand der Regelung sein kann. Dies folgt daraus, dass hierdurch primär eine „Lücke im Kündigungsschutz" geschlossen werden soll.[588] Der Arbeitnehmer soll vor einer betriebsbedingten Kündigung durch seinen bisherigen Arbeitgeber geschützt werden, wenn die Beschäftigungsmöglichkeit beim bisherigen Arbeitgeber entfällt. Die Kündigung einer Rechtsbeziehung macht jedoch nur Sinn, wenn diese auf einem wirksamen verpflichtenden Vertrag beruht (vgl. Kap. 6 § 2 B. II. 2. b) aa)), zu § 613a Abs. 4 S. 1 BGB). Daher kann auch § 613a Abs. 1 S. 1 BGB nur Arbeitsverhältnisse erfassen, denen ein verpflichtendes Grundverhältnis zugrunde liegt.[589] Insoweit ist auch die Einheitlichkeit vom Begriff des Arbeitsverhältnisses nach Abs. 4 S. 1 und Abs. 1 S. 1 nachgewiesen. Ausgehend von diesen Erkenntnissen kann aber zugleich der von der herrschenden Meinung angenommene Übergang des

---

586 *BAG* vom 29.11.1990, 2 AZR 282/90, BeckRS 2008, 56077; *BAG* vom 21.4.2005, 2 AZR 244/04, NZA 2005, 1294, 1295; *BAG* vom 7.12.1978, 2 AZR 155/77, NJW 1979, 1902; *LAG Baden Württemberg* vom 7.5.2014, 21 Sa 67/13, BeckRS 2014, 70400; ErfK/*Oetker*, § 1 KSchG Rn. 234.
587 Vgl. *BAG* vom 26.5.1983, 2 AZR 477/81, NJW 1984, 627, 628 ff.
588 Staudinger/*Annuß*, § 613a BGB Rn. 9.
589 Im Ergebnis ebenso *Boemke*, Schuldvertrag und Arbeitsverhältnis, § 10 III. 4. b. S. 396.

fehlerhaften Arbeitsverhältnisses nach § 613a Abs. 1 S. 1 BGB in Zweifel gezogen werden, weil es hier an einem (wirksamen) Verpflichtungsgrund fehlt.

Überdies kann nun auch die innerhalb systematischer Erwägungen noch offen gelassene Frage, ob das Pflichtenband unmittelbar zum Betriebsinhaber bestehen muss (vgl. hierzu Kap. 6 § 2 B. II. 2. a)), zu einem Ergebnis gebracht werden. § 613a Abs. 1 S. 1 BGB will nur solche Arbeitsverhältnisse schützen, bei denen der Vertrag bzw. sonstige Verpflichtungsgrund unmittelbar zum Betriebsinhaber bzw. Veräußerer besteht. Dies folgt daraus, dass nur insoweit von einer in ihrem Bestand gegen den Betriebsübergang geschützten Beziehung ausgegangen werden kann, weil das Kündigungsverbot des § 613a Abs. 4 S. 1 BGB voraussetzt, dass der Arbeitgeber die Hoheit über den Arbeitsplatz verliert. Dies trifft aber nur zu, soweit der Kündigungsbefugte die Hoheit über den Arbeitsplatz verliert, was wiederum bedeutet, dass auch nur insoweit der Gedanke eines Bestandsschutzes zum Tragen kommen kann. Die Erfassung gespaltener Arbeitsverhältnisse ist ausgehend von dem an Veräußerer und Erwerber adressierten Kündigungsverbot des § 613a Abs. 4 BGB widerlegt und von § 613a Abs. 1 S. 1 BGB nicht vorgesehen.

c) Normzweck und Veräußerung des entleihenden Betrieb

Schließlich bleibt zu klären, inwieweit bei der Veräußerung eines entleihenden Betriebs der vorbezeichnete Normzweck im Verhältnis zwischen Entleiher und Leiharbeitnehmer zum Tragen kommt.

aa) Kein Bestandsschutz zwischen Entleiher und Leiharbeitnehmer

aaa) Ausgestaltung der Beziehung zwischen Entleiher und Leiharbeitnehmer

Das Verhältnis zwischen Entleiher und Leiharbeitnehmer ist durch ein fehlendes Pflichtenband gekennzeichnet.[590] Zwischen Entleiher und Leiharbeitnehmer finden die Vorschriften des KSchG und die sonstigen Grundsätze des Kündigungsrechts keine Anwendung.[591] Das fehlende Pflichtenband innerhalb dieser Beziehung schließt ein Eingreifen der Vorschriften zum Kündigungsschutz aus, weil bereits eine Kündigung infolge mangelnder Erforderlichkeit ausgeschlossen ist. Der Leiharbeitnehmer muss während seiner Tätigkeit im entleihenden Betrieb grundsätzlich jederzeit damit rechnen, dass er durch eine Weisung seines Vertragsarbeitgebers (Verleiher) in einen anderen Betrieb geschickt wird.[592] Der Leiharbeitnehmer genießt keinen Bestandsschutz

---

590 Vgl. *BAG* vom 25.10.2000, 7 AZR 487/99, NZA 2001, 259, 260; *Becker/Kreikebaum*, Zeitarbeit, S. 105; *Becker/Wulfgramm*, Art. 1 § 1 AÜG Rn. 57; Urban-Crell/Germakowski/Bissels/Hurst/*Germakowski/Bissels*, § 1 AÜG Rn. 72; ArbR.Hdb. -Schaub/ *Koch*, § 120 Rn. 65; Schüren/Hamann/*Schüren*, Einl. AÜG Rn. 110.
591 *Brauneisen/Ibes*, RdA 2014, 213, 218; ErfK/*Wank*, Einl. AÜG Rn. 17a.
592 Vgl. Thüsing/*Thüsing*, § 14 AÜG Rn. 177. Vgl. im Zusammenhang mit § 99 BetrVG auch *BAG* vom 19.6.2001, 1 ABR 43/00, NZA 2001, 1263, 1265; Ulber/*Dohna-Jaeger*, § 14 AÜG Rn. 40.

für sein Verhältnis zum Entleiher,[593] vielmehr zeichnet sich die Leiharbeit durch wechselnde Einsatzbetriebe des Leiharbeitnehmers aus.[594] Die ständige Austauschmöglichkeit des Leiharbeitnehmers im entleihenden Betrieb zeigt sich besonders deutlich dort, wo der Verleiher dem Entleiher nur eine nach Gattungsmerkmalen bestimmte Arbeitskraft zur Überlassung schuldet[595] und keinen konkreten Arbeitnehmer, weil dies die ständige Austauschmöglichkeit impliziert.[596] Nichts anderes gilt, wenn im Einzelfall die Überlassung einer konkreten Arbeitskraft an den Entleiher geschuldet ist. Es bleibt unverändert dabei, dass ein Pflichtenband zwischen Entleiher und Leiharbeitnehmer fehlt. Ohne Pflichtenband kann dieses Verhältnis jederzeit beendet werden, insbesondere auch dadurch, dass der Entleiher (soweit dies mit dem Verleiher vertraglich vorbehalten ist) den Überlassungsvertrag zum Verleiher kündigt.

bbb) Schlussfolgerung

Besteht unabhängig von einer Betriebsveräußerung innerhalb der Beziehung zwischen Entleiher und Leiharbeitnehmer kein Bestandsschutz, weil es für die Beendigung dieser Beziehung nicht einmal einer Kündigung als Gestaltungsakt bedarf, kann ein Bestandsschutz nicht aus § 613a Abs. 1 S. 1 BGB erwachsen. Soweit teilweise im Schrifttum dem Verhältnis zwischen Entleiher und Leiharbeitnehmer im Rahmen eines Betriebsübergangs ein Bestandsschutz zugesprochen wird, führt dies dazu, dass eine bestandsschutzlose und zur Beendigung nicht einmal einer Kündigung bedürfende Beziehung zu einer bestandsschutzfähigen und nur durch Kündigung zu beendende Beziehung gewandelt wird. § 613a Abs. 1 S. 1 BGB will jedoch nur Bestehendes schützen. Die Versagung eines solchen Bestandsschutzes in dem Verhältnis zwischen Entleiher und Leiharbeitnehmer ist logische Konsequenz der Typik der Arbeitnehmerüberlassung, bei welcher diese Beziehung nicht in ihrem Bestand geschützt ist. Insoweit kann aber auch der Normzweck des Bestandsschutzes nicht in der vertragslosen Beziehung zwischen Entleiher und Leiharbeitnehmer eingreifen. Dies deckt sich mit der Erkenntnis, dass es bei § 613a BGB auch um den Schutz des bestehenden Arbeitsplatzes zum Arbeitnehmer geht und der Leiharbeitnehmer seinen leiharbeitsspezifischen Arbeitsplatz beim Entleiher hat und insoweit keines Arbeitsplatzschutzes durch § 613a Abs. 1 S. 1 BGB bedarf.

bb) Bestandsschutz zwischen Leiharbeitnehmer und Verleiher

Der Versagung eines durch § 613a Abs. 1 S. 1 BGB vermittelten Bestandsschutzes in dem Verhältnis zwischen Entleiher und Leiharbeitnehmer kann auch nicht entgegengesetzt werden, dass hierdurch der Charakter von § 613a BGB als

---

593 *Schüren*, RdA 2007, 231, 234; *Hamann*, NZA 2010, 1211.
594 *Wiebauer*, NZA 2012, 68.
595 Hierin liegt sogar der typische Fall, vgl. *Fuhlrott/Fabritius*, NZA 2014, 122, 124 f.; Schüren/Hamann/*Schüren*, Einl. AÜG Rn. 124; Urban-Crell/Germakowski/Germakowski/Bissels/Hurst/*Germakowski/Bissels*, § 1 AÜG Rn. 60 f.
596 Urban-Crell/Germakowski/Bissels/Hurst/*Germakowski/Bissels*, § 1 AÜG Rn. 62 ff.

Schutznorm umgangen werde. Dies beruht darauf, dass der Leiharbeitnehmer auch nach dem Übergang des entleihenden Betriebs grundsätzlich weiterhin auf den Bestand seines Arbeitsverhältnisses zum Verleiher vertrauen kann (vgl. aaa)), d.h. der Leiharbeitnehmer ist nicht schutzlos gestellt. Sollte das zwischen Verleiher und Leiharbeitnehmer bestehende Arbeitsvertragsverhältnis dennoch durch eine betriebsbedingte Kündigung des Verleihers ein Ende finden, wird jedenfalls nicht der durch § 613a Abs. 1 S. 1 BGB vermittelte Bestandsschutz ausgelöst, weil die Arbeitnehmerüberlassung eigene Instrumente zum Schutz des Leiharbeitnehmers vorsieht, welche nicht zusätzlich durch § 613a Abs. 1 S. 1 BGB abzusichern sind (vgl. bbb)).

aaa) Grundsatz: Fortbestand des Leiharbeitsverhältnisses zum Verleiher

Der soziale Besitzstand des Leiharbeitnehmers wird ausschließlich über sein Verhältnis zum Verleiher gewährt, weil allein in dieser Beziehung der allgemeine Kündigungsschutz besteht[597] und allein aus diesem Verhältnis fortwährend neue schutzbedürftige Rechte erwachsen, die den Lebensunterhalt für den Leiharbeitnehmer absichern. Dieses bestandsgeschützte Verhältnis zwischen Verleiher und Leiharbeitnehmer ist in seiner Existenz grundsätzlich unabhängig von der Beziehung zwischen Entleiher und Leiharbeitnehmer.[598] Demnach bewirkt der durch die Betriebsübertragung erzeugte Wegfall der Einsatzmöglichkeit des Leiharbeitnehmers im Einsatzbetrieb nicht automatisch, dass der Leiharbeitnehmer einen Wegfall seines Vertragsverhältnisses zum Verleiher fürchten muss.[599] Der Übergang des entleihenden Betriebs bewirkt zunächst nur, dass der Einsatz des Leiharbeitnehmers beim konkreten Entleiher endet und der Verleiher den Leiharbeitnehmer anderweitig einsetzen kann und muss. Sollten sich insoweit einsatzfreie Zeiten für den Leiharbeitnehmer ergeben, so sind diese typisch für die Arbeitnehmerüberlassung.[600] In einem solchen Fall bleibt der Verleiher unverändert zur Lohnzahlung gegenüber dem Leiharbeitnehmer verpflichtet.[601] Der Leiharbeitnehmer ist in finanzieller Hinsicht abgesichert.

Der durch § 613a Abs. 1 S. 1 BGB angestrebte Bestandsschutz wird bei der Veräußerung eines entleihenden Betriebs daher bereits unmittelbar durch den Fortbestand der Beziehung zwischen Verleiher und Leiharbeitnehmer gewährleistet. Kann sich

---

597 Vgl. Ulber/*J. Ulber*, § 1 AÜG Rn. 92 f.; Ulber/*Dohna-Jaeger*, § 14 AÜG Rn. 240; Thüsing/*Thüsing*, § 14 AÜG Rn. 177; Boemke/Lembke/*Boemke*, § 14 AÜG Rn. 148; vgl. auch Boemke/Lembke/*Lembke*, § 10 AÜG Rn. 38.
598 Allgemein zur Selbstständigkeit der jeweiligen Verhältnisse: *Becker/Wulfgramm*, Einl. AÜG Rn. 10 ff.
599 BT-Drs. 17/4804, 7; *Bayreuther*, RdA 2007, 176, 178; Schüren, RdA 2007, 231, 234.
600 *Bayreuther*, RdA 2007, 176, 178; vgl. Ulber/*J.Ulber*, § 1 AÜG Rn. 76, 271, § 11 AÜG Rn. 103.
601 Vgl. § 11 Abs. 4 AÜG; *LAG München* vom 19.12.2012, 10 Sa 609/12; *Bayreuther*, RdA 2007, 176, 178 spricht vom Wirtschaftsrisiko des Verleihers; ArbR.Hdb.-Schaub/*Koch*, § 120 Rn. 43; Schüren/Hamann/*Schüren*, Einl. AÜG Rn. 202; Ulber/*J.Ulber*, § 1 AÜG Rn. 55.

der Leiharbeitnehmer aber auf sein Arbeitsvertragsverhältnis zum Verleiher stützen, dann ist dessen sozialer Besitzstand abgesichert. Es bedarf keiner Anwendung von § 613a Abs. 1 S. 1 BGB, weil dessen Sinn und Zweck auch ohne ein Eingreifen der Vorschrift gewährleistet ist.

bbb) Ausnahme: Wegfall des Leiharbeitsvertrags zum Verleiher

Kommt es ausnahmsweise im konkreten Einzelfall dazu, dass der Verleiher nach dem Wegfall der Einsatzmöglichkeit im entleihenden Betrieb dauerhaft keine anderweitige Verwendung für den Leiharbeitnehmer findet, ist dennoch bei einer Nichtanwendung von § 613a Abs. 1 S. 1 BGB zu verbleiben. Eine potentielle betriebsbedingte Kündigung des Leiharbeitnehmers durch den Verleiher ist nicht durch § 613a Abs. 1 S. 1 BGB abzufedern.

(1) Schutz des Leiharbeitnehmers im Falle betriebsbedingter Kündigung

Verfügt der Verleiher infolge des Wegfalls des Einsatzbetriebs (dauerhaft) über keine anderweitige Verwendungsmöglichkeit für den Leiharbeitnehmer, gelten für eine mögliche betriebsbedingte Kündigung des Leiharbeitnehmers die allgemeinen Grundsätze des Kündigungsrechts.[602]

(1.1) Ausgangspunkt

Bei einer betriebsbedingten Kündigung des Leiharbeitnehmers durch den Verleiher ergeben sich im Ausgangspunkt keine Einschränkungen durch § 613a Abs. 4 S. 1 BGB, weil eine Kündigung nur durch den „bisherigen Arbeitgeber" oder den „neuen Inhaber" ausgeschlossen ist. Bei der Veräußerung des entleihenden Betriebs ist der Verleiher nur „Dritter", weil er nicht unmittelbar an der Betriebsveräußerung beteiligt ist. Entsprechend den allgemeinen Grundsätzen muss der Verleiher für den Ausspruch einer betriebsbedingten Kündigung daher nachweisen, dass er den Leiharbeitnehmer auf absehbare Zeit weder bei anderen Entleihern noch ggf. bei sich im Betrieb einsetzen kann.[603] Gelingt dem Verleiher dieser Nachweis und kommt es im Ergebnis tatsächlich zu einer betriebsbedingten Kündigung, dann ist diese nicht durch § 613a Abs. 1 S. 1 BGB abzuwenden. Der Leiharbeitnehmer genießt in dem Verhältnis zum Verleiher einen gegenüber dem Normalarbeitsverhältnis stärkeren Bestandsschutz und dieser wird durch die Eigenständigkeit der Sozialauswahl zusätzlich abgesichert. Der Gefahr einer betriebsbedingten Kündigung des Leiharbeitnehmers wird insoweit vom Gesetzgeber durch verschiedene Regelungsmechanismen entgegengetreten. Eine Anwendung von § 613a Abs. 1 S. 1 BGB würde diesen Schutz nur rechtfertigungslos erhöhen bzw. verdoppeln.

---

602 ArbR.Hdb.-Schaub/*Koch*, § 120 Rn. 43; *Moderegger*, ArbRB 2014, 118; Ulber/*J.Ulber*, § 1 AÜG Rn. 112.
603 *BAG* vom 18.5.2006, 2 AZR 412/05, NJOZ 2006, 3089, 3091.

(1.2) Betriebsbedingte Kündigung durch Verleiher

Die Annahme, dass der erhöhte Schutz des Leiharbeitnehmers vor betriebsbedingten Kündigungen dadurch erfolge, dass dem Verleiher erst ab einer mangelnden Beschäftigungsmöglichkeit von mindestens 3 Monaten tatbestandlich eine betriebsbedingte Kündigung erlaubt sei,[604] ist mit dem *BAG* abzulehnen.[605] Das KSchG kennt keine 3-monatige Wartefrist,[606] auch keine andere Norm sieht dies vor. Trotz dessen, dass der Verleiher allein den dauerhaften Nichtverwendungsbedarf auf der Grundlage einer Prognose nachweisen muss,[607] besteht dennoch ein für Leiharbeitnehmer erhöhter Schutz vor betriebsbedingten Kündigungen. Dies ist dadurch bedingt, dass kurzfristige beschäftigungsfreie Zeiten typisch für die Arbeitnehmerüberlassung sind.[608] Sie gehören zum Wirtschaftsrisiko des Verleihers.[609] Insoweit muss abweichend vom gewöhnlichen Arbeitsverhältnis, bei dem das Vorliegen von beschäftigungsfreien Zeiten untypisch ist, ein strengerer Maßstab an die Prognose einer fehlenden Verwendungsmöglichkeit für den Leiharbeitnehmer gelten. Die erhöhten Anforderungen an die zu erfüllende Prognose gewähren dem Leiharbeitnehmer im Vergleich zu normalen Arbeitnehmern bereits ein Stück mehr an Bestandsschutz. Hiergegen kann auch nicht eingewandt werden, dass die gesteigerten Prognoseanforderungen lediglich eine Kompensation dafür seien, dass der Leiharbeitnehmer sowohl im entleihenden als auch im verleihenden Betrieb einem Wegfall des Beschäftigungsrisikos ausgesetzt ist. Dieses Risiko wird bereits dadurch kompensiert, dass für den Leiharbeitnehmer regelmäßig nicht nur eine Einsatzmöglichkeit besteht. Es verbleibt dabei, dass Leiharbeitnehmer einen höheren Schutz vor betriebsbedingten Kündigungen genießen.

(1.3) Eigenständigkeit der Sozialauswahl

Dass es im vorliegenden Fall keiner Anwendung von § 613a Abs. 1 S. 1 BGB bedarf, zeigt sich überdies darin, dass durch die Sozialauswahl ein zusätzlicher und eigenständiger Kündigungsschutz für den Leiharbeitnehmer gewährleistet wird. Dies folgt daraus, dass (soweit das KSchG anwendbar ist) der Wegfall einer Beschäftigungsmöglichkeit für die zuvor bei diesem Entleiher tätigen Leiharbeitnehmer nicht

---

604 *LAG Frankfurt* vom 17.11.1983, 9 Sa 599/83, BeckRS 2013, 74881; *Bayreuther*, RdA 2007, 176; Schüren/Hamann/*Schüren*, Einl. AÜG Rn. 279; Ulber/*J.Ulber*, § 1 AÜG Rn. 116.
605 *BAG* vom 18.5.2006, 2 AZR 412/05, NJOZ 2006, 3089, 3091.
606 *Fuhlrott/Fabritius*, NZA 2014, 122, 123.
607 *BAG* vom 18.5.2006, 2 AZR 412/05, NJOZ 2006, 3089, 3091 f.; ErfK/*Wank*, Einl. AÜG Rn. 27.
608 *Bayreuther*, RdA 2007, 176, 177; *Moderegger*, ArbRB 2014, 118, 119; Urban-Crell/ Gerrmakowski/Bissels/Hurst/*Germakowski/Bissels*, § 1 AÜG Rn. 30.
609 *BAG* vom 18.5.2006, 2 AZR 412/05, NJOZ 2006, 3089, 3091; *Fuhlrott/Fabritius*, NZA 2014, 122, 123.

notwendig die Kündigung dieses konkreten Leiharbeitnehmers nach sich zieht.[610] In § 1 Abs. 3 KSchG ist vielmehr geregelt, dass bei Vorliegen eines betriebsbedingten Kündigungsgrundes eine Sozialauswahl unter allen vergleichbaren Arbeitnehmern zu erfolgen hat.[611] Dabei richtet sich die Vergleichbarkeit der Leiharbeitnehmer beim Verleiher nicht danach, wo diese zuletzt eingesetzt wurden,[612] sondern es ist entscheidend, inwieweit sie zu vergleichbaren Zwecken überlassen werden können.[613] Ausgehend hiervon sind die bei einem weggefallenen Entleiher zuvor tätigen Leiharbeitnehmer mit weiteren Leiharbeitnehmern desgleichen Verleihers zu vergleichen. In Abhängigkeit von ihrer sozialen Schutzbedürftigkeit treffen die Folgen des Wegfalls der Einsatzmöglichkeit in dem entliehenen Betrieb danach möglicherweise Arbeitnehmer, welche gar nicht beim weggefallenen Entleiher eingesetzt wurden. Dies stärkt wiederum den Bestandsschutz der beim Entleiher eingesetzten Leiharbeitnehmer und macht die Selbstständigkeit des den Leiharbeitnehmern beim Verleiher zukommenden Kündigungsschutzes deutlich.

(2) Folgerungen für § 613a Abs. 1 S. 1 BGB

Für die betriebsbedingte Kündigung eines Leiharbeitnehmers besteht eine höhere Hürde zur Annahme eines dauerhaften Wegfalls des Beschäftigungsbedarfs und überdies erhält der Leiharbeitnehmer im Rahmen einer anzustellenden Sozialauswahl einen eigenständigen, vom Einsatz beim Entleiher unabhängigen Bestandsschutz. Diese Umstände zeigen, dass ein Eingreifen von § 613a Abs. 1 S. 1 BGB nicht geboten ist. Der Leiharbeitnehmer genießt bereits einen eigenständigen Bestandsschutz seines Arbeitsverhältnisses zum Verleiher. Dieser ist nicht noch zusätzlich über den in § 613a Abs. 1 S. 1 BGB verwurzelten Bestandsschutzgedanken abzusichern. Anderenfalls käme dem Leiharbeitnehmer bei der Übertragung eines entleihenden Betriebs ein höherer Bestandsschutz als einem normalen Arbeitnehmer zu. Neben den der Arbeitnehmerüberlassung innewohnenden Schutzmechanismen würde noch ein weiterer zusätzlicher Schutz gewährt werden. Es würde zu einer ungerechtfertigten Verdopplung des Bestandsschutzes kommen. Zudem zeigt auch der Umstand, dass in dem vertragslosen Verhältnis zwischen Entleiher und Leiharbeitnehmer kein Bestandsschutz gewährt wird, weil es keiner Kündigung zu dessen Beendigung bedarf, dass auch im Falle einer drohenden betriebsbedingten Kündigung durch den Verleiher (als Folge des Wegfalls des Beschäftigungsbedarfs im entleihenden Betrieb) eine Anwendung von § 613a Abs. 1 S. 1 BGB ausscheiden

---

610 *BAG* vom 20.6.2013, 2 AZR 271/12, NZA 2013, 837, 838 f.; *Fuhlrott/Fabritius*, NZA 2014, 122, 124.
611 *BAG* vom 20.6.2013, 2 AZR 271/12, NZA 2013, 837, 838 f.; *Fuhlrott/Fabritius*, NZA 2014, 122, 124.
612 *BAG* vom 20.6.2013, 2 AZR 271/12, NZA 2013, 837, 838 f.; *Fuhlrott/Fabritius*, NZA 2014, 122, 124 f.
613 *BAG* vom 20.6.2013, 2 AZR 271/12, NZA 2013, 837, 838 f.; *Fuhlrott/Fabritius*, NZA 2014, 122, 124 f.

muss. Genießt das Verhältnis zwischen Entleiher und Leiharbeitnehmer generell keinen Bestandsschutz, dann kann der Wegfall des dortigen Beschäftigungsbedarfs auch über den mittelbaren Weg des Verhältnisses zum Verleiher keinen hieran anknüpfenden Bestandsschutz auslösen. Eine betriebsbedingte Kündigung durch den Verleiher nach dem Wegfall des Beschäftigungsbedarfs im übertragenen entleihenden Betrieb geht an Sinn und Zweck von § 613a Abs. 1 S. 1 BGB vorbei, weil der Leiharbeitnehmer aufgrund des fehlenden Bestandsschutzes zum Entleiher jederzeit damit rechnen muss, dass der Entleiher seinen dortigen Einsatz beendet. Der Verleiher kann jederzeit damit konfrontiert sein, keine dauerhafte Einsatzmöglichkeit mehr für diesen Leiharbeitnehmer zu haben, weil die bisherige Beschäftigung im entleihenden Betrieb entfallen ist. Würde man bei der Veräußerung eines entleihenden Betriebs und der sich hieraus ergebenden betriebsbedingten Kündigung eines Leiharbeitnehmers durch den Verleiher ein Eingreifen von § 613a Abs. 1 S. 1 BGB befürworten, dann würde hierdurch ein Risiko abgesichert, welches der Leiharbeitnehmer losgelöst vom Betriebsübergang stets zu tragen hat. Einen umfassenden Schutz des Arbeitnehmers vor sämtlichen betriebsbedingten Kündigungen will § 613a Abs. 1 S. 1 BGB jedoch nicht gewähren.

(3) Weiterführende Überlegung

Zusätzlich zu den vorangegangenen Erwägungen lässt sich an einem weiteren Aspekt aufzeigen, dass der Sinn und Zweck des § 613a Abs. 1 S. 1 BGB selbst dann nicht eingreifen kann, wenn es im Einzelfall zur betriebsbedingten Kündigung durch den Verleiher kommt: Im Zeitpunkt der Betriebsveräußerung steht regelmäßig nicht fest, ob in dem Verhältnis zwischen Leiharbeitnehmer und Verleiher die Voraussetzungen einer betriebsbedingten Kündigung vorliegen. Der Erwerber des entleihenden Betriebs könnte nicht erkennen, in welchem Umfang er zur Weiterbeschäftigung bisheriger Leiharbeitnehmer verpflichtet ist. Die durch § 613a Abs. 1 S. 1 BGB angestrebte Rechtssicherheit und -klarheit wäre gefährdet und Betriebsübertragungen würden erschwert, weil das Aushandeln des dem Betriebsübergang zugrundeliegenden Vertrags auf dem unbestimmten Umstand aufbaut, ob der Erwerber entliehene Arbeitnehmer weiterbeschäftigen muss und darf oder nicht.

d) Ergebnis: Keine Einschlägigkeit des Normzwecks

Es konnte unter verschiedenen Blickwinkeln nachgewiesen werden, dass bei der Veräußerung eines entleihenden Betriebs im Verhältnis zwischen Entleiher und Leiharbeitnehmer nicht der durch § 613a Abs. 1 S. 1 BGB bezweckte Bestandsschutz ausgelöst wird, weil diese Beziehung zur ihrer Beendigung keiner Kündigung bedarf. Die Folgen, die durch den Wegfall der Einsatzmöglichkeit des Leiharbeitnehmers im entleihenden Betrieb entstehen, werden grundsätzlich durch die Schutzmechanismen innerhalb der Arbeitnehmerüberlassung aufgefangen. Dem Leiharbeitnehmer wird ein eigenständiger Kündigungsschutz im Verhältnis zum Verleiher gewährt. Besonders deutlich zeigt sich die Eigenständigkeit des dortigen Schutzes im Erfordernis der Sozialauswahl. Diese Eigenständigkeit verbietet den teilweise vorzufindenden Rückschluss vom Wegfall des Arbeitsplatzes beim Entleiher auf ein sich für den Leiharbeitnehmer eröffnendes Schutzbedürfnis. Wird der Bestandsschutz des Leiharbeitnehmers allgemein allein im Verhältnis zum Verleiher verwirklicht, spricht dies deutlich dafür, auch den vorgesehenen Bestandsschutz nach § 613a Abs. 1 S. 1 BGB allein in diesem Verhältnis eingreifen zu lassen.

3. Normzweck 2: Kontinuität des Betriebsratsamts

Schließlich gilt zu untersuchen, inwieweit der zweite maßgebliche Normzweck von § 613a Abs. 1 S. 1 BGB, der in der Absicherung der Kontinuität des vor dem Übergang bestehenden Betriebsratsamts liegt,[614] innerhalb der Beziehung zwischen Entleiher und Leiharbeitnehmer zum Tragen kommt.

a) Herleitung des Normzwecks

Auch wenn sich der vorbezeichnete Normzweck nicht explizit in den Gesetzesmaterialien finden lässt, kann der Gesetzesbegründung zumindest entnommen werden, dass § 613a Abs. 1 S. 1 BGB (auch) „betriebsverfassungsrechtliche Bedeutung" haben soll.[615] Diese betriebsverfassungsrechtliche Komponente verwirklicht sich darin, dass der Betriebsrat als solcher auch nach dem Übergang des Betriebs unverändert fortbesteht. Diese Zielsetzung ist als „Reflex" zum gesetzgeberischen Ziel der Gewährleistung eines Bestandsschutzes für Arbeitsverhältnisse zu sehen.[616] Schützt der Gesetzgeber mit § 613a Abs. 1 S. 1 BGB den Bestand der Arbeitsverhältnisse vor den Gefahren einer Betriebsveräußerung, umfasst dies auch die Arbeitsverhältnisse von Betriebsratsmitgliedern, weil es sich hierbei um gewöhnliche Arbeitsverhältnisse, die gewissen Besonderheiten unterliegen, handelt.[617] Auch diese bestehen durch die gesetzliche Überleitung auf den Erwerber gemäß § 613a Abs. 1 S. 1 BGB

---

614 *BAG* vom 3.7.1980, 3 AZR 1077/78, BAGE 34, 34, 36; *BAG* vom 17.1.1980, 3 AZR 160/79, BAGE 32, 326, 332 f.; *BAG* vom 2.10.1974, 5 AZR 504/73, BAGE 26, 301, 306 f.; *Edenfeld*, AuA 1996, 379, 381; *Bauer*, Unternehmensveräußerung und Arbeitsrecht, S. 18; *Borngräber*, Arbeitsverhältnis bei Betriebsübergang, S. 32; *Commandeur/Kleinebrink*, Betriebs- und Firmenübernahme, Rn. 36; Kass.Hdb/*Hattesen*, 6.7 Rn. 11; *Fischer*, Individualrechtliche Probleme beim Betriebsübergang nach § 613a BGB, S. 7; *Hergenröder*, AR-Blattei SD 500.1 Rn. 54; *Kerschner/Köhler*, Betriebsveräußerung und Arbeitsrecht, S. 14; ErfK/*Preis*, § 613a BGB Rn. 2; *Seiter*, Betriebsinhaberwechsel, S. 29; APS/*Steffan*, § 613a BGB Rn. 1, 148; *Wendling*, Rechtsgeschäftlicher Betriebsübergang und Arbeitsverhältnis, S. 22.
615 BT-Drs. VI/1786, 59.
616 *Hergenröder*, AR-Blattei SD 500.1 Rn. 54; *Commendeur/Kleinebrink*, Betriebs- und Firmenübernahme, Rn. 39; *Pottmeyer*, Die Überleitung der Arbeitsverhältnisses im Falle des Betriebsinhaberwechsels nach § 613a BGB, S. 120; Willemsen/Hohenstatt/Schweibert/Seibt/*Willemsen*, Umstrukturierung und Übertragung von Unternehmen, G Rn. 19.
617 Vgl. Staudinger/*Richardi/Fischinger*, Vorbem zu §§ 611 ff. BGB Rn. 1027.

unverändert fort. Das impliziert den Fortbestand des Betriebsratsamts, weil die Betriebsratsmitglieder nicht aus dem Arbeitsverhältnis ausscheiden.

b) Inhalt des Kontinuitätsschutzes

Die „Absicherung der Kontinuität des Betriebsratsamts"[618] bedeutet letztlich, dass der jeweilige Betriebsrat bzw. dessen Mitglieder unabhängig von der Betriebsveräußerung die ihnen betriebsverfassungsrechtlich zukommenden Rechte und Pflichten wahrnehmen können.[619] Die Veräußerung eines Betriebs kann weder den automatischen Wegfall des Betriebsrats bewirken, noch kann hierdurch das automatische Entstehen eines zuvor nicht existenten Betriebsrats bewirkt werden. Der bestehende Betriebsrat bleibt unverändert in seinem Amt, weil das Betriebsratsamt aufgrund des fortbestehenden bzw. auf den Erwerber (inhaltsgleich) übergehenden Arbeitsverhältnisses entgegen § 24 Nr. 3 BetrVG nicht erlöschen kann. Hierdurch wird zugleich ausgeschlossen, dass der Erwerber eigenmächtig und ohne Gewichtung der Belange der Arbeitnehmer zu deren Lasten Maßnahmen durchführen kann. Der Betriebsrat ist im Rahmen seiner ihm durch das BetrVG zugewiesenen Rechte weiterhin zu beteiligen; insoweit wird den Arbeitnehmerinteressen fortwährend Rechnung getragen.

c) Normzweck und Veräußerung des entleihenden Betriebs

Festzustellen bleibt, inwieweit sich der aufgezeigte Normzweck bei der Veräußerung eines entleihenden Betriebs in der Beziehung zwischen Entleiher und Leiharbeitnehmer vorfinden lässt.

aa) Ausgangsfrage

Ein Schutz des Betriebsratsamts setzt denknotwendig voraus, dass es zumindest theoretisch denkbar ist, dass das Amt eines Betriebsrats erworben werden kann; d.h. dass der Leiharbeitnehmer im entleihenden Betrieb Teil des Betriebsrats sein kann. Nur soweit dies zu bejahen ist, kommt für den im entleihenden Betrieb eingesetzten Leiharbeitnehmer ein Schutz im Sinne der Gewährleistung der Kontinuität des bestehenden Betriebsratsamts in Betracht. Können Leiharbeitnehmer im entleihenden Betrieb nicht das Amt eines Betriebsratsmitglieds innehaben, können sie auch keine Mitbestimmungsrechte für diesen Betrieb wahrnehmen, weshalb der Normzweck nicht auf sie passen würde.

---

618 Vgl. *BAG* vom 2.10.1974, 5 AZR 504/73, NJW 1975, 1378, 1379; *BAG* vom 17.1.1980, 3 AZR 160/79, NJW 1980, 1124, 1125; *BAG* vom 22.12.2009, 3 AZR 814/07, NZA 2010, 568, 569; *BAG* vom 12.7.1990, 2 AZR 39/90, NZA 1991, 63, 65.

619 Vgl. *Hergenröder*, AR-Blattei SD 500.1 Rn. 33 der Betriebsrat erfährt keine grundlegende Umwälzung; *Seiter*, Betriebsinhaberwechsel, S. 29; APS/*Steffan*, § 613a BGB Rn. 148.

bb) Kein passives Wahlrecht im entleihenden Betrieb

In § 8 Abs. 1 S. 1 BetrVG heißt es: „Wählbar sind alle Wahlberechtigten, die sechs Monate dem Betrieb angehören oder als in Heimarbeit Beschäftigte in der Hauptsache für den Betrieb gearbeitet haben." Nach § 7 BetrVG sind wahlberechtigt: „alle Arbeitnehmer des Betriebs, die das 18. Lebensjahr vollendet haben. Werden Arbeitnehmer eines anderen Arbeitgebers zur Arbeitsleistung überlassen, so sind diese wahlberechtigt, wenn sie länger als drei Monate im Betrieb eingesetzt werden." Ausgehend von §§ 7 S. 2, 8 Abs. 1 S. 1 BetrVG ließe sich zunächst darauf schließen, dass die Leiharbeitnehmer im entleihenden Betrieb zum Betriebsrat gewählt werden können, sofern sie diesem länger als drei Monate angehören. Allerdings hat der Gesetzgeber in § 14 Abs. 2 S. 1 AÜG (für erlaubnispflichtige Überlassungen) folgende Regelung getroffen: „Leiharbeitnehmer sind bei der Wahl der Arbeitnehmervertreter in den Aufsichtsrat im Entleiherunternehmen und bei der Wahl der betriebsverfassungsrechtlichen Arbeitnehmervertretungen im Entleiherbetrieb nicht wählbar." Vergleichbar hierzu heißt es in § 2 Abs. 3 S. 2 WO BetrVG: „Wahlberechtigten Leiharbeitnehmerinnen und Leiharbeitnehmern im Sinne des Arbeitnehmerüberlassungsgesetzes steht nur das aktive Wahlrecht zu." Aufgrund dessen, dass § 14 Abs. 2 S. 1 AÜG lex specialis zu § 8 BetrVG ist,[620] kann jedenfalls ein Leiharbeitnehmer im entleihenden Betrieb – trotz des ersten durch §§ 7 S. 2, 8 Abs. 1 S. 1 BetrVG vermittelten Anscheins – bei einer erlaubnispflichtigen Überlassung nicht aktives Mitglied des dortigen Betriebsrats sein. Gleiches gilt nach überwiegender Ansicht aber auch für nicht erlaubnispflichtig überlassene Leiharbeitnehmer.[621]

Der *schriftliche Bericht des Ausschuss für Arbeit und Sozialordnung von 1972* zeigt zudem, dass auch schon im Zeitpunkt der Schaffung von § 613a BGB, zu welchem § 14 Abs. 2 S. 1 AÜG[622] noch nicht gesetzlich fixiert gewesen ist, angenommen wurde, dass der Leiharbeitnehmer ausschließlich dem verleihenden Betrieb angehörig ist: „Die Aufnahme einer Vorschrift über die betriebsverfassungsrechtliche Stellung des Leiharbeitnehmers hielt der Ausschuß für nicht erforderlich [...] Damit ist der Leiharbeitnehmer betriebsverfassungsrechtlich dem Betrieb des Verleihers zugeordnet."[623] Insoweit wird ersichtlich, dass vor und unabhängig von der Existenz des § 14 AÜG die gesetzgeberische Annahme bestand, dass der Leiharbeitnehmer grundsätzlich nicht dem entleihenden Betrieb angehört. Dies wiederum hat zur Folge, dass er auch nicht Repräsentant der Belegschaft des entleihenden Betriebs

---

620 Thüsing/*Thüsing*, § 14 AÜG Rn. 48; so wohl auch *Dörner*, in: FS Wissmann, S. 286, 300.
621 *BAG* vom 17.2.2010, 7 ABR 51/08, NZA 2010, 832, 833; *BAG* vom 16.4.2003, 7 ABR 49/03, NZA 2004, 1340, 1341; Thüsing/*Thüsing*, § 14 AÜG Rn. 7; Ulber/*J. Ulber*, § 14 AÜG Rn. 4a.
622 Inkrafttreten am 1.1.1982.
623 Schriftlicher Bericht des Ausschusses für Arbeit und Sozialordnung zu BT-Drs. VI/3505, 4.

sein kann, weil dies eine betriebsverfassungsrechtliche Zuordnung zum Betrieb erfordert.

cc) Folgerung für § 613a Abs. 1 S. 1 BGB

Der Leiharbeitnehmer verfügt im entleihenden Betrieb über kein passives Wahlrecht. Das gilt unabhängig davon, ob es sich um eine erlaubnispflichtige oder erlaubnisfreie Überlassung handelt. In diesem Sinne kann er nicht als Mitglied des Betriebsrats im entleihenden Betrieb gewählt werden. Ist es für Leiharbeitnehmer im entleihenden Betrieb aber von vornherein ausgeschlossen, dass sie Teil des Betriebsrats im entleihenden Betrieb sein können, kann der Kontinuitätsschutz des Betriebsratsamts im Sinne von § 613a Abs. 1 S. 1 BGB für sie nicht zur Anwendung kommen. In dieser Hinsicht besteht keine Notwendigkeit für eine Anwendung von § 613a Abs. 1 S. 1 BGB.

4. Auslegungsergebnis Telos

Weder der in § 613a Abs. 1 S. 1 BGB umgesetzte Bestandsschutzgedanke noch der Normzweck von der Gewährleistung der Kontinuität des bestehenden Betriebsratsamts, verwirklichen sich bei der Veräußerung eines entleihenden Betriebs in der Beziehung zwischen Entleiher und Leiharbeitnehmer. Eine Anwendung von § 613a Abs. 1 S. 1 BGB lässt sich in diesem Verhältnis nicht rechtfertigen. Dieses Ergebnis hat sich bereits darin gezeigt, dass in der Beziehung zwischen Leiharbeitnehmer und Entleiher ein Verpflichtungsgrund fehlt, dessen zukünftiger Bestand zu schützen ist. Dementsprechend besteht kein Bestandsschutz, weil der Einsatz des Leiharbeitnehmers bei einem bestimmten Entleiher jederzeit ohne Mitwirkung des Leiharbeitnehmers beendet werden kann. Zudem konnte nachgewiesen werden, dass durch § 613a Abs. 1 S. 1 BGB kein mittelbarer Bestandsschutz in der Form gewährleistet wird, dass die Betriebsveräußerung im entleihenden Betrieb möglicherweise eine betriebsbedingte Kündigung im Verhältnis zwischen Verleiher und Leiharbeitnehmer auslösen könnte. Bestätigt wurde das Nichteingreifen von § 613a Abs. 1 S. 1 BGB auch im Hinblick darauf, dass es in diesem Verhältnis keines Schutzes der Kontinuität des Betriebsrats bedarf. Leiharbeitnehmer können im entleihenden Betrieb nicht Teil des dortigen Betriebsrats sein, weil ihnen hierfür das passive Wahlrecht fehlt. Ausgehend hiervon und im Hinblick auf die getroffene Erkenntnis, dass der Kontinuitätsschutz des Betriebsratsamts nur ein „Reflex" zum Bestandsschutz der Arbeitsverhältnisse ist, bestätigt sich, dass insgesamt kein Bedürfnis für eine Anwendung von § 613a Abs. 1 S. 1 BGB bei der Veräußerung eines entleihenden Betriebs besteht, weil sich beide Normzwecke nicht in der Beziehung zwischen Entleiher und Leiharbeitnehmer verwirklichen.

V. Gesamtergebnis zur Auslegung von § 613a Abs. 1 S. 1 BGB

1. Keine Anwendung zwischen Entleiher und Leiharbeitnehmer

Der Wortlaut von § 613a Abs. 1 S. 1 BGB ist hinreichend offen, so dass eine Anwendung der Norm entgegen der herrschenden Ansicht auch auf Arbeitsverhältnisse ohne Pflichtenband möglich erscheint. Die systematische Auslegung hat dieses offene Ergebnis ein Stück weit konkretisiert, indem durch § 613a Abs. 4 S. 1 BGB nachgewiesen werden konnte, dass an ein Arbeitsverhältnis mit Pflichtenband angeknüpft wird. Der Telos von § 613a Abs. 1 S. 1 BGB hat dieses Ergebnis bestätigt und gezeigt, dass nur solche Rechtsbeziehungen von der Norm erfasst sein sollen, durch welche ein Arbeitnehmer unmittelbar durch ein Pflichtenband zum Betriebsinhaber zur Erbringung weisungsabhängiger Dienste verpflichtet wird, weil diese Vorschrift dem Bestandsschutz solcher Beziehungen dient. Das bestehende Pflichtenband soll in seiner Beziehung zu einer betrieblichen Organisation erhalten werden. Da zwischen Entleiher und Leiharbeitnehmer gewöhnlich ein entsprechendes Pflichtenband nicht besteht, kommt § 613a Abs. 1 S. 1 BGB nicht zur Anwendung. Die Norm bezieht sich allein auf das Verhältnis des Leiharbeitnehmers zum Verleiher, wo ganz allgemein der Bestandsschutz des Leiharbeitnehmers verwirklicht wird. Allein diese Beziehung sichert den Lebensunterhalt des Leiharbeitnehmers ab. Zudem hat der Umstand, dass der Leiharbeitnehmer im entleihenden Betrieb nicht Teil der dortigen Interessenvertretung sein kann, deutlich gemacht, dass auch insoweit kein Schutz durch § 613a Abs. 1 S. 1 BGB vermittelt werden muss.

2. Widersprüchlichkeit der allgemeinen Ansicht

Auch wenn das herausgearbeitete Ergebnis bei genauerer Betrachtung dadurch in Frage gestellt wird, dass die ganz herrschende Ansicht annimmt, dass § 613a Abs. 1 S. 1 BGB auf fehlerhafte Arbeitsverhältnisse Anwendung findet und diese wiederum losgelöst von einem Verpflichtungstatbestand bestehen können, ist an den ermittelten Erkenntnissen festzuhalten. Richtigerweise ist einschränkend festzustellen, dass § 613a Abs. 1 S. 1 BGB auf fehlerhafte Arbeitsverhältnisse nicht anwendbar ist, soweit im Zeitpunkt des Betriebsübergangs kein Verpflichtungstatbestand besteht. Eine Anwendung von § 613a Abs. 1 S. 1 BGB ist entgegen der herrschenden Annahme gar nicht erforderlich, insbesondere kann der Normzweck eine solche Anwendung nicht begründen. Der Erwerber kann das fehlerhafte Arbeitsverhältnis ebenso beenden wie der Veräußerer. Der Arbeitnehmer genießt für das fehlerhafte Arbeitsverhältnis keinen in die Zukunft gerichteten Bestandsschutz, weder vor noch nach einem Betriebsübergang. § 613a Abs. 1 S. 1 BGB kann dem Arbeitnehmer diesen Bestandsschutz nicht „schenken". Dass der Arbeitnehmer im Anschluss an einen Betriebsübergang gleichwohl zum Erwerber in einem fehlerhaften Arbeitsverhältnis steht, d. h. die Annahme der herrschenden Ansicht zumindest in ihrem Ergebnis zutreffend ist, folgt nicht aus § 613a Abs. 1 S. 1 BGB, sondern daraus, dass der Arbeitnehmer tatsächlich unter dem Weisungsrecht des Erwerbers tätig wird und hierdurch zu diesem erneut ein fehlerhaftes Arbeitsverhältnis entsteht.

Dies bewirkt, dass die vorliegend befürwortete Nichtanwendung von § 613a Abs. 1 S. 1 BGB auf die Beziehung zwischen Entleiher und Leiharbeitnehmer und auf fehlerhafte Arbeitsverhältnisse auch keinen Widerspruch bewirkt.

3. Weiterführendes Problem: „Hinkende" Beschäftigung

Das ermittelte Ergebnis, dass § 613a Abs. 1 S. 1 BGB innerhalb der Beziehung zwischen Entleiher und Leiharbeitnehmer keine Anwendung findet, bedeutet nicht zugleich, dass es ausgeschlossen ist, dass der Leiharbeitnehmer nach dem Übergang des entleihenden Betriebs ohne rechtliche Pflicht bei dem Betriebserwerber tatsächlich tätig wird und der Erwerber dem Leiharbeitnehmer tatsächlich Weisungen erteilt.[624] Dies kann insbesondere darauf beruhen, dass der Leiharbeitnehmer in Unkenntnis des Betriebsübergangs tätig wird und der Erwerber möglicherweise der vermeintlichen Annahme unterliegt, dass er zu einer Beschäftigung verpflichtet ist bzw. er hierüber im Unklaren ist und den Leiharbeitnehmer bis zur rechtlichen Aufklärung beschäftigt.

Eine solche Beschäftigung des Leiharbeitnehmers wäre das Ergebnis des tatsächlichen Handelns der Parteien. Vergleichbar zum fehlerhaften Arbeitsverhältnis entsteht aus dem tatsächlichen Vollzug erneut ein Rechtsverhältnis. Dieses entspricht dem vor dem Betriebsübergang aufgrund des tatsächlichen Leistungsaustauschs bestehenden Verhältnis zwischen Entleiher und Leiharbeitnehmer. Die vorbezeichnete Tätigkeit des Leiharbeitnehmers im Betrieb des Erwerbers führt deshalb zu keinem (fehlerhaften) Arbeitsverhältnis, weil der Leiharbeitnehmer nicht aufgrund eines vermeintlich übergangenen fehlerhaften Arbeitsverhältnisses beim Erwerber tätig wird, sondern aufgrund eines vermeintlichen Arbeitnehmerüberlassungsverhältnisses. Insoweit sind die vom Leiharbeitnehmer beim Erwerber erbrachten Dienste regelmäßig nicht zwischen dem Leiharbeitnehmer und dem Erwerber, sondern in den beiden anderen Verhältnissen abzuwickeln (vgl. hierzu Kap. 7 § 2 C. und Kap. 8 § 2 D. und E.). Bei *vorläufiger Betrachtung* besteht im Hinblick hierauf ein „hinkendes" Beschäftigungsverhältnis zwischen Leiharbeitnehmer und Erwerber.

§ 3 Europarechtliche Vorgaben durch die Richtlinie 2001/23/EG

Die Richtlinie 2001/23/EG bildet auf unionsrechtlicher Ebene den Maßstab dafür, ob und unter welchen Voraussetzungen die Beziehung zwischen Entleiher und Leiharbeitnehmer bei der Veräußerung eines entleihenden Betriebs von den betriebsübergangsrechtlichen Vorschriften erfasst ist. Daher ist die Richtlinie 2001/23/

---

624 Vergleichbar hierzu wurde bereits in Kap. 4 § 2 E. für die unterstellte Annahme, dass die dauerhafte Arbeitnehmerüberlassung verboten ist, gezeigt, dass dies nicht bedeutet, dass sie in der Praxis nicht mehr vorkommt.

EG als gegenüber nationalen Vorschriften hierarchisch übergeordnete Regelung[625] eigenständig auszulegen, ob sie bei der Veräußerung eines entleihenden Betriebs auf das Verhältnis zwischen Entleiher und Leiharbeitnehmer Anwendung findet.

A. Ausgangspunkt

Die Richtlinie 2001/23/EG gibt verbindliche Mindestanforderungen für die Mitgliedstaaten vor, welche in Bezug auf die verankerten Richtlinienziele zwingend bei der Umsetzung und Anwendung des nationalen Rechts zu berücksichtigen sind (zweistufige Rechtsetzung).[626] Die durch die Richtlinie 2001/23/EG vorgezeichneten Mindestanforderungen müssen daher feststehen, um sie bei der Auslegung von § 613a BGB berücksichtigen zu können.[627]

I. Richtlinie 2001/23/EG und Albron Catering

Dabei dient als Auslegungshilfe für die in einer Richtlinie enthaltenen Begriffe gewöhnlich die Rechtsprechung des *EuGH*, weil dieser durch sein Handeln die Inhalte einer Richtlinie konkretisiert.[628] Ausgehend hiervon ist vorliegend auf die Albron Entscheidung des *EuGH* zurückzugreifen, mit der eine Auslegungshilfe zur Anwendbarkeit der Richtlinie 2001/23/EG bei der Veräußerung eines entleihenden Betriebs geschaffen worden ist. Der *EuGH* hat festgestellt, dass die Richtlinie 2001/23/EG jedenfalls dann gilt, wenn ein Leiharbeitnehmer dauerhaft durch eine konzerninterne bloße Personalführungsgesellschaft entsandt ist und der konzerneigene Einsatzbetrieb auf einen konzernexternen Dritten übertragen wird.[629] Diese Vorgabe bedeutet nicht, dass ein deutscher Richter bei der Auslegung von § 613a

---

625 Dies folgt bereits unmittelbar aus der Umschreibung des Europarechts als „das begriffliche Dach für mehrere rechtliche Ordnungen, die vielfältig miteinander verflochten sind": *Herdegen*, Europarecht, § 1 Rn. 1; ders., § 10 Rn. 1 „das Unionsrecht [setzt sich] uneingeschränkt gegen entgegenstehendes nationales Recht durch".

626 *Herdegen*, Europarecht, § 8 Rn. 36; *Kokott*, RdA 2006, Sonderbeilage Heft 6, 30, 31; *Konzen*, in: FS Birk, S. 439, 441 f.; *Streinz*, Europarecht, Rn. 474; Geiger/Khan/Kotzur/*Kotzur*, Art. 288 AEUV Rn. 10; Callies/Ruffert/*Ruffert*, Art. 288 AEUV Rn. 23; Hanau/Steinmeyer/ Wank/*Steinmeyer*, Handbuch des europäischen Arbeits- und Sozialrechts, § 10 Rn. 22, Hanau/Steinmeyer/Wank/*Wank*, Handbuch des europäischen Arbeits- und Sozialrechts, § 9 Rn. 84; *Weber*, Grenzen EU-rechtskonformer Auslegung und Rechtsfortbildung, S. 77 ff.

627 Losgelöst hiervon besteht weitergehend die theoretische Möglichkeit, dass die Mitgliedsländer im nationalen Recht ein über die Richtlinie hinausgehendes Schutzniveau gewähren. Dieses ist aber nicht unmittelbarer Gegenstand der Auslegung der Richtlinie sondern Gegenstand der nationalen Normauslegung, die schon an anderer Stelle erfolgt ist, vgl. Kap. 6 § 2 B.

628 ErfK/*Preis*, § 613a BGB Rn. 1; APS/*Steffan*, § 613a BGB Rn. 7; *Thüsing*, Europäisches Arbeitsrecht, § 5 Rn. 6; *Waas*, ZfA 2001, 377, 383; Münch.-Hdb.-ArbR/*Wank*, § 102 Rn. 3.

629 *EuGH* vom 21.10.2010, C-242/09, NZA 2010, 1225 ff.

BGB im Lichte der Richtlinie 2001/23/EG einschränkungslos an die vom *EuGH* entwickelten Maßstäbe gebunden ist. Die Rechtsprechung des *EuGH* wirkt nicht vergleichbar einem Gesetz. Vielmehr entfalten Urteile des *EuGH* grundsätzlich nur für gleichgelagerte Sachverhalte oder gleiche Rechtsfragen[630] eine Präjudizwirkung bei der Anwendung des nationalen Rechts.[631] In diesem Sinne besteht eine Pflicht zur Berücksichtigung der Vorgaben des *EuGH*,[632] aber eine erneute Vorlage in gleichen Auslegungsfragen (insbesondere bei Zweifeln) wird nicht verboten. Es besteht nur ein Verbot abweichender Entscheidungen ohne erneute Vorlage.[633]

Bei einem nationalen Streit um die Anwendbarkeit der Richtlinie 2001/23/EG bei der Veräußerung eines entleihenden Betriebs bedeutet dies für die Praxis, das zunächst die maßgeblichen Regelungen der Richtlinie 2001/23/EG durch den nationalen Richter auszulegen und im Falle eines (beabsichtigten) Abweichens von den Vorgaben des *EuGH* oder bei Zweifelsfragen dem *EuGH* der Sachverhalt (erneut) vorzulegen ist.[634] Dem *EuGH* bleibt es unbenommen, sofern er der Meinung ist, die streitige Auslegungsfrage bereits durch die (hier relevante) Albron Entscheidung entschieden zu haben, nach Art. 104 § 3 der Verfahrensordnung des *EuGH* nur auf diese Entscheidung zu verweisen.[635]

II. Vorgehen

Zur Ermittlung der einschlägigen Mindestvorgaben der Richtlinie 2001/23/EG wird nachfolgend die Entscheidung des *EuGH* in der Rechtssache Albron Catering in den Blick genommen. Im Schrifttum besteht großer Streit, ob der *EuGH* nur für den dieser Entscheidung zugrundeliegenden Überlassungssachverhalt oder allgemein für sämtliche Fälle der Arbeitnehmerüberlassung eine Anwendung der entwickelten Auslegungsmaßstäbe befürworten wollte bzw. befürwortet hat. Hierzu wird sich im

---

630 Vgl. *Althammer*, in: Zivilgerichtsbarkeit und Europäisches Justizsystem, S. 37, 47; Geiger/Khan/Kotzur/*Kotzur*, Art. 267 AEUV Rn. 38; *Wank*, in: FS 50 Jahre BAG, S. 245, 261.
631 *Herdegen*, Europarecht, § 9 Rn. 35 bezeichnet es als „faktische allgemeine Wirkung"; *Dauses*, Das Vorabentscheidungsverfahren nach Art. 177 EWG Vertrag, S. 104 ff.; a.A. vgl. *Kastelik-Smaza*, Das Vorabentscheidungsverfahren aus Sicht des individuellen Rechtsschutzes, S. 156; Münch.-Anwaltshandbuch-VerwaltungsR./ *Soltesz*, § 25 Rn. 165.
632 *Leenen*, Jura 2012, 753, 759; Hanau/Steinmeyer/Wank/*Wank*, Handbuch des europäischen Arbeits- und Sozialrechts, § 2 Rn. 8.
633 *Althammer*, in: Zivilgerichtsbarkeit und Europäisches Justizsystem, S. 47; Geiger/ Khan/Kotzur/*Kotzur*, Art. 267 AEUV Rn. 37; *Pechstein*, EU Prozessrecht, Rn. 868; Callies/Ruffert/*Wegener*, Art. 267 AEUV Rn. 49.
634 Vgl. im Grundsatz *Leenen*, Jura 2012, 753, 756 f.; Callies/Ruffert/*Wegener*, Art. 267 AEUV Rn. 49.
635 Vgl. *Forst*, RdA 2011, 228, 235; umfassend zu dieser Möglichkeit: *Kastelik-Smaza*, Das Vorabentscheidungsverfahren aus der Sicht des individuellen Rechtsschutzes, S. 156 f.

Vorfeld zur Auslegung der Richtlinie 2001/23/EG positioniert (vgl. B.). Auch wenn dieses Vorgehen nicht der Praxis entspricht, weil keine Auslegung der Reichweite einer Entscheidung des *EuGH*, sondern eine Auslegung der Richtlinie zu erfolgen hat und in Zweifelsfällen der *EuGH* anzurufen ist, liegt für die vorliegende (theoretische) Untersuchung in der Reichweite dieser Entscheidung eine entscheidungserhebliche Frage. Diese soll nicht offen gelassen werden. Erst die Erkenntnis über die Reichweite der vom *EuGH* getroffenen Aussagen schafft im Hinblick auf die Richtlinie 2001/23/EG hinreichende Klarheit über deren Inhalt und damit die Voraussetzung dafür, dass die betreffenden Aussagen im Rahmen der eigenen Richtlinienauslegung berücksichtigt werden können. Nur soweit die Entscheidung mit ihren Vorgaben reicht, bedarf es besonders gewichtiger Argumente, um eine abweichende Auslegung zu rechtfertigen.[636] Nur insoweit bedürfte eine abweichende Auslegung auch einer erneuten Vorlage zum *EuGH*. Diesem Untersuchungsschritt schließt sich die Auslegung der Richtlinie 2001/23/EG unmittelbar an (vgl. C.).

B. Streitige Reichweite der Entscheidung im Fall Albron Catering

Für dauerhafte konzerninterne Überlassungen eines Leiharbeitnehmers durch bloße Personalführungsgesellschaften gelten unstreitig die vom *EuGH* in der Albron Entscheidung aufgestellten Auslegungsgrundsätze zur Richtlinie 2001/23/EG.[637] Ob die in diesem Verfahren entwickelten Maßstäbe auch bei der normalen Arbeitnehmerüberlassung als verbindliche Auslegungshilfe der Richtlinie 2001/23/EG zu berücksichtigen sind, ist im Hinblick auf die kontroversen Diskussionen im Meinungsstand und als Grundlage der nachfolgenden Richtlinienauslegung zu klären.

---

636 *Althammer*, in: Zivilgerichtsbarkeit und Europäisches Justizsystem, S. 37, 47 f. „Jede Abweichung von der Ansicht des EuGH führt zu einer besonderen Rechtfertigungspflicht [...]."
637 *Abele*, FA 2011, 7, 10; *Bauer/v. Medem*, NZA 2011, 20, 22 f.; *Forst*, EWiR 2010, 737, 738; *ders.*, RdA 2011, 228, 232; BeckOK-ArbR/*Gussen*, § 613a BGB Rn. 86a; *Gaul/ Ludwig*, DB 2011, 298, 300 sprechen nur davon, dass zu erwarten ist, dass sich die Rechtsprechung der Sichtweise des *EuGH* anschließe; *Heuchemer/Schielke*, BB 2011, 758, 763; Hk-ArbR/*Karthaus/Richter*, § 613a BGB Rn. 96; *Kühn*, NJW 2011, 1408, 1409, 1411; *Mückl*, GWR 2011, 45; *Powietzka/Christ*, ZESAR 2013, 313, 315 f.; *Sagan*, ZESAR, 2011, 412, 421 erkennt die Zulässigkeit einer richtlinienkonformen Auslegung des § 613a BGB im Sinne der Albron Entscheidung, trifft aber keine abschließende Aussage; *Simon*, ELR 2010, 97, 99 plädiert für eine erneute Vorlage an den *EuGH*; KR/*Treber*, § 613a BGB Rn. 15; ErfK/*Wank*, Einl. AÜG Rn 33a; *Willemsen*, RdA 2012, 291, 299; *ders.* NJW 2011, 1546, 1550.

I. Einführung

Die europäischen Richter setzen sich in ihren Entscheidungsgründen gewöhnlich neben den Vorgaben der jeweils einschlägigen Richtlinie auch mit dem Schlussantrag des *Generalanwalts* auseinander[638] und nehmen erst im Nachgang hierzu eine Position ein, weshalb nachfolgend sowohl die Ausführungen des *Generalanwalts* als auch die Entscheidungsgründe des *EuGH* daraufhin analysiert werden, ob das Urteil auf den entschiedenen Sonderfall beschränkt ist oder eine weiterreichende Relevanz aufweist. Zudem sind die rechtlichen Ausführungen des *EuGH* regelmäßig knapp gehalten,[639] wodurch ein Rückgriff auf die vorbereitenden Erwägungen im Schlussantrag erforderlich ist.

II. Schlussantrag

Der *Generalanwalt* setzt sich mit folgendem von Albron Catering erhobenen Einwand, der nach Ansicht von Albron Catering zwingend gegen eine Anwendung der Richtlinie 2001/23/EG sprechen müsse, auseinander: wenn „Arbeitnehmer innerhalb eines Konzerns abgestellt würden, sei dies mit Leiharbeitnehmern vergleichbar, die dem Leiharbeitsunternehmen als einer wirtschaftlichen Einheit angehörten und für welche die Richtlinie 2001/23 nur bei dessen Übergang gelte, nicht aber beim Übergang des entleihenden Unternehmens."[640] Diesem Vortrag von Albron Catering tritt der *Generalanwalt* entgegen mit: „Ich teile diese Einwände nicht".[641] Der *Generalanwalt* ist „der Ansicht, dass die Richtlinie 2001/23/EG auf den vorliegenden Fall anwendbar ist". Zur Begründung führt er aus, dass ein Arbeitnehmer, der in einer konzernangehörigen Struktur überlassen werde, in einem festen Verhältnis zu dem Einsatzbetrieb stehe, ähnlich wie bei einer Anstellung in diesem.[642] Der Arbeitnehmer sei in einem solchen Überlassungsfall auch „in die Struktur der Gesellschaft, bei der er die Arbeit verrichtet, eingebunden und leistet einen Beitrag bei der Ausübung ihrer wirtschaftlichen Tätigkeit".[643] „Ein solches Arbeitsverhältnis unterscheidet sich daher deutlich von dem Arbeitsverhältnis, das eine solche Gesellschaft mit einem

---

638 Vgl. *Bergmann*, Handlexikon der EU, unter: Generalanwalt (*EuGH*).
639 *Bergmann*, Handlexikon der EU, unter: Generalanwalt (*EuGH*); von der Groeben/Schwarze/Hackspiel, Art. 222 EGV Rn. 14.
640 Schlussantrag des *Generalanwalts Bot* vom 3.6.2010 zu Albron Catering (C-242/09), Rn. 30.
641 Schlussantrag des *Generalanwalts Bot* vom 3.6.2010 zu Albron Catering (C-242/09), Rn. 34.
642 Schlussantrag des *Generalanwalts Bot* vom 3.6.2010 zu Albron Catering (C-242/09), Rn. 42.
643 Schlussantrag des *Generalanwalts Bot* vom 3.6.2010 zu Albron Catering (C-242/09), Rn. 43.

Leiharbeitnehmer haben könnte. Ein Leiharbeitnehmer wird der entleihenden Gesellschaft nämlich nur vorübergehend zur Verfügung gestellt."[644]

Weiter heißt es in dem Schlussantrag: „Im Hinblick auf den Zweck und die Systematik der Richtlinie 2001/23 sollte die Art, in der die Arbeitsverhältnisse innerhalb eines Konzerns wie des im Ausgangsverfahren in Rede stehenden organisiert sind, nach meiner Auffassung daher so verstanden werden, als ob die Anstellungsgesellschaft die Arbeitsverträge mit den Arbeitnehmern des Konzerns für Rechnung jeder einzelnen Betriebsgesellschaft schlösse, bei denen sie eingesetzt werden."[645] „Zum anderen verleiht die Dauerhaftigkeit seiner Verwendung dem Arbeitsverhältnis mit dieser Gesellschaft dieselbe Dauer, wie sie sich aus dem Arbeitsvertrag mit der Anstellungsgesellschaft ergibt."[646] Bei einer Nichtanwendung der Richtlinie 2001/23/EG „bestünde die sichere Gefahr, dass Konzerne diese Art der Organisierung ihrer Arbeitsverhältnisse übernehmen, um auszuschließen, dass die Richtlinie im Fall eines Übergangs Anwendung findet."[647] Überdies sei es „Sache des *Gerichtshofs*, gegebenenfalls später festzustellen, ob und unter welchen Bedingungen dieses Ergebnis auf andere Entsendefälle zu übertragen ist."[648] Schließlich greift der *Generalanwalt* auf die Erwägungen des *EuGH* in der Rechtssache *Jouini*[649] zurück, welche „nicht auf den Fall der Entsendung eines Arbeitnehmers innerhalb eines Konzerns übertragbar" seien.[650]

III. Entscheidungsgründe

Der *EuGH* spricht hingegen in den gesamten Entscheidungsgründen davon, dass der Entleiher der „nichtvertragliche Arbeitgeber"[651] und der Verleiher der „vertragliche Arbeitgeber"[652] sei. Im Zusammenhang mit dem dritten Erwägungsgrund der Richtlinie 2001/23/EG führt er sodann aus: „der die Notwendigkeit hervorhebt, die Arbeitnehmer bei einem ‚Inhaberwechsel' zu schützen. Dieser Begriff kann in einem

---

644 Schlussantrag des *Generalanwalts Bot* vom 3.6.2010 zu Albron Catering (C-242/09), Rn. 44.
645 Schlussantrag des *Generalanwalts Bot* vom 3.6.2010 zu Albron Catering (C-242/09), Rn. 46.
646 Schlussantrag des *Generalanwalts Bot* vom 3.6.2010 zu Albron Catering (C-242/09), Rn. 43.
647 Schlussantrag des *Generalanwalts Bot* vom 3.6.2010 zu Albron Catering (C-242/09), Rn. 50.
648 Schlussantrag des *Generalanwalts Bot* vom 3.6.2010 zu Albron Catering (C-242/09), Rn. 55.
649 *EuGH* vom 13.9.2007, C-458/05, NJW 2007, 3195 ff. Der *EuGH* hatte hierin entschieden, dass die Leiharbeitnehmer bei der normalen Arbeitnehmerüberlassung der wirtschaftlichen Einheit des Verleihers zuzuordnen sind.
650 Schlussantrag des *Generalanwalts Bot* vom 3.6.2010 zu Albron Catering (C-242/09), Rn. 45.
651 *EuGH* vom 21.10.2010, C-242/09, NZA 2010, 1225, 1226 ff.
652 *EuGH* vom 21.10.2010, C-242/09, NZA 2010, 1225, 1226 ff.

Kontext wie dem des Ausgangsverfahrens den nichtvertraglichen Arbeitgeber bezeichnen, der für die Durchführung der übertragenen Tätigkeit verantwortlich ist."[653] Im Anschluss hierzu stellt der *EuGH* fest: „Wenn daher in einem Konzern zwei Arbeitgeber nebeneinander bestehen, von denen der eine vertragliche Beziehungen und der andere nichtvertragliche Beziehungen zu den Arbeitnehmern dieses Konzerns unterhält, kann als ‚Veräußerer' im Sinne der Richtlinie 2001/23/EG auch der Arbeitgeber betrachtet werden, der für die wirtschaftliche Tätigkeit der übertragenen Einheit verantwortlich ist und der in dieser Eigenschaft Arbeitsverhältnisse mit den Arbeitnehmern dieser Einheit begründet, und zwar auch bei Fehlen vertraglicher Beziehungen zu diesen Arbeitnehmern."[654]

IV. Stellungnahme

Trotz der kontroversen Diskussionen im Schrifttum lässt die nachfolgende Würdigung zweifelsfrei erkennen, dass der *EuGH* im Fall Albron Catering einen „Sonderfall" entschieden hat. Die dort aufgestellten Auslegungsgrundsätze für die Richtlinie 2001/23/EG sind nicht als allgemeine Aussage für die gesamte Arbeitnehmerüberlassung zu verstehen. Wird dieser Entscheidung eine andere Bedeutung beigemessen, beruht dies auf einer fehlerhaften bzw. gänzlich fehlenden Auseinandersetzung mit dieser.

1. Würdigung des Schlussantrags

Der *Generalanwalt* hat die klare Position eingenommen, dass die benannten Maßstäbe für die Richtlinie 2001/23/EG ausschließlich für den entschiedenen Sonderfall gelten. Dies zeigt sich anhand mehrerer Begründungsstränge:

a) Differenzierung

Indem es der *Generalanwalt* ausdrücklich abgelehnt hat, die in Streit stehende konzerninterne dauerhafte Überlassung durch eine bloße Personalführungsgesellschaft den Fällen einer normalen konzernexternen Überlassung gleichzusetzen, differenziert er klar zwischen diesen beiden Überlassungsvarianten. Befürwortet man eine Unterscheidung beider, dann sind diese denknotwendig nicht ohne weiteres rechtlich einheitlich zu würdigen. Insoweit verweist der *Generalanwalt* ausdrücklich darauf, dass es Sache des *Gerichtshofes* sei, zu gegebener Zeit, d. h. in einer späteren Entscheidung, darüber zu befinden, inwieweit die Richtlinie 2001/23/EG auch auf andere Fälle des Drittpersonaleinsatzes angewandt werden könne.[655] Hätte der *Generalanwalt* angenommen, dass eine Entscheidung mit Bedeutung für die gesamte Arbeitnehmerüberlassung erfolge, wäre der vorangegangene Hinweis überflüssig.

---

653 *EuGH* vom 21.10.2010, C-242/09, NZA 2010, 1225, 1226.
654 *EuGH* vom 21.10.2010, C-242/09, NZA 2010, 1225, 1226.
655 Schlussantrag des *Generalanwalts Bot* vom 3.6.2010 zu Albron Catering (C-242/09), Rn. 55.

Überdies wird (soweit ersichtlich) auch auf unionsrechtlicher Ebene angenommen, dass bei der normalen Arbeitnehmerüberlassung die Richtlinie 2001/23/EG nur bei der Veräußerung eines verleihenden Betriebs und nicht bei der Veräußerung eines entleihenden Betriebs für Leiharbeitnehmer gilt.[656] Aufgrund dessen, dass der *Generalanwalt* im Fall Albron ein Eingreifen der Richtlinie 2001/23/EG befürwortet, zeigt sich die Beschränkung auf den vorgelegten „Sonderfall", weil anderenfalls sicherlich ein Hinweis ergangen wäre, dass von der bisher allgemeinen Rechtsansicht abgewichen wird. Bestätigt wird die Beschränkung auf den Sonderfall auch dadurch, dass der *Generalanwalt* ausführt, dass die geschlossenen Arbeitsverträge „jeder einzelnen Betriebsgesellschaft"[657] zugerechnet werden sollen. Besteht keine Konzernstruktur, bestehen auch keine Betriebsgesellschaften und auch kein dogmatischer Ansatz für eine Zurechnung zwischen Entleiher und Verleiher.

b) Missbrauch / Umgehung

Auch der Rückgriff auf den vom *Generalanwalt* angedeuteten, jedoch nicht explizit bezeichneten Gedanken eines möglichen Rechtsmissbrauchs bzw. einer Umgehung der Richtlinie 2001/23/EG durch Konzerne spricht für eine Einzelfallentscheidung, weil eine solche Gefahr nicht generell bei der Arbeitnehmerüberlassung anzunehmen ist.[658] Die normale Arbeitnehmerüberlassung zeichnet sich auch auf unionsrechtlicher Ebene dadurch aus, dass der Leiharbeitnehmer in einem Verpflichtungsgrund zum Verleiher steht und durch diesen wechselnd in anderen Betrieben oder im verleihenden Betrieb eingesetzt wird (vgl. Art. 1 Abs. 1 und Art. 3 Abs. 1 lit. c Richtlinie 2008/104/EG).[659] Der Verleiher nimmt echte Arbeitgeberfunktionen wahr (vgl. Art. 1 Nr. 2 Richtlinie 91/383/EWG: „Leiharbeitsverhältnisse zwischen einem Leiharbeitsunternehmen als Arbeitgeber einerseits und einem Arbeitnehmer andererseits") und er trägt die der Arbeitnehmerüberlassung typischen Arbeitgeberpflichten, wie z. B. die Entgeltfortzahlungspflicht.[660] Insbesondere trägt der Verleiher – soweit kein Agenturmodell vorgesehen ist[661] – auch das

---

656 Dies lässt bereits die Wertung in Art. 2 Abs. 2 lit. c Richtlinie 2001/23/EG erkennen; vgl. auch *EuGH* vom 13.9.2007, C-458/09, NZA 2007, 1151, 1153; *Thüsing*, Europäisches Arbeitsrecht, § 5 Rn. 13.
657 Schlussantrag des *Generalanwalts Bot* vom 3.6.2010 zu Albron Catering (C-242/09), Rn. 46.
658 Vgl. *Powietzksa/Christ*, ZESAR 2013, 313, 315 f.; *Raab*, EuZA 2011, 537, 540 f.
659 *Riesenhuber*, Europäisches Arbeitsrecht, § 18 Rn. 1; vgl. auch Art. 1 Abs. 1 Richtlinie 2008/104/EG wo darauf abgestellt wird, dass der Leiharbeitnehmer mit dem Leiharbeitsunternehmen in einem Arbeitsvertrag steht und Unternehmen vorübergehend zur Verfügung gestellt wird.
660 Vgl. § 11 Abs. 4 S. 2 AÜG; *Grimm/Brock*, Praxis der Arbeitnehmerüberlassung, § 7 Rn. 14.
661 Agenturmodell typisch z. B. in Frankreich, wo die Leiharbeitnehmer zwischen den Arbeitseinsätzen arbeitslos sind, d. h. sie erhalten nur für die Einsatzdauer jeweils einen befristeten Arbeitsvertrag.

Verwendungsrisiko[662] und muss im eigenen Interesse Vorkehrungen treffen, falls eine Einsatzmöglichkeit für den Leiharbeitnehmer wegfällt. Hierin liegt der entscheidende Unterschied zum Sachverhalt Albron Catering, der zugleich zeigt, dass die Gedanken des *Generalanwalts* nur im entschiedenen Sonderfall gelten.

Steht der Leiharbeitnehmer zu einer konzerneigenen bloßen Personalführungsgesellschaft in einem Arbeitsvertrag und ist die Überlassung des Leiharbeitnehmers nur an *eine* bestimmte konzerneigene Gesellschaft vorgesehen, dann ist die Personalführungsgesellschaft nur als „formeller Arbeitgeber" anzusehen.[663] Sie ist bloße „Zahlstelle" für den Leiharbeitnehmer[664] und verfügt über keine anderen (potentiellen) Beschäftigungsmöglichkeiten für den Leiharbeitnehmer. Der Leiharbeitnehmer soll ausschließlich in *einem* anderen Betrieb seine Dienste erbringen.[665] In diesem speziellen Fall könnte dem Leiharbeitnehmer jeglicher Schutz der betriebsübergangsrechtlichen Bestimmungen verwehrt werden, sofern man die Richtlinie 2001/23/EG auch bei der Veräußerung des entleihenden Betriebs ausschließt. Dies meint der *Generalanwalt* letztlich, wenn er auf einen Missbrauch bzw. eine Umgehung abstellt. Im vorbezeichneten Sonderfall wäre bei einem Festhalten an der bisherigen Ansicht sowohl bei der Veräußerung des verleihenden als auch bei der Veräußerung des entleihenden Betriebs die von Gesetzes wegen erfolgende Überleitung der „Arbeitsverträge" oder „Arbeitsverhältnisse" nach Art. 3 Abs. 1 Richtlinie 2001/23/EG vom Veräußerer auf den Erwerber ausgeschlossen.[666] Die konzerneigene reine Personalführungsgesellschaft verfügt über keine wirtschaftliche Einheit bzw. sie hat allenfalls die Arbeitnehmer als Ressource zur Bildung einer wirtschaftlichen Einheit.[667] Wie bereits *Raab* zutreffend festgestellt hat, ist eine Betriebsveräußerung beim Verleiher mit der Option einer gesetzlichen Überleitung der bestehenden Arbeitsverhältnisse im Sinne der Richtlinie 2001/23/EG nicht denkbar.[668]

Würde man nach allgemeinen (bisher geltenden) Grundsätzen die Anwendung der Richtlinie 2001/23/EG auch bei der Veräußerung des konzerneigenen entleihenden Betriebs ausschließen, wäre der Leiharbeitnehmer weder beim Verleiher noch beim Entleiher von den betriebsübergangsrechtlichen Schutzvorschriften erfasst.[669] Mit der konzerninternen Aufspaltung zwischen der anstellenden Personalführungsgesellschaft und der beschäftigenden entleihenden Gesellschaft könnte erreicht werden, dass Betriebsveräußerungen für Dritte attraktiver gestaltet werden, weil keine Pflicht zur Übernahme der Arbeitnehmer besteht bzw. den Beteiligten

---

662 Vgl. § 11 Abs. 4 S. 2 AÜG; Ulber/*J. Ulber*, § 11 AÜG Rn. 94; Thüsing/*Mengel*, § 11 AÜG Rn. 41; Schüren/Hamann/*Schüren*, § 1 AÜG Rn. 397.
663 Auf diesen Begriff ebenso abstellend: *Raab*, EuZA 2011, 537, 549.
664 In diesem Zusammenhang auch auf die Funktion als „Zahlstelle" abstellend: *Mengel*, in: Arbeitsrecht im Konzern, S. 45, 54.
665 *Raab*, EuZA 2011, 537, 549.
666 *Raab*, EuZA 2011, 537, 549.
667 *Raab*, EuZA 2011, 537, 540, 549.
668 *Raab*, EuZA 2011, 537, 549.
669 *Raab*, EuZA 2011, 537, 550.

insoweit ein Wahlrecht zukäme (Negativauslese). Dies ist aber vom Richtliniengeber nicht beabsichtigt gewesen, weil er die Rechtsfolge zwingend ausgestaltet hat. Bei der normalen Arbeitnehmerüberlassung besteht die vorbezeichnete Gefahr nicht, weil der Verleiher gewöhnlich über eine wirtschaftliche Einheit, die er übertragen kann, verfügt. Zudem werden bei konzernexternen Überlassungen die Vorteile einer Umgehung der Richtlinie 2001/23/EG auf verschiedene Einsatzbetriebe verteilt.

2. Würdigung der Entscheidungsgründe

Die Entscheidungsgründe des *EuGH* sind weniger klar. Dies spiegelt sich auch in den Diskussionen im Schrifttum wider. Jedenfalls der Umstand, dass der *EuGH* zwischen dem „vertraglichen" und dem „nichtvertraglichen Arbeitgeber" differenziert[670] und „nach dem Willen des Unionsgesetzgebers eine vertragliche Beziehung zum Veräußerer nicht unter allen Umständen erforderlich ist, dass den Arbeitnehmern der durch die Richtlinie 2001/23/EG gewährte Schutz" zukommt, spricht für die Erfassung der gesamten Arbeitnehmerüberlassung. Es gibt stets, d.h. unabhängig von der konkreten Ausgestaltung, einen „vertraglichen" und einen „nichtvertraglichen Arbeitgeber".[671] Demgegenüber spricht für eine auf den Einzelfall bezogene Entscheidung, dass es heißt: „Somit hindert in einem Kontext wie dem des Ausgangsverfahrens [...]"[672] oder „Dieser Begriff kann in einem Kontext wie dem des Ausgangsverfahrens [...]".[673] Überdies ist es die Aufgabe des *EuGH*, nur über den ihm vorgelegten Sachverhalt zu entscheiden.[674] Unter diesem Blickwinkel ist wiederum auch das Abstellen auf den „vertraglichen" und „nichtvertraglichen Arbeitgeber" in einem anderen Licht zu sehen. Aus dem Kontext könnte geschlossen werden, dass die Begriffe auf den Vorlagefall beschränkt sein sollen und zwar unabhängig davon, ob sie auch auf andere Gestaltungen passen.

3. Abschließende Würdigung: Beschränkung auf „Sonderfall"

Eine abschließende Gesamtwürdigung zeigt, dass der *EuGH* in der Rechtssache Albron Catering über einen konkreten Sonderfall entschieden hat und die dort entwickelten Maßstäbe zur Auslegung der Richtlinie 2001/23/EG hierauf beschränkt sind. Es kann nur insoweit eine Bindungswirkung der Entscheidung angenommen werden.

---

670 *Bauer/v. Medem*, NZA 2011, 20, 22.
671 *Boemke*, Schuldvertrag und Arbeitsverhältnis, § 13 I. 1. S. 549 f.; Thüsing/*Waas*, § 1 AÜG Rn. 47; Ulber/*J. Ulber*, § 1 AÜG Rn. 17 f.
672 *EuGH* vom 21.10.2010, C-242/09, NZA 2010, 1225, 1226.
673 *EuGH* vom 21.10.2010, C-242/09, NZA 2010, 1225, 1226.
674 Dies wird auch unmittelbar anhand von Art. 267 AEUV ersichtlich, in welchem von „dieser Frage" oder einer „derartigen Frage" gesprochen wird; im Übrigen Callies/Ruffert/*Wegener*, Art. 267 AEUV Rn. 47.

a) Zusammenspiel Schlussantrag und Entscheidungsgründe

Die zum Teil formulierte Annahme, der Umstand, dass sich der *EuGH* nicht mit den auf den Sonderfall beschränkten Argumenten des *Generalanwalts* auseinandergesetzt hat, belege, dass eine Entscheidung für die gesamte Arbeitnehmerüberlassung getroffen worden sei,[675] ist verfehlt. Insbesondere das Vorbringen von *Heuchemer* und *Schielke* ist abzulehnen, wenn sie meinen: „wie auch vom *Generalanwalt* in seinen Schlussanträgen ausgeführt und in der Anfrage deutlich gemacht, [hätte der *EuGH* seine Gründe] auf den zu entscheidenden ‚Sonderfall' beschränken können",[676] weil dies nicht erfolgt sei, habe der *EuGH* eine Entscheidung für die gesamte Arbeitnehmerüberlassung getroffen.[677] In die gleiche (unzutreffende) Richtung geht die Aussage von *Elking*, der meint, „wünschte der *EuGH* eine Begrenzung seiner Wertung auf den Einzelfall, hätte er sich das Argument des Rechtsmissbrauchs des *Generalanwalts* [zur Beschränkung auf konzerninterne Sachverhalte] zu eigen gemacht."[678]

Der Gedanke von *Heuchemer/Schielke* und *Elking* beruht auf einem Zirkelschluss. Der *Generalanwalt* bereitet die Entscheidung des *EuGH* nur vor.[679] Der *EuGH* kann sein Ergebnis frei finden.[680] Er ist nicht an den Schlussantrag gebunden, weshalb auch kein Anlass besteht, dass in den Entscheidungsgründen hierauf Bezug genommen wird. Das Schweigen zum Schlussantrag hat keinerlei Aussagekraft zur Reichweite der Entscheidung. Es ließe sich ebenso umgekehrt deuten: Da die Ausführungen des *Generalanwalts* nicht ausdrücklich verworfen wurden, hat der *EuGH* ihnen zugestimmt. Dies zeigt, dass der vorbezeichnete Rückschluss inhaltsleer ist.

b) Rechtssache Jouini

Auch das Zusammenspiel mit der Rechtssache *Jouini*[681] zeigt, dass es sich im Fall Albron Catering um eine spezielle Einzelfallentscheidung handelt. In der Sache *Jouini* hatte der *EuGH* entschieden, dass der Leiharbeitnehmer bei der gewöhnlichen Überlassung außerhalb einer Konzernstruktur auch während des Einsatzes beim

---

675 *Heuchemer/Schielke*, BB 2011, 758, 763; *Elking*, Der Nichtvertragliche Arbeitgeber, S. 205; im Ergebnis auch *Mückl*, GWR 2011, 45.
676 *Heuchemer/Schielke*, BB 2011, 758, 763.
677 *Heuchemer/Schielke*, BB 2011, 758, 763.
678 *Elking*, Der Nichtvertragliche Arbeitgeber, S. 205 der sogar behauptet, dass sich der *EuGH* bewusst für diesen Begründungsweg entschieden habe.
679 Vgl. *Bergmann*, Handlexikon der EU, unter: Generalanwalt (*EuGH*); von der Groeben/Schwarze/*Hackspiel*, Art. 222 EGV Rn. 12; Grabitz/Hilf/Nettesheim/*Karpenstein*, Art. 252 AEUV Rn. 13.
680 Vgl. *Bergmann*, Handlexikon der EU, unter: Generalanwalt (*EuGH*) der zudem darauf hinweist, dass der *EuGH* dennoch in der Praxis in 80% der Fälle dem Schlussantrag folgt; von der Groeben/Schwarze/*Hackspiel*, Art. 222 EGV Rn. 12.
681 *EuGH* vom 13.9.2007, C-458/05, NJW 2007, 3195.

Entleiher dem verleihenden Betrieb zugehörig bleibt.[682] Hierzu steht es aber im Widerspruch, wenn der Leiharbeitnehmer bei der Übertragung eines entleihenden Betriebs dort von den betriebsübergangsrechtlichen Vorschriften erfasst wird bzw. wäre. Dies, d. h. eine Erfassung der Leiharbeitnehmer beim Übergang des entleihenden Betriebs, hat der *EuGH* aber im Fall Albron Catering jedenfalls befürwortet. Dass der *EuGH* im Fall Albron Catering eine stillschweigende Änderung seiner Rechtsprechung eingeleitet und insbesondere seine in der Rechtssache *Jouini* aufgestellte Rechtsansicht aufgegeben hat, ist im Hinblick auf die der Rechtsklarheit und -sicherheit dienende Funktion des Vorabentscheidungsverfahrens[683] ausgeschlossen. Insoweit zeigt insbesondere auch der Hinweis des *Generalanwalts*, dass der Fall Albron Catering sich erheblich von der Rechtssache *Jouini* unterscheidet und beide Fälle abweichend zu würdigen sind. Dies schließt eine Übertragung der Grundsätze der Albron Entscheidung auf die normale Arbeitnehmerüberlassung aus.

c) Schutzargument des EuGH

Auch die Ausführungen des *EuGH* im Zusammenhang mit dem 3. Erwägungsgrund der Richtlinie 2001/23/EG legen die Begrenzung auf den Sonderfall nahe. In diesem Erwägungsgrund wird auf den Schutz des Arbeitnehmers bei einem Inhaberwechsel abgestellt und dieses Schutzbedürfnis kann entsprechend dem *EuGH* „auch im Kontext des Ausgangsverfahrens durch den nichtvertraglichen Arbeitgeber" beim Inhaberwechsel ausgelöst werden. Das lässt sich durchaus so deuten, dass der *EuGH* auf den vom *Generalanwalt* erhobenen (aber nicht ausdrücklich so bezeichneten) Gedanken des Rechtsmissbrauchs bzw. den Gedanken einer Umgehung der Richtlinie 2001/23/EG Bezug nimmt, weil es dem Schutz des Arbeitnehmers entsprechend dem 3. Erwägungsgrund der Richtlinie 2001/23/EG dient, dass eine künstlich geschaffene Aushebelung der Anwendung der Richtlinie 2001/23/EG unterbunden wird, um das Schutzniveau abzusichern. Dieser Gedanke (Rechtsmissbrauch bzw. Umgehung) kommt aber nicht für die Arbeitnehmerüberlassung im Allgemeinen, sondern nur für den konkreten Sonderfall im Fall Albron Catering in Betracht.

d) Wertende Betrachtung

Auch der Umstand, dass der *EuGH* wohl annimmt, dass sowohl Verleiher als auch Entleiher als Veräußerer im Sinne der Richtlinie 2001/23/EG gelten,[684] zeigt, dass eine an Sinn und Zweck der Richtlinie 2001/23/EG orientierte Zuordnung des Arbeitnehmers zur wirtschaftlichen Einheit vorgenommen worden ist. Eine solche kann aber jeweils nur für den konkreten Sonderfall gelten und lässt keine absolute

---

682   *EuGH* vom 13.9.2007, C-458/05, NJW 2007, 3195, 3196 f.
683   Callies/Ruffert/*Wegener*, Art. 267 AEUV Rn. 1.
684   Vgl. *EuGH* vom 21.10.2010, C-242/09, NZA 2010, 1225, 1226 „[dass der] nichtvertragliche Arbeitgeber, an den die Arbeitnehmer ständig überstellt sind, ebenfalls als ‚Veräußerer' im Sinne der Richtlinie 2001/23/EG betrachtet werden kann.", vgl. schon Kap. 4 § 3 A. II. 4. a).

Aussage zu. Für diese Zuordnung hebt der *EuGH* dann weiter maßgeblich auf die konkrete Ausgestaltung der Rechtsbeziehungen ab.

Die Ausführungen des *Generalanwalts* und des *EuGH* lassen sich so deuten, dass in Fällen einer gespaltenen Arbeitgeberstellung eine wertende Zuordnung der Arbeitnehmer entweder zur wirtschaftlichen Einheit des Verleihers oder zur wirtschaftlichen Einheit des Entleihers bzw. in Ausnahmefällen möglicherweise zu beiden wirtschaftlichen Einheiten erfolgt. Grundlage einer solchen wertenden Zuordnung ist eine Abwägung der Intensität der vom Arbeitnehmer zu den jeweiligen wirtschaftlichen Einheiten bestehenden Beziehungen. Einer solchen Abwägung ist eigen, dass sie sich auf eine konkrete Sachverhaltskonstellation bezieht. Eine allgemeingültige Aussage zur Leiharbeit konnte der *EuGH* damit nicht treffen. Die vorbezeichnete Annahme lässt auch keinen Widerspruch zur Rechtssache *Jouini* erkennen. Es bleibt bei der Grundannahme, dass der Leiharbeitnehmer im Grundsatz der wirtschaftlichen Einheit des Verleihers zugehörig bleibt und der Einsatz des Leiharbeitnehmers im entleihenden Betrieb hieran nichts ändert. Nur wenn von der gewöhnlichen Struktur der Arbeitnehmerüberlassung abgewichen wird, kann unter Schutzzweckerwägungen eine wertende Betrachtung zur Bestimmung des Veräußerers und damit auch hinsichtlich der Anwendung der Richtlinie 2001/23/EG angebracht sein.

V. Ergebnis

In verschiedener Hinsicht konnte belegt werden, dass der *EuGH* in der Albron Entscheidung einen „Sonderfall" entschieden hat und keine allgemeine Aussage für die gesamte Arbeitnehmerüberlassung getroffen wurde. Es kann daher nur als durch den *EuGH* geklärt angenommen werden, dass der in dieser Entscheidung für die Richtlinie 2001/23/EG entwickelte Auslegungsmaßstab für den Fall der dauerhaften und konzerninternen Überlassung durch eine bloße Personalführungsgesellschaft gelten soll. Die von dieser Entscheidung ausgehende Bindungswirkung ist hierauf begrenzt. Im Übrigen bleibt es dem *EuGH* vorbehalten, in einem neuen Verfahren über ein Eingreifen der Richtlinie 2001/23/EG bei der gewöhnlichen Arbeitnehmerüberlassung zu entscheiden und auch für diesen allgemeinen Fall auf europäischer Ebene verbindliche Vorgaben zu entwickeln, die von den jeweiligen Mitgliedstaaten zu berücksichtigen sind. Die Entscheidung Albron Catering kann diese Vorgaben jedenfalls nicht liefern.

C. Auslegung der Richtlinie 2001/23/EG

Ausgehend von der Erkenntnis, dass im Verfahren Albron Catering nur über einen konkreten Sonderfall entschieden worden ist (vgl. hierzu Kap. 6 § 3 B.) und vorliegend eine allgemeingültige und nicht auf den Sonderfall beschränkte Aussage für die gesamte Arbeitnehmerüberlassung erfolgen soll, hat die nachfolgende Auslegung der Richtlinie 2001/23/EG weitestgehend losgelöst von den dort entwickelten Maßstäben zu erfolgen. Es gilt umfassend zu prüfen, ob und möglicherweise in welchem Umfang diese auch den Leiharbeitnehmer im Hinblick auf sein Verhältnis zum Entleiher bei der Veräußerung eines entleihenden Betriebs erfasst.

I. Maßstab

Abweichend von nationalen Bestimmungen ist bei der Richtlinienauslegung danach zu differenzieren, ob sich die Auslegung der darin enthaltenen Begrifflichkeiten nach unionsrechtlichen oder nach nationalen Maßstäben zu richten hat.[685] Es gilt der Grundsatz einer gemeinschaftsautonomen Auslegung, d. h. die Auslegung hat nach einem europarechtlichen Verständnis zu erfolgen.[686] Dies beruht auf der Zwecksetzung von Richtlinien, welche auf europäischer Ebene einheitliche Ziele festsetzen,[687] und dieser Zweck macht ein einheitliches Begriffsverständnis erforderlich. Abweichendes gilt nur, wenn die Richtlinie selbst zur Bestimmung einzelner Begriffe auf das nationale Recht verweist und anordnet, dass die Definitionshoheit beim jeweiligen Mitgliedstaat liegt.[688]

II. Auslegung

Bei der Auslegung der Richtlinie 2001/23/EG ist im Grundsatz an den „klassischen" Auslegungsmethoden von Wortlaut, Systematik, Historie und Telos festzuhalten.[689] Sollte die Richtlinie 2001/23/EG vorliegend Anwendung finden, bedeutet dies, dass jedenfalls die Beziehung zwischen Entleiher und Leiharbeitnehmer vom Entleiher auf den Erwerber übergeleitet wird. Findet die Richtlinie 2001/23/EG auf diese Beziehung keine Anwendung, dann kann das Verhältnis zwischen Entleiher und Leiharbeitnehmer hingegen jedenfalls nicht vom Entleiher auf den Erwerber (automatisch) übergehen.[690]

---

685 *Riesenhuber*, Europäisches Arbeitsrecht, § 1 Rn. 59; *Schroeder*, JuS 2004, 180, 185; *Wank*, in: FS 50 Jahre BAG, S. 245, 256.
686 Vgl. *Grundmann/Riesenhuber*, JuS 2001, 529; *Leenen*, Jura 2012, 753, 757; *Riesenhuber*, Europäisches Arbeitsrecht, § 1 Rn. 59; vgl. *Wank*, in: FS 50 Jahre BAG, S. 245, 248.
687 *Leenen*, Jura 2012, 753, 757.
688 *Leenen*, Jura 2012, 753, 757.
689 Hierzu *Grundmann/Riesenhuber*, JuS 2001, 529, 529 ff.; *Schlachter*, ZfA 2007, 249, 250; *Schroeder*, JuS 2004, 180, 182 f.; Hanau/Steinmeyer/Wank/*Wank*, Handbuch des europäischen Arbeits- und Sozialrechts, § 9 Rn. 213 ff.; *Leenen,* Jura 2012, 753, 757 ff. geht neben der Anwendung der allgemeinen Auslegungsgrundsätze überdies auf spezifische Auslegungsbesonderheiten von Richtlinien ein.
690 Die beiden anderen Verhältnisse zwischen Verleiher und Leiharbeitnehmer sowie zwischen Entleiher und Verleiher werden nachfolgend ausgeblendet und in den nachfolgenden Kapiteln (Kap. 7 und Kap. 8) gesondert beleuchtet.

1. Wortlaut

Im Mittelpunkt der Auslegung steht Art. 3 Abs. 1 Richtlinie 2001/23/EG, weil dieser das Gegenstück zu § 613a Abs. 1 S. 1 BGB ist[691] und die vorliegend maßgebliche Folge einer (möglicherweise) gesetzlichen Überleitung der Beziehung zwischen Entleiher und Leiharbeitnehmer vom Entleiher auf den Erwerber enthält. Konkret heißt es in Art. 3 Abs. 1 Richtlinie 2001/23/EG:

> „Die Rechte und Pflichten des Veräußerers aus einem zum Zeitpunkt des Übergangs bestehenden Arbeitsvertrag oder Arbeitsverhältnis gehen aufgrund des Übergangs auf den Erwerber über."

a) Unproblematischer Teil

aa) Arbeitnehmer

Auch wenn Art. 3 Abs. 1 Richtlinie 2001/23/EG nicht explizit vom Arbeitnehmer spricht, ist der Anwendungsbereich der Richtlinie hierauf beschränkt.[692] Dies zeigt zumindest mittelbar auch Art. 3 Abs. 1 Richtlinie 2001/23/EG, weil nur Arbeitnehmer in einem „Arbeitsvertrag oder Arbeitsverhältnis" stehen. Nur soweit der Leiharbeitnehmer bei seinem Arbeitseinsatz im entleihenden Betrieb als Arbeitnehmer anzusehen ist, findet die Richtlinie auf ihn Anwendung. Zur Bestimmung des Arbeitnehmerbegriffs wird in Art. 2 Abs. 1 lit. d Richtlinie 2001/23/EG ebenso wie z. B. in Art. 3 Abs. 1 lit. a Richtlinie 2008/104/EG auf das nationale Recht verwiesen. Konkret heißt es in Art. 2 Abs. 1 lit. d Richtlinie 2001/23/EG:

> „Arbeitnehmer ist jede Person, die in dem betreffenden Mitgliedstaat aufgrund des einzelstaatlichen Arbeitsrechts geschützt ist."

Hiernach sind diejenigen vom personellen Anwendungsbereich der Richtlinie 2001/23/EG erfasst, welche im deutschen Recht als Arbeitnehmer gelten. Vereinzelt wird in diesem Zusammenhang einschränkend gefordert, dass trotz der nationalen Definitionsmacht auf europäischer Ebene dennoch ein fester Kern zur Bestimmung des Arbeitnehmerbegriffs bestehe, der durch die nationalen Anforderungen nicht unterschritten werden darf.[693] Anderenfalls bestünde die Gefahr, dass durch nationale Bestimmungen für bestimmte Beschäftigungsgruppen der Schutz der Richtlinie 2001/23/EG (unzulässig) versagt werde.[694] Ob ein solcher fester definitionsmäßiger Kern besteht, kann vorliegend offen bleiben.

---

691 *Alvensleben*, Die Rechte der Arbeitnehmer beim Betriebsübergang im Europäischen Gemeinschaftsrecht, S. 275; vgl. *Fuchs/Marhold*, Europäisches Arbeitsrecht, S. 238; *Thüsing*, Europäisches Arbeitsrecht, § 5 Rn. 5.
692 *Riesenhuber*, Europäisches Arbeitsrecht, § 24 Rn. 12.
693 Vgl. *Elking*, Der Nichtvertragliche Arbeitgeber, S. 140 ff.; vgl. *Fuchs/Marhold*, Europäisches Arbeitsrecht, S. 239 f.
694 *Fuchs/Marhold*, Europäisches Arbeitsrecht, S. 240.

Leiharbeitnehmer sind nach deutschem Verständnis unbestritten als Arbeitnehmer zu qualifizieren. Sie erbringen entsprechend dem geltenden Arbeitnehmerbegriff persönliche, weisungsgebundene und abhängige Dienste, zumeist auf der Grundlage eines Vertrags (vgl. Kap. 2 § 1 A.). Überdies besteht auch keine nationale Norm, die dem Leiharbeitnehmer im Rahmen betriebsübergangsrechtlicher Vorschriften die Eigenschaft als Arbeitnehmer aberkennt bzw. einschränkt und insoweit einen (möglichen) europäischen Kern des Arbeitnehmerbegriffs unterschreitet. Der Leiharbeitnehmer ist ohne weiteres vom personellen Anwendungsbereich der Richtlinie 2001/23/EG erfasst. Vorliegend ist allein entscheidend, zu wem der Arbeitnehmer in einem Arbeitsvertrag stehen muss,[695] vgl. nachfolgend unter b).

bb) Veräußerer

Art. 3 Abs. 1 Richtlinie 2001/23/EG knüpft an die Rechte und Pflichten des „Veräußerers" an, d.h. ein Übergang der Beziehung zwischen Entleiher und Leiharbeitnehmer setzt zwingend voraus, dass der Entleiher als Veräußerer gilt. Hinsichtlich des Begriffs des Veräußerers enthält die Richtlinie 2001/23/EG in Art. 2 Abs. 1 lit. a eine Legaldefinition. Hierin heißt es:

> „Veräußerer ist jede natürliche oder juristische Person, die aufgrund eines Übergangs im Sinne von Artikel 1 Absatz 1 als Inhaber aus dem Unternehmen, dem Betrieb oder dem Unternehmens- bzw. Betriebsteil ausscheidet."

Wiederum heißt es in Art. 1 Abs. 1 lit. a, b Richtlinie 2001/23/EG:

> „Diese Richtlinie ist auf den Übergang von Unternehmen, Betrieben oder Unternehmens- bzw. Betriebsteilen auf einen anderen Inhaber durch vertragliche Übertragung oder durch Verschmelzung anwendbar. [...] Vorbehaltlich [...] gilt als Übergang im Sinne dieser Richtlinie der Übergang einer ihre Identität bewahrenden wirtschaftlichen Einheit im Sinne einer organisierten Zusammenfassung von Ressourcen zur Verfolgung einer wirtschaftlichen Haupt- oder Nebentätigkeit."

Der Entleiher kann bei der Veräußerung eines entleihenden Betriebs als Veräußerer im Sinne der Richtlinie 2001/23/EG angesehen werden, weil er als Inhaber aus dem Betrieb ausscheidet und der entleihende Betrieb durch den Erwerber regelmäßig fortgeführt wird (vgl. schon Kap. 4 § 3 A. II.). Ob dabei im Einzelfall eine ihre Identität wahrende wirtschaftliche Einheit übertragen wird und sämtliche übrigen Voraussetzungen vorliegen, ist Teil des Tatbestands der Betriebsveräußerung, der vorliegend als gegeben angesehen werden soll.[696]

---

695 *Raab*, EuZA 2011, 537, 547.
696 Zum Tatbestand eines Betriebsübergangs nach der Richtlinie 2001/23/EG: *Riesenhuber*, Europäisches Arbeitsrecht, § 24 Rn. 19 ff.; *Thüsing*, Europäisches Arbeitsrecht, § 5 Rn. 7 ff.

b) Problematischer Teil: Arbeitsvertrag / Arbeitsverhältnis

Die Erfassung der Beziehung zwischen Entleiher und Leiharbeitnehmer durch die Richtlinie 2001/23/EG hängt maßgeblich davon ab, ob dieses Verhältnis als „Arbeitsvertrag" oder „Arbeitsverhältnis" nach Art. 3 Abs. 1 Richtlinie 2001/23/EG verstanden werden kann und insbesondere, ob hierfür ein Vertrag bzw. sonstiger Verpflichtungsgrund zum Betriebsinhaber bzw. Veräußerer erforderlich ist. Zum Begriff des „Arbeitsvertrags" oder „Arbeitsverhältnisses" kann der Richtlinie 2001/23/EG keine Legaldefinition entnommen werden. Es heißt lediglich in deren Art. 2 Abs. 2 S. 1:

> „Diese Richtlinie lässt das einzelstaatliche Recht in Bezug auf die Begriffsbestimmung des Arbeitsvertrags oder des Arbeitsverhältnisses unberührt."

Die Verweisung auf das nationale Recht hat den *EuGH* im Fall Albron Catering nicht daran gehindert, anzunehmen, dass eine Anwendung der Richtlinie 2001/23/EG nicht in jedem Fall einen Vertrag zum Betriebsinhaber erfordert und daher auch die Erfassung vertragsloser Beziehungen zum Veräußerer denkbar sei.[697] Diese Annahme ist im Schrifttum auf große Kritik gestoßen[698] und verdeutlicht, dass im Ausgangspunkt zu klären ist, inwieweit die Definitionshoheit zum „Arbeitsvertrag" oder „Arbeitsverhältnis" den Mitgliedstaaten zusteht bzw. ob auf unionsrechtlicher Ebene eine Definitionshoheit hierfür anzunehmen ist (vgl. aa)). Erst im Nachgang hierzu kann bestimmt werden, wie die Begriffe des „Arbeitsvertrags" bzw. des „Arbeitsverhältnisses" zu verstehen sind (vgl. bb)), um dann zu prüfen, ob die Beziehung zwischen Entleiher und Leiharbeitnehmer hierunter subsumiert werden kann (vgl. cc)).

aa) Vorfrage: Bestimmung der Definitionshoheit

Die geübte Kritik,[699] dass dem *EuGH* die Definitionsmacht für die Feststellung fehle, dass das „Arbeitsverhältnis" bzw. der „Arbeitsvertrag" im Sinne der Richtlinie 2001/23/EG nicht zwingend einen Vertrag erfordere, ist abzulehnen. Wenn zur Begründung dieser Annahme darauf verwiesen wird, dass gemäß Art. 2 Abs. 2 S. 1 Richtlinie 2001/23/EG ausschließlich das nationale Recht hierüber bestimme, und sich aus diesem Grund die vorbezeichnete Erkenntnis des *EuGH* verbiete, beruht dies auf einem fehlerhaften Verständnis des Regelungsinhalts von Art. 2 Abs. 2 S. 1 Richtlinie 2001/23/EG.

---

697 *EuGH* vom 21.10.2010, C-242/09, NZA 2010, 1225, 1226 „gegebenenfalls ungeachtet des Fehlens vertraglicher Beziehungen mit diesen Arbeitnehmern".
698 Vgl. *Abele*, FA 2011, 7, 10; *Bauer/v. Medem*, NZA 2011, 20, 23; BeckOK-ArbR/*Gussen*, § 613a BGB Rn. 86a; *Gaul/Ludwig*, DB 2011, 298, 300; *Willemsen*, NJW 2011, 1546, 1548.
699 Kritisch zum Vorgehen des *EuGH* z. B. *Willemsen*, NJW 2011, 1546, 1548.

aaa) Ausgangspunkt

In Art. 2 Abs. 2 S. 1 Richtlinie 2001/23/EG heißt es: „Diese Richtlinie lässt das einzelstaatliche Recht in Bezug auf die Begriffsbestimmung des Arbeitsvertrags oder des Arbeitsverhältnisses unberührt." Richtigerweise ist diese Regelung, wie auch *Bauer/v. Medem*[700] und *Raab*[701] erkannt haben, für die vorliegende Untersuchungsfrage zwingend im Zusammenhang mit Art. 2 Abs. 2 S. 2 lit. c Richtlinie 2001/23/EG zu lesen. Hierin heißt es, dass die Mitgliedstaaten Arbeitsverträge und Arbeitsverhältnisse nicht deshalb vom Anwendungsbereich der Richtlinie ausnehmen dürfen, weil: „es sich um Leiharbeitsverhältnisse im Sinne von Artikel 1 Nummer 2 der Richtlinie 91/383/EWG und bei dem übertragenen Unternehmen oder dem übertragenen Betrieb oder Unternehmens- bzw. Betriebsteil als Verleihunternehmen oder Teil eines Verleihunternehmens um den Arbeitgeber handelt."

Aus dem Zusammenspiel von Art. 2 Abs. 2 S. 1, Abs. 2 S. 2 lit. c Richtlinie 2001/23/EG leiten *Bauer/v. Medem* zu Recht ab, dass sich die mitgliedstaatliche Definitionshoheit für den „Arbeitsvertrag" oder das „Arbeitsverhältnis" ausschließlich darauf beschränkt, festzusetzen, was „inhaltlich ein Arbeitsverhältnis ausmacht, also etwa welcher Grad der Weisungsabhängigkeit erforderlich ist".[702] Vergleichbar zu dieser Erkenntnis nimmt auch *Raab*,[703] allerdings ohne ausdrückliche Bezugnahme auf Art. 2 Abs. 2 S. 2 lit. c Richtlinie 2001/23/EG, an: „Doch soll diese Einschränkung [Art. 2 Abs. 2 S. 1] in erster Linie den unterschiedlichen Traditionen der Mitgliedstaaten bei der Bestimmung des Arbeitnehmerbegriffs und damit bei der Festlegung des persönlichen Anwendungsbereichs der arbeitsrechtlichen Vorschriften Rechnung tragen."[704] Im Fall Albron Catering gehe es nach *Raab* aber nicht hierum, weil allein die Frage in Streit steht, ob ein Arbeitsvertrag zum Betriebsinhaber erforderlich ist.[705] Hieraus lässt sich schließen, dass auch *Raab* die Definitionsmacht der Mitgliedstaaten nur auf den Inhalt eines Arbeitsverhältnisses, aber nicht auf die Bestimmung des Erfordernisses eines Vertrags zum Betriebsinhaber beschränken will.

bbb) Begründung Aufteilung der Definitionshoheit

Dass der Richtliniengeber die Definitionshoheit entsprechend dem Ansatz von *Bauer/v. Medem* und *Raab* nur insoweit den Mitgliedstaaten belassen wollte, als der Inhalt der Arbeitsverhältnisse betroffen ist, und im Übrigen die Frage, ob und zu wem ein Vertrag bzw. sonstiger Verpflichtungsgrund bestehen muss, auf europäischer Ebene autonom zu bestimmen ist, ergibt sich aus folgenden Überlegungen:

---

700 *Bauer/v. Medem*, NZA 2011, 20, 21.
701 *Raab*, EuZA 2011, 537, 547.
702 *Bauer/v. Medem*, NZA 2011, 20, 21.
703 *Raab*, EuZA 2011, 537, 547.
704 *Raab*, EuZA 2011, 537, 547.
705 *Raab*, EuZA 2011, 537, 547.

(1) Ansatzgedanke

Entgegen *Bauer/v. Medem* ist zwar in der Begründung ein einfacher Rückschluss aus den drei Grenzen der Definitionsmacht (insbesondere aus Art. 2 Abs. 2 S. 2 lit. c Richtlinie 2001/23/EG) verfehlt, weil hierin nur die Diskriminierungsverbote für Teilzeitbeschäftigte, befristet Beschäftigte und Leiharbeitnehmer ausgedrückt werden. Entscheidend ist vielmehr, dass Art. 2 Abs. 2 S. 2 Richtlinie 2001/23/EG („Die Mitgliedstaaten können jedoch vom Anwendungsbereich der Richtlinie Arbeitsverträge und Arbeitsverhältnisse nicht allein deshalb ausschließen, weil [...]") nur eine Klarstellung zu Art. 2 Abs. 1 lit. d Richtlinie 2001/23/EG („Arbeitnehmer ist jede Person, die in dem betreffenden Mitgliedstaat aufgrund des einzelstaatlichen Arbeitsrechts geschützt ist.") enthält, wonach sich der Arbeitnehmerbegriff nach nationalem Verständnis richtet. Art. 2 Abs. 2 S. 1 Richtlinie 2001/23/EG ist ausschließlich im Zusammenhang mit Art. 2 Abs. 1 lit. d Richtlinie 2001/23/EG zu lesen. Dieses Verständnis ist zwingend, wenn man sich Folgendes vor Augen führt:

(2) Begründung

Die Einführung von Art. 2 Abs. 1 lit. d Richtlinie 2001/23/EG beruhte darauf, dass bisher und auch gegenwärtig kein einheitlicher europarechtlicher Arbeitnehmerbegriff besteht[706] und die Schaffung eines solchen auch nicht mit der Richtlinie 2001/23/EG erzielt werden sollte.[707] Diesem Gedanken folgend wird nunmehr in Art. 2 Abs. 1 lit. d Richtlinie 2001/23/EG (ebenso wie z.B. durch Art. 3 Abs. 1 lit. a Richtlinie 2008/104/EG) auf das nationale Arbeitsrecht und den hierin geschützten Personenkreis verwiesen. Dies wiederum führt zwingend zur Folgefrage, ob Arbeitnehmer im Sinne der Richtlinie 2001/23/EG nur diejenigen sind, welche den Schutz des gesamten nationalen Arbeitsrechts genießen, oder bereits solche Personen als Arbeitnehmer im Sinne der Richtlinie 2001/23/EG anzusehen sind, welche durch vereinzelte Regelungen des nationalen Arbeitsrechts geschützt werden (z.B. Heimarbeiter). Insoweit wollen Art. 2 Abs. 2 Richtlinie 2001/23/EG und die hierin benannten Grenzen der Definitionsmacht sicherstellen, dass die Mitgliedstaaten den Inhalt und die Anforderungen an den Arbeitnehmerbegriff frei ausgestalten und ausdifferenzieren können, ohne an die Vorgaben der Richtlinie 2001/23/EG gebunden zu sein. Jedenfalls unabhängig vom nationalen Ergebnis, ob Teilzeitbeschäftigte, befristet Beschäftigte und Leiharbeitnehmer die Anforderungen an den jeweils geltenden Begriff des Arbeitnehmers im Mitgliedstaat erfüllen, sind diese Beschäftigungsgruppen zwingend von der Richtlinie 2001/23/EG erfasst, weil sie nicht gegenüber Normalarbeitnehmern diskriminiert werden sollen. Aus Art. 2 Abs. 1 lit. d, Art. 2 Abs. 2 Richtlinie 2001/23/EG folgt damit auf der Linie von *Bauer/v.Medem* und

---

706 Vgl. *Fuchs/Marhold*, Europäisches Arbeitsrecht, S. 238 f.
707 Vgl. *Oetker/Preis/Joussen*, Europäisches Arbeitsrecht, B 7200, Rn. 31; *Riesenhuber*, Europäisches Arbeitsrecht, § 24 Rn. 13 f.; vgl. *Schruiff*, Die Betriebsübergangsrichtlinie der EG in der Fassung 2001/23/EG, S. 19; *Weiß*, Arbeitsverhältnisse im Rahmen eines Betriebsübergangs, S. 16.

Raab aber gerade nicht, dass den Mitgliedsländern die Definitionsmacht darüber übertragen worden ist, ob ein Pflichtenband (Vertrag oder kein Vertrag) erforderlich ist, um von einem Arbeitsvertrag oder Arbeitsverhältnis im Sinne der Richtlinie 2001/23/EG zu sprechen.

ccc) Ergebnis

Die Bestimmung, ob das „Arbeitsverhältnis" bzw. der „Arbeitsvertrag" im Sinne der Richtlinie 2001/23/EG einen Vertrag bzw. einen anderen Verpflichtungsgrund zum Betriebsinhaber bzw. Veräußerer erfordert oder eine vertragslose Beziehung zu diesem genügt, ist gemeinschaftsautonom zu bestimmen. Dies folgt zwingend aus dem allgemeinen Grundsatz, dass Richtlinienbegriffe autonom auszulegen sind,[708] sofern der Richtliniengeber nicht ausnahmsweise auf die nationalen Vorschriften verwiesen hat. Hinsichtlich der (möglichen) Erforderlichkeit eines Pflichtenbands zwischen Arbeitnehmer und Arbeitgeber lässt sich ein solcher Verweis auf das nationale Recht entgegen teilweiser Annahme im Schrifttum nicht aus der Richtlinie 2001/23/EG entnehmen; es bleibt daher bei dem allgemeinen Grundsatz.

bb) Begriff

aaa) Inhaltliche Ausgestaltung

Hinsichtlich der inhaltlichen Ausgestaltung, insbesondere hinsichtlich des Grads der persönlichen Abhängigkeit bestimmt das nationale Recht, wann ein „Arbeitsvertrag" oder „Arbeitsverhältnis" im Sinne der Richtlinie 2001/23/EG anzunehmen ist. Insoweit kann vollständig auf die Ausführungen zum Arbeitsverhältnis im Rahmen der Auslegung von § 613a Abs. 1 S. 1 BGB verwiesen werden, wo der Gesetzgeber an den allgemeinen Begriff des Arbeitsverhältnisses angeknüpft hat (vgl. Kap. 6 § 2 B. I. 1. a) und b) unter aa)). Dieser zeichnet sich dadurch aus, dass ein Arbeitnehmer einem Arbeitgeber persönlich zur Ableistung von fremdbestimmten und weisungsabhängigen Diensten gegen Entgelt verpflichtet ist.[709]

bbb) Erforderlichkeit eines Pflichtenbands

Hingegen ist die Frage, ob auch vertragslose Beziehungen zum Betriebsinhaber als „Arbeitsvertrag" oder „Arbeitsverhältnis" im Sinne der Richtlinie 2001/23/EG gelten, gemeinschaftsautonom zu bestimmen. Insoweit ist der Linie des EuGH im Fall Albron Catering zu folgen, nach welcher „eine vertragliche Beziehung gerade

---

708 Vgl. *Grundmann/Riesenhuber*, JuS 2001, 529; *Leenen*, Jura 2012, 753, 757; *Riesenhuber*, Europäisches Arbeitsrecht, § 1 Rn. 59; vgl. *Wank*, in: FS 50 Jahre BAG, S. 245, 248.
709 *BAG* vom 12.12.2001, 5 AZR 253/00, NZA 2002, 787, 788; *Junker*, Arbeitsrecht, § 1 Rn. 91; ErfK/*Preis*, § 611 BGB Rn. 35; Staudinger/*Richardi/Fischinger*, Vorbem zu §§ 611 ff. BGB Rn. 223; Münch.-Hdb.-ArbR/*Richardi*, § 16 Rn. 12 ff.; vgl. auch Kap. 6 § 2 B. I. 1. b) aa).

zum Veräußerer nicht unter allen Umständen erforderlich ist."[710] Diese Annahme beruht wohl auf dem Umstand, dass anderenfalls dem Alternativverhältnis („oder") in Art. 3 Abs. 1 Richtlinie 2001/23/EG keine Bedeutung zukommt, wenn beide Begriffe gleichermaßen ein Pflichtenband zum Veräußerer bzw. Betriebsinhaber erforderten. Dem ist zuzustimmen und dies erscheint praktisch unumgänglich, wenn man sich in Erinnerung ruft, dass nur die Erforderlichkeit eines Pflichtenbands gemeinschaftsautonom zu bestimmen ist. Insoweit bestehen nur zwei Alternativen: Es ist ein Pflichtenband erforderlich oder es wird auf ein solches verzichtet. Jegliche andere Betrachtungsweise könnte grundsätzlich zugleich die Unterstellung enthalten, der europäische Gesetzgeber habe wahllos Alternativen benannt, obwohl diese in ihrem Inhalt die gleiche Bedeutung aufweisen. Durch die Bezeichnung „oder" kommt, wie auch vom *EuGH* festgestellt, zum Ausdruck, dass zwischen dem Vorliegen eines „Arbeitsvertrags" oder eines „Arbeitsverhältnisses" kein Stufenverhältnis besteht, um eine Anwendung der Richtlinie auszulösen.[711] Diese Gleichrangigkeit klingt auch in Art. 4 Abs. 2 Richtlinie 2001/23/EG an, welcher für die Beendigung des Arbeitsverhältnisses den gleichen Schutz wie für die Beendigung des Arbeitsvertrags vorgibt:

„Kommt es zu einer Beendigung des Arbeitsvertrags oder Arbeitsverhältnisses, weil der Übergang eine wesentliche Änderung der Arbeitsbedingungen zum Nachteil des Arbeitnehmers zur Folge hat, so ist davon auszugehen, dass die Beendigung des Arbeitsvertrags oder Arbeitsverhältnisses durch den Arbeitgeber erfolgt ist."

cc) Einordnung Beziehung zwischen Entleiher und Leiharbeitnehmer

aaa) Inhaltliche Ausgestaltung

Hinsichtlich der inhaltlichen Ausgestaltung der Beziehung zwischen Entleiher und Leiharbeitnehmer ist bereits bei § 613a Abs. 1 S. 1 BGB aufgezeigt worden, dass diese Beziehung sämtlichen inhaltlichen Anforderungen an ein Arbeitsverhältnis genügt (vgl. Kap. 6 § 2 B. I. 1. d) unter bb)). Nicht umsonst führt das *BAG* an, dass diese Beziehung „arbeitsrechtlichen Charakter" hat,[712] und nicht umsonst subsumiert das *BAG* Streitigkeiten zwischen Entleiher und Leiharbeitnehmer unter § 2 Abs. 1 Nr. 3 ArbGG.[713] Im Hinblick auf die inhaltliche Ausgestaltung ist auch das Verhältnis zwischen Entleiher und Leiharbeitnehmer unter Art. 3 Abs. 1 Richtlinie 2001/23/EG zu fassen.

---

710 *EuGH* vom 21.10.2010, C-242/09, NZA 2010, 1225, 1226.
711 *EuGH* vom 21.10.2010, C-242/09, NZA 2010, 1225, 1226.
712 *BAG* vom 15.3.2011, 10 AZB 49/10, NZA 2011, 653, 654.
713 *BAG* vom 15.3.2011, 10 AZB 49/10, NZA 2011, 653, 654; ErfK/*Koch*, § 2 ArbGG Rn. 16; Grunsky/Wass/Benecke/Greiner/*Waas*, § 2 ArbGG Rn. 44; Schwab/Weth/*Walker*, § 2 ArbGG Rn. 85.

bbb) Erforderlichkeit eines Pflichtenbands

Die Frage, ob der Arbeitsvertrag bzw. das Arbeitsverhältnis im Sinne von Art. 3 Abs. 1 Richtlinie 2001/23/EG ein Pflichtenband zum Betriebsinhaber erfordert, ist auf europäischer Ebene nach dem autonom zu bestimmenden Wortlautargument zugunsten eines möglichen Verzichts hierauf entschieden worden (vgl. Kap. 6 § 3 C. II. 1. b) aa) unter bbb)). Es ist daher denkbar, dass auch die vertragslose Beziehung zwischen Entleiher und Leiharbeitnehmer als „Arbeitsvertrag" bzw. „Arbeitsverhältnis" im Sinne von Art. 3 Abs. 1 Richtlinie 2001/23/EG qualifiziert werden kann.

c) Auslegungsergebnis Wortlaut

Der Wortlaut von Art. 3 Abs. 1 Richtlinie 2001/23/EG lässt eine Erfassung der Beziehung zwischen Entleiher und Leiharbeitnehmer bei der Veräußerung eines entleihenden Betriebs denkbar erscheinen. Dies beruht primär darauf, dass nachgewiesen werden konnte, dass durchaus auch vertragslose Beziehungen unter den Begriff des „Arbeitsvertrags" bzw. „Arbeitsverhältnisses" im Sinne von Art. 3 Abs. 1 Richtlinie 2001/23/EG gefasst werden können.

2. Systematische Auslegung

Nachfolgend bleibt nunmehr festzustellen, inwieweit die systematische Auslegung für oder gegen eine Erfassung vertragsloser „Arbeitsverhältnisse" spricht. Als systematische Bezugsobjekte kommen dabei vor allem die sonstigen Regelungen innerhalb der Richtlinie 2001/23/EG in Betracht.

a) Art. 4 Abs. 1 S. 1 Richtlinie 2001/23/EG

In Art. 4 Abs. 1 S. 1 Richtlinie 2001/23/EG heißt es:

> „Der Übergang eines Unternehmens, Betriebs oder Unternehmens- bzw. Betriebsteils stellt als solcher für den Veräußerer oder den Erwerber keinen Grund zur Kündigung dar."

Vergleichbar zu § 613a Abs. 4 BGB gelangt man auch vorliegend dazu, dass dem vorbezeichneten Kündigungsverbot nur dann Bedeutung zukommen kann, wenn der Arbeitnehmer in einem für die Zukunft bindenden Vertragsverhältnis oder einem sonstigen Verpflichtungsverhältnis zum Veräußerer steht (vgl. für § 613a BGB unter Kap. 6 § 2 B. II. 2. b) unter aa)). Auch wenn die Anforderungen und die Ausgestaltung der Regelungen zur Beendigung von Arbeitsverhältnissen in den einzelnen Mitgliedstaaten der Europäischen Union verschieden ausgestaltet sind und auf europäischer Ebene kein einheitliches Schutzniveau für die Beendigung von Arbeitsverhältnissen besteht,[714] ist anzunehmen, dass auch nach unionsrechtlichem Verständnis eine Kündigung einen ihr zugrundeliegenden Vertrag bzw. einen

---

714 *Brors*, AuR 2013, 108, 111.

sonstigen bestehenden Verpflichtungsgrund erfordert. Dies zeigt sich anhand verschiedener Begründungsansätze.

Neben der rein tatsächlichen Überlegung, dass dem „Arbeitsvertrag" bzw. „Arbeitsverhältnis" nach Art. 3 Abs. 1 Richtlinie 2001/23/EG ein Pflichtenband zugrunde liegen muss, weil der europäische Gesetzgeber anderenfalls mit Art. 4 Abs. 1 S. 1 Richtlinie 2001/23/EG das Verbot geregelt habe, eine faktische Beziehung ohne Rechte und Pflichten zu kündigen, d.h. das Kündigungsverbot für ein pflichtenrechtliches „nullum" normiert sei, folgt dies auch unmittelbar aus dem Gesetz. Zum einen wird das Erfordernis eines Pflichtenbands zum Betriebsinhaber durch die Ausführungen zur Begründung des Richtlinienvorschlags für die Richtlinie 77/187/EG, welche durch die Richtlinie 98/50/EG abgelöst und nun in Gestalt der Richtlinie 2001/23/EG fortbesteht, verfestigt. Im Vorschlag zu dem bereits damals vorgesehenen Art. 4 heißt es:

> „Um den Bestandsschutz durch Kündigungen [...] nicht zu gefährden, ist es daher notwendig in Artikel 4 anzuordnen, dass [...] Betriebsübertragungen als solche kein Grund zur Kündigung seitens des Arbeitgebers sind."[715]

Das sprachliche Zusammenspiel zwischen „Bestandsschutz" und „Kündigungen seitens des Arbeitgebers" zeigt, dass von einem in die Zukunft weisenden Pflichtenband zwischen Arbeitnehmer und Veräußerer ausgegangen worden ist bzw. ausgegangen wird. Der Bestand dieses Pflichtenbands als Grundlage zukünftig entstehender Rechte und Pflichten (Lohn gegen Arbeit) soll bei einem Betriebsübergang geschützt werden. Aber auch unabhängig hiervon kann man z.B. an Art. 153 Abs. 1 lit. d AEUV erkennen, dass auch auf unionsrechtlicher Ebene wohl allgemein angenommen wird, dass es Kündigungen im Arbeitsrecht erfordern, dass dem zu kündigenden Verhältnis ein Vertrag oder ein anderer Verpflichtungsgrund zugrunde liegt, weil es in Art. 153 Abs. 1 lit. d AEUV heißt:

> „Zur Verwirklichung der Ziele des Artikels 151 unterstützt und ergänzt die Union die Tätigkeit der Mitgliedstaaten auf folgenden Gebieten: [...] Schutz der Arbeitnehmer bei Beendigung des Arbeitsvertrags [...]".

Dass das betreffende Pflichtenband als Grundlage eines Arbeitsvertrags oder Arbeitsverhältnisses zum veräußernden Betriebsinhaber bestehen muss, ist aber auch daran ersichtlich, dass Art. 4 Abs. 1 S. 1 Richtlinie 2001/23/EG das Kündigungsverbot allein an „Veräußerer" und „Erwerber" richtet und im Anschluss in Art. 4 Abs. 2 Richtlinie 2001/23/EG im Rahmen der Vermutungsregelung diese als „Arbeitgeber" bezeichnet.

---

715 Begründung zum Vorschlag einer Richtlinie des Rates zur Harmonisierung der Rechtsvorschriften der Mitgliedstaaten über die Wahrung von Ansprüchen und Vergünstigungen der Arbeitnehmer bei Gesellschaftsfusionen, Betriebsübertragungen und Unternehmenszusammenschlüssen, abgedruckt in: RdA 1975, 124, 125.

b) Art. 2 Abs. 2 S. 2 lit. c Richtlinie 2001/23/EG

Als schwaches Indiz dafür, dass die Richtlinie 2001/23/EG auf die Fälle der Veräußerung eines entleihenden Betriebs keine Anwendung findet, kann Art. 2 Abs. 2 S. 2 lit. c Richtlinie 2001/23/EG angeführt werden. Hierin ist lediglich festgeschrieben, dass die Richtlinie bei der Veräußerung eines verleihenden Betriebs gilt. Im Umkehrschluss ließe sich hieraus ableiten, dass die Richtlinie möglicherweise in Fällen der Veräußerung eines entleihenden Betriebs keine Anwendung findet.[716] Bei einem solchen Rückschluss ist aber Vorsicht geboten, weil Art. 2 Abs. 2 S. 2 lit. c Richtlinie 2001/23/EG ebenso wie die vorangegangenen Bestimmungen nach Art. 2 Abs. 2 S. 2 lit. a, lit. b Richtlinie 2001/23/EG nur eine Absicherung der Diskriminierungsverbote in Bezug auf Teilzeitarbeitnehmer, befristet Beschäftigte und Leiharbeitnehmer im Blick haben.

c) Auslegungsergebnis Systematik

Die systematische Auslegung der Richtlinie 2001/23/EG und insbesondere deren Art. 4 Abs. 1 S. 1 legen es nahe, dass nur solche Arbeitnehmer unter den Schutz der Richtlinie 2001/23/EG fallen sollen, welche durch einen Vertrag oder ein anderes Pflichtenband mit dem veräußernden Betriebsinhaber verbunden sind. Dies spricht gegen eine Erfassung des Verhältnisses zwischen Entleiher und Leiharbeitnehmer bei der Veräußerung des Einsatzbetriebs.

3. Historische Auslegung

Vergleichbar zu den Entwicklungen in Deutschland setzte sich auch auf europäischer Ebene die Erkenntnis durch, dass die „hervorgerufenen Strukturveränderungen im Unternehmen häufig die soziale Lage der Arbeitnehmer in dem betroffenen Unternehmen grundlegend beeinflussen."[717] Aus diesem Grund sah man sich veranlasst, „die notwendigen Maßnahmen zur Verwirklichung des Ziels einer Verbesserung der Lebens- und Arbeitsbedingungen und ihrer Angleichung im Fortschritt zu ergreifen, unter anderem durch den Schutz der Arbeitnehmerinteressen, insbesondere auf die Aufrechterhaltung der Ansprüche und Vergünstigungen."[718] Das Anliegen bestand darin, einheitliche Regelungen zu schaffen, welche sicherstellen,

---

716 In diese Richtung auch *Gaul/Ludwig*, DB 2011, 298, 300.
717 Begründung zum Vorschlag einer Richtlinie des Rates zur Harmonisierung der Rechtsvorschriften der Mitgliedstaaten über die Wahrung von Ansprüchen und Vergünstigungen der Arbeitnehmer bei Gesellschaftsfusionen, Betriebsübertragungen und Unternehmenszusammenschlüssen, abgedruckt in: RdA 1975, 124 unter Begründung, A. Allgemeines Nr. 4.
718 Begründung zum Vorschlag einer Richtlinie des Rates zur Harmonisierung der Rechtsvorschriften der Mitgliedstaaten über die Wahrung von Ansprüchen und Vergünstigungen der Arbeitnehmer bei Gesellschaftsfusionen, Betriebsübertragungen und Unternehmenszusammenschlüssen, abgedruckt in: RdA 1975, 124 unter Begründung, A. Allgemeines Nr. 6.

dass innerhalb der Mitgliedstaaten vergleichbare Anforderungen bei Betriebsveräußerungen bestehen.[719] Zugleich sollte verhindert werden, dass Betriebsveräußerungen in solche Länder mit schwachem Arbeitnehmerschutz ausgelagert werden können.[720]

a) Richtlinienbegründung

In der Begründung zum Richtlinienvorschlag zur Richtlinie 77/187/EG, welche in der Richtlinie 2001/23/EG fortwirkt, ist das Anliegen verfolgt worden, „den Arbeitnehmer vor dem Verlust von wesentlichen Rechten und Ansprüchen, die er vor dem Arbeitgeberwechsel erworben hat, zu bewahren."[721] Die vorbezeichnete Richtlinienbegründung lässt zwei maßgebliche Umstände erkennen:

Erstens war man bereits damals bestrebt, sicherzustellen, dass ein bestehendes rechtliches Pflichtenband durch eine Betriebsveräußerung nicht zu Lasten des Arbeitnehmers in seinem Bestand beeinflusst werden soll. Dies zeigt sich daran, dass der Schutz vor dem Verlust von „Rechten und Ansprüchen" den Bestand solcher voraussetzt. Anderenfalls gibt es nichts zu schützen. Dass es dabei nicht in erster Linie um den Verlust von in der Vergangenheit vollständig erworbenen Ansprüchen ging, sondern das Ausbleiben entsprechender Ansprüche in der Zukunft verhindert werden sollte, zeigt sich an der Richtlinie 80/987/EWG bzw. der diese ersetzenden Richtlinie 2008/94/EG. Sie haben die Gefährdung *bestehender* Ansprüche der Arbeitnehmer infolge des Verlusts des Betriebsvermögens zum Gegenstand, d.h. die Gefährdung von bestehenden Ansprüchen ist insoweit bereits eigenständig gemeinschaftsrechtlich geregelt.[722]

Zweitens spricht dafür, dass die Richtlinie 2001/23/EG vorrangig auf den Bestandsschutz von in der Zukunft, fortwährend entstehenden Ansprüchen abzielt, dass die besondere Schutzbedürftigkeit des Arbeitnehmers daraus folgt, dass die aus einem Arbeitsverhältnis erworbenen Ansprüche der Sicherung des Lebensunterhalts dienen. In diesem Sinne sind die künftig entstehenden Rechte wichtiger als die bereits in der Vergangenheit entstandenen Ansprüche. Will man aber verhindern, dass dem Arbeitnehmer die fortwährend entstehenden und den Lebensunterhalt sichernden Rechte entzogen werden, ist es erforderlich an ein Pflichtenband zwischen

---

719 *Rebhahn*, RdA 2006 Sonderbeilage Heft 6, 4, 5; *Riesenhuber*, Europäisches Arbeitsrecht, § 24 Rn. 6.

720 *Alvensleben*, Die Rechte der Arbeitnehmer beim Betriebsübergang im Europäischen Gemeinschaftsrecht, S. 88; *Weiß*, Arbeitsverhältnisse im Rahmen eines Betriebsübergangs, S. 7.

721 Begründung zum Vorschlag einer Richtlinie des Rates zur Harmonisierung der Rechtsvorschriften der Mitgliedstaaten über die Wahrung von Ansprüchen und Vergünstigungen der Arbeitnehmer bei Gesellschaftsfusionen, Betriebsübertragungen und Unternehmenszusammenschlüssen, abgedruckt in: RdA 1975, 124 unter Begründung, A. Allgemeines Nr. 7.

722 *Krimphove*, Europäisches Arbeitsrecht, Rn. 582 spricht von „Zahlungen noch ausstehender Arbeitnehmerforderungen".

Arbeitnehmer und Veräußerer als Grundlage des weiteren Entstehens von Rechten und Pflichten anzuknüpfen.

b) Auslegungsergebnis Historie

Der europäische Gesetzgeber hatte bei der Schaffung der Richtlinie 2001/23/EG bzw. deren Vorläuferfassungen ein in die Zukunft gerichtetes Pflichtenband zwischen Arbeitnehmer und Arbeitgeber vor Augen. Ausschließlich dieses sollte in seinem Fortbestand geschützt werden. Bei der Beziehung zwischen Entleiher und Leiharbeitnehmer fehlt es jedoch an einem solchen in die Zukunft gerichteten Pflichtenband, weshalb eine Nichterfassung dieses Verhältnisses durch die Richtlinie 2001/23/EG naheliegt.

4. Teleologische Auslegung

Abschließend bleibt zu untersuchen, inwieweit der Sinn und Zweck von Art. 3 Abs. 1 Richtlinie 2001/23/EG bei der Veräußerung eines entleihenden Betriebs innerhalb der vertragslosen Beziehung zwischen Entleiher und Leiharbeitnehmer zum Tragen kommt. Nur soweit sich dieser in dem Verhältnis Entleiher und Leiharbeitnehmer widerspiegelt, besteht eine Notwendigkeit der Anwendung von Art. 3 Abs. 1 Richtlinie 2001/23/EG.

a) Normzweck: Bestandsschutz

Bereits die historische Auslegung hat gezeigt, dass erworbene Rechte der Arbeitnehmer, die in der Zukunft fortwährend weiter entstehen, davor geschützt werden sollen, dass sie allein aufgrund einer Betriebsveräußerung verloren gehen. Diese sollen dem Arbeitnehmer als wichtige Grundlage der Lebensführung erhalten und unverändert bleiben. Auch die Richtlinie 2001/23/EG verfolgt damit die Gewährleistung eines Bestandsschutzes in dem Sinne, dass der soziale Besitzstand des Arbeitnehmers durch die Betriebsveräußerung nicht verloren gehen soll.[723] Der Bestandsschutz wird mit der gesetzlichen Überleitung der Arbeitsverträge bzw. Arbeitsverhältnisse vom Veräußerer auf den Erwerber gemäß Art. 3 Abs. 1 Richtlinie 2001/23/EG abgesichert.[724] Dies folgt nicht nur aus Art. 4 Abs. 1 S. 1 Richtlinie 2001/23/EG, welcher das bestandsschutzrechtliche Anliegen der Richtlinie 2001/23/

---

723 *Fuchs/Marhold*, Europäisches Arbeitsrecht, S. 254 f.; *Rebhahn*, RdA 2006 Sonderbeilage Heft 6, 4, 5; *Riesenhuber*, Europäisches Arbeitsrecht, § 24 Rn. 55 f.; *Schiek*, Europäisches Arbeitsrecht, S. 271 Rn. 18. Ebenso liegt § 613a BGB die gleiche Zwecksetzung zugrunde, vgl. Kap. 6 § 2 B. IV. 1 a) und 2. b).

724 *Riesenhuber*, Europäisches Arbeitsrecht, § 24 Rn. 56 spricht vergleichbar zu den Stimmen im nationalen Schrifttum davon, dass schon von „Gemeinschaftsrechts wegen ein Übergang ipso-iure" vorgeschrieben wird.

EG durch ein Kündigungsverbot konkretisiert, sondern zeigt sich auch im 3. Erwägungsgrund der Richtlinie 2001/23/EG,[725] der lautet:

> „Es sind Bestimmungen notwendig, die die Arbeitnehmer bei einem Inhaberwechsel schützen und insbesondere die Wahrung ihrer Ansprüche gewährleisten."

Unter Rückgriff auf die vorherigen Erkenntnisse aus Art. 3 Abs. 1, Art. 4 Abs. 1 S. 1 Richtlinie 2001/23/EG zeigt sich dabei, dass mit „Wahrung" der Ansprüche solche gemeint sind, welche aktuell nicht lediglich erfüllt werden müssen, sondern zukunftsgerichtet bestehen und abgesichert werden sollen.

b) Normzweck und Veräußerung des entleihenden Betriebs

Innerhalb der Beziehung zwischen Entleiher und Leiharbeitnehmer kommt der durch die Richtlinie 2001/23/EG angestrebte Sinn und Zweck nur zum Tragen, soweit die Veräußerung des entleihenden Betriebs in diesem Verhältnis ein Bedürfnis zur Sicherung künftiger aus dem Arbeitsverhältnis entstehender Ansprüche hervorruft. Primär steht dabei die Frage im Raum, ob auch ausnahmsweise vertragslose Beziehungen diesen Bestandsschutz, der durch die Richtlinie 2001/23/EG abgesichert werden soll, verdienen.

aa) Vorgehen

Elking, der die vorliegende Themenstellung ebenfalls umfassend untersucht hat, gelangt zur Erkenntnis, dass das Bedürfnis nach einem Bestandsschutz im Sinne der Richtlinie 2001/23/EG für das Verhältnis zwischen Entleiher und Leiharbeitnehmer zwingend anzunehmen sei.[726] Bei genauerer Betrachtung seines Argumentationswegs zeigt sich allerdings, dass jede der von ihm vorgebrachten Annahmen richtigerweise in der Hinsicht verstanden werden muss, dass für die Beziehung zwischen Entleiher und Leiharbeitnehmer dem Grunde nach gerade *kein* Eingreifen der Richtlinie 2001/23/EG erforderlich ist.

bb) (Fehlerhafter) Ansatz von Elking

Nach *Elking* folge die Notwendigkeit einer Anwendung der Richtlinie 2001/23/EG in den Fällen der Veräußerung eines entleihenden Betriebs daraus, dass auch innerhalb der Beziehung zwischen Entleiher und Leiharbeitnehmer der Bestandsschutzgedanke greife. Es sei ein mittelbarer Bestandsschutz auch für die Beziehung zwischen Leiharbeitnehmer und Verleiher anzunehmen und zu gewährleisten. Überdies erfordern auch die Grundsätze zu Equal Pay und Equal Treatment eine Anwendung der Richtlinie 2001/23/EG.

---

725 *Thüsing*, Europäisches Arbeitsrecht, § 5 Rn. 1.
726 *Elking*, Der Nichtvertragliche Arbeitgeber, S. 153 ff.

aaa) Mittelbarer Bestandsschutz

Im Ausgangspunkt nimmt *Elking* richtig an, dass „die Rückkehr des Leiharbeitnehmers zum Verleiher aufgrund eines entleiherseitigen Betriebsübergangs [...] zunächst Auswirkungen auf den Bestand des Leiharbeitsverhältnis haben" könnte.[727] Hat der Verleiher keine weiteren Aufträge für den Leiharbeitnehmer, würde er diesem „reflexartig" betriebsbedingt kündigen.[728] „Faktisch bewirke damit der Betriebsübergang auf Entleiherseite die betriebsbedingte Kündigung des Leiharbeitsvertrags. Der europäische Gesetzgeber fixiere in Art. 2 Abs. 2 S. 2 lit. c [Richtlinie 2001/23/EG] die besondere Schutzwürdigkeit des Leiharbeitsverhältnisses gegenüber anderen Arbeitsvertragsverhältnissen."[729] Sodann führt *Elking* unzutreffend und unter Verkennung der rechtlichen Anforderungen fort: „Eine Schutzlosigkeit des Verhältnisses zwischen Entleiher und Leiharbeitnehmer und die daraus resultierende latente mittelbare Kündigungsgefahr hinsichtlich des Leiharbeitsvertrags widersprechen weiterhin dem Kündigungsverbot [...] in Art. 4 Abs. 1" Richtlinie 2001/23/EG.[730]

bbb) Equal Pay und Equal Treatment

Auch beruft sich *Elking* unzutreffend darauf, dass der durch die Richtlinie 2001/23/EG gewährte Bestandsschutz im Hinblick auf die Beziehung zwischen Entleiher und Leiharbeitnehmer eingreifen müsse, weil anderenfalls der Leiharbeitnehmer seine vor dem Betriebsübergang bestehenden und mit dem entleihenden Betrieb unmittelbar verbundenen Konditionen des Anspruchs auf Equal Pay und Equal Treatment verliere.[731] Im Falle der Nichtanwendung der Richtlinie 2001/23/EG und einer sich möglicherweise nach der Veräußerung ergebenden verleihfreien Zeit des Leiharbeitnehmers beim Verleiher gelte nicht der Equal Pay Anspruch. Es sei denkbar, dass dem Leiharbeitnehmer nunmehr ein geringerer Lohnanspruch gegenüber dem Verleiher zustehe.[732] Im Übrigen soll nach *Elking* sogar die durch die Betriebsveräußerung verloren gegangene Möglichkeit des Leiharbeitnehmers zur Nutzung sozialer Einrichtungen des Entleihers, das Erfordernis eines Bestandsschutzes auslösen können.[733]

---

727 *Elking*, Der Nichtvertragliche Arbeitgeber, S. 155.
728 *Elking*, Der Nichtvertragliche Arbeitgeber, S. 155.
729 *Elking*, Der Nichtvertragliche Arbeitgeber, S. 157.
730 *Elking*, Der Nichtvertragliche Arbeitgeber, S. 157.
731 *Elking*, Der Nichtvertragliche Arbeitgeber, S. 160 ff.
732 *Elking*, Der Nichtvertragliche Arbeitgeber, S. 160 f.
733 *Elking*, Der Nichtvertragliche Arbeitgeber, S. 163.

cc) Kein Bestandsschutz im Verhältnis zwischen Entleiher und Leiharbeitnehmer

Nicht nur aus der Fehlerhaftigkeit der Ansatzgedanken *Elkings*, sondern auch aus weiteren Überlegungen folgt, dass sich im Verhältnis zwischen Entleiher und Leiharbeitnehmer überzeugenderweise der durch Art. 3 Abs. 1 Richtlinie 2001/23/EG angestrebte Bestandsschutz nicht verwirklicht.

aaa) Kein mittelbarer Bestandsschutz

Die Anwendung der Richtlinie 2001/23/EG kann nicht damit begründet werden, dass nur hierdurch der Bestand der Beziehung zwischen Verleiher und Leiharbeitnehmer *mittelbar* geschützt werde könne. Einen solchen, mittelbare Gefahren absichernden Bestandsschutz von Verhältnissen, welche nicht unmittelbar vom Übergang des Betriebs berührt sind, will die Richtlinie 2001/23/EG nicht gewährleisten. Überdies widerspricht dieser mittelbare Schutz vor allem bei der Veräußerung eines entleihenden Betriebs dem Schutzanliegen der Richtlinie 2001/23/EG. Richtig ist zwar, dass die Veräußerung eines entleihenden Betriebs dazu führen kann, dass der Leiharbeitnehmer durch den Verleiher betriebsbedingt gekündigt wird, weil und soweit dieser nach dem Übergang des entleihenden Betriebs auf absehbare Zeit dem Leiharbeitnehmer keine andere Beschäftigung in Aussicht stellen kann (vgl. Kap. 6 § 2 B. IV. 2. c) unter bb) unter bbb)). Es ist aber verfehlt, mit diesem Gedanken die Notwendigkeit eines mittelbaren Schutzes der Beziehung zwischen Verleiher und Leiharbeitnehmer durch die Richtlinie 2001/23/EG begründen zu wollen. Dies zeigt sich an zwei verschiedenen Gedanken:

(1) Erster Einwand: Andere Fremdpersonaleinsätze

Elking sieht nicht, dass die von ihm angenommene automatische Wechselwirkung vom Wegfall des Einsatzbetriebs und der sich hieraus ergebenden abstrakten Gefahr der fehlenden Einsatzmöglichkeit des Leiharbeitnehmers beim Verleiher auch in vergleichbaren Fällen besteht. Insoweit ist beispielsweise daran zu denken, dass ein Arbeitnehmer nicht im Rahmen einer Arbeitnehmerüberlassung im Betrieb eines Dritten tätig ist, sondern dort zur Erfüllung eines Dienst- oder Werkvertrags seines Vertragsarbeitgebers die Dienste erbringt. Für solche Fremdpersonaleinsätze wird ein Bestandsschutz des Arbeitnehmers im Fall der Veräußerung des Einsatzbetriebs nicht angenommen und dies fordert auch *Elking* nicht, obwohl beides vergleichbar ist.

(1.1) Kennzeichen

Die vorbezeichneten Fremdpersonaleinsätze zeichnen sich dadurch aus, dass zwischen Einsatzbetrieb und eingesetztem Arbeitnehmer keine vertragliche Beziehung, sondern eine solche allein zwischen dem Inhaber des Einsatzbetriebs und dem Vertragsarbeitgeber sowie zwischen dem Vertragsarbeitgeber und dem Arbeitnehmer besteht.⁷³⁴ Veräußert der Inhaber des Einsatzbetriebs seinen Betrieb, besteht seinerseits kein Bedürfnis mehr an den Diensten durch den Arbeitnehmer. Er wird seine Rechtsbeziehung zum Vertragsarbeitgeber beenden, was diesen wiederum veranlassen könnte, die Arbeitsverhältnisse zu den eingesetzten Arbeitnehmern zu beenden.

(1.2) Vergleichbare Interessenlage

Die Gefahren für die Arbeitsplätze der auf der Grundlage eines Dienst- oder Werkvertrags eingesetzten Arbeitnehmer entsprechen denen im Falle eines Tätigwerdens als Leiharbeitnehmer. Gleichwohl kann die Richtlinie 2001/23/EG in diesem Fall keinen Bestandsschutz zu Gunsten der Arbeitnehmer vermitteln. Im Verhältnis des Einsatzbetriebs zum Beschäftigten fehlt (wie auch beim Leiharbeitnehmereinsatz) jedes Pflichtenband. Es fehlt aber darüber hinaus auch die ein Arbeitsverhältnis prägende Weisungsabhängigkeit,⁷³⁵ weshalb der Anwendungsbereich der Richtlinie 2001/23/EG im Hinblick auf dieses Verhältnis in jeglicher Hinsicht nicht eröffnet sein kann.⁷³⁶ Bestandsschutz kann den Beschäftigten auch nicht auf andere Weise gewährt werden, weil ein Schutz des Arbeitsplatzes der eingesetzten Arbeitnehmer ohne einen Schutz der Rechtsbeziehung zwischen Veräußerer und Vertragsarbeitgeber nicht möglich ist. Zudem sieht die Richtlinie 2001/23/EG nicht vor, dass sämtliche Geschäftsbeziehungen des Veräußerers, welche sich auf seinen Betrieb beziehen, automatisch auf den Erwerber übergeleitet werden,⁷³⁷ wenn anderenfalls eine Gefahr für Arbeitsplätze besteht. Kann die Richtlinie 2001/23/EG danach aber sonstige in fremden Betrieben eingesetzte Arbeitnehmer nicht gegen die von einer Veräußerung des Einsatzbetriebs mittelbar ausgehenden Gefahren schützen, ist nicht ersichtlich, warum für die Arbeitnehmerüberlassung etwas anderes gelten soll.

(2) Zweiter Einwand: Verkennung von Art. 4 Abs. 1 S. 1 Richtlinie 2001/23/EG

Zudem ist es verfehlt, wenn *Elking* die Schutzwürdigkeit des Leiharbeitnehmers daraus ableitet, dass die Veräußerung des entleihenden Betriebs praktisch automatisch auf das Verhältnis der beim Entleiher eingesetzten Leiharbeitnehmer zum Verleiher durchschlägt, weshalb diese Beziehung geschützt werden muss.

---

734 Ulber/*J. Ulber*, Einleitung C. Rn. 1, 28.
735 Vgl. Boemke/Lembke/*Boemke*, § 1 AÜG Rn. 84; Brauneisen/Ibes, RdA 2014, 213, 214; *Maschmann*, NZA 2013, 1305, 1307 hinsichtlich des Einsatzes auf Werkvertragsbasis; Thüsing/Waas, § 1 AÜG Rn. 74; BeckOK-ArbR/*Kock/Milenk*, § 1 AÜG Rn. 35; Schüren/Hamann/*Hamann*, § 1 AÜG Rn. 145.
736 Dies folgt unmittelbar aus dem Umstand, dass die Mitgliedstaaten die Definitionshoheit für den Begriff des Arbeitsverhältnisses haben und nach deutschem Recht die weisungsabhängige Beschäftigung als Kernmerkmal anzusehen ist.
737 Das folgt bereits unmittelbar daraus, dass die Richtlinie 2001/23/EG einerseits den Arbeitnehmerschutz vor Augen hat und auch explizit nur auf den Schutz von Rechten und Pflichten aus einem „Arbeitsvertrag" oder „Arbeitsverhältnis" abstellt.

(2.1) Zusätzlicher Kündigungsschutz

Elking geht davon aus, dass der Wegfall der Einsatzmöglichkeit beim Entleiher notwendig dazu führt, dass die zuvor beim Entleiher eingesetzten Leiharbeitnehmer durch den Verleiher entlassen werden. Hierbei übersieht *Elking*, dass im nationalen Recht durch die Sozialauswahl nochmal ein eigenständiger Kündigungsschutz gewährt wird. Sofern Kündigungsschutz nach dem KSchG besteht, treffen die Folgen des möglicherweise dauerhaften Wegfalls der Einsatzmöglichkeit nicht unbedingt den zuvor im Betrieb des Entleihers eingesetzten Leiharbeitnehmer, sondern den bzw. die sozial stärksten Arbeitnehmer des Verleihers (vgl. schon Kap. 6 § 2 B. IV. 2. c) unter bb) unter (1.3)).[738] Entgegen der Annahme *Elkings* schlägt der durch einen Betriebsübergang ausgelöste Wegfall der Einsatzmöglichkeit im entleihenden Betrieb nicht notwendig und auch nicht typischerweise auf die Arbeitsverhältnisse der beim Entleiher eingesetzten Leiharbeitnehmer zum Verleiher durch.

(2.2) Adressaten des Kündigungsverbots

Überdies will Art. 4 Abs. 1 S. 1 Richtlinie 2001/23/EG auch gar keinen Schutz vor einer mittelbaren Kündigung gewähren. Aus Art. 4 Abs. 1 S. 1 Richtlinie 2001/23/EG folgt das Verbot einer Kündigung durch den „Veräußerer" oder den „Erwerber". Bei der Veräußerung eines entleihenden Betriebs richtet sich das Kündigungsverbot daher grundsätzlich nur an den Entleiher und den Erwerber, nicht dagegen an den Verleiher. Der Entleiher kann aber unmittelbar gegenüber dem Leiharbeitnehmer keine Kündigung aussprechen, weil es an einem Pflichtenband zwischen beiden fehlt. Vielmehr könnte der Entleiher als Folge des Übergangs des entleihenden Betriebs nur sein Verhältnis zum Verleiher kündigen. Hierbei handelt es sich aber nicht um eine arbeitsrechtliche Beziehung.[739] Die Richtlinie 2001/23/EG will nur für Arbeitsverhältnisse einen Schutz begründen.[740] Das in Art. 4 Abs. 1 S. 1 Richtlinie 2001/23/EG geregelte Kündigungsverbot passt daher nicht auf den Entleiher. *Elking* stellt bei seiner Argumentation daher auf die Kündigung eines Dritten (des Verleihers) ab und will diese beschränken.[741] Ein solches Verbot gibt Art. 4 Abs. 1 S. 1 Richtlinie 2001/23/EG nicht her. Demzufolge geht auch die Argumentation von *Elking* fehl, dass die „latente mittelbare Kündigungsgefahr hinsichtlich des

---

738 Vgl. APS/*Steffan*, § 613a BGB Rn. 226.
739 *Boemke*, Schuldvertrag und Arbeitsverhältnis, § 13 II. 2. c. S. 562; *Theuersbacher*, Das Leiharbeitsverhältnis, S. 66.
740 Dies folgt unmittelbar aus der Richtlinie selbst, welche ausschließlich auf „Arbeitsverhältnisse" bzw. den „Arbeitsvertrag" abstellt, vgl. Oetker/Preis/*Joussen*, Europäisches Arbeitsrecht, B 7200, Rn. 31 f.; vgl. auch *Schruiff*, Die Betriebsübergangsrichtlinie der EG in der Fassung 2001/23/EG, S. 18 „Ziel der Richtlinie ist die Schaffung von gemeinschaftsrechtlichen Mindeststandards zum Schutz der Arbeitnehmer", wobei nur Arbeitnehmer in einem Arbeitsverhältnis stehen.
741 *Elking*, Der Nichtvertragliche Arbeitgeber, S. 157 f.

Leiharbeitsvertrags [...] weiterhin dem Kündigungsverbot [...] in Art. 4 Abs. 1"[742] widerspreche.

bbb) Kein Bestandsschutz durch Equal Pay und Equal Treatment

Soweit *Elking* sowohl die Ansprüche des Leiharbeitnehmers gegen den Verleiher auf Equal Pay und Equal Treatment (vgl. Art. 5 Richtlinie 2008/104/EG bzw. §§ 9 Nr. 2, 10 Abs. 4 AÜG) als auch die Rechte nach §§ 13a, 13b AÜG bzw. Art. 6 Richtlinie 2008/104/EG gegenüber dem Entleiher dazu nutzen will, um die Anwendung der Richtlinie 2001/23/EG bei der Veräußerung des entleihenden Betriebs zu begründen, übersieht er, dass diese Ansprüche auf die Einsatzzeit des Leiharbeitnehmers beim Entleiher beschränkt sind.[743] Sie unterliegen dem gleichen Bestandsschutz wie der jeweilige Einsatz. Dieser kann im Regelfall aber wiederum durch Abberufung des Leiharbeitnehmers ohne eine Ankündigungsfrist oder besondere Begründung beendet werden.[744] Ausgehend hiervon können die auf die bloße Einsatzzeit beschränkten Ansprüche keinen Bestandsschutz gegen die Gefahr eines Nichteinsatzes beim Entleiher im Falle der Veräußerung des entleihenden Betriebs erhalten.

ccc) Kein Bestandsschutz nach der Richtlinie 2008/104/EG

Auch die Richtlinie 2008/104/EG lässt erkennen, dass nach den Vorstellungen des europäischen Normgebers die Beziehung zwischen Entleiher und Leiharbeitnehmer grundsätzlich keinen Bestandsschutz genießen soll. Dieser kann dann richtigerweise aber auch nicht durch die Richtlinie 2001/23/EG entstehen bzw. erwachsen, weil der Bestand eines solchen bereits unmittelbar vorausgesetzt wird.

(1) Ausgangspunkt

Bei der Leiharbeit handelt es sich um ein „prekäres Beschäftigungsverhältnis",[745] weil es für den Leiharbeitnehmer mit besonderen Gefahren verbunden ist. Diese resultieren daraus, dass sich Verleiher und Entleiher die Arbeitgeberstellung teilen und der Leiharbeitnehmer wechselnden Einsätzen ausgesetzt ist, was die Chance einer Festanstellung als „Normalarbeitnehmer" minimiert. Die prekäre Situation für den Leiharbeitnehmer ist insbesondere dadurch bedingt, dass er beim Entleiher wie ein gewöhnlicher Arbeitnehmer tätig wird, ohne jedoch mit diesem vertraglich verbunden zu sein. Ausgehend hiervon ist es dem Leiharbeitnehmer verwehrt,

---

742 *Elking*, Der Nichtvertragliche Arbeitgeber, S. 157.
743 Zu diesem Gedanken und dem Widerspruch in *Elkings* Ansicht bereits Kap. 4 § 5.
744 Thüsing/*Thüsing*, § 12 AÜG Rn. 27.
745 *Eisele*, ArbRAktuell 2012, 592; *Schubert*, NJW 2010, 2613, 2615 f.; *Thüsing*, Europäisches Arbeitsrecht, § 4 Rn. 43 ff. der die Leiharbeit unter dem Kapitel der prekären Arbeitsverhältnisse behandelt; Thüsing/*Thüsing*, Einf. AÜG Rn. 5; *Wank*, RdA 2010, 193, 197, 203 f. der zwischen der Bezeichnung atypisches und prekäres Beschäftigungsverhältnis schwankt.

sich auf sämtliche Rechte und Pflichten gegenüber dem Entleiher zu berufen bzw. ihm kommen solche nicht zu, jedenfalls soweit sie an einen Vertrag anknüpfen[746] und dies, obwohl sich sein Einsatz objektiv nicht von dem eines festangestellten Arbeitnehmers unterscheidet. Die sich dabei ergebenden Lücken im Schutz des Leiharbeitnehmers hat der europäische Gesetzgeber mit der Richtlinie 2008/104/EG, insbesondere durch das Schlechterstellungsverbot nach Art. 5 Richtlinie 2008/104/EG, aber auch durch die Rechte nach Art. 6 Richtlinie 2008/104/EG, kompensiert und so ein Schutzniveau für Leiharbeitnehmer geschaffen, dass gewöhnlichen Arbeitnehmern vergleichbar ist (vgl. Erwägungsgründe 16 f. der Richtlinie 2008/104/EG). Verwirklicht wurde dies primär dadurch, dass der Leiharbeitnehmer einen Anspruch auf die Nutzung der sozialen Einrichtungen im entleihenden Betrieb (Art. 6 Abs. 4 Richtlinie 2008/104/EG) und grundsätzlich einen Anspruch auf die Entlohnung mindestens in der Höhe einer im entleihenden Betrieb vergleichbar beschäftigten Stammarbeitskraft hat (Art. 5 Richtlinie 2008/104/EG). Eine dem Bestandsschutz dienende Regelung, die in den Worten Elkings der „dreifachen Kündigungsgefahr" Rechnung trägt,[747] findet sich bei den der Bestandsbegründung dienenden Regelungen in Art. 6 Abs. 1–3 Richtlinie 2008/104/EG nicht und ist auch an keiner anderen Stelle in der Richtlinie 2008/104/EG ersichtlich.

(2) Konsequenzen

Ausgehend von der Erkenntnis, dass mit der Richtlinie 2008/104/EG den besonderen, der Arbeitnehmerüberlassung anhaftenden Gefahren entgegengewirkt wird und ein besonderer Bestandsschutz für die Beziehung zwischen Entleiher und Leiharbeitnehmer nicht vorgesehen ist, zeigt sich, dass der Leiharbeitnehmer im Verhältnis zum Entleiher keinen Bestandsschutz genießen soll. Dementsprechend bedarf er bei der Veräußerung eines entleihenden Betriebs im Grundsatz auch keines Schutzes durch die Richtlinie 2001/23/EG. Der Leiharbeitnehmer steht zum Verleiher in einem dem Normalarbeitsverhältnis vergleichbaren Arbeitsverhältnis, welches einen Verpflichtungsgrund aufweist und fortwährend den Lebensunterhalt sichert. Auch findet in der Beziehung zwischen Leiharbeitnehmer und Verleiher unstreitig die Richtlinie 2001/23/EG Anwendung.[748] Die vom Einsatz im entleihenden Betrieb ausgehenden Gefahren werden durch die Richtlinie 2008/104/EG kompensiert, allerdings nicht in Form eines Bestandsschutzes. Ein Eingreifen der Richtlinie 2001/23/EG würde im Fall der Veräußerung eines entleihenden Betriebs grundsätzlich bewirken, dass sich das „prekäre Beschäftigungsverhältnis" in ein „privilegiertes Beschäftigungsverhältnis" wandelt. Dies zeigt sich daran, dass der Leiharbeitnehmer nicht nur vor den unmittelbaren Gefahren eines Betriebsübergangs des verleihenden

---

746 *BAG* vom 8.7.1971, 5 AZR 29/71, AP BGB § 611 Leiharbeitsverhältnis Nr. 2; *BVerwG* vom 20.5.1992, 6 P 4/90, NVwZ-RR 1993, 566, 568; *Boemke*, Schuldvertrag und Arbeitsverhältnis, § 13 III. S. 570 ff.
747 *Elking*, Der Nichtvertragliche Arbeitgeber, S. 335.
748 Vgl. *EuGH* vom 13.9.2007, C-458/05, NJW 2007, 3195.

Betriebs, sondern auch vor den bloß mittelbaren Gefahren im Falle der Veräußerung des entleihenden Betriebs geschützt würde. Seine Stellung verbesserte sich gegenüber der Stellung sämtlicher Arbeitnehmer, welche nicht davor geschützt werden, dass es bei ihrem Arbeitgeber infolge des Übergangs eines Kundenbetriebs zu einem Auftragswegfall kommt. Im Ergebnis würde bewirkt, dass die Richtlinie 2008/104/EG nicht mehr nur das der Leiharbeit innewohnende Schutzdefizit für Leiharbeitnehmer ausgleicht, sondern zugleich würde dieses Schutzniveau durch die betriebsübergangsrechtlichen Vorschriften weiter ausgebaut werden. Verleiher und Entleiher würden als zwei eigenständige Arbeitgeber bzw. Veräußerer behandelt werden, die jeweils gesondert den Schutz für den Leiharbeitnehmer auslösen können. Für einen doppelten Schutz des Leiharbeitnehmers ist aber kein sachlicher Grund ersichtlich (abweichend, vgl. c).

c) Normzweck im Sonderfall der bloß formellen Aufspaltung der Arbeitgeberstellung

Konnte bisher nachgewiesen werden, dass der Beziehung zwischen Leiharbeitnehmer und Entleiher bei der Veräußerung des entleihenden Betriebs grundsätzlich kein Schutz durch die Richtlinie 2001/23/EG zukommen kann, ist hiervon für vereinzelte Sonderfälle abzuweichen. Diese sind in der Überlassung des Leiharbeitnehmers zu sehen, sofern dabei die Aufspaltung der Arbeitgeberstellung zwischen Verleiher und Entleiher nur künstlich geschaffen ist, d.h. die Aufspaltung nur den Zweck der Spaltung verfolgt. In solchen Fällen gelten die allgemeinen Erwägungen zur Absicherung eines Bestandsschutzes für den Leiharbeitnehmer in Bezug auf sein Verhältnis zu seinem Vertragsarbeitgeber (Verleiher) nicht. Insoweit wird sich zeigen, dass die vom *EuGH* in der Sache Albron Catering eingeschlagene Linie Bestand hat. Es kommt in den vorbezeichneten Fallgestaltungen zur Anwendung der Richtlinie 2001/23/EG bei der Veräußerung eines entleihenden Betriebs.

aa) Anstellung bei bloß formeller Spaltung

Bevor der Bestandsschutz des Leiharbeitnehmers in den vorbezeichneten Sonderfällen untersucht werden kann, gilt es die Eigenheiten einer solchen Anstellungsform aufzuzeigen.

aaa) Typik

Der Grundgedanke der künstlich geschaffenen Teilung der Arbeitgeberstellung zwischen dem Verleiher als Vertragsarbeitgeber und dem Entleiher als Beschäftigungsarbeitgeber hat sich exemplarisch sehr deutlich in der dem *EuGH* in der Sache Albron Catering zugrundeliegenden Entscheidung gezeigt. Hier ist mittels der Anstellung bei einer bloßen Personalführungsgesellschaft die künstliche Trennung erzeugt worden. Für den Begriff der Personalführungsgesellschaft lässt sich zwar keine allgemeingültige, gemeinschaftsautonome oder auch nur auf jeden Fall passende Definition vorfinden. Dies ist aber auch gar nicht erforderlich, weil es hierbei nicht um die Ausformung bzw. Umschreibung eines bestimmten Tatbestands, sondern um die Beschreibung wirtschaftlicher Zusammenhänge geht. Die reine und hier in den Blick genommene und im Fall Albron gegebene (konzerninterne) Personalführungsgesellschaft ist dadurch charakterisiert, dass sie im eigenen Namen mit Arbeitnehmern einen Arbeitsvertrag schließt, obwohl sie selbst über keinerlei betriebliche Organisation verfügt, die als Grundlage einer Beschäftigung dienen könnte. Sie stellt die Arbeitnehmer ein, ohne dass dabei ein eigener arbeitstechnischer Zweck verfolgt wird, und überlässt sie zielgerichtet nur an *eine* andere (dem Konzern angehörige) Gesellschaft zur Verrichtung der dort anfallenden und durch die Einstellung des Arbeitnehmers abzudeckenden Dienste.[749] Da sowohl die Anstellungs- als auch die Beschäftigungsgesellschaft in diesem Fall einer einheitlichen Leitung durch den Konzern unterstellt sind und einheitlich geleitet werden bzw. geleitet werden können, lässt sich auch erschließen, warum die anstellende Personalführungsgesellschaft ohne selbst irgendeinen arbeitstechnischen Zweck zu verfolgen, als solche überhaupt tätig wird und risikolos tätig werden kann. Ihr arbeitstechnischer Zweck wird über den Konzern vermittelt, ebenso wie der Konzern ihr die Marktrisiken abnimmt, weil die die Existenz der Personalführungsgesellschaft rechtfertigenden Vorteile letztlich die des Konzern sind.[750] Aber auch losgelöst von der Personalführungsgesellschaft sind theoretisch Gestaltungen denkbar, in denen die Trennung zwischen Verleiher und Entleiher nur künstlich geschaffen ist, um arbeitgeberseitige Vorteile zu erzielen. Eine Beschränkung auf konzerninterne Sachverhalte ist dabei ebenso wenig zwingend. Maßgeblich ist allein die spezifische Ausformung. Insoweit wird die Praxis zeigen, welche Anreize sich für eine solche von der Vertragsfreiheit ermöglichten künstlichen Trennung finden lassen.

bbb) Kernmerkmal

Die Fälle der formellen Spaltung, ganz egal ob innerhalb oder außerhalb eines Konzerns, sind stets dadurch charakterisiert, dass die Anstellungsgesellschaft selbst keine Beschäftigungsmöglichkeiten für den Arbeitnehmer vorhält, weder selbst, noch durch Vermittlung des Leiharbeitnehmers an andere (konzerneigene oder konzernexterne) Einsatzbetriebe. Sie nimmt keine weitergehenden Aufgaben (wie z.B. die Koordination des Einsatzes von fehlendem und überschüssigem Beschäftigungsbedarf innerhalb einzelner konzernangehöriger Betriebsgesellschaften) wahr. Ihr kommt mit dem Arbeitsvertragsschluss zwar formell die Arbeitgeberstellung zu, aber sie wird nicht tatsächlich als Arbeitgeber tätig, z.B. durch die Erteilung arbeitsbezogener Weisungen. Zudem trägt sie kein Beschäftigungsrisiko für den Leiharbeitnehmer. Sie ist bloße Zahlstelle, ohne einen eigenen weiteren, arbeitstechnischen Zweck zu verfolgen.[751] Der Vertragsarbeitgeber verfügt über keinen Betrieb bzw. über keine wirtschaftliche Einheit, welcher der Leiharbeitnehmer angehören

---

749 Vgl. *Mengel*, RdA 2008, 175, 177; *dies.*, in: Arbeitsrecht im Konzern, S. 45, 54.
750 Vgl. zu Letzterem: *BAG* vom 18.7.2012, 7 AZR 451/11, NZA 2012, 1369, 1371.
751 Vgl. *Mengel*, in: Arbeitsrecht im Konzern, S. 45, 54.

kann, weil dies im nationalen Recht einen arbeitstechnischen Zweck bzw. im europäischen Recht einen wirtschaftlichen Zweck beim Verleiher voraussetzt, dem der Arbeitnehmereinsatz dient. Ist der alleinige Zweck aber die Personalführung bzw. die Abrechnung, dann dienen diesem Zweck nur die Arbeitnehmer, die abrechnen bzw. führen aber nicht die, welche abgerechnet bzw. geführt werden, d. h. die Leiharbeitnehmer. Es besteht eine künstliche, bloß formale Trennung zwischen dem Arbeitsvertragsschuldverhältnis mit der Anstellungsgesellschaft und der tatsächlichen Durchführung des Arbeitsverhältnisses bei der Einsatzgesellschaft. Dies bedingt letztlich, dass Lasten und Nutzen auf zwei verschiedene Träger aufgeteilt werden. Der Vertragsarbeitgeber trägt die Lasten des Arbeitsverhältnisses, zieht aus diesem aber keinen eigenen Vorteil. Die Beschäftigungsgesellschaft zieht die Vorteile des Arbeitsverhältnisses, trägt aber nicht selbst unmittelbar die hiermit verbundenen Lasten.

bb) Bestandsschutz des Leiharbeitnehmers
aaa) Im Verhältnis zum formellen Vertragsarbeitgeber
(1) Keine potentielle Beschäftigung

Im typischen Fall der Arbeitnehmerüberlassung unterhält der Verleiher einen Betrieb, wovon auch der Leiharbeitnehmer profitiert, weil sich seine Stellung bei betriebsbedingter Kündigung verbessert. Im Verhältnis zum Verleiher wird der Bestandsschutz des Leiharbeitnehmers gewährt. Im Verhältnis zu einem bloßen formellen Arbeitgeber hat aber eine abweichende Würdigung zu erfolgen. Der formelle Arbeitgeber ist nicht in der Lage dem Leiharbeitnehmer einen Bestandsschutz für sein Arbeitsvertragsverhältnis zu gewähren. Er hält keinen anderweitigen Arbeitsplatz für den Leiharbeitnehmer bereit,[752] soweit man von der fest vorbestimmten Einsatzgesellschaft absieht. Dieser Umstand resultiert daraus, dass die Personalführungsgesellschaft bzw. der formelle Arbeitgeber über keinen Betrieb und die damit gewöhnlich verbundenen Betriebsmittel verfügen, welche aber als Grundlage einer potentiellen Beschäftigung für den Leiharbeitnehmer erforderlich sind.[753] Überdies ist auch kein „Pool" an offenen Stellen, bei denen der Leiharbeitnehmer potentiell beschäftigt werden könnte, vorhanden. Hierin liegt der entscheidende Unterschied zur normalen Arbeitnehmerüberlassung, die jedenfalls auch auf einen wechselnden Einsatz und Austausch der Arbeitskräfte abzielt und deshalb nicht unbedingt über einen potentiellen eigenen Arbeitsplatz für den Arbeitnehmer verfügen muss. Die künstliche Trennung zwischen Anstellungs- und Beschäftigungsgesellschaft bedeutet letztlich, dass der Vertragsarbeitgeber nur auf dem Papier die Rolle einer verleihenden Gesellschaft einnimmt, aber im Übrigen (weil jedenfalls infolge der

---

752 *Elking*, Der Nichtvertragliche Arbeitgeber, S. 203 spricht davon, dass die konzerninterne Leiharbeit den bereits beschränkten Besitzstand des Leiharbeitnehmers noch mehr verkürzt.
753 *Raab*, EuZA 2011, 537, 540, 549 f.

Konzernstruktur vom Unternehmerrisiko befreit) von Beginn an keine verschiedenen Beschäftigungsmöglichkeiten für den Arbeitnehmer vorhält. Vorbezeichnetes geht mit einer Abschwächung des Bestandsschutzes der vertraglichen Beziehung zu Lasten des Leiharbeitnehmers einher.

(2) Keine betriebsbezogene Sozialauswahl

Kommt es zu einem Wegfall des Arbeitsplatzes im entleihenden Betrieb, kann sich der Leiharbeitnehmer nicht auf den beim Verleiher bzw. der Personalführungsgesellschaft bestehenden eigenständigen, weil durch die Sozialauswahl vermittelten, Kündigungsschutz berufen. D.h. derjenige Leiharbeitnehmer, welcher seinen Arbeitsplatz im entleihenden Betrieb verliert, ist grundsätzlich auch Adressat der betriebsbedingten Kündigung. Der fehlende Schutz durch eine der betriebsbedingten Kündigung vorgelagerte Sozialauswahl folgt daraus, dass diese stets betriebsbezogen ist.[754] Der bloß formelle Arbeitgeber verfügt aber entsprechend seiner Kriterien über keinen Betrieb, weil er keinerlei eigenen arbeitstechnischen Zweck verfolgt. Dieser besteht nämlich allein in der Abrechnung. Die Leiharbeitnehmer sind aber nicht die Abrechnenden, sondern die Abgerechneten, weshalb sie per se dem Betrieb nicht angehören können. Ohne vorhandenen Betrieb kann aber auch keine betriebsbezogene Sozialauswahl erfolgen. Es ist dem konkreten Leiharbeitnehmer zu kündigen. Das bedeutet, dass derjenige Arbeitnehmer, welcher seinen Arbeitsplatz im entleihenden Betrieb verliert, gewöhnlich infolge dieses Umstands mit einer Kündigung durch den formellen Arbeitgeber rechnen muss. Das Risiko des Verlusts des sozialen Besitzstands kann abweichend von der normalen Arbeitnehmerüberlassung bzw. einem gewöhnlichen zweiseitigen Arbeitsverhältnis nicht auf einen sozial weniger schutzbedürftigen Arbeitnehmer verlagert werden. Dies bedeutet aber zugleich auch, dass der Leiharbeitnehmer insoweit ein Stück weniger Schutz innerhalb der Richtlinie 2001/23/EG genießt, weil er über keinen, einem gewöhnlichen Arbeitnehmer vergleichbaren Bestandsschutz seines Arbeitsvertragsverhältnisses verfügt.

bbb) Im Verhältnis zum Beschäftigungsarbeitgeber

Steht fest, dass der formelle Arbeitgeber bzw. die bloße Personalführungsgesellschaft dem Leiharbeitnehmer im Hinblick auf das bestehende Vertragsverhältnis keinen unmittelbaren Bestandsschutz gewähren kann, liegt es nahe, dass dieser über den durch die Beziehung zwischen Entleiher und Leiharbeitnehmer vermittelten (einzig wahren) Arbeitsplatz des Leiharbeitnehmers gewährt werden muss.

---

754 *BAG* vom 31.5.2007, 2 AZR 276/06, NZA 2008, 33, 34 f.; *BAG* vom 5.5.1994, 2 AZR 917/93, NJW 1994, 3370, 3371; *BAG* vom 15.12.1994, 2 AZR 320/94, NJW 1996, 339, 341; MüKo-BGB/*Hergenröder*, § 1 KSchG Rn. 333 f.; APS/*Steffan*, § 613a BGB Rn. 226.

(1) Ausgangspunkt: Grundgedanke des EuGH

Der *EuGH* hat folgende (zutreffende) Grunderkenntnis, die als Ausgangspunkt dient, getroffen: Die teleologische Kernaussage in der Albron Entscheidung war, dass die Anwendung der Richtlinie 2001/23/EG nicht an der formalen Aufspaltung der Arbeitgeberstellung zwischen der anstellenden und konzerneigenen Personalführungsgesellschaft und der Beschäftigungsgesellschaft scheitern darf, wenn hierin nur ein künstliches Konstrukt zu sehen ist, welches sich für den Leiharbeitnehmer bei wirtschaftlicher Betrachtung nicht anders darstellt, als wenn er unmittelbar bei der Beschäftigungsgesellschaft angestellt wäre.[755] Die Richtlinie 2001/23/EG gewährt ein zwingendes Schutzniveau für den Arbeitnehmer, welches nicht durch die formale Aufspaltung der Veräußererstellung zwischen verschiedenen konzernangehörigen Gesellschaften ausgehebelt werden soll. Die formale rechtliche Trennung zwischen Anstellungs- und Beschäftigungsgesellschaft soll sich bei einer wertenden Betrachtung im Rahmen der Anwendung der Richtlinie 2001/23/EG rechtlich nicht materiell durchsetzen.[756]

(2) Bestandsschutz des Leiharbeitnehmers im Einsatzbetrieb

Führt man sich vor Augen, dass der durch künstliche Trennung geschaffene Vertragsarbeitgeber weder selbst über einen denkbaren Arbeitsplatz für den Leiharbeitnehmer verfügt noch das Risiko trägt, einen anderen Arbeitsplatz bei einem Dritten zu beschaffen, liegt es auf der Hand, dass der Verlust der Einsatzmöglichkeit im entleihenden Betrieb im Ergebnis einem endgültigen Verlust sämtlicher Beschäftigungsmöglichkeiten gleichzustellen ist. Der Wegfall der Einsatzmöglichkeit beim Entleiher wirkt vergleichbar, als wenn es für den Arbeitnehmer bei dem Vertragsarbeitgeber zu einem dauerhaften Wegfall der Beschäftigungsmöglichkeit kommt. Ist kein Beschäftigungsbedarf für den Arbeitnehmer vorhanden und auch künftig nicht absehbar, dann ist die Kündigung von dessen Arbeitsvertragsverhältnis die unumgängliche Folge. In einem solchen Anstellungs- und Überlassungsfall ergibt sich für den Leiharbeitnehmer sogar auch dann noch ein gegenüber einer gewöhnlichen Arbeitnehmerüberlassung oder einem gewöhnlichen zweipoligen Arbeitsverhältnis geringerer Bestandsschutz für das Arbeitsvertragsverhältnis, wenn man diesen Bestandschutz über die Beziehung zwischen Leiharbeitnehmer und Entleiher (einziger Arbeitsplatz des Leiharbeitnehmers) projiziert. Denn, selbst wenn

---

755 In diese Richtung auch *Powietzka*/Christ, ZESAR 2013, 313, 315: „In diesem Fall veräußert in wirtschaftlicher Hinsicht der Konzern die wirtschaftliche Einheit." [...] „Der Konzern [könne] infolge einer erweiterten Leseart der Betriebsübergangsrichtlinie als der Veräußerer [...] angesehen werden."

756 Vgl. *Powitzka/Christ*, ZESAR 2013, 313, 315; *Raab*, EuZA 2011, 537, 540 f., 549 f.; *Willemsen*, NJW 2011, 1546, 1548 f. der sich allerdings zur Begründung dieses Gedankens auf eine Zurechnungslösung beruft. Vgl. auch deutlich ErfK/*Wank*, Einl. AÜG Rn. 33a: „Der *EuGH* verkennt, dass es sich um einen Fall des „Durchgriffs" handelt [...]".

man annimmt, der Bestandsschutz des arbeitsrechtlichen Pflichtenbandes stehe und falle mit der Existenz eines Arbeitsplatzes beim Entleiher, bleibt es dabei, dass nur der Verleiher die Kündigung aussprechen kann. Beim Verleiher greifen in diesem Fall aber nicht die Grundsätze zur Durchführung einer im Vorfeld der Kündigung erfolgenden Sozialauswahl. Dies folgt daraus, dass der Verleiher nicht innerhalb seines Betriebs, aber mangels insoweit gegebener Kündigungsbefugnis auch nicht innerhalb des Betriebs des Entleihers auswählen kann, d.h. die Gefahr einer Beendigung des Arbeitsvertragsverhältnisses kann nicht mit Dritten geteilt werden.

ccc) Eingreifen der Richtlinie 2001/23/EG durch teleologische Erwägungen

(1) Verwirklichung des Telos

Bisher ist eine Nichtanwendung der Richtlinie 2001/23/EG bei der Veräußerung des entleihenden Betriebs stets darauf gestützt worden, dass es anderenfalls zu einer Verdopplung des Bestandsschutzes für den Leiharbeitnehmer käme, wenn dieser sowohl durch eine Veräußerung des verleihenden als auch durch eine Veräußerung des entleihenden Betriebs den Schutz durch die Richtlinie 2001/23/EG vermittelt bekommt. Spiegelbildlich hierzu lässt sich bei der Anstellung durch einen künstlich geschaffenen Vertragsarbeitgeber feststellen, dass es dem Sinn und Zweck der Richtlinie 2001/23/EG widerspricht, dass durch ihre Nichtanwendung sowohl bei der verleihenden als auch bei der entleihenden Gesellschaft eine doppelte Versagung des Bestandsschutzes für den Leiharbeitnehmer bewirkt wird.[757] Genau dieses Szenario würde aber eintreten, wenn man die Richtlinie 2001/23/EG bei der Veräußerung eines entleihenden Betriebs ausschließt, sofern lediglich eine künstliche Trennung zwischen der Anstellungs- und Beschäftigungsgesellschaft besteht. Zur Wahrung des Telos der Richtlinie 2001/23/EG ist ihr unbedingtes Eingreifen erforderlich. Dieses Ergebnis ist streng genommen nur die logische Konsequenz aus der Erkenntnis, dass bei der künstlichen Aufspaltung der Arbeitgeberfunktionen der aus dem Arbeitsvertragsverhältnis erwachsende Bestandsschutz über das Beschäftigungsverhältnis zwischen Entleiher und Leiharbeitnehmer gewährt wird, weil dort der einzige Arbeitsplatz des Leiharbeitnehmers ist. Der Wegfall dieses Arbeitsplatzes schlägt, wie aufgezeigt, automatisch auf das Vertragsarbeitsverhältnis zum Verleiher durch. Ein Schutz im Verhältnis zum Verleiher kann zugunsten des Leiharbeitnehmers mangels eines Betriebs des Verleihers nicht erzeugt werden. Wird über diese Beziehung von Entleiher zu Leiharbeitnehmer der Bestandsschutz hergeleitet, muss sich dies auch bei der Anwendung der Richtlinie 2001/23/EG fortsetzen, weil hierdurch der im Zeitpunkt des Übergangs des Betriebs auf den Erwerber bestehende status quo erhalten werden soll.[758]

---

757 Zu diesem Widerspruch: Art. 2 Abs. 2 S. 2 lit. c Richtlinie 2001/23/EG; vgl. auch *Elking*, Der Nichtvertragliche Arbeitgeber, S. 204.
758 *Forst*, RdA 2011, 228, 233; *EuGH* Schlussantrag (*Generalanwalt*) vom 6.5.2010, C-151/09, BeckRS 2010, 90558 Rn. 60, 63 „mit anderen Worten gilt, wenn das Unternehmen seine Selbstständigkeit behält, [besteht] der status quo fort."

(2) Irrelevanz der Überlassungsdauer

Nimmt man die vorangegangenen Ausführungen in den Blick, lässt sich folgende Grunderkenntnis ableiten: Entgegen dem vorherrschenden Verständnis der Entscheidung des *EuGH* in der Rechtssache Albron Catering kommt es nicht maßgeblich auf den Faktor der „Dauerhaftigkeit" der Überlassung[759] bzw. auf eine „ständige Überlassung"[760] an, um zur Anwendung der Richtlinie 2001/23/EG zu gelangen. Die aufgezeigten bestandsschutzrechtlichen Erwägungen sind gleichermaßen gegeben, wenn man annimmt, dass der Leiharbeitnehmer z.b. durch eine Personalführungsgesellschaft befristet für einen Zeitraum von z.b. nur sieben Monaten, anstatt von 20 Jahren wie im Fall Albron Catering, angestellt und überlassen worden ist. Dieser Zeitraum dürfte offensichtlich die Grenze zur Annahme einer dauerhaften Überlassung unterschreiten. Kommt es nun während einer solchen kurzzeitigen Anstellung nach der Aufnahme der Dienste im entleihenden Betrieb dazu, dass dieser durch Rechtsgeschäft auf einen Dritten übertragen wird, greifen die gleichen Grundgedanken. Auch hier bleibt es dabei, dass die bloße Personalführungsgesellschaft über keinerlei Einsatzmöglichkeiten verfügt. Es sind daher die gleichen Erwägungen anzustellen, wenn der Arbeitsplatz im entleihenden Betrieb wegfällt.[761] Entscheidend ist allein und ausschließlich, dass es zu einer künstlichen und bloß formalen Trennung zwischen Vertragsarbeitgeber und Beschäftigungsgesellschaft kommt, welche bei wertender Betrachtung und unter Berücksichtigung der teleologischen Grundgedanken der Richtlinie 2001/23/EG keine Zuordnung des Arbeitnehmers zur Anstellungsgesellschaft erlaubt.

Mit der Feststellung, dass es nicht maßgeblich auf den zeitlichen Faktor, d.h. die Dauerhaftigkeit der Überlassung ankommen soll, weil diese für den *EuGH* letztlich nur ein Indiz für die bloß formale Aufspaltung der Arbeitgeberstellung war, soll nicht zugleich der Umstand angesprochen sein, dass die Richtlinie 2008/104/EG nunmehr die Überlassung eines Arbeitnehmers als „vorübergehendes Phänomen" umschreibt.[762] Denn, es konnte bereits aufgezeigt werden, dass selbst bei der Annahme einer nur zulässigen vorübergehenden Überlassung eines Leiharbeitnehmers nicht ausgeschlossen werden kann, dass dieser in der Praxis dennoch

---

759 Sprachlich hat der *Generalwalt* in seinem Schlussantrag auf die „Dauerhaftigkeit" der Überlassung abgestellt: Schlussantrag des *Generalanwalts Bot* vom 3.6.2010 zu Albron Catering (C-242/09), Rn. 30, 38, 40.

760 *EuGH* vom 21.10.2010, C-242/09, NZA 2010, 1225, 1226 „Zu dem die Arbeitnehmer ständig abgestellt waren."

761 Unterschiede ergeben sich lediglich bei der Berufung auf die Eigenständigkeit eines Bestandsschutzes durch die über das KSchG vermittelte Sozialauswahl. Denn bei einer befristeten Anstellung ist die Möglichkeit einer ordentlichen Kündigung regelmäßig ausgeschlossen.

762 Von einer solchen Wechselwirkung zwischen dauerhafter Überlassung im Fall Albron Catering und vorübergehender Überlassung im Sinne des AÜG wird teilweise (fälschlicherweise) ausgegangen, vgl. Kap. 3 § 4 unter D., aber hierzu auch Kap. 4 § 2.

dauerhaft überlassen wird, weil auch auf europäischer Ebene keine Sanktionsnorm für eine dauerhafte Überlassung eines Leiharbeitnehmers besteht. Zudem zeigt aber auch das derzeit anhängige Vorlageverfahren[763] zur Klärung der Zulässigkeit von Beschränkungen der Arbeitnehmerüberlassung auf einen vorübergehenden Beschäftigungsbedarf, dass noch unklar ist, ob nur vorübergehende Überlassungen europarechtskonform sind bzw. sein können (vgl. schon Kap. 4 § 2 C.).

d) Auslegungsergebnis Telos

Im Grundsatz verbleibt es, vergleichbar zu § 613a Abs. 1 S. 1 BGB dabei, dass bei der Veräußerung eines entleihenden Betriebs kein Bestandsschutz für die Beziehung zwischen Entleiher und Leiharbeitnehmer zu gewähren ist und der Sinn und Zweck der Richtlinie 2001/23/EG nicht zur Geltung kommt. Abweichendes konnte nur für die (konzerninterne) Anstellung bei einer bloßen Personalführungsgesellschaft bzw. allgemeiner formuliert für sonstige Fallgestaltungen, denen eine rein künstliche Aufspaltung der Arbeitgeberstellung zwischen der anstellenden und der beschäftigten Gesellschaft zugrunde liegt, herausgearbeitet werden. Hierbei wurde zugleich darauf verwiesen, dass der Faktor der Dauerhaftigkeit der Überlassung unter teleologischen Gesichtspunkten keine entscheidungserhebliche Rolle spielt, sondern insbesondere für den *EuGH* im Fall Albron Catering letztlich nur ein Indiz zur Feststellung einer bloß formalen Aufspaltung der Arbeitgeberstellung war.

5. Ergebnis Auslegung der Richtlinie 2001/23/EG

a) Regelfall

Es konnte nachgewiesen werden, dass die Richtlinie 2001/23/EG auf dem Grundgedanken aufbaut, dass das dem Betriebsübergang zugrundeliegende „Arbeitsverhältnis" bzw. der „Arbeitsvertrag" ein Pflichtenband zum bisherigen Veräußerer erfordert. Trotz des zu Beginn der Untersuchung noch relativ unbestimmten Wortlauts von „Arbeitsvertrag" oder „Arbeitsverhältnis" kann es bei der Veräußerung des entleihenden Betriebs im Grundsatz zu keiner Anwendung der Richtlinie 2001/23/EG kommen. Das sprachliche Alternativverhältnis in Art. 3 Abs. 1 Richtlinie 2001/23/EG kann entgegen der ersten Annahme nicht bedeuten, dass einerseits ein Verhältnis mit Pflichtenband („Arbeitsvertrag") und andererseits ein Verhältnis ohne Pflichtenband („Arbeitsverhältnis") erfasst sein soll. Das Alternativverhältnis ist wohl für den Regelfall dahingehend zu verstehen, dass beim „Arbeitsvertrag" auf einen Vertrag als Pflichtenband und beim „Arbeitsverhältnis" auf die sonstigen Gründe, die zur Entstehung eines Pflichtenbands führen, abgestellt werden sollte. Da aber insgesamt kein Pflichtenband im Verhältnis zwischen Entleiher und Leiharbeitnehmer besteht, scheidet eine Anwendung der Richtlinie 2001/23/EG bei der Veräußerung eines entleihenden Betriebs gewöhnlich aus. Auch konnte innerhalb

---

763 EuGH (*Generalanwalt*) vom 20.11.2014, C-533/13, BeckRS 2014, 82404, vgl. dazu *Ulrici*, jurisPR-ArbR 1/2015 Anm. 6.

der teleologischen Erwägungen nachgewiesen werden, dass der durch Art. 3 Abs. 1 Richtlinie 2001/23/EG vermittelte Bestandsschutz grundsätzlich nicht auf die Beziehung zwischen Entleiher und Leiharbeitnehmer, sondern ausschließlich auf das Verhältnis zwischen Verleiher und Leiharbeitnehmer passt. Aufgrund dessen, dass die Richtlinie 2001/23/EG auch keinen Schutz vor mittelbar veranlassten Kündigungen gewährt, ist es für deren Anwendung unerheblich, ob der Leiharbeitnehmer infolge des Übergangs des entleihenden Betriebs vom Verleiher eine Anschlussbeschäftigung erhält oder nicht.

b) Sonderfall

Abweichend konnte weiter nachgewiesen werden, dass jedenfalls für den Sonderfall der Überlassung durch eine konzerneigene bloße Personalführungsgesellschaft bzw. für Überlassungen, denen eine bloß künstliche Trennung der Arbeitgeberstellung zugrunde liegt, aufgrund teleologischer Erwägungen die Richtlinie 2001/23/EG auf das Verhältnis zwischen Entleiher und Leiharbeitnehmer anwendbar ist. Dieses Ergebnis steht im Einklang mit den getroffenen Erkenntnissen des *EuGH* im Fall Albron Catering, geht aber insoweit darüber hinaus, als deutlich gemacht werden konnte, dass dem Merkmal der „Dauerhaftigkeit" der Überlassung keine maßgebliche Rolle zukommt. Ebenso wenig ist es bedeutsam, ob es sich um eine Personalführungsgesellschaft oder einen konzerninternen Sachverhalt handelt. Entscheidend ist allein das Vorliegen der herausgearbeiteten Kriterien bezüglich einer bloß formellen Spaltung der Arbeitgeberstellung zwischen Verleiher und Entleiher.

§ 4 Zusammenführung nationaler und europäischer Vorgaben

A. Einführung

I. Divergenz von europäischem und nationalem Recht

Vergleicht man die bisher ermittelten Ergebnisse, so lässt sich eine Divergenz feststellen: Für das nationale Recht gelangte man dazu, dass § 613a Abs. 1 S. 1 BGB generell nicht bei der Veräußerung eines entleihenden Betriebs im Hinblick auf die Beziehung zwischen Entleiher und Leiharbeitnehmer gilt (vgl. hierzu Kap. 6 § 2 unter B.). Im Grundsatz hat sich dieses Ergebnis auch bei der Auslegung der Richtlinie 2001/23/EG bestätigt, wobei aber ausgehend von den Besonderheiten der Rechtssache Albron Catering einschränkend eine Ausnahme herausgearbeitet worden ist. Die Richtlinie 2001/23/EG findet im Falle der Veräußerung eines entleihenden Betriebs Anwendung, sofern die Überlassung des Leiharbeitnehmers durch eine konzerneigene bloße Personalführungsgesellschaft erfolgt bzw. die Überlassung auf einer künstlichen Aufteilung der Arbeitgeberstellung zwischen der Anstellungs- und der Beschäftigungsgesellschaft beruht (vgl. Kap. 6 § 3 C. uner II.). Für diesen Sonderfall ergibt sich ein scheinbarer Widerspruch zwischen nationalem und europäischem Recht. Auch wenn die Auslegung von § 613a Abs. 1 S. 1 BGB dieses Ergebnis bisher nicht bestätigen konnte, ist es dennoch nicht ausgeschlossen, dass das deutsche Recht diesen Sonderfall durch Rückgriff auf andere nationale Rechtsinstitute oder aber zumindest im Wege einer richtlinienkonformen Auslegung erfasst und insoweit ein Einklang zum Europarecht hergestellt werden kann. Der vorbezeichneten Suche nach anderweitigen nationalen Methoden kann jedenfalls keine Zielgerichtetheit im Hinblick auf die Gewinnung eines bestimmten Auslegungsergebnisses vorgeworfen werden. Der Umstand, dass die konzerneigene reine Personalführungsgesellschaft näher in den Fokus rückt, folgt unmittelbar aus der Entscheidung Albron Catering und führt denknotwendig dazu, dass der nationale Richter versucht bzw. versuchen muss, anhand der nationalen Methodenlehre zu ermitteln, inwieweit dieses konkrete Ergebnis vom nationalen Recht getragen wird. Da hierbei aber eine rechtliche Prüfung nicht unterbleibt, wird nicht ergebnisorientiert vorgegangen.

II. Begrenzung

Nachfolgend ist alleiniger Untersuchungsgegenstand, ob das deutsche Recht methodische Ansätze vorsieht, welche auf der Linie der Richtlinie 2001/23/EG eine Erfassung der Beziehung zwischen Entleiher und Leiharbeitnehmer bei der Veräußerung eines entleihenden Betriebs durch die betriebsübergangsrechtlichen Schutzmechanismen vorsehen, wenn der Leiharbeitnehmer durch eine bloße konzerneigene Personalführungsgesellschaft überlassen worden ist bzw. der Überlassung eine sonstige künstlich geschaffene Trennung von anstellender und überlassender Gesellschaft zugrunde liegt. Nur insoweit besteht eine Divergenz zwischen nationalem und europäischem Recht. Ein breiteres Vorgehen ist überflüssig, weil im Übrigen für die Fälle normaler Arbeitnehmerüberlassung durch Auslegung ermittelt werden konnte, dass sowohl § 613a BGB als auch die Richtlinie 2001/23/EG nicht eingreifen. Es besteht bereits ein Einklang zwischen nationalen und europäischen Anforderungen.

B. Benennung der methodischen Ansätze

I. Vorüberlegungen

Der Einklang zwischen nationalem und europäischem Recht kann über zwei verschiedene Grundlinien erreicht werden: im Wege einer richtlinienkonformen Auslegung von § 613a Abs. 1 S. 1 BGB oder durch das Eingreifen anderer nationaler Rechtsmethoden. Im Falle einer richtlinienkonformen Auslegung von § 613a Abs. 1 S. 1 BGB wären dessen Wortlaut sowie Sinn und Zweck soweit nur möglich nach den Vorgaben und Zielsetzungen der Richtlinie 2001/23/EG auszulegen. Die europäischen Wertungen der Richtlinie 2001/23/EG sind in

§ 613a Abs. 1 S. 1 BGB bis zur möglichen Wortlautgrenze hineinzulesen.[764] Oder um die Worte des *EuGH* aufzugreifen: Der nationale Rechtsanwender muss „alles tun, was in seiner Zuständigkeit liegt", um das nationale Recht „so weit wie möglich" an der Zielsetzung der Richtlinie auszulegen.[765] Alternativ ist die nationale Methodenlehre, die beispielsweise über die Figur einer analogen[766] oder rechtsfortbildenden Anwendung,[767] die Figur des institutionellen Rechtsmissbrauchs[768] sowie das Verbot der Gesetzesumgehung[769] verfügt, dahingehend zu überprüfen, ob hierdurch eine Anwendung von § 613a Abs. 1 S. 1 BGB aufgrund teleologischer Erwägungen auf die Beziehung zwischen Entleiher und Leiharbeitnehmer erzielt werden kann. Soweit die nationale Methodenlehre unmittelbar ein zur Richtlinie 2001/23/EG konformes Ergebnis bereithält, kommt es auf eine richtlinienkonforme Auslegung nicht an, weil das nationale Recht selbst, unmittelbar und ohne den europäischen „Befehl", das gewünschte Ergebnis liefert.[770]

II. Erste Option: Institutioneller Rechtsmissbrauch

Neben dem auf europäischer Ebene anerkannten Verbot eines Rechtsmissbrauchs,[771] auf welches sich wohl der *Generalanwalt* im Schlussantrag zur Rechtssache Albron Catering stützen wollte,[772] besteht ein solches auch im deutschen

---

764 Allgemein zur richtlinienkonformen Auslegung: umfassend *Auer*, NJW 2007, 1106, 1106 ff.; *Forst*, RdA 2011, 228, 231; Callies/Ruffert/*Ruffert*, Art. 288 AEUV Rn. 77 ff.; *Schlachter*, ZfA 2007, 249, 259 ff.
765 *EuGH* vom 5.10.2004, C-397/01, NZA 2004, 1145, 1152; *EuGH* vom 27.6.2000, C-240/98, NJW 2000, 2571, 2573.
766 Vgl. zu Inhalt und Voraussetzungen einer Gesetzesanalogie: *Bitter/Rauhut*, JuS 2009, 289, 297 f.; *Boemke/Ulrici*, BGB AT, § 3 Rn. 25 f.; *Börsch*, JA 2000, 117, 117 ff.; *Luther*, Jura 2013, 449, 449 ff.; *Würdinger*, AcP 206 (2006), 946, 946 ff.
767 *Bitter/Rauhut*, JuS 2009, 289, 298; *Boemke/Ulrici*, BGB AT, § 3 Rn. 27; *Köhler*, BGB Allgemeiner Teil, § 4 Rn. 25.
768 Allgemein zum institutionellen Rechtsmissbrauch: Palandt/*Grüneberg*, § 242 BGB Rn. 40; BeckOK/*Sutschet*, § 242 BGB Rn. 51.
769 Allgemein zur Gesetzesumgehung: umfassend *Benecke*, Gesetzesumgehung im Zivilrecht (2004); *Fleischer*, JZ 2003, 865, 865 ff.; Staudinger/*Olzen/Looschelders*, § 242 BGB Rn. 396 ff.
770 Zu diesem Verhältnis von richtlinienkonformen Auslegung und nationaler Methodenlehre, vgl. *Schlachter*, ZfA 2007, 249, 259 ff.
771 Hierzu *EuGH* vom 26.1.2012, C-586/10, NJW 2012, 989, 989 ff.; *Fleischer*, JZ 2003, 865, 865 ff.; *Heiderhoff*, Europäisches Privatrecht, § 5 Rn. 283; *Heiderhoff*, Gemeinschaftsprivatrecht, S. 130; MüKo-BGB/*Roth/Schubert*, § 242 BGB Rn. 156; *Schön*, in: FS Wiedemann, S. 1271, 1277 ff.
772 Schlussantrag des *Generalanwalts Bot* vom 3.6.2010 zu Albron Catering (C-242/09), Rn. 50: „nur so [könne] verhindert werden könne, das Konzerne ihre Arbeitsverhältnisse bewusst wie im vorliegenden Fall ausgestalten, um die Anwendung der Richtlinie 2001/23/EG auszuschließen."

Recht.[773] Dabei kommt vorliegend nur das Verbot eines institutionellen Rechtsmissbrauchs als Ausfluss von § 242 BGB[774] in Betracht, bei welchem es um den Missbrauch eines Rechts zur Vornahme einer bestimmten Gestaltung geht.[775] Hierbei treten die sich bei der Anwendung einer Rechtsnorm ergebenden Rechtsfolgen zurück, soweit der Missbrauch eines Rechts erkennbar ist, und man anderenfalls zu einem untragbaren und unter keinen Umständen hinnehmbaren Ergebnis gelangt.[776] Jüngst hat das *BAG* das Institut des institutionellen Rechtsmissbrauchs wie folgt charakterisiert:

> „Rechtsmissbrauch setzt voraus, dass ein Vertragspartner eine an sich rechtlich mögliche Gestaltung in einer mit Treu und Glauben unvereinbaren Weise nur dazu verwendet, sich zum Nachteil des anderen Vertragspartners Vorteile zu verschaffen, die nach dem Zweck der Norm und des Rechtsinstituts nicht vorgesehen sind. Beim institutionellen Missbrauch ergibt sich der Vorwurf bereits aus dem Sinn und Zweck des Rechtsinstituts. Die institutionelle Rechtsmissbrauchskontrolle verlangt daher weder ein subjektives Element noch eine Umgehungsabsicht. Die Annahme eines institutionellen Rechtsmissbrauchs bedarf jedoch des Rückbezugs auf die Gestaltungsmöglichkeiten, die das Recht den Vertragsparteien einräumt. Vertragsgestaltungen können nur dann als rechtsmissbräuchlich angesehen werden, wenn sie gravierend von den Gestaltungsmöglichkeiten abweichen, die nach der Konzeption des Gesetzes noch gebilligt sind."[777] [...] „Die nach den Grundsätzen des institutionellen Rechtsmissbrauchs vorzunehmende Prüfung verlangt eine Würdigung sämtlicher Umstände des Einzelfalls."[778]

Übertragen auf die gegenständliche Untersuchungsfrage ist zu prüfen, ob die Nichtanwendung von § 613a Abs. 1 S. 1 BGB im beschriebenen Sonderfall zu einem untragbaren und unter keinen Umständen hinnehmbaren Ergebnis führt. Als Gegenstand des Missbrauchsvorwurfs kann dabei nur die formale Aufspaltung der Arbeitgeberstellung zwischen der Anstellungs- und Beschäftigungsgesellschaft angesehen werden, soweit die Aufspaltung ausschließlich den Zweck der Spaltung verfolgt.

---

773 *BAG* vom 18.7.2012, 7 AZR 443/09, NZA 2012, 1351, 1356; Palandt/*Grüneberg*, § 242 BGB Rn. 40 f.; *Köhler*, BGB Allgemeiner Teil, § 17 Rn. 36; Jauernig/*Mansel*, § 242 BGB Rn. 37 ff.; *Rüthers/Stadler*, Allgemeiner Teil des BGB, § 7 Rn. 2.

774 Palandt/*Grüneberg*, § 242 BGB Rn. 40; im Zusammenhang mit Equal Pay: *Hamann*, RdA 2014, 271, 273.

775 *BAG* vom 18.7.2012, 7 AZR 443/09, NZA 2012, 1351, 1356 f.; *Hamann*, RdA 2014, 271, 273.

776 *BAG* vom 18.7.2012, 7 AZR 443/09, NZA 2012, 1351, 1357 f.; BeckOK-BGB/*Sutschet*, § 242 BGB Rn. 51.

777 *BAG* vom 15.5.2013, 7 AZR 494/11, NZA 2013, 1267, 1270. Im Kern ebenso schon *BAG* vom 18.7.2012, 7 AZR 443/09, NZA 2012, 1351, 1356 f.

778 *BAG* vom 18.7.2012, 7 AZR 443/09, NZA 2012, 1351, 1357.

III. Zweite Option: Verbot der Gesetzesumgehung

Dem aufgezeigten Verbot eines Rechtsmissbrauchs steht inhaltlich das Verbot der Gesetzesumgehung nahe,[779] welches auch zur Lösung der gegenständlichen Untersuchungsfrage herangezogen werden könnte. Gegenstand der Gesetzesumgehung ist ein Verstoß gegen Sinn und Zweck einer Norm, ohne dass deren Wortlaut dabei verletzt wird.[780] Ein subjektives Element ist dabei (wie beim institutionellen Rechtsmissbrauch) nicht erforderlich.[781] Übertragen auf die vorliegende Untersuchung gilt zu prüfen, ob die Ausnutzung einer formal-rechtlichen Aufspaltung der Arbeitgeberstellung in eine Anstellungs- und Beschäftigungsgesellschaft, insbesondere unter Wahrung der einheitlichen Steuerungsmöglichkeit, dazu führt, dass hierdurch bei einer Betriebsübertragung seitens der Beschäftigungsgesellschaft der Sinn und Zweck von § 613a Abs. 1 S. 1 BGB umgangen wird, obwohl der Wortlaut von § 613a Abs. 1 S. 1 BGB bei isolierter Betrachtung gegen eine Anwendung von § 613a Abs. 1 S. 1 BGB spricht.

IV. Dritte Option: Wertender Ansatz

Schließlich kann eine Anwendung von § 613a Abs. 1 S. 1 BGB unter Umständen auch dadurch erreicht werden, dass für gespaltene Arbeitsverhältnisse eine am Sinn und Zweck der Norm orientierte wertende Betrachtung vorgenommen wird.[782] Hierhinter verbirgt sich der Gedanke, dass bei dreieckstypischen Strukturen nicht immer klare und interessengerechte Ergebnisse durch eine starre Betrachtung der Rechtslage erzielt werden können. Die wertende Betrachtung hat sich für die Beziehung zwischen Entleiher und Leiharbeitnehmer bereits für die betriebsverfassungsrechtliche Zugehörigkeit des Leiharbeitnehmers oder bei der Rechtswegeröffnung zu den Gerichten für Arbeitssachen gezeigt (vgl. Kap. 6 § 2 B. I. 1. d) dd) unter bbb)). Relativ deutlich wird dieser wertende Ansatz auch z.B. bei *Thüsing*, wenn er im Rahmen von § 14 AÜG die Anforderungen an die betriebsverfassungsrechtliche Zuordnung des Leiharbeitnehmers zum verleihenden und / oder zum entleihenden Betrieb und die damit verbundenen Rechte und Pflichten durch die Betriebsverfassung analysiert.[783] Ausgehend von der „Aufspaltung der Arbeitgeberbefugnisse" bei der Arbeitnehmerüberlassung argumentiert z.B. *Thüsing* mit dem „Bedürfnis nach betriebsverfassungsrechtlichen Rechten" und damit, dass es für diese nicht immer entscheidend sei, „ob zwischen dem Betriebsinhaber und einem Arbeitnehmer ein

---

779 Staudinger/*Olzen/Looschelders*, § 242 BGB Rn. 397.
780 *Benecke*, Gesetzesumgehung im Zivilrecht, S. 91; *Hamann*, RdA 2014, 271, 273; *Teichmann*, JZ 2003, 761, 762.
781 *Benecke*, Gesetzesumgehung im Zivilrecht, S. 154 ff.
782 Hierauf wurde bereits im Zusammenhang mit der Albron Entscheidung und der Untersuchung des Schlussantrags hingewiesen, vgl. Kap. 3 § 3 D. I. und Kap. 6 § 3 B. IV. unter 3 d).
783 Thüsing/*Thüsing*, § 14 AÜG Rn. 3 ff.

Vertragsverhältnis besteht".[784] Auch seine weiteren Ausführungen belegen,[785] dass eine wertende und am Sinn und Zweck des jeweiligen Rechts orientierte Betrachtung über die Anwendung betriebsverfassungsrechtlicher Bestimmungen im verleihenden- oder entleihenden Betrieb entscheiden soll. Möglicherweise ist auch innerhalb betriebsübergangsrechtlicher Bestimmungen eine solche wertende Betrachtung vorzunehmen, die dann letztlich darüber entscheidet, ob der Leiharbeitnehmer im konkreten Einzelfall der betrieblichen Organisation des verleihenden oder / und derjenigen des entleihenden Betriebs zugehörig ist und sich hieraus dann die entsprechenden Folgen für § 613a Abs. 1 S. 1 BGB ableiten lassen.

C. Wahl des richtigen Ansatzes im nationalen Recht

I. Institutioneller Rechtsmissbrauch

Relativ schnell kann die Annahme eines institutionellen Rechtsmissbrauchs verworfen werden. Auch wenn vereinzelte Ansätze der Rechtsprechung einen solchen jedenfalls im Falle der Anstellung des Leiharbeitnehmers bei einer konzerneigenen bloßen Personalführungsgesellschaft nahe legen, zeigt sich bei genauerer Betrachtung, dass keine rechtliche Grundlage hierfür besteht. Eine Anwendung von § 613a Abs. 1 S. 1 BGB auf die Beziehung zwischen Entleiher und Leiharbeitnehmer kann hierdurch bei dem vorliegend in den Blick genommenen Sonderfall der Veräußerung des entleihenden Betriebs nicht ausgelöst werden.

1. Ausgangspunkt: Vereinzelte Ansätze der Rechtsprechung

Soweit speziell für reine konzerninterne Personalführungsgesellschaften bei der vorliegenden Anstellungs- und Überlassungsform eines Leiharbeitnehmers von einem institutionellen Rechtsmissbrauch ausgegangen wird,[786] wird hinsichtlich der Begründung, wie eine jüngere Entscheidung des *LAG Berlin-Brandenburg* verdeutlicht, auf folgende Argumentation zurückgegriffen:

„Im Bereich der Arbeitnehmerüberlassung stellt es einen institutionellen Rechtsmissbrauch dar, wenn das verleihende Konzernunternehmen nur an einen oder mehrere Konzernunternehmen Arbeitnehmer verleiht, nicht am Markt werbend tätig ist und die Einschaltung dieses verleihenden Unternehmens nur dazu dient, Lohnkosten zu senken oder kündigungsschutzrechtliche Wertungen ins Leere laufen zu lassen. Dies hat zur

---

784 Thüsing/*Thüsing*, § 14 AÜG Rn. 3.
785 Thüsing/*Thüsing*, § 14 AÜG Rn. 3 wenn er auf die „hinreichende Betroffenheit" des Leiharbeitnehmers von den Regelungen im entleihenden Betrieb oder darauf abstellt, dass es genügt, dass der Leiharbeitnehmer dem entleihenden Betrieb dient.
786 *LAG Berlin-Brandenburg* vom 9.1.2013, 15 Sa 1635/12, NZA-RR 2013, 234 ff.; *LAG Niedersachsen* vom 19.9.2012, 17 TaBV 124/11, BeckRS 2012, 74786.

Folge, dass dem Scheinentleiher die Arbeitgeberstellung zukommt."[787] [...] „Rechtsmissbräuchlich wird dies erst dann, wenn eine Seite sich zum Nachteil des anderen Vertragspartners Vorteile verschafft, die nach dem Zweck der Norm nicht vorgesehen sind. Diese Voraussetzung ist ebenfalls erfüllt. Die vom Gesetz vorgesehene Abweichung stellt eine Kompensation für diejenigen Verleiher dar, die wegen der Beschäftigung der Leiharbeitnehmer auch das Risiko dafür tragen, dass wegen der schwankenden Aufträge nicht immer eine Beschäftigungsmöglichkeit gegeben ist, sie aber trotzdem das vereinbarte Entgelt zahlen müssen. Ein solches Risiko besteht beim konzerninternen Verleih nicht. Aufgrund der wirtschaftlichen Abhängigkeiten werden entleihende Unternehmen in einem Konzern bemüht sein, eine Veränderung im Arbeitskräftebedarf derart frühzeitig mit dem Verleihunternehmen zu koordinieren, dass dieses rechtzeitig die entsprechenden Arbeitsverhältnisse aufkündigen kann. Das Konzernverhältnis ermöglicht es, die Arbeitgeberstellung einerseits aufzuspalten, andererseits weiterhin die jeweiligen Arbeitsverhältnisse komplett zu steuern. Der Arbeitnehmer hat von dieser künstlichen Aufspaltung demgegenüber nichts. Als Nachteil muss er vielmehr schlechtere Arbeitsbedingungen hinnehmen."[788]

In Anlehnung an diese Argumentation ergäbe sich, dass unmittelbar zwischen Entleiher und Leiharbeitnehmer ein Arbeitsverhältnis mit einem zugrundeliegenden Pflichtenband fingiert wird. Die rechtlichen Probleme um eine Nichtanwendung bzw. Anwendung des § 613a Abs. 1 S. 1 BGB bei der Veräußerung eines entleihenden Betriebs hätten sich „in Luft aufgelöst", weil zwischen Entleiher und Leiharbeitnehmer ein verpflichtendes Grundverhältnis und ein tatsächliches Beschäftigungsverhältnis besteht und damit auf der Linie der herrschenden Meinung eine Anwendung von § 613a Abs. 1 S. 1 BGB unstreitig wäre.

2. Ablehnung eines institutionellen Rechtsmissbrauchs

Entgegen der vorbezeichneten Ansicht (insbesondere des *LAG Berlin-Brandenburg*) kann aus zweierlei Gründen kein institutioneller Rechtsmissbrauch angenommen werden: Einerseits hat das *BAG* jüngst die Rechtsfolge eines institutionellen Rechtsmissbrauchs offener formuliert, sodass hierdurch bereits dem Grunde nach nicht automatisch ein Pflichtenband zwischen Entleiher und Leiharbeitnehmer fingiert werden müsste (vgl. a)). Vorgelagert hierzu fehlt es aber bereits auch an den Voraussetzungen eines institutionellen Rechtsmissbrauchs (vgl. b)). Das Problem der gespaltenen Arbeitgeberstellung besteht daher unverändert fort und man bleibt bei dem aus § 613a Abs. 1 S. 1 BGB ermittelten Ergebnis. Ein Einklang zur Richtlinie 2001/23/EG kann nicht hergestellt werden.

---

787 *LAG Berlin-Brandenburg* vom 9.1.2013, 15 Sa 1635/12, NZA-RR 2013, 234, 235.
788 *LAG Berlin-Brandenburg* vom 9.1.2013, 15 Sa 1635/12, NZA-RR 2013, 234, 236.

a) BAG: Offene Rechtsfolge

In einer jüngeren Entscheidung, die noch auf dem Recht vor dem AÜG-Änderungsgesetz beruhte und bei der die zulässige Überlassungsdauer eines Leiharbeitnehmers Gegenstand gewesen ist, hatte das *BAG* hinsichtlich der Rechtsfolge eines institutionellen Rechtsmissbrauch darauf verwiesen, dass diese auch darin liegen könne, „dass sich bei Aufrechterhaltung des Vertragsverhältnisses zum Dritten nur einzelne Ansprüche gegen denjenigen richten, der rechtsmissbräuchlich vertragliche Beziehungen zu sich verhindert hat."[789] In diesem Sinne wird eine am Einzelfall und am Sinn und Zweck der missbrauchten Norm bzw. des missbrauchten Rechts orientierte Ermittlung der sich jeweils ergebenden Folgen des institutionellen Rechtsmissbrauchs angestrebt. Entgegen der Annahme insbesondere des *LAG Berlin-Brandenburg* wird nicht zwangsläufig die Fiktion eines Arbeitsvertragsverhältnisses zwischen Entleiher und Leiharbeitnehmer bewirkt. Diese Fiktion ist aber vorliegend Voraussetzung dafür, dass es zu einer Anwendung von § 613a Abs. 1 S. 1 BGB kommen kann, weil nur dieses fingierte Pflichtenband zwischen Entleiher und Leiharbeitnehmer bewirkt, dass der auf den Schutz des Bestands dieses Pflichtenbands gerichtete § 613a Abs. 1 S. 1 BGB Anwendung findet. Im Übrigen, selbst wenn man fälschlicherweise die vom *LAG Berlin-Brandenburg* angestrebte Rechtsfolge befürwortet, fehlt es aber jedenfalls im gegenständlichen Sonderfall, wie nachstehend zu zeigen ist, an den Voraussetzungen eines Rechtsmissbrauchs.

b) Fehlende Voraussetzungen

Bereits die Bezeichnung des Rechtsmissbrauchs legt das Erfordernis eines missbrauchten Rechts nahe. *Hamann* hat dies besonders deutlich umschrieben: „Rechtsmissbrauch im eigentlichen Sinne des Wortes setzt eo ipso das Bestehen eines Rechts voraus, das missbraucht werden könnte."[790] Insoweit kommt vorliegend jedenfalls für reine konzerninterne Personalführungsgesellschaften der Umstand als rechtsmissbräuchlicher Anknüpfungspunkt in Betracht, dass es sich der Konzern unter dem Dach seiner einheitlichen Leitung zunutze macht, durch die begrenzte Außenverantwortlichkeit der konzernangehörigen Gesellschaften eine künstliche Aufspaltung und Trennung zwischen der Anstellungs- und der Beschäftigungsgesellschaft vorzunehmen; vergleichbares gilt bei konzernexternen Sachverhalten. Bei letzteren bezieht sich der Vorwurf darauf, dass künstliche Gestaltungen geschaffen werden, um geltendes Recht auszuhebeln.

aa) Kein missbrauchtes Recht

Eine nationale Norm, welche die hier in Rede stehende Form der Aufspaltung der Arbeitgeberstellung zwischen Anstellungs- und Beschäftigungsgesellschaft

---

789 *BAG* vom 15.5.2013, 7 AZR 494/11, NZA 2013, 1267, 1270.
790 *Hamann*, RdA 2014, 271, 273.

untersagt, ist nicht ersichtlich.[791] Insbesondere enthält das AÜG keine Sanktionsnorm.[792] Vielmehr zeigt die Regelung in § 1 Abs. 3 Nr. 2 AÜG speziell für konzerninterne Sachverhalte, welche bestimmte Überlassungsformen vom Erfordernis einer Erlaubnis zur Arbeitnehmerüberlassung befreit, dass im Umkehrschluss Überlassungen durch konzerneigene bloße Personalführungsgesellschaften zulässig sein sollen[793] und unter bestimmten Voraussetzungen sogar als weniger gefährlich für den Leiharbeitnehmer angesehen werden. Konkret heißt es in § 1 Abs. 3 Nr. 2 AÜG: „Dieses Gesetz ist [...] nicht anzuwenden auf die Arbeitnehmerüberlassung zwischen Konzernunternehmen im Sinne des § 18 des Aktiengesetzes, wenn der Arbeitnehmer nicht zum Zweck der Überlassung eingestellt und beschäftigt wird." Hat der Gesetzgeber bestimmte Formen der konzerninternen Überlassung von den Erfordernissen des AÜG befreit, hat er sich mit deren Struktur auseinandergesetzt. Es wäre daher naheliegend gewesen, dass, sofern konzerninterne Überlassungen durch eine bloße Personalführungsgesellschaft unzulässig sind, sich dies im Gesetz finden lasse.[794] Da hierfür nichts ersichtlich ist, ist davon auszugehen, dass konzerninterne Überlassungen durch bloße Personalführungsgesellschaften zumindest nicht rechtlich verboten bzw. untersagt, sondern vielmehr entsprechend den allgemeinen Kriterien des § 1 Abs. 1 S. 1 AÜG erlaubnispflichtig sind.[795]

Auch lässt die Richtlinie 2008/104/EG, die zur jüngsten Anpassung des AÜG geführt hat, nicht erkennen, dass der Verleih durch konzerneigene bloße Verleihgesellschaften verboten oder zumindest unerwünscht ist. Im Hinblick auf diesen Umstand wäre es daher verfehlt, das Verbot dieser konzerninternen Strukturierung im deutschen Recht (ohne vorhandene Normierung) damit zu begründen, dass sie verboten sei, weil der nationale Gesetzgeber die Anforderungen der Richtlinie 2008/104/EG nicht ausreichend umgesetzt habe und aus diesem Grund konzerneigene Personalführungsgesellschaften als ein zu missbrauchendes Recht anzusehen sind.[796]

---

791 Vgl. für das TzBfG auch *BAG* vom 19.3.2014, 7 AZR 527/12, NZA 2014, 840, 842.
792 *Lembke*, BB 2012, 2497, 2500. Aus § 1 Abs. 1 S. 2 AÜG ein Verbot ableitend dagegen z.B. *Böhm*, DB 2012, 918, 919 f.
793 So auch zum alten Recht noch *Lembke*, BB 2010, 1533, 1538.
794 Vgl. *BAG* vom 17.1.2007, 7 AZR 23/06, AP AÜG § 1 Nr. 32; *BAG* vom 20.4.2005, 7 ABR 20/04, NZA 2005, 1006, 1008.
795 *BAG* vom 20.4.2005, 7 ABR 20/04, NZA 2005, 1006, 1008; Boemke/Lembke/*Boemke*, § 1 AÜG Rn. 26; *Schmid/Topoglu*, ArbRAktuell 2014, 6, 7; ErfK/Wank, § 1 AÜG Rn. 31, 57 ff.
796 Zur Wirkungsweise einer Nichtumsetzung: *Schlachter*, ZfA 2007, 249, 257 „Eine Richtlinienbestimmung kann positive unmittelbare Wirkung entfalten, wenn nach Ablauf der Umsetzungsfrist eine richtlinienkonforme Bestimmung im nationalen Recht fehlt, und die Richtlinienbestimmung so gestaltet ist, dass sie im konkreten Fall angewendet werden kann. Rechtsfolge ist die Anwendung eines Rechtssatzes, den der Mitgliedstaat bei ordnungsgemäßer Erfüllung seiner Umsetzungspflicht selbst hätte bilden müssen."

bb) Kein entgegenstehender Rechtsgrundsatz

Zudem gibt es aber auch keinen sonstigen Rechtsgrundsatz, der die künstliche Aufspaltung der Arbeitgeberstellung innerhalb (aber auch außerhalb) eines Konzerns zwischen einer Anstellungs- und einer Beschäftigungsgesellschaft als rechtsmissbräuchlich ansieht. Die fehlende gesetzliche Untersagung einer solchen Aufspaltung kann zugleich als Indiz eines fehlenden allgemeinen Rechtsgrundsatz dienen, insbesondere weil das AÜG jüngst vom Gesetzgeber überarbeitet worden ist und eine gesetzliche Umsetzung eines tatsächlich nicht bestehenden allgemeinen Rechtsgrundsatzes im Interesse der Rechtsklarheit und -sicherheit hätte erfolgen können; gleiches gilt für Fälle der formellen Spaltung außerhalb einer Konzernstruktur.

Aber auch im Übrigen kann wie schon *Bauer/v. Medem* richtig festgestellt haben aus dem Urteil des *EuGH* in der Sache Albron Catering nicht entnommen werden, dass „eine über das Recht des Betriebsübergangs hinausgehende Aussage zur Zulässigkeit der konzerninternen Arbeitnehmerüberlassung in Form einer Personalführungsgesellschaft"[797] getroffen werden sollte. Vielmehr handelt es sich bei der konzerninternen Aufspaltung des Arbeitsverhältnisses um ein typisches Vorgehen, das Konzerne nutzen.[798] Entsprechende Gestaltungen können durch die verschiedensten Umstände veranlasst sein. Sie können einem besonders effektiven Ansatz der Personalverwaltung und -steuerung dienen,[799] wobei die steuerlichen oder haftungsrechtlichen Erwägungen im Vordergrund stehen. Sie können auch (worauf z.B. das *LAG Berlin-Brandenburg* abgestellt hat[800]) dazu dienen, um im Beschäftigungsbetrieb geltende Arbeits- bzw. Tarifbedingungen „zu unterlaufen".[801] Ebenso ist denkbar, dass mit ihnen verfolgt wird, sich möglichst weitgehend von den Bindungen an das Kündigungsschutzrecht zu befreien. Welches Motiv ein Konzern dabei subjektiv verfolgt, ist für die Annahme eines institutionellen Rechtsmissbrauchs ohne Belang.

Dies macht deutlich, dass die vorzufindenden Gestaltungen nicht anhand des verfolgten Motivs in „gute" bzw. zulässige und „böse" bzw. missbräuchliche Motive getrennt werden können. Da die konzerninterne Aufspaltung eines Arbeitsverhältnisses auch nicht in jedem Fall mit dem „Unterlaufen" von Arbeits- bzw. Tarifbedingungen oder dem Bestandsschutz verbunden sein muss, kann eine entsprechende Gestaltung auch, sähe man in der Verfolgung dieser Ziele einen Missbrauch, nicht per se als missbräuchlich angesehen werden. Dies schließt es aber aus, von einer formellen Aufspaltung der Arbeitgeberstellung auf einen Rechtsmissbrauch zu schließen und der Aufspaltung allgemein ihre Anerkennung zu versagen, weil hierdurch

---

797 *Bauer/v. Medem*, NZA 2011, 20, 23.
798 *Mengel*, in: Arbeitsrecht im Konzern, S. 47, 51 ff.; *Schmid/Topoglu*, ArbRAktuell 2014, 6, 6.
799 Vgl. *Mengel*, in: Arbeitsrecht im Konzern, S. 45, 47; *Schmid/Topoglu*, ArbRAktuell 2014, 6, 6.
800 *LAG Berlin-Brandenburg* vom 9.1.2013, 15 Sa 1635/12, NZA-RR 2013, 234, 236.
801 *Mengel*, in: Arbeitsrecht im Konzern, S. 45, 47, 50.

auch anzuerkennende Ziele eines Konzern vereitelt werden, ohne dass hierfür ein sachlicher Grund besteht. Die Annahme eines institutionellen Rechtsmissbrauchs wäre unverhältnismäßig.

3. Ergebnis: Kein institutioneller Rechtsmissbrauch

Im nationalen Recht kann die Aufspaltung in eine Anstellungs- und eine Beschäftigungsgesellschaft keinen institutionellen Rechtsmissbrauch begründen. Es fehlt bereits an den hierfür erforderlichen tatbestandlichen Voraussetzungen. Überdies ist auf der Linie des *BAG* fraglich, ob, wenn ein solcher Rechtsmissbrauch vorliegen sollte, dessen Rechtsfolge tatsächlich darin besteht, dass es zur Fiktion eines Arbeitsvertragsverhältnisses zwischen Entleiher und Leiharbeitnehmer kommt. Unter dem Aspekt des institutionellen Rechtsmissbrauchs kann kein Einklang zur Richtlinie 2001/23/EG hergestellt werden. Es muss daher *vorerst* dabei bleiben, dass § 613a Abs. 1 S. 1 BGB im gegenständlichen Sonderfall nicht eingreift, wenn es zur Veräußerung des entleihenden Betriebs kommt.

II. Gesetzesumgehung bzw. wertender Ansatz

1. Ausgangspunkt: Inhaltlicher Gleichlauf

Führt man sich die Figur der Gesetzesumgehung und den Ansatz einer wertenden Betrachtung vor Augen (vgl. hierzu Kap. 6 § 4 B. III. und IV.), gelangt man rasch dazu, dass beide in ihrer inhaltlichen Ausgestaltung auf eine Rückbesinnung auf den Normtelos zu reduzieren sind. Im Kern kann keine scharfe Trennung zwischen beiden Ansätzen vorgenommen werden. Bei der Gesetzesumgehung ist der Sachverhalt zwar nicht vom Normwortlaut, aber vom Normtelos gedeckt und rechtfertigt daher (entgegen dem Wortlaut) ein Eingreifen der Norm.[802] Bei dem Ansatz einer wertenden Betrachtung geht es letztlich allein um die Frage, ob der Normtelos (unabhängig vom Wortlaut) ein Eingreifen der Norm erfordert.[803] Es stehen bei beiden Ansätzen eher sprachliche als tatsächliche und inhaltliche Abweichungen im Vordergrund. Dies wird sich in den nachfolgenden Ausführungen zeigen, indem diese in einem Alternativ- bzw. Hilfsverhältnis zueinander behandelt werden.

2. Gesetzesumgehung: Keine Erfassung vom Normwortlaut

Prüft man eine Gesetzesumgehung und knüpft an deren erste Voraussetzung an, dass der gegenständliche Fall nicht vom abstrakten Wortlaut der Norm umfasst sein darf, ergibt sich Folgendes: Entsprechend dem Wortlaut von § 613a Abs. 1 S. 1 BGB muss eine Anwendung der Vorschrift auf die Beziehung zwischen Entleiher und

---

802 APS/*Backhaus*, § 14 TzBfG Rn. 3; *Benecke*, Gesetzesumgehung im Zivilrecht, S. 91.
803 Thüsing/*Thüsing*, § 14 AÜG Rn. 3 spricht (allerdings im Hinblick auf die Betriebsverfassung) von dem „Bedürfnis" einer Anwendung, was sich letztlich auf den Normtelos reduzieren lässt.

Leiharbeitnehmer ausgeschlossen sein, sofern es zur Übertragung des entleihenden Betriebs kommt.

a) Ausgangspunkt

Auf der Linie der herrschenden Meinung, die aus dem Begriff des „Arbeitsverhältnisses" im Sinne von § 613a Abs. 1 S. 1 BGB ableiten will, dass dieses im Sinne eines Arbeitsvertragsverhältnisses zu verstehen sei (vgl. Kap. 6 § 2 B. I. 1. b) bb)), ist die erste Voraussetzung der Gesetzesumgehung unstreitig anzunehmen. Eine Anwendung von § 613a Abs. 1 S. 1 BGB auf die Beziehung zwischen Entleiher und Leiharbeitnehmer scheitert bereits am Wortlaut (Arbeitsverhältnis), weil die vertragslose Beziehung zwischen Entleiher und Leiharbeitnehmer nicht als Arbeitsverhältnis zu qualifizieren wäre. Es konnte jedoch oben nachgewiesen werden, dass der Ansatz der herrschenden Meinung zu pauschal ist und der Wortlaut von § 613a Abs. 1 S. 1 BGB bzw. konkret der Begriff des „Arbeitsverhältnisses" keine Aussagekraft im Hinblick auf die Untersuchungsfrage besitzt. Richtigerweise kann das „Arbeitsverhältnis" im Sinne von § 613a Abs. 1 S. 1 BGB bei abstrakter Wortlautbetrachtung sowohl ein Arbeitsverhältnis mit Pflichtenband als auch ein Arbeitsverhältnis ohne Pflichtenband meinen und demzufolge blieb offen, ob das vertragslose Verhältnis zwischen Entleiher und Leiharbeitnehmer erfasst ist (vgl. hierzu Kap. 6 § 2 B. I. 1. d)). Die abschließende Beantwortung dieser Frage ist auf den Sinn und Zweck von § 613a Abs. 1 S. 1 BGB verschoben worden. Ausgehend hiervon und im Hinblick auf den vorliegenden Prüfungsgegenstand, stellt sich nun die Frage wie damit umzugehen ist, dass der Wortlaut von § 613a Abs. 1 S. 1 BGB nicht unbedingt gegen eine Erfassung des Verhältnisses zwischen Entleiher und Leiharbeitnehmer spricht und es damit scheinbar an dieser Voraussetzung einer Gesetzesumgehung mangelt.

b) Denkbare Lösung zum Wortlaut

Zur Lösung des beschriebenen Konflikts kann man sich darauf berufen, dass nicht allein der Wortlaut von § 613a Abs. 1 S. 1 BGB in den Blick genommen werden darf. Vielmehr war die gesamte Norm zu berücksichtigen, weil die Regelung des § 613a Abs. 1 S. 1 BGB mit den weiteren Absätzen dieser Vorschrift im Zusammenhang steht. Eine isolierte Betrachtung des Wortlauts von § 613a Abs. 1 S. 1 BGB birgt die Gefahr, dass die vom Gesetzgeber aufeinander aufbauenden Einzelregelungen nicht mehr aufeinander abgestimmt sind. Nimmt man ausgehend hiervon den Wortlaut der gesamten Norm sowie deren Systematik in den Blick, erlangt erneut der unmittelbar den Bestandsschutzgedanken des § 613a Abs. 1 S. 1 BGB tragende Abs. 4 Bedeutung. Nach § 613a Abs. 4 S. 1 BGB ist „die Kündigung des Arbeitsverhältnisses eines Arbeitnehmers durch den bisherigen Arbeitgeber oder durch den neuen Inhaber wegen des Übergangs eines Betriebs oder eines Betriebsteils [...] unwirksam." Hierfür konnte aufgezeigt werden, dass die Kündigung eines Arbeitsverhältnisses die künftige Beseitigung eines aktiven Dauerschuldverhältnisses im Sinne eines Pflichtenbandes bezeichnet (vgl. Kap. 6 § 2 B. II. 2. unter b)). Da es zwischen Leiharbeitnehmer und Entleiher gerade an einem solchen Pflichtenband fehlt, spricht

§ 613a Abs. 4 S. 1 BGB seinem Wortlaut nach diese Beziehung nicht an. Dies wiederum verweist darauf, dass das Arbeitsverhältnis nach § 613a Abs. 1 S. 1 BGB ebenfalls nicht die Beziehung zwischen Entleiher und Leiharbeitnehmer meinen kann.

c) Zusammenführung

Das Vorliegen der Wortlautgrenze als Merkmal einer Gesetzesumgehung kann vorliegend letztlich aber offenbleiben, weil dies nicht entscheidungserheblich ist. Unterstellt man auf der Linie der herrschenden Ansicht bzw. bei einer Zusammenschau mit § 613a Abs. 4 S. 1 BGB, dass der Wortlaut des § 613a Abs. 1 S. 1 BGB zwingend gegen eine Erfassung des Verhältnisses zwischen Entleiher und Leiharbeitnehmer spricht, gelangt man zum nächsten tatbestandlichen Merkmal der Gesetzesumgehung. Dieses liegt in der Feststellung, dass Sinn und Zweck der maßgeblichen Vorschrift trotz des entgegenstehenden Wortlauts ein Eingreifen dieser Norm für die Sonderfälle gebietet. Lehnt man demgegenüber die Annahme einer Gesetzumgehung ab, weil die hierfür erforderliche Wortlautgrenze nicht anzunehmen ist, nimmt man schließlich die dritte vorgeschlagene und auf den Gedanken von z.B. *Thüsing* aufbauende Option einer materiell anzustellenden Betrachtung in den Blick. Bei dieser erfolgt die Zuordnung des Leiharbeitnehmers zur betrieblichen Organisation des verleihenden und / oder des entleihenden Betriebs nach wertenden Maßstäben. Hierbei geht es ebenso um die Frage, ob der Sinn und Zweck von § 613a Abs. 1 S. 1 BGB für oder gegen eine Anwendung der Vorschrift bei Veräußerung des entleihenden Betriebs spricht.

3. Bewertung des Normzwecks

Sowohl bei einer Gesetzesumgehung als auch bei dem Ansatz einer wertenden Betrachtung bleibt zu überprüfen, ob eine Anwendung von § 613a Abs. 1 S. 1 BGB im gegenständlichen Sonderfall unerlässlich ist, damit der Sinn und Zweck von § 613a Abs. 1 S. 1 BGB gewahrt wird. Hierfür kann nicht unbesehen auf die teleologische Auslegung von § 613a Abs. 1 S. 1 BGB bei normaler Arbeitnehmerüberlassung zurückgegriffen werden, weil sich bereits bei den Ausführungen zur Richtlinie 2001/23/EG gezeigt hat, dass sich der Bestandsschutz des Arbeitnehmers bei der Anstellung durch eine konzerneigene bloße Personalführungsgesellschaft bzw. in sonstigen Fällen einer künstlichen Trennung der Arbeitgeberstellung wesentlich anders darstellt.

Die inhaltliche Wechselwirkung zwischen der Richtlinie 2001/23/EG und § 613a Abs. 1 S. 1 BGB bringt es mit sich, dass bei dem Sonderfall auf die bestandsschutzrechtlichen Erkenntnisse zur Richtlinie 2001/23/EG zurückgegriffen werden kann. Hierbei ist anhand verschiedener Erwägungen die Notwendigkeit nachgewiesen worden, dass für diesen Sonderfall die Beziehung zwischen Entleiher und Leiharbeitnehmer ausnahmsweise den Schutz durch die Richtlinie 2001/23/EG genießt (vgl. Kap. 6 § 3 C. II. 4. c) unter bb)). Der Normzweck von § 613a Abs. 1 S. 1 BGB erfordert daher ebenso zwingend eine Erfassung der Beziehung zwischen Entleiher und Leiharbeitnehmer, sofern der entleihende Betrieb auf einen Dritten übertragen wird und der Überlassung eine bloße künstliche Trennung der Arbeitgeberstellung zugrunde gelegen hat. Insoweit könnte eine Gesetzesumgehung bejaht werden. Aber auch bei wertender Betrachtung ergäbe sich kein anderes Ergebnis, weil die Auslegung nach dem Telos für eine ausschließliche Zuordnung des Leiharbeitnehmers zur betrieblichen Organisation des entleihenden Betriebs spricht, was wiederum zu einem Eingreifen der Norm führen würde. Dies ist in Anlehnung an z.B. *Thüsing* unabhängig vom Erfordernis eines Pflichtenbands zwischen Entleiher und Leiharbeitnehmer anzunehmen.

4. Ergebnis

Die bisherigen Ausführungen haben unabhängig davon, ob man es sprachlich als Gesetzesumgehung oder mit dem Ansatz einer wertenden Betrachtung beschreibt, gezeigt, dass jedenfalls bei der Anstellung eines Leiharbeitnehmers bei einem nur künstlich geschaffenen Vertragsarbeitgeber die Regelung des § 613a Abs. 1 S. 1 BGB auch auf die Beziehung zwischen Entleiher und Leiharbeitnehmer Anwendung finden muss.

D. Zusammenführung von nationalem und europäischem Recht

Das europäische und das nationale Recht stehen im Einklang. Die nationale Methodenlehre lässt keine Abweichung erkennen. Ein Unterschied zeigt sich lediglich darin, dass das nationale Recht dieses Ergebnis nicht bereits durch eine bloße Auslegung von § 613a Abs. 1 S. 1 BGB hervorbringt, sondern dieses über das Institut der Gesetzesumgehung bzw. durch die Anstellung einer wertenden Betrachtung im gebotenen Ausmaß geliefert wird. Auch insoweit konnte nachgewiesen werden, dass die betriebsübergangsrechtlichen Schutzvorschriften die Beziehung zwischen Entleiher und Leiharbeitnehmer erfassen, sofern der Leiharbeitnehmer bei einer konzerneigenen bloßen Personalführungsgesellschaft angestellt ist und von dieser bei einem konzerneigenen Betrieb eingesetzt wird bzw. eine diesen Wertungen der künstlichen Trennung entsprechende Überlassungskonstellation betroffen ist. Hierin ist zugleich ersichtlich, dass es zu vorschnell gewesen ist, wenn einige Autoren das im Fall Albron Catering ermittelte Ergebnis unbesehen in § 613a Abs. 1 S. 1 BGB hinein projiziert haben. Sie gehen dabei darüber hinweg, dass das deutsche Recht in Gestalt der Figur der Gesetzesumgehung bzw. über den Umweg der bereits im Betriebsverfassungsrecht gefestigten Annahme einer wertenden Zuordnung des Leiharbeitnehmers zum Verleiher und / oder zum Entleiher eine besondere Lösung durch Rückgriff auf einen anderen Lösungsweg bereithält.

Kapitel 7: Verhältnis zwischen Leiharbeitnehmer und Verleiher

Bisher steht fest, ob und inwieweit die Beziehung zwischen Leiharbeitnehmer und Entleiher bei der Veräußerung eines entleihenden Betriebs gemäß § 613a Abs. 1 S. 1 BGB vom Entleiher auf den Erwerber übergeleitet wird oder lediglich entfällt und möglicherweise neu begründet wird. Aufbauend hierauf sind die Folgen der Veräußerung des entleihenden Betriebs für die beiden anderen Beziehungen zu untersuchen, wobei sich nachfolgend ausschließlich dem Verhältnis zwischen Verleiher und Leiharbeitnehmer angenommen wird.

§ 1 Ausgangspunkt

A. Fokussierung der Beziehung zwischen Leiharbeitnehmer und Verleiher

Sachliche Gründe bedingen, dass die Beziehung zwischen Verleiher und Leiharbeitnehmer vor dem Schicksal der Beziehung zwischen Verleiher und Entleiher zu untersuchen ist.

I. Leitgedanke

Hierfür spricht, dass § 613a Abs. 1 S. 1 BGB die einzige maßgebliche Vorschrift für durch Rechtsgeschäft ausgelöste Betriebsübergänge ist. Sie erfasst jedoch ausschließlich Arbeitsverhältnisse und ein solches besteht zwischen Verleiher und Leiharbeitnehmer.[804] Hingegen fehlt es zwischen Verleiher und Entleiher an einem Arbeitsverhältnis.[805] Es liegt nahe, den gesetzlich geregelten Fall vor dem gesetzlich ungeregelten Fall zu behandeln.[806]

---

804 Boemke/Lembke/*Boemke*, § 1 AÜG Rn. 23; *Dütz/Thüsing*, Arbeitsrecht, § 8 Rn. 341; *Elking*, Der Nichtvertragliche Arbeitgeber, S. 69 f.; *Forst*, RdA 2011, 228, 232; Schüren/Hamann/*Schüren*, Einl. AÜG Rn. 177, § 1 AÜG Rn. 72; Thüsing/*Thüsing*, Einf. AÜG Rn. 32; Thüsing/*Waas*, § 1 AÜG Rn. 48a; ErfK/*Wank*, Einl. AÜG Rn. 23; vgl. auch Kap. 2 § 1 A.

805 *Boemke*, Schuldvertrag und Arbeitsverhältnis, § 13 II. 2. c. S. 562; *Theuersbacher*, Das Leiharbeitsverhältnis, S. 66; vgl. auch Kap. 2 § 1 B.

806 Auf diesen Gedanken, dass der gesetzlich geregelte Fall vor dem gesetzlich ungeregelten Fall zu prüfen ist, wurde bereits in Kap. 5 hinsichtlich der Prüfung der Beziehung zwischen Entleiher und Leiharbeitnehmer vor jener zwischen Verleiher und Entleiher hingewiesen.

II. Vorliegen der Analogievoraussetzungen

Überdies bedingt ein inhaltlicher Gedanke, dass zuvorderst das Verhältnis zwischen Verleiher und Leiharbeitnehmer untersucht werden muss. Es konnte oben (vgl. Kap. 3 § 4 C. 3.) aufgezeigt werden, dass insbesondere *Forst*[807] und *Elking*[808] dafür plädieren, bei der Veräußerung eines entleihenden Betriebs § 613a Abs. 1 S. 1 BGB analog auf das Verhältnis zwischen Verleiher und Entleiher anzuwenden. Unabhängig vom dabei eingeschlagenen Begründungsweg sei die Überleitung dieser Beziehung vom Entleiher auf den Erwerber erforderlich, um den Leiharbeitnehmereinsatz beim Erwerber nach dem Betriebsübergang abzusichern.[809] Eine im vorbezeichneten Sinne analoge Anwendung von § 613a Abs. 1 S. 1 BGB auf die Beziehung zwischen Verleiher und Entleiher setzt die Voraussetzungen einer Analogie,[810] d. h. insbesondere eine planwidrige Regelungslücke voraus.[811] Inwieweit eine solche besteht, lässt sich erst abschließend beurteilen, nachdem die Beziehung zwischen Verleiher und Leiharbeitnehmer untersucht worden ist. Das Bedürfnis der analogen Anwendung von § 613a Abs. 1 S. 1 BGB auf die Beziehung zwischen Verleiher und Entleiher besteht nämlich nur dann, wenn kein Übergang der Beziehung zwischen Leiharbeitnehmer und Verleiher vom Verleiher auf den Erwerber erfolgt. Anderenfalls werden die Dienste des Leiharbeitnehmers beim Erwerber schon durch das zuvor zwischen Verleiher und Leiharbeitnehmer bestehende und mitübergegangene Arbeitsvertragsverhältnis abgedeckt. Die Dienste des Leiharbeitnehmers müssen nicht durch ein übergeleitetes Überlassungsverhältnis unterlegt werden, um eine „hinkende" Beschäftigung zu vermeiden.

III. Europäischer Aspekt

Zudem bedingt die Rechtssache Albron Catering das vorbezeichnete Vorgehen, weil hierin entschieden worden ist, dass dem Leiharbeitnehmer nach dem Übergang des entleihenden Betriebs ein Anspruch auf Gewährung der Arbeitsbedingungen bei seinem vormaligen Vertragsarbeitgeber (Verleiher) zusteht.[812] Dies erfordert im Sinne der Richtlinie 2001/23/EG eine Überleitung der Beziehung zwischen Verleiher

---

807 *Forst*, RdA 2011, 228, 232, 234; vgl. auch Kap. 3 § 4 C. III. unter 3. c).
808 *Elking*, Der Nichtvertragliche Arbeitgeber, S. 318 ff., 323 ff.; vgl. auch Kap. 3 § 4 C. III. unter 3. d).
809 *Elking*, Der Nichtvertragliche Arbeitgeber, S. 318 spricht davon, dass das Arbeitsverhältnis anderenfalls nicht „überlebensfähig" ist; *Forst*, RdA 2011, 228, 234 „ein solcher Übergang dürfte erforderlich sein, um den Übergang des Leiharbeitsverhältnisses selbst überhaupt zu ermöglichen.".
810 *BVerfG* vom 3.4.1990, 1 BvR 1186/89, NJW 1990, 1593, 1593 f.; allgemein *Boemke/Ulrici*, BGB AT, § 3 Rn 25; umfassend hierzu *Regenfus*, JA 2009, 579, 580.
811 Vgl. *BVerfG* vom 3.4.1990, 1 BvR 1186/89, NJW 1990, 1593, 1593 f.; *BGH* vom 4.12.2014, III ZR 61/14, BeckRS 2014, 23684; *BGH* vom 11.6.2013, VI ZR 150/12, BeckRS 2013, 11565; vgl. *Boemke/Ulrici*, BGB AT, § 3 Rn. 25; *Regenfus*, JA 2009, 579, 580.
812 Vgl. *EuGH* vom 21.10.2010, C-242/09, NZA 2010, 1225, 1225 f.

und Leiharbeitnehmer vom Verleiher auf den Erwerber.[813] Soweit es hierzu kommt, besteht eine verpflichtende Grundlage dafür, dass der Leiharbeitnehmer beim Erwerber weisungsgebundene Dienste erbringt. Die Existenz des Verhältnisses zwischen Verleiher und Entleiher wird überflüssig, weil sich die dreiseitige Struktur der Arbeitnehmerüberlassung zu einer zweiseitigen Struktur wandelt. Es besteht dann kein Bedürfnis für die Überleitung der Beziehung zwischen Verleiher und Entleiher vom Entleiher auf den Erwerber.

B. Reflektion bisheriger Erkenntnisse für weiteres Vorgehen

Für die Beziehung zwischen Verleiher und Leiharbeitnehmer bilden die Ergebnisse zum Verhältnis zwischen Entleiher und Leiharbeitnehmer (vgl. Kap. 6) den Ausgangspunkt. Diesbezüglich konnte für den Regelfall aufgezeigt werden, dass § 613a Abs. 1 S. 1 BGB bzw. Art. 3 Abs. 1 Richtlinie 2001/23/EG bei der Veräußerung des entleihenden Betriebs auf die Beziehung zwischen Leiharbeitnehmer und Entleiher keine Anwendung findet. Etwas anderes hatte sich für den Sonderfall gezeigt, dass Chancen und Risiken eines Arbeitsverhältnisses künstlich so aufgespalten werden, dass das Pflichtenband des Arbeitsverhältnisses und dessen tatsächliche Abwicklung bloß formal vollständig voneinander getrennt werden. In diesem Sonderfall ist ein Bestandsschutz im Sinne von § 613a Abs. 1 S. 1 BGB bzw. Art. 3 Abs. 1 Richtlinie 2001/23/EG innerhalb der Beziehung zwischen Entleiher und Leiharbeitnehmer anzunehmen, was zu einer Überleitung dieses Verhältnisses vom Entleiher auf den Erwerber führt. Es hatte sich damit für das Verhältnis des Leiharbeitnehmers zum Entleiher ein gespaltenes Auslegungsergebnis ergeben.

§ 2 Regelfall (Keine Überleitung der Beziehung zwischen Entleiher und Leiharbeitnehmer)

A. Vorüberlegungen und Vorgehen

Der Umstand, dass bei typischen Überlassungssachverhalten keine gesetzliche Überleitung der Beziehung zwischen Entleiher und Leiharbeitnehmer vom Entleiher auf den Erwerber gemäß § 613a Abs. 1 S. 1 BGB bzw. Art. 3 Abs. 1 Richtlinie 2001/23/ EG bewirkt wird, schließt es nicht aus, dass der Leiharbeitnehmer anschließend in Unkenntnis des Betriebsübergangs dennoch tatsächlich im erworbenen Betrieb tätig wird. Eine solche Beschäftigung war bei *vorläufiger* Betrachtung als „hinkend" anzusehen, weil sie weder auf einem wirksamen Arbeitnehmerüberlassungsvertrag noch auf einem wirksamen Arbeitsvertragsverhältnis zum Erwerber beruht.

---

813 Auch das *BAG* hält dieses Verständnis für möglich, weil es davon spricht dass es nicht ausgeschlossen ist, dass die Albron Entscheidung Auswirkungen für die Anwendung des § 613a Abs. 1 S. 1 BGB hat, vgl. *BAG* vom 9.2.2011, 7 AZR 32/10, NZA 2011, 791, 796; *BAG* vom 15.5.2013, 7 AZR 525/11, NZA 2013, 1214, 1218.

Im Folgenden wird untersucht, ob die Veräußerung des entleihenden Betriebs eine gesetzliche Überleitung der Beziehung des Leiharbeitnehmers zum Verleiher vom Verleiher auf den Erwerber bewirkt (vgl. B.). Für den problembehafteten Fall der „hinkenden" Beschäftigung des Leiharbeitnehmers würde dies bedeuten, dass aus der *vorläufig* als „hinkend" anzusehenden Beschäftigung eine „vollwertige" Beschäftigung wird. Der „hinkenden" Beschäftigung würde ein rechtliches Pflichtenband zugrunde liegen. Soweit dagegen keine „hinkende" Beschäftigung des Leiharbeitnehmers beim Erwerber vorausgegangen ist, würde die gesetzliche Überleitung der Beziehung zwischen Verleiher und Leiharbeitnehmer vom Verleiher auf den Erwerber bewirken, dass zwischen Erwerber und Leiharbeitnehmer ebenso ein rechtliches Pflichtenband entsteht. Es würde (für die Zukunft) die gleiche Rechtslage eintreten, wie sie sich bei der vorherigen „hinkenden" Beschäftigung ergibt. Der Arbeitnehmer würde jedenfalls zukünftig für den Erwerber tätig werden müssen.

Zeigt die nachfolgende Auslegung hingegen, dass die Veräußerung des entleihenden Betriebs keine gesetzliche Überleitung der Beziehung zwischen Verleiher und Leiharbeitnehmer vom Verleiher auf den Erwerber bewirkt, gilt es aufzuzeigen, welche Folgen eine mögliche „hinkende" Beschäftigung des Leiharbeitnehmers beim Erwerber auf den Inhalt der sodann unverändert fortbestehenden vertraglichen Beziehung zwischen Leiharbeitnehmer und Verleiher hat (vgl. C.). Wird der Leiharbeitnehmer nach dem Übergang des entleihenden Betriebs nicht beim Erwerber „hinkend" tätig, stellt sich die vorbezeichnete Frage selbstverständlich schon nicht.

Abschließend gilt es für die Beziehung zwischen Leiharbeitnehmer und Verleiher aufzuzeigen, welche Folgen sich bei ihrem unveränderten Fortbestand ergeben, wenn der Leiharbeitnehmer (ohne oder nach „hinkender" Beschäftigung beim Erwerber) seine Tätigkeit beim Entleiher bzw. Erwerber einstellen muss und sich beim Verleiher hierdurch ein Überhang an Arbeitskräften ergibt (vgl. D.).

B. Kein Übergang des Verhältnisses zwischen Verleiher und Leiharbeitnehmer

I. Meinungsstand

Der vorhandene Meinungsstand lässt jedenfalls bei genauerer Betrachtung erkennen, dass die Veräußerung des entleihenden Betriebs, die im Verhältnis zwischen Entleiher und Leiharbeitnehmer keine Anwendung von § 613a Abs. 1 S. 1 BGB bzw. Art. 3 Abs. 1 Richtlinie 2001/23/EG auslöst, auch keine gesetzliche Überleitung der nun zu untersuchenden Beziehung zwischen Verleiher und Leiharbeitnehmer vom Verleiher auf den Erwerber bewirkt. Auch wenn ausgehend von der Entscheidung des *EuGH* in der Sache Albron Catering vielfach angenommen wird, dass der Übergang der Beziehung zwischen Leiharbeitnehmer und Verleiher auf den Erwerber bewirkt werde,[814] gilt dies nur unstreitig für den dort entschiedenen Sonderfall.[815] Es folgt hieraus aber nichts für die vorliegende Untersuchung, welche sich auf den von der Entscheidung Albron Catering abweichenden Regelfall bezieht. Soweit vereinzelt über diesen konkreten Sonderfall hinaus eine Überleitung der Beziehung zwischen Verleiher und Leiharbeitnehmer vom Verleiher auf den Erwerber befürwortet wird, beruht dies auf einem falschen Verständnis der Entscheidung Albron Catering und ihrer Bedeutung für die Beziehung des Leiharbeitnehmers zum Entleiher.

II. Auslegung von § 613a Abs. 1 S. 1 BGB / Art. 3 Abs. 1 Richtlinie 2001/23/EG

Da sowohl § 613a Abs. 1 S. 1 BGB als auch Art. 3 Abs. 1 Richtlinie 2001/23/EG auf denselben Inhalten und Wertungen beruhen, wird sich die nachfolgende Auslegung parallel auf beide Normen erstrecken. § 613a Abs. 1 S. 1 BGB lautet:

„Geht ein Betrieb oder Betriebsteil durch Rechtsgeschäft auf einen anderen Inhaber über, so tritt dieser in die Rechte und Pflichten aus den im Zeitpunkt des Übergangs bestehenden Arbeitsverhältnissen ein."

Vergleichbar hierzu lautet Art. 3 Abs. 1 Richtlinie 2001/23/EG:

„Die Rechte und Pflichten des Veräußerers aus einem zum Zeitpunkt des Übergangs bestehenden Arbeitsvertrag oder Arbeitsverhältnis gehen aufgrund des Übergangs auf den Erwerber über."

1. Wortlaut

Der Wortlaut von § 613a Abs. 1 S. 1 BGB wie auch von Art. 3 Abs. 1 Richtlinie 2001/23/EG stellt gleichermaßen darauf ab, dass der Betriebsübergang bewirkt, dass die zwischen dem Veräußerer und dem Arbeitnehmer bestehenden „Rechte und Pflichten" vom Veräußerer auf den Erwerber übergehen. Veräußerer bzw. bisheriger Betriebsinhaber ist aber nur derjenige, der aus dem Betrieb ausscheidet. Dies ist bei der Veräußerung eines entleihenden Betriebs der Entleiher, d. h. auch

---

814 Vgl. *Elking*, Der Nichtvertragliche Arbeitgeber, S. 199, 206, 314, 289; *Greiner*, NZA 2014, 284, 289; *Sagan*, ZESAR 2011, 412, 421. Im österreichischen Schrifttum: *Vierthaler*, Die Arbeitskräfteüberlassung und der Betriebsübergang, S. 78 stellt darauf ab, dass der *EuGH* beabsichtigte, „dass das Arbeitsverhältnis samt Lohnspruch auf den Erwerber übergegangen ist."

815 Vgl. *Abele*, FA 2011, 7, 10; *Bauer/v. Medem*, NZA 2011, 20, 23 f.; vgl. BeckOK-ArbR/ *Gussen*, § 613a BGB Rn. 86a; *Powietzka/Christ*, ZESAR 2013, 313, 315 ff.; *Willemsen*, NJW 2011, 1546, 1549; vgl. insgesamt hierzu Kap. 3 § 4 C. III. unter 1 . a).

nur er ist als Veräußerer bzw. bisheriger Betriebsinhaber anzusehen.[816] Gilt der Verleiher aber nicht als Veräußerer bzw. bisheriger Betriebsinhaber, kann im Rahmen von § 613a Abs. 1 S. 1 BGB bzw. Art. 3 Abs. 1 Richtlinie 2001/23/EG nicht an die bestehenden „Rechte und Pflichten" des Verleihers angeknüpft werden. Dies wiederum bedeutet, dass die in der Person des Verleihers verankerten „Rechte und Pflichten" zum Leiharbeitnehmer nach dem Wortlaut von § 613a Abs. 1 S. 1 BGB bzw. Art. 3 Abs. 1 Richtlinie 2001/23/EG nicht vom Verleiher auf den Erwerber übergehen können.

2. Systematische Auslegung

a) Umkehrschluss Art. 2 Abs. 2 S. 2 lit. c Richtlinie 2001/23/EG

Obwohl Art. 2 Abs. 2 S. 2 Richtlinie 2001/23/EG nur die bereits aus den Richtlinien über Teilzeit, Befristung und Leiharbeit bekannten Diskriminierungsverbote aufgreift, lässt sich für den Bereich der Richtlinie 2001/23/EG aus deren Art. 2 Abs. 2 S. 2 lit. c die Wertung entnehmen, dass es bei der Veräußerung des entleihenden Betriebs nicht zu einem Übergang des Verhältnisses zwischen Leiharbeitnehmer und Verleiher vom Verleiher auf den Erwerber kommen soll.[817] In Art. 2 Abs. 2 S. 2 lit. c Richtlinie 2001/23/EG ist geregelt, dass diese Richtlinie jedenfalls auch dann gilt, wenn die Veräußerung eines verleihenden Betriebs erfolgt.[818] Dort wird eine Überleitung der Beziehung zwischen Verleiher und Leiharbeitnehmer vom Verleiher auf den Erwerber bewirkt.[819] Für die Veräußerung eines entleihenden Betriebs findet sich keine vergleichbare Klarstellung, obwohl gerade dieser Fall problematisch ist. Hätte aber ebenso die Veräußerung eines entleihenden Betriebs eine Überleitung der Beziehung zwischen Verleiher und Leiharbeitnehmer vom Verleiher auf den Erwerber bewirken sollen, wäre es naheliegend gewesen, dass diese Besonderheit in der Richtlinie 2001/23/EG in irgendeiner Form zum Ausdruck kommt.

---

816 Vgl. *Bauer/v. Medem*, NZA 2011, 20, 21 f.; *Elking*, Der Nichtvertragliche Arbeitgeber, S. 217 f., 220 ff.; *Forst*, RdA 2011, 228, 232 f.; *Greiner*, NZA 2014, 284, 289; vgl. *Willemsen*, NJW 2011, 1546, 1548 f., der diesen Widerspruch durch eine Zurechnung vom Entleiher an den Verleiher lösen will. Umfassend zu diesem Problem bereits Kap. 4 § 3 A II. unter 3.

817 Vgl. *Gaul/Ludwig*, DB 2011, 298, 300; auch *Powietzka/Christ*, ZESAR 2013, 313, 316 nehmen unter Rückgriff auf Art. 2 Abs. 2 S. 2 lit. c Richtlinie 2001/23/EG an, dass deren Anwendung auch auf die Fälle der Veräußerung des entleihenden Betriebs zu einer „Verdopplung des Schutzes der Leiharbeitnehmer" führt; *Raab*, EuZA 2011, 537, 539, 548; a.A. *Elking*, Der Nichtvertragliche Arbeitgeber, S. 171 f.

818 Zu einem solchen Fall *EuGH* vom 13.9.2007, C-458/05, NZA 2007, 1151, 1152 f.

819 Vgl. *EuGH* vom 13.9.2007, C-458/05, NZA 2007, 1151, 1152 f.; *BAG* vom 12.12.2013, 8 AZR 1023/12, NZA 2014, 436, 437 f.

b) § 613a Abs. 4 S. 1 BGB / Art. 4 Abs. 1 S. 1 Richtlinie 2001/23/EG

Gegen eine Überleitung der Beziehung zwischen Verleiher und Leiharbeitnehmer vom Verleiher auf den Erwerber spricht weiter, dass der Sinn und Zweck von § 613a Abs. 1 S. 1 BGB bzw. Art. 3 Abs. 1 Richtlinie 2001/23/EG, welcher jeweils im Bestandsschutz der erfassten Arbeitsverhältnisse liegt, durch ein Kündigungsverbot des Arbeitsverhältnisses durch den Veräußerer bzw. Betriebsinhaber und den Erwerber in § 613a Abs. 4 S. 1 BGB bzw. Art. 4 Abs. 1 S. 1 Richtlinie 2001/23/EG abgesichert wird.[820] Grundlage dieses Bestandsschutzes ist, dass der mit dem Arbeitsverhältnis unmittelbar verbundene Schutz des sozialen Besitzstands auch vom Bestand des Arbeitsplatzes abhängt.[821] Geht der Arbeitsplatz durch die Veräußerung des Betriebs über, soll ihm das Arbeitsverhältnis folgen,[822] weil es unverändert auf dem vormaligen Arbeitsplatz fortgeführt werden kann.

aa) Keine Notwendigkeit eines Kündigungsverbots

Der angestrebte Bestandsschutz kommt bei der Veräußerung eines entleihenden Betriebs nicht zum Tragen und das hinter § 613a Abs. 4 S. 1 BGB bzw. Art. 4 Abs. 1 S. 1 Richtlinie 2001/23/EG stehende Kündigungsverbot passt nicht, weil der Leiharbeitnehmer auch nach dem Übergang des entleihenden Betriebs auf den Erwerber gewöhnlich unverändert in einem Arbeitsvertragsverhältnis zum Verleiher steht.[823] Sollte dieses Verhältnis zwischen Verleiher und Leiharbeitnehmer infolge des Betriebsübergangs ausnahmsweise ein Ende finden, dann realisiert sich keine Gefahr, die durch § 613a Abs. 4 S. 1 BGB bzw. Art. 4 Abs. 1 S. 1 Richtlinie 2001/23/EG abgesichert werden soll, weil der Leiharbeitnehmer auch sonst nicht vor einem Verlust des Arbeitsplatzes im entleihenden Betrieb geschützt ist. Ausgehend hiervon bedarf es aber auch keiner Überleitung des Verhältnisses zwischen Verleiher und Leiharbeitnehmer vom Verleiher auf den Erwerber, weil der Leiharbeitnehmer bei gewöhnlichen Überlassungssachverhalten keiner betriebsübergangstypischen Gefahr hinsichtlich des Bestands seines Arbeitsverhältnisses zum Verleiher ausgesetzt ist.

bb) Verfehlte Zweckrichtung beim entleihenden Betrieb

Überdies belegen die Wertungen zu § 11 Abs. 1 AÜG, § 2 Abs. 1 Nr. 5 NachwG deutlich, dass das in § 613a Abs. 4 S. 1 BGB bzw. Art. 4 Abs. 1 S. 1 Richtlinie 2001/23/EG enthaltene Kündigungsverbot nicht auf die Beziehung zwischen Verleiher und

---

[820] Staudinger/*Annuß*, § 613a BGB Rn. 372 spricht von „Komplementärfunktion", „Umgehungsschutz"; *Weiß*, Arbeitsverhältnisse im Rahmen eines Betriebsübergangs, S. 85 „Komplementärfunktion".
[821] Vgl. BeckOK-ArbR/*Gussen*, § 613a BGB Rn. 1; MüKo-BGB/*Müller-Glöge*, § 613a BGB Rn. 6; *Seiter*, Betriebsinhaberwechsel, S. 30.
[822] Staudinger/*Annuß*, § 613a BGB Rn. 372 i.V.m. Rn. 9; *Raab*, EuZA 2011, 537, 540 f.
[823] *Gaul/Ludwig*, DB 2011, 298, 300. Allgemein zum Wegfall der Einsatzmöglichkeit im entleihenden Betrieb: *Schüren*, RdA 2007, 231, 234.

Leiharbeitnehmer passt, sofern es zur Veräußerung eines entleihenden Betriebs kommt. Dies zeigt sich, wenn man sich vergegenwärtigt, dass die Arbeitnehmerüberlassung dadurch gekennzeichnet ist, dass sich der Leiharbeitnehmer gegenüber dem Verleiher verpflichtet, unter dem Weisungsrecht eines Dritten zu arbeiten.[824] Soll der Leiharbeitnehmer zudem die geschuldeten Dienste auch unmittelbar im Betrieb des Verleihers erbringen, bedarf dies nach herrschender Ansicht zu § 11 Abs. 1 AÜG, § 2 Abs. 1 Nr. 5 NachwG einer gesonderten Abrede zwischen Verleiher und Leiharbeitnehmer, die schriftlich niedergelegt sein muss.[825] Das Vorliegen einer solchen Abrede ist hiernach nicht der für die Auslegung bedeutsame Regelfall, vielmehr wird der Leiharbeitnehmer gewöhnlich nicht unmittelbar im Betrieb des Verleihers tätig.[826]

aaa) § 11 Abs. 1 AÜG, § 2 Abs. 1 Nr. 5 NachwG

Würde die Veräußerung eines entleihenden Betriebs einen inhaltsgleichen Übergang der Beziehung zwischen Verleiher und Leiharbeitnehmer vom Verleiher auf den Erwerber bewirken, wäre der Leiharbeitnehmer unverändert verpflichtet, unter *fremdem* Weisungsrecht tätig zu werden. Der Leiharbeitnehmer wäre, sofern eine schriftliche Abrede im Sinne von § 11 Abs. 1 AÜG, § 2 Abs. 1 Nr. 5 NachwG nicht nachgewiesen werden kann und auch sonst nicht zwischen Verleiher und Leiharbeitnehmer vereinbart worden ist, nicht verpflichtet, dass er unmittelbar für seinen vertraglichen Arbeitgeber, nunmehr den Erwerber des entleihenden Betriebs, tätig wird.[827] Die Pflicht des Leiharbeitnehmers würde sich vielmehr auf ein Tätigwerden in wechselnden Einsatzbetrieben beschränken. Der Erwerber eines entleihenden Betriebs wird aber gewöhnlich über keinen verleihenden Betrieb verfügen und somit auch keine Erlaubnis zur Arbeitnehmerüberlassung nach § 1 Abs. 1 AÜG besitzen. Dem Erwerber wäre es verboten, den Leiharbeitnehmer vertragsgemäß zu beschäftigen.[828]

bbb) Rückschluss

Es ist ausgeschlossen, dass der nationale bzw. europäische Gesetzgeber mit dem Kündigungsverbot nach § 613a Abs. 4 S. 1 BGB bzw. Art. 4 Abs. 1 S. 1 Richtlinie 2001/23/EG erreichen wollte, dass der Erwerber einen Arbeitnehmer beschäftigen muss, den er aufgrund der tatsächlichen und rechtlichen Umstände sowie der

---

824 *Boemke*, Schuldvertrag und Arbeitsverhältnis, § 13 II. 1. b. S. 556; vgl. *Zöllner/Loritz/Hergenröder*, Arbeitsrecht, § 27 S. 310.
825 *Becker/Wulfgramm*, Art. 1 § 11 AÜG Rn. 13; *Thüsing/Mengel*, § 11 AÜG Rn. 13; ErfK/*Wank*, § 11 AÜG Rn. 5; Schüren/Hamann/*Schüren*, § 11 AÜG Rn. 40; Ulber/*J. Ulber*, § 11 AÜG Rn. 30.
826 Im Grundsatz *BAG* vom 12.12.2013, 8 AZR 1023/12, NZA 2014, 436, 437 f.
827 Vgl. Thüsing/*Mengel*, § 11 AÜG Rn. 13; vgl. ErfK/*Wank*, § 11 AÜG Rn. 5; Schüren/Hamann/*Schüren*, § 11 AÜG Rn. 40; Ulber/*J. Ulber*, § 11 AÜG Rn. 30.
828 Thüsing/*Waas*, § 1 AÜG Rn. 2; Ulber/*J. Ulber*, § 1 AÜG Rn. 217.

vorhandenen betrieblichen Organisation nicht beschäftigen kann.[829] Dem Kündigungsverbot liegt vielmehr der Gedanke zugrunde, dass der Arbeitsbedarf unverändert auf den Erwerber übergegangen ist.[830] Bei der Veräußerung eines entleihenden Betriebs ist dies nicht anzunehmen, weil der Erwerberbetrieb gewöhnlich nicht auf die Überlassung von Arbeitnehmern ausgerichtet ist. Es kann insoweit zu keinem Übergang der Beziehung zwischen Verleiher und Leiharbeitnehmer vom Verleiher auf den Erwerber kommen.

3. Historische Auslegung

Die Entstehungsgeschichte zu § 613a Abs. 1 S. 1 BGB bzw. Art. 3 Abs. 1 Richtlinie 2001/23/EG hat gezeigt, dass jeweils primär der Bestand der Arbeitsverhältnisse vor den Folgen der Veräußerung des Betriebs, in welchem der Arbeitnehmer seinen Arbeitsplatz hat, geschützt werden sollte (vgl. Kap. 6 § 2 B. unter III. und § 3 C. II. unter 3.). Dies trifft bei der Veräußerung eines entleihenden Betriebs nicht zu, weil der Bestand des Arbeitsverhältnisses mit dem Arbeitsplatz beim Entleiher nicht so eng verbunden ist, dass beides bei der Betriebsveräußerung durch eine Anwendung von § 613a Abs. 1 S. 1 BGB bzw. Art. 3 Abs. 1 Richtlinie 2001/23/EG zu schützen wäre. Der Leiharbeitnehmer hat seinen bestandsgeschützten Arbeitsplatz vielmehr durchgängig im Betrieb des Verleihers.

4. Teleologische Auslegung

Sowohl § 613a Abs. 1 S. 1 BGB als auch Art. 3 Abs. 1 Richtlinie 2001/23/EG wollen einen Bestandsschutz für die erfassten Arbeitsverhältnisse gewähren, die Überleitung der Beziehung zwischen Verleiher und Leiharbeitnehmer vom Verleiher auf den Erwerber würde aber bewirken, dass der angestrebte Bestandsschutz nicht nur geschwächt, sondern vielmehr leer laufen würde. Die Beziehung zwischen Verleiher und Leiharbeitnehmer ist nämlich im Regelfall darauf angelegt, dass der Leiharbeitnehmer seine Tätigkeit unter fremdem Weisungsrecht in wechselnden Drittbetrieben verrichtet. Dieser Leistungsinhalt passt aber regelmäßig nicht zum Arbeitsbedarf beim Erwerber des entleihenden Betriebs (vgl. Kap. 7 § 2 B. II. 2 b) unter bb)). Der Erwerber des entleihenden Betriebs kann den Leiharbeitnehmer gewöhnlich nicht als Leiharbeitnehmer einsetzen und beschäftigen. Dies würde im Zweifel zur Kündigung und damit zumindest zur erheblichen Gefährdung des Bestandsschutzes führen.[831] Der unveränderte Bestand der Beziehung zwischen

---

829 Vgl. *BAG* vom 20.3.2003, 8 AZR 97/02, NZA 2003, 1027, 1028; Staudinger/*Annuß*, § 613a BGB Rn. 9.
830 Vgl. *BAG* vom 20.3.2003, 8 AZR 97/02, NZA 2003, 1027, 1028; Staudinger/*Annuß*, § 613a BGB Rn. 372 i.V.m. Rn 9.
831 Insoweit gilt § 613a Abs. 4 S. 1 BGB bzw. Art. 4 Abs. 1 S. 1 Richtlinie 2001/23/EG nicht, weil der Arbeitsbedarf beim Erwerber nicht zum durch den Leiharbeitnehmer vertraglich geschuldeten Leistungsinhalt passt. Vgl. schon Kap. 7 § 2 B. II. 2. b) unter bb).

Verleiher und Leiharbeitnehmer als Folge der Veräußerung des entleihenden Betriebs würde hingegen in der Regel einen weiteren Einsatz als Leiharbeitnehmer des Verleihers erlauben, weil der Verleiher die verschiedenen Arbeitseinsätze der Leiharbeitnehmer koordiniert und einen „Pool" an potentiellen Arbeitsplätzen vorbehält.[832] Dort besteht für den Leiharbeitnehmer eine höhere Bestandswahrscheinlichkeit seines Arbeitsverhältnisses. Überdies ist aber auch ohne Rücksicht auf den besonderen Inhalt der Leistungspflicht des Leiharbeitnehmers unter einem anderen Blickwinkel von einer Schwächung des Bestandsschutzes für den Leiharbeitnehmer auszugehen, wenn man eine Überleitung seines Arbeitsvertragsverhältnisses vom Verleiher auf den Erwerber annimmt: Die für § 1 Abs. 1, 3 KSchG maßgebliche Betriebszugehörigkeit des Leiharbeitnehmers würde erst ab dem Aufstieg zum Stammarbeitnehmer berechnet werden.[833] Überdies wäre es denkbar, dass der Leiharbeitnehmer aus einem (verleihenden) Großbetrieb ausscheidet und zum Stammarbeitnehmer in einem Kleinbetrieb im Sinne von § 23 Abs. 1 KSchG auf- oder wohl besser absteigt.

5. Ergebnis: Unveränderter Bestand

Im Regelfall bewirkt die Veräußerung des entleihenden Betriebs weder eine gesetzliche Überleitung des Verhältnisses zwischen Entleiher und Leiharbeitnehmer vom Entleiher auf den Erwerber (vgl. Kap. 6 § 2 B, § 3 C. II.), noch eine gesetzliche Überleitung der Beziehung zwischen Verleiher und Leiharbeitnehmer vom Verleiher auf den Erwerber. Die vorangegangene Auslegung hat gezeigt, dass eine inhaltswahrende Überleitung des Verhältnisses zwischen Verleiher und Leiharbeitnehmer vom Verleiher auf den Erwerber dem Sinn und Zweck der betriebsübergangsrechtlichen Vorschriften sogar entgegenlaufen würde. Es konnte nachgewiesen werden, dass die teilweise im Schrifttum vorzufindende Annahme von einem Sprung des Leiharbeitnehmers in die Stammbelegschaft in Fällen gewöhnlicher Arbeitnehmerüberlassung nicht tragfähig ist.[834] Die Veräußerung des entleihenden Betriebs hat keinen Einfluss auf den Bestand der Beziehung zwischen Verleiher und Leiharbeitnehmer. Es bleiben beide unverändert hieraus berechtigt und verpflichtet.

---

832 Vgl. *BAG* vom 12.12.2013, 8 AZR 1023/12, NZA 2014, 436, 438.
833 *BAG* vom 20.2.2014, 2 AZR 859/11, NZA 2014, 1083, 1085; vgl. zu § 10 Abs. 1 AÜG Boemke/Lembke/*Lembke*, § 10 AÜG Rn. 66; Thüsing/*Mengel*, § 10 AÜG Rn. 25; ErfK/*Wank*, § 10 AÜG Rn. 9.
834 Es kann auch nicht angenommen werden, dass die Beziehung zwischen Leiharbeitnehmer und Verleiher im Wege einer Analogie von § 613a Abs. 1 S. 1 BGB auf den Erwerber übergeleitet wird, weil im Rahmen des Telos aufgezeigt werden konnte, dass keine vergleichbare Interessenlage zu einem „normalen" Arbeitsschuldverhältnis besteht.

C. Abwicklung des Verhältnisses zwischen Verleiher und Leiharbeitnehmer bei „hinkender" Beschäftigung

Obwohl die Veräußerung des entleihenden Betriebs im Regelfall weder eine gesetzliche Überleitung der Beziehung zwischen Entleiher und Leiharbeitnehmer noch der zwischen Verleiher und Leiharbeitnehmer bewirkt, sind die Folgen aufzuzeigen, die sich ergeben können, wenn der Leiharbeitnehmer, weil er keine Kenntnis vom Betriebsinhaberwechsel hat, nach dem Übergang des entleihenden Betriebs beim Erwerber dennoch seine Arbeitsleistung erbringt. Soweit ersichtlich ist diese Fragestellung bisher noch nicht problematisiert worden. Dabei drängen sich aber insbesondere zwei Fragen auf: Erstens, ob der Leiharbeitnehmer bei der „hinkenden" Beschäftigung beim Erwerber gegenüber dem Verleiher seine geschuldete Arbeitsleistung erfüllt. Zweitens, ob der Leiharbeitnehmer bei der „hinkenden" Beschäftigung seinen Lohnanspruch gegenüber dem Verleiher behält oder ob dieser nach dem allgemeinen Grundsatz „ohne (in diesem Fall: „die geschuldete") Arbeit kein Lohn" nach § 326 Abs. 1 S. 1 Hs. 1 BGB untergegangen ist.

I. Vorüberlegungen

Der Beantwortung der beiden aufgeworfenen und sich unmittelbar aus der „hinkenden" Beschäftigung des Leiharbeitnehmers ergebenden Fragestellungen ist eine andere Rechtsfrage vorgelagert: Es muss geklärt werden, wer nach dem Übergang des entleihenden Betriebs der Inhaber der Wahrnehmungsberechtigung am Anspruch auf die zu erbringenden Dienste des Leiharbeitnehmers ist (vgl. II.).[835] Die Inhaberschaft an der Dienstberechtigung beinhaltet die Klärung der Rechtsfrage, ob der Leiharbeitnehmer seine Dienste bei der „hinkenden" Beschäftigung gegenüber dem Erwerber als Berechtigtem oder als Nichtberechtigtem erbringt. Hiervon ist wiederum abhängig, ob der Leiharbeitnehmer seine Arbeitsvertragsbeziehung zum Verleiher vertragsgemäß erfüllt, indem er die *geschuldeten* Dienste erbringt. Ausgehend hiervon ergibt sich, ob der Leiharbeitnehmer während der „hinkenden" Beschäftigung beim Erwerber unverändert seinen Lohnanspruch gegenüber dem Verleiher behält oder dieser entfällt. Als gesicherte Erkenntnis gilt in diesem Zusammenhang jedenfalls, dass vor dem Betriebsübergang der Entleiher berechtigt gewesen ist, den aus der Beziehung zwischen Verleiher und Leiharbeitnehmer sich ergebenden Anspruch auf die Dienstleistung einzuziehen. Die Grundlage hierfür bildet das Verhältnis zwischen Verleiher und Entleiher.[836]

---

835 Im Rahmen der hierzu anzustellenden Überlegungen kann die Frage nach dem (möglichen) automatischen Übergang der Beziehung zwischen Verleiher und Entleiher in entsprechender Anwendung des § 613a Abs. 1 S. 1 BGB außer Betracht bleiben. Das schuldrechtliche Kausalgeschäft (Arbeitnehmerüberlassungsverhältnis) ist von den zu seiner Erfüllung vorgenommenen Rechtsgeschäften (Übertragung bzw. Einräumung der Arbeitgeberstellung) zu unterscheiden.
836 *Schüren*, RdA 2007, 231, 234.

1. Erste Option

Steht die Wahrnehmungsberechtigung am Anspruch auf die Dienste nach dem Übergang des entleihenden Betriebs nunmehr dem Erwerber zu, dann erbringt der Leiharbeitnehmer seine Dienste bei einer „hinkenden" Tätigkeit im erworbenen Betrieb gegenüber dem Erwerber als Berechtigtem. Der Leiharbeitnehmer würde dabei zugleich seiner Dienstpflicht gegenüber dem Verleiher nachkommen. Die Arbeitsleistung als typische Fixschuld[837] wäre für diesen Zeitraum nicht gemäß § 275 Abs. 1 BGB unmöglich geworden. Der Lohnanspruch des Leiharbeitnehmers könnte infolge der eingetretenen Erfüllung nach § 362 Abs. 1 BGB nicht nach § 326 Abs. 1 S. 1 Hs. 1 BGB entfallen.

2. Zweite Option

Geht die Dienstberechtigung nach dem Übergang des entleihenden Betriebs nicht auf den Erwerber über, erbringt der Leiharbeitnehmer bei einer „hinkenden" Beschäftigung seine Dienste gegenüber dem Erwerber als Nichtberechtigten. Der Leiharbeitnehmer würde dann gegenüber dem Verleiher nicht die geschuldete Leistung erbringen. Der Fixschuldcharakter der Dienstleistung würde zur Unmöglichkeit der geschuldeten und aus der Arbeitsvertragsbeziehung zum Verleiher folgenden Dienstleistungspflicht nach § 275 Abs. 1 BGB führen und es ist grundsätzlich denkbar, dass der Leiharbeitnehmer seinen Lohnanspruch gegenüber dem Verleiher nach § 326 Abs. 1 S. 1 Hs. 1 BGB für diesen Zeitraum verliert.

II. Inhaberschaft an der Dienstberechtigung

Es ist zu untersuchen, ob und inwieweit die Veräußerung des entleihenden Betriebs bewirkt, dass der Entleiher die Inhaberschaft an der Dienstberechtigung verliert, weil diese kraft Gesetzes (vgl. 1.) oder durch Rechtsgeschäft zwischen Erwerber und Entleiher (vgl. 2.) auf den Erwerber übergeht. Sollte eine der beiden Optionen vorliegen, wäre der Erwerber nach dem Übergang des entleihenden Betriebs der Inhaber der Dienstberechtigung.

1. Gesetzlicher Übergang

a) Ansatz von Sagan

Sagan hat die Annahme formuliert, dass es denkbar sei, dass nach § 613a Abs. 1 S. 1 BGB kraft Gesetzes die Dienstberechtigung vom Entleiher auf den Erwerber des entleihenden Betriebs übergehe. Konkret führt er aus:

„Zweifelhaft ist hingegen, ob es in diesem Fall zu einem isolierten Übergang des nichtvertraglichen Arbeitsverhältnisses vom Entleiher auf den Erwerber kommen kann,

---

837 BT-Drs. 14/6040, 129; ArbR.Hdb.-Schaub/*Linck*, § 49 Rn. 6; MüKo-BGB/*Müller-Glöge*, § 611 BGB Rn. 1040.

der den Arbeitsvertrag unberührt lässt. Nach deutschem Recht wäre diese Rechtsfolge allenfalls dann denkbar, wenn dem Entleiher im Einzelfall gegenüber dem Arbeitnehmer ein Anspruch auf die Arbeitsleistung zusteht. Ein solcher Hauptleistungsanspruch könnte a maiore ad minus isoliert nach § 613a Abs. 1 S. 1 BGB auf den Erwerber übergehen. Dieser könnte infolgedessen die Arbeitsleistung vom Arbeitnehmer verlangen, während sich dessen Vergütungsanspruch weiterhin gegen den Verleiher richten würde."[838]

Entgegen dem Ansatz von *Sagan* ist eine gesetzliche Überleitung der Dienstberechtigung vom Entleiher auf den Erwerber ausgeschlossen. Dies folgt bereits daraus, dass es bei gewöhnlichen Überlassungssachverhalten zu keiner gesetzlichen Überleitung der Beziehung zwischen Entleiher und Leiharbeitnehmer vom Entleiher auf den Erwerber kommt (vgl. Kap. 6 § 2 B., § 3 C. II.). Es bedarf daher nicht der von *Sagan* bezweckten Abstützung eines übergegangenen Beschäftigungsverhältnisses. Zudem dient der von § 613a Abs. 1 S. 1 BGB bzw. Art. 3 Abs. 1 Richtlinie 2001/23/EG angeordnete Übergang der bestehenden Rechte und Pflichten vom Veräußerer auf den Erwerber dem Bestandsschutzinteresse des Arbeitnehmers. Dieses lässt sich bei einem Leiharbeitnehmer gewöhnlich aber weder durch eine Überleitung des Verhältnisses zwischen Entleiher und Leiharbeitnehmer noch desjenigen zwischen Verleiher und Leiharbeitnehmer auf den Erwerber verwirklichen. Insoweit lässt sich aber erst Recht kein Bestandsschutz durch die bloße Überleitung der Dienstberechtigung auf den Erwerber verwirklichen, weil hieraus nur der Erwerber Vorteile erzielt. Überdies ist der Bestand der Dienstberechtigung von der Beziehung zwischen Verleiher und Leiharbeitnehmer abhängig, diese bleibt aber wie festgestellt unverändert zwischen Leiharbeitnehmer und Verleiher bestehen (vgl. Kap. 7 § 2 B. II.). Ein automatischer Übergang der Dienstberechtigung auf den Erwerber ist nicht möglich.

b) § 25 Abs. 1 S. 2 HGB

Ein gesetzlicher Übergang der Dienstberechtigung kann auch nicht durch § 25 Abs. 1 S. 2 HGB bewirkt werden,[839] worin es heißt: „Die in dem Betrieb begründeten Forderungen gelten den Schuldnern gegenüber als auf den Erwerber übergegangen, falls der bisherige Inhaber oder seine Erben in die Fortführung der Firma gewilligt haben." Unterstellt man, dass die Voraussetzungen von § 25 Abs. 1 S. 2 HGB vorliegen, kann hieraus nur gefolgert werden, dass ein rechtsgeschäftlicher Zessionswille des Firmenveräußerers (hier des Entleihers) vermutet wird.[840] In der Folge könnte sich der Leiharbeitnehmer darauf berufen, dass der Betriebserwerber Berechtigter der Ausübungsbefugnis über die Dienste ist, weil

---

838 *Sagan*, ZESAR 2011, 412, 421.
839 MüKo-HGB/*Thiessen*, § 25 HGB Rn. 72.
840 Hk-HGB/*Ammon*, § 25 HGB Rn. 30; Baumbach/Hopt/*Hopt*, § 25 HGB Rn. 21; MüKo-HGB/*Thiessen*, § 25 HGB Rn. 72, 74.

diese im Handelsgeschäft des Veräußerers (Entleiher) verwurzelt gewesen ist.[841] Eine gesetzliche Überleitung der Dienstberechtigung vom Entleiher auf den Erwerber kann durch § 25 Abs. 1 S. 2 HGB aber nicht bewirkt werden.

2. Rechtsgeschäftlicher Übergang

Der Erwerber erlangt bei der Veräußerung eines entleihenden Betriebs aber wohl regelmäßig durch Rechtsgeschäft nach § 398 BGB bzw. entsprechend § 398 BGB die Dienstberechtigung vom Veräußerer (Entleiher), weil gewöhnlich eine dahingehende Einigung zwischen Veräußerer (Entleiher) und Erwerber angenommen werden kann (vgl. a)) und die Übertragung der Dienstberechtigung zumeist denkbar sein wird (vgl. b)).

a) Einigung

Zunächst ist es einzelfallabhängig, ob Veräußerer (Entleiher) und Erwerber in dem Rechtsgeschäft, welches dem Betriebsübergang zugrunde liegt, eine gesonderte Abrede zur Übertragung der Dienstberechtigung treffen. Es verbietet sich insoweit eine absolute Aussage. Sollte es im Einzelfall zu einer solchen (wirksamen) Einigung kommen, dann wird der Erwerber neuer Inhaber der Dienstberechtigung. Im Regelfall wird man hiervon unabhängig aber feststellen können, dass die Einigung zwischen Entleiher und Erwerber zur Übertragung des Betriebs im Zweifel auch die Einigung zur Übertragung der Dienstberechtigung umfasst, d.h. dass eine gesonderte Abrede entbehrlich sein kann. Dies ergibt sich aus folgenden Wertungen:

aa) § 311c BGB

In § 311c BGB heißt es: „Verpflichtet sich jemand zur Veräußerung [...] einer Sache, so erstreckt sich diese Verpflichtung im Zweifel auch auf das Zubehör der Sache." Hieraus lässt sich im Wege einer entsprechenden Anwendung von § 311c BGB[842] bzw. im Wege eines Rückgriffs auf den Gedanken von § 311c BGB[843] herleiten, dass das Rechtsgeschäft zwischen Entleiher und Erwerber zur Übertragung des entleihenden Betriebs im Zweifel auch die Pflicht umfasst, alle den Betrieb bildenden Betriebsmittel mit zu übertragen. Jedenfalls aus der Sicht des Betriebsinhabers (Entleiher) wird dies zumeist auch die Übertragung der Dienstberechtigung umfassen, weil so der dem Betriebsübergang zugrundeliegende schuldrechtliche Vertrag zum Erwerber attraktiver gestaltet werden kann, was sich umgekehrt auf den Wert des

---

841 Vgl. im Grundsatz MüKo-HGB/*Thiessen*, § 25 HGB Rn. 71 ff. in dem Betrieb begründete Forderungen.
842 Vgl. *RG* vom 19.12.1925, I 60/25, RGZ 112, 244, 247. Einschränkend: *BGH* vom 30.3.1990, V ZR 113/89, NJW 1990, 1723, 1725.
843 Vgl. MüKo-BGB/*Kanzleiter*, § 311c BGB Rn. 5 „Erfahrungssatz"; Staudinger/*Schumacher*, § 311c BGB Rn. 9. Offen *BGH* vom 30.3.1990, V ZR 113/89, NJW 1990, 1723, 1725.

Betriebs auswirkt. Der Entleiher hat zudem keine Verwendung für die Dienste des Leiharbeitnehmers und daher auch kein Interesse daran, die Dienstberechtigung zu behalten. Spiegelbildlich bringt dem Erwerber der Übergang der Dienstberechtigung nur Vorteile, weil er die Dienste des Leiharbeitnehmers in Anspruch nehmen kann, aber nicht in Anspruch nehmen muss. Der Übergang der Dienstberechtigung eröffnet dem Erwerber einen Spielraum, dass er die Arbeitskraft zur Fortführung des Betriebs nutzen kann. Eine Pflicht wird nicht begründet. Dass ein Begünstigter (Erwerber) den Erwerb eines für ihn (ausschließlich) positiven Rechts ablehnt, ist fernliegend.

bb) § 25 Abs. 1 S. 2 HGB

Neben den Gedanken zu § 311c BGB kann im Einzelfall, d.h. bei Vorliegen des entsprechenden Tatbestands von § 25 Abs. 1 S. 2 HGB, der Zessionswille hinsichtlich der Übertragbarkeit der Dienstberechtigung vermutet werden, jedenfalls solang diese Vermutung nicht nach Maßgabe von § 25 Abs. 2 HGB widerlegt wird.[844] Dass die Dienstberechtigung auch vom Zessionswillen bzw. von dessen Fiktion nach § 25 Abs. 1 S. 2 HGB erfasst ist, zeigt sich daran, dass diese im Betrieb des Entleihers verwurzelt ist.[845]

b) (Kein) Ausschluss der Übertragbarkeit

Sofern zwischen Entleiher und Erwerber die Übertragung der Dienstberechtigung nicht im Sinne von § 399 Alt. 2 BGB durch individualvertragliche Abrede ausgeschlossen worden ist, ist die Übertragbarkeit jedenfalls in diesem Sinne denkbar. Daneben lässt sich auch nicht aus § 399 Alt. 1 BGB ableiten, dass die Übertragung der Dienstberechtigung vom Entleiher auf den Erwerber ausgeschlossen ist. Dies wäre vielmehr nur anzunehmen, wenn die Übertragung der Dienstberechtigung zu einer Inhaltsänderung führen würde („Eine Forderung kann nicht abgetreten werden, wenn die Leistung an einen anderen als den ursprünglichen Gläubiger nicht ohne Veränderung ihres Inhalts erfolgen kann"), was aber abzulehnen ist. Auch nach dem Übergang der Dienstberechtigung auf den Erwerber erbringt der Leiharbeitnehmer unverändert Dienstleistungen unter fremdem Weisungsrecht und das sogar in der ihm vom Verleiher zugewiesenen Betriebsorganisation. Der Übertragbarkeit der Dienstberechtigung kann auch nicht § 613 S. 2 BGB entgegen gehalten werden, weil dieser für die Dienste des Leiharbeitnehmers nicht gilt.[846]

---

844 Vgl. *BGH* vom 20.1.1992, II ZR 115/91, NJW-RR 1992, 866, 867.
845 MüKo-HGB/*Thiessen*, § 25 HGB Rn. 66 ff., 71.
846 Vgl. *Boemke*, Schuldvertrag und Arbeitsverhältnis, § 13 II. 1. a. S. 555; *Hamann*, NZA 2003, 526, 527; Hk-ArbR/*Lorenz*, § 1 AÜG Rn. 11; vgl. *Theuersbacher*, Das Leiharbeitsverhältnis, S. 63; Thüsing/*Thüsing*, Einf. AÜG Rn. 32; vgl. auch Kap. 2 § 1 A.

c) Ergebnis

Der Entleiher verliert die Inhaberschaft der Dienstberechtigung nicht automatisch durch die Veräußerung des entleihenden Betriebs (vgl. Kap. 7 § 2 C. II. unter 1.). Es ist aber wahrscheinlich, dass der Entleiher die Dienstberechtigung rechtsgeschäftlich bei der Veräußerung des entleihenden Betriebs an den Erwerber verliert. Die Überleitung der Beziehung zwischen Entleiher und Leiharbeitnehmer bzw. der Beziehung zwischen Verleiher und Leiharbeitnehmer ist hierfür keine notwendige Voraussetzung. Bei Vorliegen einer ausdrücklichen Einigung zwischen Erwerber und Entleiher folgt der Übergang der Dienstberechtigung aus der Natur der Sache. Im Übrigen ist in Zweifelsfällen entsprechend dem Rechtsgedanken zu § 311c BGB von einer stillschweigenden bzw. konkludenten Einigung auszugehen. Im Einzelfall kann auch auf § 25 Abs. 1 S. 2 HGB zurückgegriffen werden. D.h. auch bei einer „hinkenden" Beschäftigung des Leiharbeitnehmers im erworbenen Betrieb kann der Erwerber im Ergebnis der Inhaber der Dienstberechtigung sein.

3. Weiterführender Hinweis

Der aufgezeigte denkbare rechtsgeschäftliche Erwerb der Dienstberechtigung durch den Erwerber steht in seinem Ergebnis dem von *Forst*[847] als dogmatisch unlösbar bezeichneten Problem von einer Überleitung der Beziehung zwischen Verleiher und Entleiher vom Entleiher auf den Erwerber äußerst nahe. Sowohl die rechtsgeschäftliche Überleitung der Dienstberechtigung auf den Erwerber als auch ein, von *Forst* nicht näher dogmatisch begründeter, Übergang der Beziehung zwischen Entleiher und Verleiher vom Entleiher auf den Erwerber bewirken, dass der Erwerber gegenüber dem Leiharbeitnehmer als Berechtigter auftritt und dem Leiharbeitnehmer wirksam arbeitsrechtliche Weisungen erteilen kann. Der Unterschied beider Ansätze besteht nur darin, dass der Erwerber einerseits eine einzelne Berechtigung und andererseits ein ganzes Bündel von Rechten und Pflichten erwirbt. Zudem kann der vorliegende Ansatz vom Übergang der Dienstberechtigung dogmatisch begründet werden, was *Forst* bei seinem Ergebnis nicht gelingt.

III. Folgen in der Beziehung zwischen Verleiher und Leiharbeitnehmer

Fraglich bleibt nun noch, ob der Leiharbeitnehmer bei einer „hinkenden" Beschäftigung gegenüber dem Erwerber zugleich gegenüber dem Verleiher seine vertragsgemäße Leistung erbringt und für diesen Zeitraum seinen Anspruch auf Lohnzahlung behält. Im Hinblick auf die vorangegangenen Ergebnisse ist zwischen zwei Varianten zu unterscheiden: der Erwerber ist Inhaber der Dienstberechtigung (vgl. 1.) und der Erwerber ist nicht Inhaber der Dienstberechtigung (vgl. 2.).

---

847 *Forst*, RdA 2011, 228, 234.

1. Erwerber ist Berechtigter

Hat der Erwerber im Einzelfall auf rechtsgeschäftlichem Wege die Dienstberechtigung vom Entleiher erlangt, dann erfüllt der Leiharbeitnehmer durch seine Dienste bei einer „hinkenden" Beschäftigung gegenüber dem Erwerber seine Dienstpflicht gegenüber dem Verleiher. Der Leiharbeitnehmer erbringt seine geschuldete Leistung. Demnach besteht der Vergütungsanspruch des Leiharbeitnehmers gegenüber dem Verleiher unverändert fort. Auch im Übrigen bleibt es bei einem unveränderten Bestand der Beziehung zwischen Verleiher und Leiharbeitnehmer.

2. Erwerber ist Nichtberechtigter

Hat der Erwerber demgegenüber im Einzelfall die Dienstberechtigung nicht wirksam vom Entleiher erworben, z. B. weil deren Übertragung zwischen Verleiher und Entleiher vertraglich ausgeschlossen worden ist und wurde der Erwerber auch nicht nach §§ 362 Abs. 2, 185 BGB vom Entleiher ermächtigt, erbringt der Leiharbeitnehmer bei einer „hinkenden" Beschäftigung beim Erwerber seine Dienste gegenüber einem Nichtberechtigten, was sich wiederum nicht unerheblich auf die Beziehung zwischen Verleiher und Leiharbeitnehmer auswirkt.

a) Ausgangspunkt: § 275 Abs. 1, § 326 Abs. 1 S. 1 Hs. 1 BGB

Die Erfüllung einer geschuldeten Leistung kann grundsätzlich nur dadurch bewirkt werden, dass die Leistung pflichtgemäß erbracht wird.[848] Hierzu heißt es in § 362 Abs. 1 BGB im Zusammenhang mit dem Erlöschen von Schuldverhältnissen, dass die „geschuldete" Leistung bewirkt werden muss. Wird an die geschuldete Leistung angeknüpft, dann ist es für das pflichtgemäße Erbringen der Arbeitsleistung nicht nur erforderlich, dass der Leiharbeitnehmer im „richtigen" Betrieb arbeitet, sondern auch, dass die Dienste gegenüber der richtigen Person („an den Gläubiger") geleistet werden.[849] Die Erbringung der Dienste gegenüber einem Nichtberechtigten bewirkt grundsätzlich, dass keine Erfüllung der Dienstpflicht eintreten kann.[850] Ausgehend hiervon erfüllt der Leiharbeitnehmer nicht seine Arbeitsleistung gegenüber dem Verleiher, wenn er gegenüber dem Erwerber als Nichtberechtigtem tätig wird. Dies bewirkt wiederum, dass nach allgemeinen Grundsätzen mit Zeitablauf gemäß § 275 Abs. 1 BGB eine Unmöglichkeit der Dienstleistungspflicht des

---

848 Vgl. BeckOK-BGB/*Dennhardt*, § 362 BGB Rn. 14; vgl. MüKo-BGB/*Fetzer*, § 362 BGB Rn. 3.

849 *Brox/Walker*, Allgemeines Schuldrecht, § 14 Rn. 2; vgl. BeckOK-BGB/*Dennhardt*, § 362 BGB Rn. 16; vgl. *Preis*, Individualarbeitsrecht, § 43 S. 597 stellt für das Arbeitsverhältnis darauf ab, dass die Leistung „dem Arbeitgeber" angeboten werden muss; Jauernig/*Stürner*, § 362 BGB Rn. 1.

850 Vgl. allgemein BeckOK-BGB/*Dennhardt*, § 362 BGB Rn. 16; MüKo-BGB/*Fetzer*, § 362 BGB Rn. 14; Staudinger/*Olzen*, § 362 BGB Rn. 48; Jauernig/*Stürner*, § 362 BGB Rn. 1, 5 f.

Leiharbeitnehmers eintritt[851] und der Lohnanspruch des Leiharbeitnehmers für den Zeitraum der „hinkenden" Beschäftigung beim Erwerber nach § 326 Abs. 1 S. 1 Hs. 1 BGB grundsätzlich entfällt.

b) Annahmeverzug des Entleihers

Liegen jedoch im Zeitraum der „hinkenden" Tätigkeit des Leiharbeitnehmers in der Person des Entleihers (als Dienstberechtigtem) die Voraussetzungen des Annahmeverzugs nach §§ 293 ff. BGB vor, dann wird der Lohnanspruch des Leiharbeitnehmers gegenüber dem Verleiher nach § 615 S. 1 BGB entgegen § 326 Abs. 1 S. 1 Hs. 1 BGB auch während der „hinkenden" Beschäftigung aufrechterhalten. Als Ausgangspunkt bei der Prüfung des Annahmeverzugs gilt dabei, dass der Entleiher nach dem Übergang des entleihenden Betriebs unverändert der Inhaber der Dienstberechtigung ist. Die Dienstberechtigung des Entleihers wurzelt wiederum in dem Verhältnis zwischen Leiharbeitnehmer und Verleiher[852] und aus dieser folgt der Lohnanspruch des Leiharbeitnehmers.

Der Annahmeverzug des Entleihers setzt voraus, dass der Leiharbeitnehmer im Sinne von § 294 BGB dem Gläubiger die Leistung angeboten hat.[853] In § 294 BGB heißt es wörtlich: „Die Leistung muss dem Gläubiger so, wie sie zu bewirken ist, tatsächlich angeboten werden." Insoweit ergibt sich folgendes Problem: In tatsächlicher Hinsicht ist der Entleiher auch nach dem Übergang des entleihenden Betriebs noch der Inhaber der Dienstberechtigung. Dementsprechend sind die Dienste ihm gegenüber (als Gläubiger) anzubieten. Geht der Leiharbeitnehmer aber in den entleihenden Betrieb und bietet seine Dienste an, dann erfolgt dies bei objektiver Betrachtung gegenüber dem Erwerber, weil dieser nunmehr der Inhaber des Betriebs ist. Aus der subjektiven Sicht des Leiharbeitnehmers bietet dieser, bei Unkenntnis vom Betriebsübergang, seine Dienste dagegen zur rechten Zeit, am rechten Ort und gegenüber der rechten Person (Entleiher) an, sodass die Voraussetzungen von § 294 BGB vorliegen. Der Umstand, dass der Leiharbeitnehmer seine Dienste in objektiver Hinsicht der falschen Person (Erwerber anstelle Entleiher) anbietet, kann für § 294 BGB aber richtigerweise unberücksichtigt bleiben. Dieser Fall entspricht bei rechtlicher Wertung dem anerkannten Fall, dass der Arbeitnehmer dem Arbeitgeber die Dienste zur rechten Zeit am rechten Ort anbietet und dieser nicht vor Ort ist (und auch keine andere empfangsberechtigte Person). Aufgrund dessen, dass für die Erbringung der Dienstpflicht die Leistungszeit regelmäßig bestimmt ist, ist es in diesem Fall allgemeine Ansicht, dass der Arbeitnehmer ausgehend von § 299 BGB

---

851 BT-Drs. 14/6040, 129; ArbR.Hdb.-Schaub/*Linck*, § 49 Rn. 6; MüKo-BGB/*Müller-Glöge*, § 611 BGB Rn. 1040.
852 Vgl. MüKo-BGB/*Henssler*, § 615 BGB Rn. 19a.
853 *BAG* vom 16.4.2013, 9 AZR 554/11, NZA 2013, 849, 850 im ungekündigten Arbeitsverhältnis wird § 294 BGB nicht durch § 296 BGB verdrängt. Vgl. auch *Boemke*, Studienbuch Arbeitsrecht, § 5 Rn. 161; Staudinger/*Feldmann*, § 293 BGB Rn. 4; MüKo-BGB/*Henssler*, § 615 BGB Rn. 18; *Preis*, Individualarbeitsrecht, S. 597.

ein ordnungsgemäßes Angebot im Sinne von § 294 BGB gemacht hat.[854] Vorliegend ist es vergleichbar, weil der Leiharbeitnehmer in den entleihenden Betrieb geht, um (subjektiv) dem Entleiher die Dienste anzubieten, dieser (Entleiher) ist aber nicht mehr Betriebsinhaber, d. h. „er ist nicht mehr da", um die Dienste entgegenzunehmen, obwohl er noch der Dienstberechtigte ist. Dies bewirkt, dass der Entleiher mit der Nichtentgegennahme der Dienste in Annahmeverzug nach §§ 293 ff. BGB gerät.[855] Nach § 615 S. 1 BGB bleibt der Lohnanspruch des Leiharbeitnehmers erhalten und dieser bekommt auch während der „hinkenden" Beschäftigung beim Erwerber seine Vergütung vom Verleiher.

IV. Ergebnis

Erbringt der Leiharbeitnehmer nach der Veräußerung des entleihenden Betriebs in Unkenntnis des Betriebsübergangs weiterhin in diesem Betrieb seine Dienste, erfüllt er im Regelfall unverändert seine Dienstpflicht gegenüber dem Verleiher. Der Lohnanspruch des Leiharbeitnehmers gegenüber dem Verleiher bleibt unberührt, weil der Erwerber regelmäßig die Inhaberschaft über die Dienstberechtigung vom Entleiher erworben hat. Selbst wenn dies anders sein sollte und der Leiharbeitnehmer durch seine Dienste im Betrieb des Erwerbers ausnahmsweise nicht seine Dienstpflicht gegenüber dem Verleiher erfüllt, weil der Erwerber nicht Dienstberechtigter und somit Nichtberechtigter ist, behält der Leiharbeitnehmer nach § 615 S. 1 BGB seinen Lohnanspruch. Dies setzt jedoch voraus, dass der Leiharbeitnehmer seine Dienste zur rechten Zeit, am rechten Ort nach seiner Sicht (Leistungswilligkeit) gegenüber dem Entleiher angeboten hat.

D. Weiteres Schicksal der Beziehung zwischen Verleiher und Leiharbeitnehmer

Ergänzend zur und zugleich unabhängig von einer „hinkenden" Beschäftigung des Leiharbeitnehmers beim Erwerber ist das weitere Schicksal der Beziehung zwischen Verleiher und Leiharbeitnehmer nach dem Übergang des entleihenden Betriebs auf den Erwerber aufzuzeigen.

I. Unveränderter Inhalt

Die Beziehung zwischen Verleiher und Leiharbeitnehmer besteht nach dem Übergang des entleihenden Betriebs unverändert fort (vgl. Kap. 7 § 2 B. II.). Es ergeben sich keine Inhaltsänderungen und die bestehenden Rechte und Pflichten werden weiterhin zwischen Verleiher und Leiharbeitnehmer abgewickelt. Der Leiharbeitnehmer

---

854 Staudinger/*Feldmann*, § 293 BGB Rn. 5; *Medicus/Lorenz*, Schuldrecht I AT, Rn. 517.
855 Vgl. *BAG* vom 21.3.1991, 2 AZR 577/90, NZA 1991, 726 zum Angebot gegenüber dem Betriebsveräußerer.

ist gegenüber dem Verleiher zur Erbringung weisungsabhängiger Dienste und der Verleiher zur Lohnzahlung verpflichtet.[856]

II. Wirkungen für die Zukunft

Verleiher und Leiharbeitnehmer können nach dem Übergang des entleihenden Betriebs ihre rechtliche Beziehung nur nach allgemeinen Grundsätzen für die Zukunft beenden.[857] Für die Kündigung des Arbeitsverhältnisses durch den Verleiher gelten insbesondere nicht die Einschränkungen von § 613a Abs. 4 S. 1 BGB bzw. Art. 4 Abs. 1 S. 1 Richtlinie 2001/23/EG. Dies folgt daraus, dass § 613a Abs. 4 S. 1 BGB und Art. 4 Abs. 1 S. 1 Richtlinie 2001/23/EG die Rechtsfolge von § 613a Abs. 1 S. 1 BGB bzw. Art. 3 Abs. 1 Richtlinie 2001/23/EG absichern. Diese Rechtsfolge, die in einer gesetzlichen Überleitung des Arbeitsverhältnisses vom Veräußerer auf den Erwerber liegt, tritt allerdings im Verhältnis zwischen Verleiher und Leiharbeitnehmer nicht ein, weshalb der Verleiher auch nicht an § 613a Abs. 4 S. 1 BGB bzw. Art. 4 Abs. 1 S. 1 Richtlinie 2001/23/EG gebunden sein kann. Für die Kündigung des Verleihers gelten die üblichen Grundsätze.[858] Genießt der Leiharbeitnehmer allgemeinen Kündigungsschutz nach dem KSchG, muss die Kündigung durch den Verleiher nach § 1 Abs. 1, 3 KSchG sozial gerechtfertigt sein.[859] Der Übergang des entleihenden Betriebs kann nicht allein einen Kündigungsgrund bilden. Allerdings kann der Wegfall der Einsatzmöglichkeit im entleihenden Betrieb bewirken, dass für den Verleiher dauerhaft weniger Einsatzmöglichkeiten zur Verfügung stehen als er mit den bei ihm beschäftigten Leiharbeitnehmern abdecken kann.[860] Das kann zu einer betriebsbedingten Kündigung führen. Dabei ist es aber aufgrund der Sozialauswahl nicht zwingend, dass derjenige Leiharbeitnehmer gekündigt wird, der zuvor im entleihenden Betrieb beschäftigt gewesen ist.[861] Es trifft vielmehr den Arbeitnehmer, der sozial am wenigsten schutzwürdig ist. Nur wenn die Sozialauswahl ergibt, dass der im entleihenden Betrieb eingesetzte Leiharbeitnehmer gekündigt wird, führt der Betriebsübergang mittelbar zur Beendigung seines Arbeitsverhältnisses mit dem Verleiher. Im Übrigen erlangt der Betriebsübergang keinerlei mittelbare Auswirkungen auf das Verhältnis zwischen Verleiher und Leiharbeitnehmer, wenn man davon absieht, dass der Leiharbeitnehmer künftig gegebenenfalls in einem

---

856 Vgl. Boemke/Lembke/*Boemke*, § 11 AÜG Rn. 19; Thüsing/*Waas*, § 1 AÜG Rn. 48a.
857 Boemke/Lembke/*Boemke*, § 11 AÜG Rn. 38.
858 Boemke/Lembke/*Boemke*, § 11 AÜG Rn. 38; vgl. auch ErfK/*Wank*, Einl. AÜG Rn. 26 f.
859 Vgl. *BAG* vom 18.5.2006, 2 AZR 412/05, NJOZ 2006, 3089, 3091; vgl. *Brose*, DB 2008, 1378, 1379; *Grimm/Brock*, Praxis der Arbeitnehmerüberlassung, § 7 Rn. 115; *Urban-Crell/Schulz*, Arbeitnehmerüberlassung und Arbeitsvermittlung, Rn. 454.
860 Vgl. *BAG* vom 18.5.2006, 2 AZR 412/05, NJOZ 2006, 3089; 3091 f.; *Brose*, DB 2008, 1378, 1379; *Grimm/Brock*, Praxis der Arbeitnehmerüberlassung, § 7 Rn 115; *Urban-Crell/Schulz*, Arbeitnehmerüberlassung und Arbeitsvermittlung, Rn. 454.
861 Vgl. *Fuhlrott/Fabritius*, NZA 2014, 122, 124; *Moderreger*, ArbRB 2014, 118, 120.

anderen entleihenden Betrieb tätig wird. Hierin liegt jedoch das Kennzeichen der Arbeitnehmerüberlassung. Dieser Umstand ist daher keine besondere Folge des Betriebsübergangs, abweichend vom Normalarbeitsverhältnis wird hierin z. B. auch keine Versetzung nach § 95 Abs. 3 BetrVG gesehen.[862]

§ 3 Sonderfall (Übergang der Beziehung zwischen Entleiher und Leiharbeitnehmer)

A. Vorüberlegungen

Für bestimmte atypische Überlassungssachverhalte konnte nachgewiesen werden, dass es ausnahmsweise bei der Veräußerung eines entleihenden Betriebs zur Überleitung der Beziehung zwischen Entleiher und Leiharbeitnehmer vom Entleiher auf den Erwerber kommt (vgl. Kap. 6 § 3 C. II. 4. c) und § 4.). Diese Fälle waren vergleichbar zum Sachverhalt in der Entscheidung Albron Catering dadurch gekennzeichnet, dass eine künstliche Aufspaltung der Arbeitgeberstellung zwischen bloßen Anstellungs- und der Beschäftigungsgesellschaft erfolgt ist, was grundsätzlich auf konzerninterne als auch konzernexterne Überlassungen zutreffen kann. Allgemeiner formuliert bestand die Charakteristik darin, dass das Arbeitsverhältnis des Leiharbeitnehmers künstlich so aufgespalten wurde, dass der Verleiher die Lasten der Beschäftigung des Arbeitnehmers trägt, ohne über eine eigene Betriebsorganisation zu verfügen, und der Entleiher die maßgebliche Betriebsorganisation unterhält und die Vorteile der Beschäftigung des Leiharbeitnehmers genießt, ohne im Übrigen die arbeitgebertypischen Lasten zu tragen. Hierfür konnte aufgezeigt werden, dass es der Sinn und Zweck von § 613a Abs. 1 S. 1 BGB bzw. Art. 3 Abs. 1 Richtlinie 2001/23/EG verbietet, die bloß formell begründete Aufspaltung des Arbeitsverhältnisses materiell anzuerkennen, soweit hierdurch der Normzweck unterlaufen wird, was im vorbezeichneten Fall anzunehmen war. Dem lag der Gedanke zugrunde, dass die feste Verbindung zwischen Arbeitnehmer und Arbeitsplatz nicht durch die bloße Veräußerung der Betriebsorganisation auflösbar sein soll.

B. Übergang der Beziehung zwischen Verleiher und Leiharbeitnehmer

Durch Auslegung von § 613a Abs. 1 S. 1 BGB bzw. Art. 3 Abs. 1 Richtlinie 2001/23/EG ist zu ermitteln, ob dem festgestellten Übergang der Beziehung zwischen Entleiher und Leiharbeitnehmer vom Entleiher auf den Erwerber ausnahmsweise die Beziehung zwischen Leiharbeitnehmer und Verleiher folgt, d. h. ob die Beziehung des Leiharbeitnehmers zum Verleiher mitgerissen wird (vgl. II.). Sollte es zur Überleitung

---

862 *BAG* vom 19.6.2001, 1 ABR 43/00, NZA 2001, 1263, 1265; *Becker*, AuR 1982, 369, 374; Ulber/*Dohna-Jaeger*, § 14 AÜG Rn. 40; einschränkend *BAG* vom 9.10.2013, 7 ABR 13/12, AP BetrVG 1972 § 99 Versetzung Nr. 53.

des Verhältnisses zwischen Verleiher und Leiharbeitnehmer vom Verleiher auf den Erwerber kommen, würde beim Erwerber ein vollwertiges Arbeitsverhältnis zum Leiharbeitnehmer entstehen. Im Falle der „hinkenden" Beschäftigung des Leiharbeitnehmers beim Erwerber wäre ebenso eine vollwertige Beschäftigung die Folge, weil dieser nunmehr ein Pflichtenband zugrunde liegt.

I. Meinungsstand

Es entspricht nahezu allgemeiner Ansicht, dass für den vom *EuGH* in der Rechtssache Albron Catering entschiedenen Fall eine Überleitung der Beziehung zwischen Verleiher und Leiharbeitnehmer vom Verleiher auf den Erwerber erfolgt.[863] Auch soweit der hierzu beschrittene Begründungsweg des *EuGH* in Frage gestellt wird, wird jedenfalls die vorbezeichnete Rechtsfolge als bindendes Auslegungsergebnis der Richtlinie 2001/23/EG anerkannt und für das deutsche Recht fast ausnahmslos übernommen.[864] Es kann daher zumindest für die der Entscheidung Albron Catering vergleichbaren Fallgestaltungen angenommen werden, dass die Überleitung der Beziehung zwischen Leiharbeitnehmer und Verleiher vom Verleiher auf den Erwerber erfolgt bzw. diese Beziehung durch den Übergang der Beziehung zwischen Entleiher und Leiharbeitnehmer mitgerissen wird.

II. Auslegung von § 613a Abs. 1 S. 1 BGB / Art. 3 Abs. 1 Richtlinie 2001/23/EG

1. Wortlaut

Der Wortlaut von § 613a Abs. 1 S. 1 BGB bzw. Art. 3 Abs. 1 Richtlinie 2001/23/EG spricht deutlich für eine Überleitung der Beziehung zwischen Verleiher und Leiharbeitnehmer vom Verleiher auf den Erwerber und beruht auf folgendem Ansatz: Es konnte herausgearbeitet werden, dass die künstliche Trennung zwischen der anstellenden und der beschäftigenden Gesellschaft zurückgedrängt werden muss und § 613a Abs. 1 S. 1 BGB bzw. Art. 3 Abs. 1 Richtlinie 2001/23/EG entsprechend ihrem wirtschaftlichen Sinn anzuwenden sind (vgl. Kap. 6 § 3 C. II. 4. c), § 4 C. II.). Blendet man ausgehend hiervon die künstliche Trennung zwischen der Anstellungs- und

---

863 *Bauer/v. Medem*, NZA 2011, 20, 21 f.; *Elking*, Der Nichtvertragliche Arbeitgeber, S. 52, 199, 206, 314; offener nunmehr *Forst*, RdA 2011, 228, 232: spricht viel dafür, dass die Beziehung von Verleiher und Leiharbeitnehmer gemeint sei. Hiermit relativiert *Forst* seine zuvor getroffene Aussage, dass der Verleiher seinen Arbeitnehmer verliere, vgl. *Forst*, EWiR 2010, 737, 738; *Greiner*, NZA 2014, 284, 289; *Powietzka/Christ*, ZESAR 2013, 313, 316; *Sagan*, ZESAR 2011, 412, 421; vgl. *Raab*, EuZA 2011, 537, 541, 545.

864 Abweichend nur diejenigen Stimmen, die im deutschen Recht die Beziehung zwischen Entleiher und Leiharbeitnehmer als Arbeitsverhältnis verstehen und für einen fortwährenden Einsatz des Leiharbeitnehmers beim Erwerber als Leiharbeitnehmer plädieren, vgl. Kap. 3 § 4 C. III. 3.

Beschäftigungsgesellschaft aus, dann scheiden sowohl Verleiher als auch Entleiher bei der Veräußerung eines entleihenden Betriebs aus der einzig im entleihenden Betrieb vorhandenen Betriebsorganisation als Arbeitgeber aus. Ausgehend vom Normwortlaut der jeweils auf „Rechte und Pflichten" des Veräußerers bzw. bisherigen Betriebsinhabers abstellt, wird sowohl an das arbeitsrechtliche Pflichtenband zwischen Verleiher und Leiharbeitnehmer als auch an die tatsächliche Beschäftigung zwischen Entleiher und Leiharbeitnehmer angeknüpft. Insoweit kommt eine Überleitung der Arbeitsvertragsbeziehung zwischen Verleiher und Leiharbeitnehmer vom Verleiher auf den Erwerber in Betracht.

2. Systematische Auslegung

a) Bestandsschutz für die Arbeitsvertragsbeziehung

Beim Übergang eines entleihenden Betriebs trifft der Gedanke, die Einheit zwischen Arbeitsverhältnis und Arbeitsplatz zu erhalten, vollständig zu, wenn eine bloße künstliche bzw. formale Aufspaltung des Arbeitsverhältnisses vorliegt. Mit der Übertragung des entleihenden Betriebs geht der im Zeitpunkt des Betriebsübergangs *einzige* Arbeitsplatz des Leiharbeitnehmers auf den Erwerber über. Dem Arbeitsplatz muss daher das Arbeitsvertragsverhältnis zwischen Leiharbeitnehmer und Verleiher folgen, weil es sich bei diesem um ein schuldrechtliches Dauerschuldverhältnis handelt, durch welches die Pflichten im Arbeitsverhältnis für die Zukunft entstehen und aus dem der Einsatz auf dem Arbeitsplatz folgt. Auf dieses bezieht sich auch nur der Schutz des Kündigungsverbots nach § 613a Abs. 4 S. 1 BGB bzw. Art. 4 Abs. 1 S. 1 Richtlinie 2001/23/EG. Ausgehend vom Anliegen des Kündigungsverbots muss das Verhältnis zwischen Verleiher und Leiharbeitnehmer in seinem Bestand geschützt werden, weil nur insoweit die Einheit zum übergangenen *einzigen* Arbeitsplatz des Leiharbeitnehmers erhalten bleibt.

b) Einsatzmöglichkeit durch Erwerber

Abweichend von gewöhnlichen Überlassungssachverhalten kann der Überleitung des Verhältnisses zwischen Verleiher und Leiharbeitnehmer vom Verleiher auf den Erwerber nicht entgegengehalten werden, dass der Erwerber des entleihenden Betriebs einen Leiharbeitnehmer gewinnt, den er nicht einsetzen kann bzw. darf (vgl. hierzu Kap. 7 § 2 B. II. 2. b) unter bb)). Bei einem nur künstlich aufgespalteten Arbeitsverhältnis ist die Arbeitspflicht des Leiharbeitnehmers in Wahrheit nicht darauf gerichtet, unter einem fremden Weisungsrecht für einen Dritten tätig zu werden. Vielmehr ist die Arbeitspflicht darauf gerichtet, im entleihenden Betrieb tätig zu werden. Aus diesem Grund kann dem Übergang des Arbeitsplatzes, der die Beziehung zwischen Entleiher und Leiharbeitnehmer umschließt, auch die Beziehung zwischen Verleiher und Leiharbeitnehmer folgen. Die Arbeitspflicht des Leiharbeitnehmers besteht beim Erwerber in unveränderter Form fort und kann unverändert auf dem Arbeitsplatz ausgeführt werden. Allein durch den Übergang der Beziehung zwischen Verleiher und Leiharbeitnehmer vom Verleiher auf den

Erwerber kann unterbunden werden, dass der Leiharbeitnehmer sein vertragliches Arbeitsverhältnis infolge einer fehlenden Einsatzmöglichkeit beim Verleiher sofort verliert. Bei einer künstlichen Trennung von Arbeitsvertrag und Beschäftigung hält der Verleiher gerade keine anderen Einsatzmöglichkeiten für den Leiharbeitnehmer bereit. Allein die Überleitung der Beziehung zwischen Verleiher und Leiharbeitnehmer vom Verleiher auf den Erwerber kann den Bestand absichern.

3. Historische Auslegung

Der Schaffung von § 613a Abs. 1 S. 1 BGB bzw. Art. 3 Abs. 1 Richtlinie 2001/23/EG lag jeweils das Anliegen zugrunde, dass der Bestand des Arbeitsverhältnisses nicht allein durch eine Betriebsveräußerung entfallen soll, weshalb das Arbeitsverhältnis gegen die Folgen einer Trennung mit dem hiermit verbundenen Arbeitsplatz geschützt werden sollte (Kap. 6 § 2 B. III., § 3 C. II. unter 3.). Schon die systematische Auslegung hat gezeigt, dass bei einer nur formalen Trennung zwischen Vertragsarbeitgeber und Einsatzbetrieb, der Einsatzbetrieb bei wirtschaftlicher Betrachtung unmittelbar mit dem vertraglichen Arbeitgeber verbunden ist. Beide sind als eine Einheit zu sehen. Dies bedeutet, dass der Übergang des Arbeitsplatzes, der in dem Verhältnis zwischen Entleiher und Leiharbeitnehmer wurzelt, auch den Übergang des Verhältnisses zwischen Leiharbeitnehmer und Verleiher vom Verleiher auf den Entleiher bewirken muss, weil hierüber fortwährend die Rechte und Pflichten entstehen.

4. Teleologische Auslegung

Auch die teleologischen Erwägungen zu § 613a Abs. 1 S. 1 BGB bzw. Art. 3 Abs. 1 Richtlinie 2001/23/EG liegen auf der Linie der vorangegangenen Erkenntnisse. Allein die Überleitung der Beziehung zwischen Verleiher und Leiharbeitnehmer vom Verleiher auf den Erwerber kann den angestrebten Bestandsschutz für das Arbeitsverhältnis erreichen. Zugleich kann allein hierdurch sichergestellt werden, dass dem Leiharbeitnehmer nicht der durch einen Betriebsübergang gesetzlich geschaffene Schutz vollständig genommen wird. Denn soweit der Vertragsarbeitgeber geplant keinerlei Einsatzbedarf für den Arbeitnehmer vorsieht bzw. hierauf nicht ausgerichtet ist, bewirkt der Wegfall des Arbeitsplatzes im entleihenden Betrieb faktisch unmittelbar und automatisch auch den Verlust des Arbeitsvertragsverhältnisses zum Verleiher. Anders als im Regelfall droht dabei nicht, dass sich der Bestandsschutz des Leiharbeitnehmers durch einen Aufstieg zum Stammarbeitnehmer verschlechtert. So wie der Bestandsschutz des Leiharbeitnehmers vor dem Betriebsübergang ausschließlich durch den Einsatzbetrieb vermittelt wird, gilt dies auch nach dem Betriebsübergang.

5. Ergebnis: Veränderter Bestand

Die Veräußerung des entleihenden Betriebs bewirkt in Fällen einer bloßen formalen Aufspaltung der Arbeitgeberstellung zwischen der anstellenden und der beschäftigenden Gesellschaft neben dem Übergang der Beziehung zwischen Entleiher und Leiharbeitnehmer vom Entleiher auf den Erwerber auch den Übergang der Beziehung zwischen Verleiher und Leiharbeitnehmer vom Verleiher auf den Erwerber. Nur so kann vermieden werden, dass der durch § 613a Abs. 1 S. 1 BGB bzw. Art. 3 Abs. 1 Richtlinie 2001/23/EG bezweckte Schutz der Arbeitnehmer leer läuft. Der Leiharbeitnehmer erhält ausschließlich so eine umfassende Absicherung seines sozialen Besitzstandes. Zugleich wird im Falle einer „hinkenden" Beschäftigung des Leiharbeitnehmers beim Erwerber durch den Übergang der Beziehung zwischen Verleiher und Leiharbeitnehmer vom Verleiher auf den Erwerber vermieden, dass zwischen Erwerber und Leiharbeitnehmer ein „hinkendes" Beschäftigungsverhältnis und zwischen Verleiher und Leiharbeitnehmer ein mangels eigener Betriebsorganisation nicht vollziehbares Arbeitsvertragsverhältnis besteht. Die Zusammenführung des arbeitsrechtlichen Beschäftigungs- und des arbeitsrechtlichen Vertragsverhältnisses zwischen Erwerber und Leiharbeitnehmer als Folge der Veräußerung des entleihenden Betriebs entspricht im vorbezeichneten Sonderfall vollständig der Anwendung der Vorschriften zum Betriebsübergang auf ein gewöhnliches, d.h. zweipoliges Arbeitsverhältnis.

Kapitel 8: Verhältnis zwischen Verleiher und Entleiher

Nachdem feststeht, wie sich die Veräußerung des entleihenden Betriebs auf das Verhältnis zwischen Entleiher und Leiharbeitnehmer (vgl. Kap. 6) sowie auf dasjenige zwischen Leiharbeitnehmer und Verleiher (vgl. Kap. 7) auswirkt, können abschließend die Folgen für das Verhältnis zwischen Entleiher und Verleiher untersucht werden.

§ 1 Ausgangspunkt

Für die Untersuchung der Beziehung zwischen Verleiher und Entleiher bilden die Ergebnisse zum Bestand des Verhältnisses zwischen Entleiher und Leiharbeitnehmer sowie zu dem zwischen Leiharbeitnehmer und Verleiher den Ausgangspunkt. Diesbezüglich hatte sich ein gespaltenes Ergebnis gezeigt.

A. Regelfall

Für typische Überlassungssachverhalte konnte nachgewiesen werden, dass sich der Normzweck von § 613a Abs. 1 S. 1 BGB bzw. Art. 3 Abs. 1 Richtlinie 2001/23/EG in der Beziehung zwischen Leiharbeitnehmer und Entleiher nicht verwirklichen lässt. Eine gesetzliche Überleitung dieses Verhältnisses vom Entleiher auf den Erwerber musste ausgeschlossen werden (vgl. Kap. 6 § 2 B. und § 3 C. II.). Im Anschluss konnte aufgezeigt werden, dass auch das zwischen Leiharbeitnehmer und Verleiher bestehende Verhältnis bei der Veräußerung eines entleihenden Betriebs nicht in seinem Bestand berührt wird und nicht gemäß § 613a Abs. 1 S. 1 BGB bzw. Art. 3 Abs. 1 Richtlinie 2001/23/EG vom Verleiher auf den Erwerber übergeleitet wird (Kap. 7 § 2 B. II.). Weitergehend konnte im Hinblick auf eine dennoch beim Erwerber „hinkend" erbrachte Tätigkeit des Leiharbeitnehmers nachgewiesen werden, dass hierdurch der Lohnanspruch des Leiharbeitnehmers gegenüber dem Verleiher im Grundsatz nicht berührt wird (Kap. 7 § 2 C. unter III.). Auch entsteht hierdurch zwischen Erwerber und Leiharbeitnehmer kein fehlerhaftes Arbeitsverhältnis, weil der Leiharbeitnehmer nur im Hinblick auf ein vermeintliches Überlassungsverhältnis tätig wird.

B. Sonderfall

Für den Sonderfall der bloß formalen Aufspaltung der Arbeitgeberstellung zwischen der Anstellungs- und der Beschäftigungsgesellschaft konnte dagegen nachgewiesen werden, dass § 613a Abs. 1 S. 1 BGB bzw. Art. 3 Abs. 1 Richtlinie 2001/23/EG eine Überleitung der Beziehung zwischen Entleiher und Leiharbeitnehmer vom Entleiher auf den Erwerber bewirkt (vgl. Kap. 6 § 3 C. II. 4. c) und § 4 C.). Im Anschluss konnte aufgezeigt werden, dass die Überleitung der Beziehung zwischen Entleiher und Leiharbeitnehmer ausnahmsweise das Verhältnis zwischen Leiharbeitnehmer und Verleiher mitreißt und dieses vom Verleiher auf den Erwerber übergeht (Kap. 7 § 3 B. II.). Der Grund hierfür lag darin, dass die bloß formal vorgenommene Trennung der Arbeitgeberstellung nach dem Betriebsübergang nicht fortgeführt werden kann, aber gleichzeitig verhindert werden muss, dass durch diese formale Aufspaltung der Schutz nach § 613a Abs. 1 S. 1 BGB bzw. Art. 3 Abs. 1 Richtlinie 2001/23/EG unterlaufen werden kann.

§ 2 Regelfall (Keine Überleitung der Beziehung zwischen Entleiher und Leiharbeitnehmer)

A. Vorüberlegungen und Vorgehen

Im Regelfall bewirkt die Veräußerung des entleihenden Betriebs weder eine Überleitung des Verhältnisses zwischen Entleiher und Leiharbeitnehmer vom Entleiher auf den Erwerber noch eine Überleitung des Verhältnisses zwischen Verleiher und Leiharbeitnehmer vom Verleiher auf den Erwerber. Bei *vorläufiger* Betrachtung besteht auch die Beziehung zwischen Verleiher und Entleiher unverändert fort. Es ist zu untersuchen, ob es hierbei bleibt oder ob nach § 613a Abs. 1 S. 1 BGB bzw. Art. 3 Abs. 1 Richtlinie 2001/23/EG ein gesetzlicher Übergang dieser Beziehung vom Entleiher auf den Erwerber des entleihenden Betriebs erfolgt. Der Umstand, dass Verleiher, Entleiher und Erwerber rechtsgeschäftlich eine Neuordnung der Verhältnisse, welche den tatsächlichen Begebenheiten nach dem Übergang des entleihenden Betriebs gerecht wird (z. B. durch Überleitung des Arbeitnehmerüberlassungsverhältnisses vom Entleiher auf den Erwerber oder durch eine Neubegründung zwischen Verleiher und Erwerber), vornehmen können, bleibt außer Betracht. Von ausschließlichem Interesse wird sein, ob die Veräußerung des entleihenden Betriebs eine gesetzliche Neuordnung der Beziehung zwischen Entleiher und Verleiher nach § 613a Abs. 1 S. 1 BGB bzw. Art. 3 Abs. 1 Richtlinie 2001/23/EG in der Form erlaubt, dass dieses Verhältnis vom Entleiher auf den Entleiher übergeht (vgl. B.). In der Konsequenz wäre eine mögliche und bislang als „hinkend" erscheinende Beschäftigung des Leiharbeitnehmers durch ein Überlassungsverhältnis gedeckt. Dies würde wiederum bewirken, dass dem Verleiher ein Entgeltanspruch gegen diejenige Person, welche die Dienste des Leiharbeitnehmers in ihrem Betrieb nutzt, zusteht. Gelangt man hingegen dazu, dass keine gesetzliche Überleitung des zwischen Verleiher und Entleiher bestehenden Verhältnisses vom Entleiher auf den Erwerber erfolgt, ist aufzuzeigen, wie es sich auf den Bestand der Beziehung zwischen Verleiher und Entleiher auswirkt, dass der Leiharbeitnehmer nicht mehr im entleihenden Betrieb unter der Weisung des Entleihers tätig werden kann (vgl. C.).

Überdies ist zu klären, welche Folgen eine denkbare „hinkende" Beschäftigung des Leiharbeitnehmers beim Erwerber in der Beziehung zwischen Verleiher und Entleiher hat. Es ist dabei insbesondere zu untersuchen, wie die vom Leiharbeitnehmer beim Erwerber „hinkend" erbrachten Dienste, die dem Leiharbeitnehmer regelmäßig vom Verleiher vergütet werden, im Hinblick auf das zwischen Entleiher und Verleiher fortbestehende Überlassungsverhältnis (vgl. D.) sowie im Hinblick auf das Verhältnis des tatsächlichen Leistungsaustauschs zwischen Erwerber und Verleiher (vgl. E.) rechtlich zu behandeln sind.

B. Kein Übergang des Verhältnisses zwischen Entleiher und Verleiher

Zunächst wird untersucht, ob durch die Veräußerung des entleihenden Betriebs im Sinne von § 613a Abs. 1 S. 1 BGB bzw. Art. 3 Abs. 1 Richtlinie 2001/23/EG eine gesetzliche Änderung im Bestand der Beziehung zwischen Verleiher und Entleiher bewirkt wird (vgl. II.)

I. Meinungsstand

Der Meinungsstand zeigt jedenfalls bei näherer Betrachtung, dass die Veräußerung des entleihenden Betriebs, die im Verhältnis zwischen Entleiher und Leiharbeitnehmer keine Anwendung von § 613a Abs. 1 S. 1 BGB bzw. Art. 3 Abs. 1 Richtlinie 2001/23/EG auslöst, auch keinen Übergang des Verhältnisses zwischen Entleiher und Verleiher vom Entleiher auf den Erwerber bewirkt. Zwar wurde im Anschluss an die Entscheidung des *EuGH* in der Rechtssache Albron Catering vereinzelt angenommen, dass die Beziehung zwischen Entleiher und Verleiher vom Entleiher auf den Erwerber übergeht.[865] Soweit dies nur hinsichtlich solcher Fallgestaltungen, wie sie der Rechtssache Albron Catering zugrunde gelegen haben, befürwortet wird, ergeben sich keine Erkenntnisse für die vorliegende Frage, welche sich auf mit dieser Entscheidung nicht vergleichbare Sachverhalte bezieht. Soweit auch über diesen Sonderfall hinaus ein Übergang des Verhältnisses zwischen Verleiher und Entleiher vom Entleiher auf den Erwerber befürwortet wird, beruht dies auf einem Missverständnis der Entscheidung Albron Catering und der Bedeutung für die Beziehung zwischen Leiharbeitnehmer und Entleiher. Für den vorliegend zu untersuchenden Sachverhalt, bei welchem § 613a Abs. 1 S. 1 BGB bzw. Art. 3 Abs. 1 Richtlinie 2001/23/EG auf die Rechtsbeziehung zwischen Entleiher und Leiharbeitnehmer keine Anwendung findet, wird soweit ersichtlich nicht vertreten, dass die Beziehung zwischen Entleiher und Verleiher vom Entleiher auf den Erwerber übergeht.

---

865 Vgl. hierzu: *Elking*, Der Nichtvertragliche Arbeitgeber, S. 74 ff., 323 ff.; *Forst*, RdA 2011, 228, 232 f., 234; *Greiner*, NZA 2014, 284, 289; *Hamann*, jurisPR-ArbR 29/2011 Anm. 1 unter C. der sich aber in einer späteren Anmerkung (jurisPR-ArbR 9/2014 Anm. 3 unter C.) hiervon wieder distanziert; vgl. hierzu umfassend Kap. 3 § 4 C. III. 3.

II. Auslegung von § 613a Abs. 1 S. 1 BGB / Art. 3 Abs. 1 Richtlinie 2001/23/EG

§ 613a Abs. 1 S. 1 BGB lautet:

„Geht ein Betrieb oder Betriebsteil durch Rechtsgeschäft auf einen anderen Inhaber über, so tritt dieser in die Rechte und Pflichten aus den im Zeitpunkt des Übergangs bestehenden Arbeitsverhältnissen ein."

Vergleichbar hierzu heißt es in Art. 3 Abs. 1 Richtlinie 2001/23/EG:

„Die Rechte und Pflichten des Veräußerers aus einem zum Zeitpunkt des Übergangs bestehenden Arbeitsvertrag oder Arbeitsverhältnis gehen aufgrund des Übergangs auf den Erwerber über."

1. Wortlaut

Sowohl § 613a Abs. 1 S. 1 BGB als auch Art. 3 Abs. 1 Richtlinie 2001/23/EG sprechen vom „Arbeitsvertrag" bzw. „Arbeitsverhältnis". Dieser Wortlaut spricht deutlich gegen eine Erfassung der Beziehung zwischen Verleiher und Entleiher, weil diese kein Arbeitsverhältnis und auch keine arbeitsvertragsähnliche Beziehung ist (vgl. Kap. 2 § 1 B.). Der Leistungsinhalt dieser Beziehung besteht nicht wie bei einem Arbeitsverhältnis in der Erbringung von Diensten, sondern allein in der Verschaffung von Diensten.[866] Zudem ist der Verleiher innerhalb der Beziehung zum Entleiher nicht als Arbeitnehmer einzuordnen, gleiches gilt für den Entleiher. Die fehlende arbeitsrechtliche Qualität dieser Beziehung zeigt sich auch daran, dass für Streitigkeiten zwischen Verleiher und Entleiher nicht die Arbeitsgerichte, sondern die ordentlichen Gerichte zuständig sind.[867] Kann das Verhältnis zwischen Entleiher und Verleiher nicht als „Arbeitsverhältnis" bzw. „Arbeitsvertrag" im Sinne von § 613a Abs. 1 S. 1 BGB bzw. Art. 3 Abs. 1 Richtlinie 2001/23/EG verstanden werden, können auch keine „Rechte und Pflichten" im Sinne dieser Regelungen vom Entleiher auf den Erwerber übergehen.

2. Systematische Auslegung

Auch die systematische Auslegung von § 613a Abs. 1 S. 1 BGB bzw. Art. 3 Abs. 1 Richtlinie 2001/23/EG lässt eine Erfassung der Beziehung zwischen Verleiher und Entleiher insbesondere im Hinblick auf § 613a Abs. 4 S. 1 BGB bzw. Art. 4 Abs. 1 S. 1

---

866 Vgl. *Becker/Kreikebaum*, Zeitarbeit, S. 109; Urban-Crell/Germakowski/Bissels/ Hurst/*Germakowski/Bissels*, § 1 AÜG Rn. 54, 57; BeckOK-BGB/*Lorenz*, § 278 BGB Rn. 33; vgl. Staudinger/*Richardi/Fischinger*, Vorbem zu §§ 611 ff. BGB Rn. 460, 69; vgl. auch Kap. 2 § 1 B.
867 *Becker/Wulfgramm*, Art. 1 § 12 Rn. 65; ArbR.Hdb.-Schaub/*Koch*, § 120 Rn. 86; Boemke/Lembke/*Lembke*, § 12 AÜG Rn 68; Thüsing/*Thüsing*, § 12 AÜG Rn. 46; Ulber/*J. Ulber*, § 12 AÜG Rn. 56.

Richtlinie 2001/23/EG als systematische Bezugsobjekte nicht zu. In § 613a Abs. 4 S. 1 BGB bzw. Art. 4 Abs. 1 S. 1 Richtlinie 2001/23/EG ist jeweils ein einseitiges Kündigungsverbot vorgesehen, das die Wirkungen der angeordneten Überleitung des Arbeitsverhältnisses nach § 613a Abs. 1 S. 1 BGB bzw. Art. 3 Abs. 1 Richtlinie 2001/23/EG absichert. Es soll der für Arbeitsverhältnisse allgemein bestehende Bestandsschutz gewährleistet werden. Da die Beziehung zwischen Verleiher und Entleiher aber keinen gesetzlichen Kündigungsschutz (z. B. nach § 1 KSchG oder § 9 MuSchG) genießt bzw. genießen kann, bedarf es keiner Absicherung eines solchen Kündigungsschutzes bei einem Betriebsübergang.

a) Struktur des Kündigungsverbots

Zudem passt die Struktur des Kündigungsverbots gemäß § 613a Abs. 4 S. 1 BGB bzw. Art. 4 Abs. 1 S. 1 Richtlinie 2001/23/EG nicht auf die Beziehung zwischen Entleiher und Verleiher. Das Kündigungsverbot ist zu Gunsten der schwächeren Partei einseitig ausgestaltet, weil nur eine arbeitgeberseitige Kündigung („Kündigung [...] durch den bisherigen Arbeitgeber oder durch den neuen Inhaber") untersagt wird. Eine Kündigung des Arbeitsverhältnisses durch den Arbeitnehmer ist unbeschränkt möglich. Der Grund für die einseitige Ausgestaltung des Kündigungsverbots liegt darin, dass der Schutz des Arbeitnehmers als maßgebliches Regelungsziel von beiden Vorschriften angestrebt ist. Verleiher und Entleiher stehen sich aber „auf Augenhöhe" gegenüber. Insoweit ist weder der Verleiher noch der Entleiher schutzwürdiger als der jeweils andere Teil. Ein einseitiges Kündigungsverbot ließe sich nicht rechtfertigen.

b) § 613a Abs. 6 BGB

Auch § 613a Abs. 6 BGB bringt den Gedanken, dass das vorbezeichnete Kündigungsverbot seinem Wortlaut nach ausschließlich die Kündigung *einer* vom Betriebsübergang unmittelbar erfassten Partei ausschließt, zum Ausdruck. In § 613a Abs. 6 BGB wird dem Arbeitnehmer das Recht eingeräumt, dass er dem Übergang seines Arbeitsverhältnisses auf den Erwerber widersprechen kann. Dem Arbeitgeber kommt ein vergleichbares Recht nicht zu. Die gleichberechtigt strukturierte Beziehung zwischen Entleiher und Verleiher fügt sich auch in diese Regelung nicht ein. Es zeigt sich auch hier, dass die Beziehung zwischen Entleiher und Verleiher nicht von § 613a Abs. 1 S. 1 BGB erfasst sein kann.

3. Historische Auslegung

Das Anliegen, das mit § 613a Abs. 1 S. 1 BGB bzw. Art. 3 Abs. 1 Richtlinie 2001/23/ EG sichergestellt werden sollte, den Bestand des von einem Betriebsübergang betroffenen Arbeitsverhältnisses gegen die Folgen einer Trennung vom Arbeitsplatz zu schützen (vgl. Kap. 6 § 2 B. III. und § 3 C. II. 3.), zeigt ebenso, dass die nicht arbeitsrechtliche Beziehung zwischen Entleiher und Verleiher nicht von den Vorschriften erfasst sein kann. Der Leiharbeitnehmer hat gewöhnlich nach der Veräußerung des entleihenden Betriebs unverändert einen Arbeitsplatz beim Verleiher, bei welchem er auch während seines Einsatzes im entleihenden Betrieb betriebszugehörig bleibt (vgl. § 14 Abs. 1 AÜG).[868] Dieser Arbeitsplatz beim Verleiher gilt als der Arbeitsplatz des Leiharbeitnehmers. Auf diesen Arbeitsplatz beim Verleiher bezieht sich das Leiharbeitsverhältnis. Ist dieser aber wiederum bei einem Übergang des entleihenden Betriebs nicht in Gefahr, weil der Leiharbeitnehmer anderweitig eingesetzt werden kann, dann besteht auch kein Bedürfnis für eine Anwendung der betriebsübergangsrechtlichen Vorschriften. Ausgehend hiervon zeigt sich zugleich, dass es auch keiner Überleitung der Beziehung zwischen Verleiher und Entleiher vom Entleiher auf den Erwerber bedarf, um eine denkbare und nur vermeintlich erforderliche Beschäftigung des Leiharbeitnehmers beim Erwerber abzusichern.

4. Teleologische Auslegung

§ 613a Abs. 1 S. 1 BGB bzw. Art. 3 Abs. 1 Richtlinie 2001/23/EG wollen gleichermaßen einen Bestandsschutz für die von einem Betriebsübergang erfassten Arbeitsverhältnisse gewähren, wobei aber die Überleitung der Beziehung zwischen Verleiher und Entleiher vom Entleiher auf den Erwerber nichts zum Bestandsschutz für das Arbeitsverhältnis zwischen Leiharbeitnehmer und Verleiher beitragen kann, was sich an zwei Gedanken zeigt:

a) Kein Beitrag zum Bestandsschutz

Der Leiharbeitnehmer steht unabhängig von der Veräußerung des entleihenden Betriebs in einem Arbeitsverhältnis zum Verleiher. Selbst im Fall einer bloß tatsächlichen „hinkenden" Beschäftigung des Leiharbeitnehmers beim Erwerber, ist der Leiharbeitnehmer abgesichert, weil sein Arbeitsverhältnis zum Verleiher fortbesteht. Regelmäßig behält der Leiharbeitnehmer auch in diesem Fall seinen Lohnanspruch gegenüber dem Verleiher (vgl. Kap. 7 § 2 C. III.). Eine Überleitung der Beziehung zwischen Verleiher und Entleiher vom Entleiher auf den Erwerber würde überdies nur dann sinnvoll sein, wenn diese im Anschluss an die Überleitung vom Entleiher auf den Erwerber auch bestandsgeschützt ist, d. h. einem Kündigungsverbot entsprechend § 613a Abs. 4 S. 1 BGB bzw. Art. 4 Abs. 1 S. 1 Richtlinie 2001/23/EG unterläge. Anderenfalls könnte das Verhältnis zwischen Verleiher und Entleiher sofort wieder beendet werden, was eine gesetzliche Überleitung dieser Beziehung sinnentleert. Das Verhältnis zwischen Verleiher und Entleiher genießt jedoch unabhängig vom Betriebsübergang keinen gesonderten gesetzlichen Bestandsschutz. Es ist nicht gerechtfertigt, dieser Beziehung erst aufgrund des Betriebsübergangs einen solchen Schutz zukommen zu lassen. Ein solcher „Gewinn" an Bestandsschutz ist auch weder vom nationalen noch vom europäischen Gesetzgeber angestrebt worden, weil lediglich der status quo im Zeitpunkt des Betriebsübergangs gesichert werden soll.

---

868 Boemke/Lembke/*Boemke*, § 14 AÜG Rn. 11; Ulber/*Dohna-Jaeger*, § 14 AÜG Rn. 10; vgl. Urban-Crell/Germakowski/Bissels/Hurst/*Germakowski*, § 14 AÜG Rn. 13; ErfK/*Wank*, § 14 AÜG Rn. 4.

b) Kein mittelbarer Bestandsschutz

Der Bestandsschutz für die Beziehung zwischen Verleiher und Entleiher kann auch nicht damit begründet werden, dass hierdurch mittelbar dem Bestandsschutz des Leiharbeitnehmers gedient werde, weil dieser im erworbenen Betrieb fortwährend eingesetzt und die vormalige Einheit zum Arbeitsplatz erhalten werden könne. Diese Begründungslinie hat insbesondere *Elking* bemüht,[869] allerdings ohne zu berücksichtigen, dass der Bestandsschutz des Leiharbeitnehmers ausreichend beim Verleiher gewährleistet wird. Zudem kann *Elking* nicht begründen, warum ein mittelbarer Bestandsschutz für den Leiharbeitnehmer durch die Überleitung des Verhältnisses zwischen Entleiher und Verleiher vom Entleiher auf den Erwerber, dagegen nicht durch die Überleitung z. B. eines Werkvertrags als Grundlage eines drittbezogenen Personaleinsatzes erforderlich sein soll (vgl. schon Kap. 6 § 3 C. II. 4. b) bb) und cc) unter aaa) unter (1)). Auch beim Fremdpersonaleinsatz aufgrund eines Dienst- oder Werkvertrags besteht eine Gefahr für den Fortbestand des mittelbar vom Betriebsübergang betroffenen Arbeitsverhältnisses.

5. Ergebnis: Unveränderter Bestand

Die Veräußerung eines entleihenden Betriebs kann im Regelfall keine gesetzliche Überleitung der Beziehung zwischen Verleiher und Entleiher vom Entleiher auf den Erwerber gemäß § 613a Abs. 1 S. 1 BGB bzw. Art. 3 Abs. 1 Richtlinie 2001/23/EG bewirken. Eine Gesamtbetrachtung ergibt, dass die Veräußerung des entleihenden Betriebs grundsätzlich weder einen Übergang der Beziehung zwischen Entleiher und Leiharbeitnehmer vom Entleiher auf den Erwerber (Kap. 6 § 2 B., § 3 C. II.) noch derjenigen zwischen Leiharbeitnehmer und Verleiher vom Verleiher auf den Erwerber (Kap. 7 § 2 B. II.) sowie letztlich auch keine gesetzliche Überleitung des zwischen Verleiher und Entleiher bestehenden Verhältnisses vom Entleiher auf den Erwerber bewirken kann (vgl. Kap. 8 § 2 B. II.). Für die gesetzliche Überleitung der Beziehung zwischen Entleiher und Verleiher fehlt neben einer Rechtsgrundlage, die dies anordnet, auch die Notwendigkeit für den Übergang dieses Verhältnisses vom Entleiher auf den Erwerber. Daher muss auch eine analoge Anwendung von § 613a Abs. 1 S. 1 BGB bzw. Art. 3 Abs. 1 Richtlinie 2001/23/EG, wie sie zum Teil im Schrifttum befürwortet wird,[870] auf das Verhältnis zwischen Verleiher und Entleiher ausscheiden. Gegen eine solche Analogie spricht zudem, dass allenfalls isoliert an die Rechtsfolge von § 613a Abs. 1 S. 1 BGB bzw. Art. 3 Abs. 1 Richtlinie 2001/23/EG angeknüpft werden könnte. Die weiteren durch § 613a Abs. 1 S. 1 BGB bzw. Art. 3 Abs. 1 Richtlinie 2001/23/EG vorgesehenen Folgen wie z. B. das Kündigungsverbot oder das Widerspruchsrecht passen nicht auf diese Beziehung (vgl. Kap. 8 § 2 B. II. 2.). Eine Analogie kann sich aber nicht nur auf die gewünschte

---

869 Vgl. *Elking*, Der Nichtvertragliche Arbeitgeber, S. 153 ff., insbesondere S. 155 ff.
870 Vgl. *Elking*, Der Nichtvertragliche Arbeitgeber, S. 323 ff.; *Forst*, RdA 2011, 228, 234 bemüht sich um eine Analogie, kann diese aber nicht begründen.

Passage einer Vorschrift beziehen (kein „Rosinenpicken"); sie ist insgesamt ausgeschlossen, wenn sie nicht insgesamt interessengerecht erscheint.[871]

C. Weiteres Schicksal der Beziehung zwischen Verleiher und Entleiher

Geht die Beziehung zwischen Entleiher und Verleiher als Folge der Veräußerung des entleihenden Betriebs nicht vom Entleiher auf den Erwerber über (Kap. 8 § 2 B. II.), besteht sie unverändert zwischen Entleiher und Verleiher fort. Sie ist weiterhin zwischen diesen beiden abzuwickeln. Hierbei gilt es nun zu bedenken, dass der Entleiher nach der Veräußerung seines Betriebs regelmäßig nicht mehr über einen Arbeitsplatz verfügt, auf dem er den Leiharbeitnehmer einsetzen kann. Dementsprechend hat er kein Interesse mehr, die Leistungen des Verleihers in Anspruch zu nehmen. Noch geringer ist das Interesse des Entleihers, ein Entgelt für solche, für ihn nunmehr wertlosen Leistungen des Verleihers zahlen zu müssen. Ausgehend hiervon ist zu untersuchen, ob die aus der Sicht des Entleihers sinnentleerte Beziehung zum Verleiher entsprechend den allgemeinen Grundsätzen automatisch endet bzw. durch den Entleiher einseitig beendet werden kann (vgl. I.). Sollte dies nicht in Betracht kommen, bleibt zu klären, ob der Entleiher trotzdem zur Entgeltzahlung gegenüber dem Verleiher verpflichtet bleibt, obwohl er die Dienste des Leiharbeitnehmers nicht nutzt und offensichtlich nicht nutzen kann (vgl. II.).

I. *Beendigung der Beziehung zwischen Verleiher und Entleiher*

1. *Automatische Beendigung*

Auch wenn die Veräußerung des entleihenden Betriebs und der damit verbundene Übergang von diesem auf den Erwerber bewirkt, dass die aus dem Verhältnis zum Verleiher folgende Nutzung der Dienste des Leiharbeitnehmers für den Entleiher sinnlos wird, kann dies keine *automatische* Beendigung des Verhältnisses zwischen Verleiher und Entleiher auslösen. Es gilt der allgemeine Grundsatz *pacta sunt servanda*.[872] Zudem würde es die Rechtssicherheit und die Rechtsklarheit erheblich gefährden, wenn der bloße Interessenfortfall an einer Leistung die automatische Beendigung eines Schuldverhältnisses bewirken könnte. Dabei ist vorliegend insbesondere zu bedenken, dass der Entleiher durch die Veräußerung seines Betriebs

---

871 Vgl. *Berger*, GRUR 2013, 321, 326; *Boemke/Ulrici*, BGB-AT, § 3 Rn. 26; *Zippelius*, Methodenlehre, S. 55.
872 *BAG* vom 29.4.1992, 4 AZR 432/91, NZA 1992, 846, 848 „Wer einen Vertrag geschlossen hat, muss sich daran halten und dafür sorgen, dass die sich daraus ergebenden Verpflichtungen im Sinne des wirklich Gewollten erfüllt werden"; *LAG Berlin-Brandenburg* vom 16.10.2014, 21 Sa 903/14, BeckRS 2015, 65167 „Verträge [sind] einzuhalten"; *Boemke/Ulrici*, BGB-AT, § 7 Rn. 2; Staudinger/*Schiemann*, Eckpfeiler des BGB, C. Rn. 63 f.

anderenfalls einseitig seine vertraglichen Bindungen an die bestehende Beziehung zum Verleiher lösen könnte.

2. Beendigung durch Kündigung des Entleihers

a) Ausgangspunkt

Ohne automatische Beendigung der Beziehung zwischen Entleiher und Verleiher besteht diese nach dem Übergang des entleihenden Betriebs unverändert fort. Sie kann nur nach allgemeinen Grundsätzen für die Zukunft beendet werden. Dies kann durch eine einvernehmliche Beendigung in der Form eines Aufhebungsvertrags zwischen Verleiher und Entleiher erfolgen oder aber dadurch, dass diese Beziehung, welche einen Dauercharakter hat, durch das Auslaufen einer vereinbarten Befristung oder durch eine Kündigung (vgl. §§ 542, 620 BGB) ein Ende findet.[873] Dabei wird nachfolgend ausschließlich die Möglichkeit einer Kündigung in den Fokus rücken, weil die Kündigung ein einseitiges Gestaltungsrecht ist, die es dem Entleiher unabhängig von einer Mitwirkung des Verleihers erlaubt, das bestehende Verhältnis zu beenden. Hierbei ist entscheidend, ob dem Entleiher ein außerordentliches Kündigungsrecht zusteht, weil der Arbeitnehmerüberlassungsvertrag regelmäßig für eine bestimmte Zeit abgeschlossen worden ist und daher, sofern nichts anderes vereinbart wurde, ein ordentliches Kündigungsrecht ausgeschlossen ist. Aber auch soweit die Möglichkeit einer ordentlichen Kündigung anzunehmen ist, wird das Interesse des Entleihers vorrangig durch eine außerordentliche Kündigung befriedigt, weil diese eine schnellere Beendigung der Beziehung erlaubt. Das zentrale Problem der außerordentlichen Kündigung durch den Entleiher besteht dabei darin, ob der Entleiher durch den objektiven Wegfall des Interesses an der Verwendung des überlassenen Leiharbeitnehmers berechtigt ist, das Verhältnis zum Verleiher zu kündigen.

b) § 313 Abs. 1, 3 BGB

Ausgehend vom Wortlaut von § 313 Abs. 1, 3 BGB käme ein außerordentliches Kündigungsrecht des Entleihers für seine Beziehung zum Verleiher in Betracht, wenn sich die Umstände, die zur Grundlage des Vertrags geworden sind, nach Vertragsschluss schwerwiegend verändert haben und die Parteien den Vertrag nicht oder mit anderem Inhalt geschlossen hätten, wenn sie diese Veränderung vorausgesehen hätten, und einem Teil unter Berücksichtigung aller Umstände des Einzelfalls, insbesondere der vertraglichen oder gesetzlichen Risikoverteilung, das Festhalten am unveränderten Vertrag nicht zugemutet werden kann und eine Anpassung des Vertrags nicht möglich oder einem Teil nicht zumutbar ist.[874]

---

873 Vgl. Thüsing/*Thüsing*, § 12 AÜG Rn. 40; Ulber/*J. Ulber*, § 12 AÜG Rn. 45; vgl. auch allgemein zur Beendigung dieses Verhältnisses ErfK/*Wank*, Einl. AÜG Rn. 17.

874 MüKo-BGB/*Finkenauer*, § 313 BGB Rn. 110 ff.; umfassend hierzu *Riesenhuber/Domröse*, JuS 2006, 208, 209 ff.

aa) Kein unzumutbares Festhalten am Vertrag

Unabhängig davon, ob die übrigen tatbestandlichen Voraussetzungen von § 313 Abs. 1, 3 BGB anzunehmen sind, drängt es sich jedenfalls auf, dass dem Entleiher unter Berücksichtigung aller Umstände des Einzelfalls, insbesondere im Hinblick auf die vorgesehene Risikoverteilung, ein Festhalten am unveränderten Vertrag mit dem Verleiher zugemutet werden kann. Auch wenn der Entleiher dadurch, dass er am Verhältnis zum Verleiher festgehalten wird, obwohl er kein Interesse und keine Möglichkeit zur Nutzung der vertragstypischen Leistung des Verleihers hat, erheblich belastet wird, liegt hierin keine unzumutbare Belastung. Die für den Entleiher eingetretene Wirkung entspricht der vertraglichen und gesetzlichen Risikoverteilung in einem Schuldverhältnis. Nach allgemeinen Grundsätzen hat der Gläubiger einer Leistung grundsätzlich das Risiko der Verwendbarkeit der durch ihn „eingekauften" Leistungen selbst zu tragen.[875] Dieses Verwendungsrisiko wird dem Gläubiger nur in wenigen Fällen abgenommen.[876]

aaa) Zweckerreichung

Das Verwendungsrisiko wird dem Gläubiger ausnahmsweise z.B. unter dem Gesichtspunkt der Zweckerreichung abgenommen,[877] was dem Grunde nach vorliegend geeignet wäre, eine Unzumutbarkeit für den Entleiher gemäß § 313 Abs. 1, 3 BGB zu begründen. Bei der Zweckerreichung kann die Leistung zwar an sich noch erbracht werden, sie kann aber nicht mehr zweckgemäß erbracht werden, weil der mit ihr verfolgte Zweck bereits erreicht wurde.[878] Vom Vorliegen einer solchen Zweckerreichung kann nicht ausgegangen werden, weil die Leistungspflicht des Verleihers ausschließlich in der Zurverfügungstellung der Arbeitskräfte besteht.[879] Dies ist auch nach dem Übergang des entleihenden Betriebs gegenüber dem Entleiher noch denkbar. Die Leistung aus dem Überlassungsverhältnis kann weiter erbracht werden, nur hat der Entleiher kein Interesse mehr an ihrer Verwendung, weil er die Leiharbeitnehmer nicht beschäftigen kann. Es bleibt bei dem Grundsatz, dass der Gläubiger das Verwendungsrisiko an der Leistung trägt. Eine Unzumutbarkeit für den Entleiher ist unter dem Gesichtspunkt der Zweckerreichung ausgeschlossen.

---

875 *BGH* vom 1.6.1979, V ZR 80/77, NJW 1979, 1818, 1819; *BGH* vom 27.9.1991, V ZR 191/90, NJW-RR 1992, 182; *OLG Stuttgart* vom 21.12.1973, 2 U 105/73, BB 1974, 199, 200; vgl. *ArbG Stuttgart* vom 26.4.2012, 24 Ca 7542/11, BeckRS 2012, 69651; vgl. Staudinger/*Caspers*, § 275 BGB Rn. 32; MüKo-BGB/*Ernst*, § 275 BGB Rn. 160.
876 Staudinger/*Caspers*, § 275 BGB Rn. 33 ff.
877 Staudinger/*Caspers*, § 275 BGB Rn. 28 ff.
878 Erman/*Böttcher*, § 313 BGB Rn. 36; Palandt/*Grüneberg*, § 275 BGB Rn. 18.
879 *BAG* vom 6.8.2003, 7 AZR 180/03, AP AÜG § 9 Nr. 6; *BAG* vom 15.4.2014, 3 AZR 395/11, BeckRS 2014, 70025; vgl. *Brauneisen/Ibes*, RdA 2014, 213, 215; ErfK/*Wank*, Einl. AÜG Rn. 15.

bbb) Zweckvereitelung

Das Verwendungsrisiko für die „gekaufte" Leistung wird dem Gläubiger insbesondere in den Fällen nicht abgenommen, in denen die Erbringung der geschuldeten Leistung einschließlich des mit ihr verfolgten Zwecks noch möglich ist, jedoch die Verwendung dieser Leistung nicht mehr möglich ist (sog. Zweckvereitelung).[880] In diesem Zusammenhang hat der *BGH* z. B. entschieden, dass das Auslaufen des Pachtvertrags über eine Gaststätte nicht die Geschäftsgrundlage eines länger laufenden Bierbezugsvertrags entfallen lässt.[881] Entfällt die Geschäftsgrundlage aber schon beim Entzug der Betriebsstätte nicht, gilt dies erst recht, wenn sich der Verpflichtete freiwillig seiner Betriebsstätte entledigt.[882] Gerade ein solcher Fall liegt vor, wenn der Entleiher sein Interesse an den überlassenen Arbeitnehmern selbst beseitigt, indem er sich die Möglichkeit der Beschäftigung dieser durch die Betriebsveräußerung nimmt. Bleibt es dabei, dass den Entleiher das Verwendungsrisiko für die Leiharbeitnehmer trifft, kann der Wegfall der Verwendungsmöglichkeit nicht als für den Entleiher unzumutbarer Umstand angesehen werden.

bb) Folgerung

Trotz dessen, dass der Entleiher nach der Veräußerung des entleihenden Betriebs kein Interesse am Fortbestand seiner Beziehung zum Verleiher hat, kann er diese nicht nach § 313 Abs. 1, 3 BGB außerordentlich kündigen. Dies beruht insbesondere darauf, dass es ausschließlich in der Risikosphäre des Entleihers liegt, dass er keinen Bedarf am Einsatz der Leiharbeitnehmer hat.

c) § 314 BGB

Ein Recht zur außerordentlichen Kündigung kann dem Entleiher für seine Beziehung zum Verleiher aber auch nicht aus der zu § 313 Abs. 1, 3 BGB allgemeineren Vorschrift nach § 314 BGB[883] zukommen. Hiernach besteht ein Recht zur außerordentlichen Kündigung nur, soweit ein wichtiger Grund zur Kündigung gegeben ist. Die Fortsetzung des Schuldverhältnisses muss bis zu dessen Beendigung durch eine ordentliche Kündigung oder durch den Ablauf einer Befristung für eine der Parteien unzumutbar sein.[884] Im Vergleich zu § 313 Abs. 1, 3 BGB ist das Recht zur außerordentlichen Kündigung ein vertragsimmanentes Mittel zur Auflösung der

---

880 Vgl. *BGH* vom 9.12.1970, VIII ZR 9/69, WM 1971, 243; MüKo-BGB/*Ernst*, § 275 BGB Rn. 160; MüKo-BGB/*Finkenauer*, § 313 BGB Rn. 260.
881 *BGH* vom 27.2.1985, VIII ZR 85/84, NJW 1985, 2693, 2693 f.
882 Vgl. *BGH* vom 11.11.2010, III ZR 57/10, NJW-RR 2011, 916, 917 f. im Hinblick auf einen (ausschließlich) durch den Kunden ausgelösten Wegfall des Interesses an der Fortführung des Vertrags.
883 Erman/*Böttcher*, § 314 BGB Rn. 15; BeckOK-BGB/*Lorenz*, § 314 BGB Rn. 1.
884 BT-Drs. 14/6040, 178; *BGH* vom 11.11.2010, III ZR 57/10, NJW-RR 2011, 916; MüKo-BGB/*Gaier*, § 314 BGB Rn. 10; Jauernig/*Stadler*, § 314 BGB Rn. 5.

Vertragsbeziehung,[885] weshalb an den wichtigen Grund weniger strenge Anforderungen als für die Störung der Geschäftsgrundlage zu stellen sind.[886] Allerdings kann sich der wichtige Grund grundsätzlich nur auf solche Umstände stützen, die im Risikobereich des Kündigungsgegners liegen.[887] Vorliegend hat der Entleiher die Ursache für den Wegfall des Interesses an der Überlassungsleistung jedoch selbst gesetzt, indem er seinen Betrieb veräußert hat. Dem Entleiher ist die weitere Fortführung des Schuldverhältnisses zuzumuten, weil er vertragliche Bindungen eingegangen ist und selbst die Umstände herbeigeführt hat, welche die Verwendungsmöglichkeit an der Leistung beseitigen. In diesem Zusammenhang hat der *BGH* jüngst entschieden, dass z. B. der durch einen privaten Umzug bewirkte Wegfall des Interesses an einem DSL-Anschluss nicht dazu berechtigt, den für eine feste Frist eingegangenen DSL-Vertrag vorzeitig zu kündigen.[888] Kann ein eigenverantwortlich verursachter Interessenfortfall schon für einen schutzwürdigen Verbraucher kein außerordentliches Kündigungsrecht begründen, muss dies erst recht für geschäftlich tätige Personen wie den Entleiher gelten.

d) Ergebnis

Der Entleiher kann sich weder durch eine außerordentliche Kündigung nach § 313 Abs. 1, 3 BGB noch nach § 314 BGB vorzeitig vom Verhältnis zum Verleiher lösen. Dies beruht neben dem Grundsatz *pacta sun servanda* vor allem darauf, dass der Entleiher selbst die Umstände geschaffen hat, welche seine Beziehung zum Verleiher sinnentleert haben. Es bleibt dabei, dass sofern keine einvernehmliche Beendigung des Verhältnisses zwischen Verleiher und Entleiher erfolgt, diese Beziehung nach dem Übergang des entleihenden Betriebs unverändert zwischen Entleiher und Verleiher fortbesteht.

II. Fortbestand der Entgeltpflicht

Der Umstand, dass der Entleiher nach der Veräußerung seines Betriebs keine Verwendungsmöglichkeit für die ihm durch den Verleiher überlassenen Leiharbeitnehmer hat, beeinträchtigt die Entgeltzahlungspflicht des Entleihers gegenüber dem Verleiher nicht. Es fehlt an einer Vorschrift, welche die Entgeltpflicht zugunsten des Entleihers entfallen lassen würde. Dies gilt sogar dann, wenn sich der Entleiher weigert, die ihm überlassenen Arbeitnehmer „entgegenzunehmen." Auch in diesem Fall kann die Wechselwirkung zwischen § 326 Abs. 1 S. 1 Hs. 1 BGB und

---

885 BeckOK-BGB/*Lorenz*, § 314 BGB Rn. 7.
886 BeckOK-BGB/*Lorenz*, § 314 BGB Rn. 7.
887 Vgl. *BGH* vom 11.11.2010, III ZR 57/10, NJW-RR 2011, 916; *BGH* vom 27.3.1991, IV ZR 130/90, NJW 1991, 1828, 1829; vgl. *BGH* vom 29.11.1995, XII ZR 230/94, NJW 1996, 714; BeckOK-BGB/*Lorenz*, § 314 BGB Rn. 7; MüKo-BGB/*Gaier*, § 314 BGB Rn. 10.
888 *BGH* vom 11.11.2010, III ZR 57/10, NJW-RR 2011, 916, 917.

§ 275 Abs. 1 BGB die Entgeltzahlungspflicht des Entleihers nicht beseitigen, weil sie über § 326 Abs. 2 BGB bestehen bleibt. Dies ergibt sich aus folgender Überlegung: Bei der Überlassung von Arbeitnehmern handelt es sich wie bei der Erbringung der Arbeitsleistung regelmäßig um eine absolute Fixschuld.[889] Infolge eines Zeitablaufs bei Nichtabnahme der Leistung, d. h. vorliegend bei der Weigerung der Entgegennahme der überlassenen Leiharbeitnehmer wird diese Leistungspflicht des Verleihers nach § 275 Abs. 1 BGB unmöglich.[890] Allerdings bewirkt dies nicht den Untergang der Entgeltpflicht des Entleihers nach § 326 Abs. 1 S. 1 Hs. 1 BGB, jedenfalls dann nicht, wenn der Entleiher durch die Nichtabnahme der Arbeitsleistung der Leiharbeitnehmer und der damit vom Verleiher ordnungsgemäß angebotenen Leistung in Annahmeverzug nach §§ 293 ff. BGB gerät. In diesem Fall besteht die Entgeltpflicht nach § 326 Abs. 2 S. 1 BGB fort und der Entleiher bleibt zur Entgeltzahlung verpflichtet. Der Verleiher muss sich nach § 326 Abs. 2 S. 2 BGB dabei aber dasjenige anrechnen lassen, was er durch einen anderweitigen Einsatz der Leiharbeitnehmer verdient oder durch das böswillige Unterlassen eines solchen Einsatzes (z. B. beim Erwerber) unterlässt zu verdienen.

D. Abwicklung beim Erwerber erbrachter Leistungen des Verleihers gegenüber dem Entleiher

I. Problemstellung

Obwohl die Veräußerung eines entleihenden Betriebs keine Überleitung der Verhältnisse zwischen Entleiher und Leiharbeitnehmer, Verleiher und Leiharbeitnehmer sowie Verleiher und Entleiher auf den Erwerber bewirkt, ist nicht ausgeschlossen, dass der Leiharbeitnehmer nach dem Übergang des entleihenden Betriebs in diesem tatsächlich unverändert seine „hinkenden" Dienste, nunmehr unter der Leitung des Erwerbers erbringt. Die rechtliche Behandlung dieser beim Erwerber erbrachten Leistungen ist im Hinblick auf die zwischen Entleiher und Verleiher bestehende Beziehung, soweit ersichtlich, bisher nicht analysiert worden. In diesem Zusammenhang drängen sich jedoch zwei Fragen auf: Zum einen, ob der Verleiher in einem solchen Fall seine gegenüber dem Entleiher geschuldete Überlassungsleistung erfüllen kann bzw. erfüllt hat, und zum anderen, ob der Verleiher in einem solchen Fall seinen Vergütungsanspruch gegenüber dem Entleiher für die Überlassungsleistung behält oder ob dieser Anspruch untergegangen ist bzw. untergeht.

II. Vorüberlegungen

Denen sich unmittelbar aus einer „hinkenden" Beschäftigung des Leiharbeitnehmers ergebenden Fragen ist eine andere zentrale Rechtsfrage vorgelagert, welche es erst ermöglicht, die Antwort für die Beziehung zwischen Verleiher und Entleiher zu

---

889 Thüsing/*Thüsing*, § 12 AÜG Rn. 31; Boemke/Lembke/*Lembke*, § 12 AÜG Rn. 38.
890 Thüsing/*Thüsing*, § 12 AÜG Rn. 31; Boemke/Lembke/*Lembke*, § 12 AÜG Rn. 38.

liefern. Es ist zu klären, wer nach dem Übergang des entleihenden Betriebs der Inhaber des Anspruchs auf Dienstverschaffung bzw. Dienstüberlassung ist (vgl. III.). Die Antwort auf diese Frage gibt wiederum Aufschluss darüber, ob der Verleiher seine Überlassungsleistung durch das „hinkende" Tätigwerden des Leiharbeitnehmers im erworbenen Betrieb gegenüber einem Berechtigten oder einem Nichtberechtigten erbringt. Hiervon hängt unmittelbar ab, ob der Verleiher seine Beziehung zum Entleiher vertragsgemäß erfüllt. Dies wiederum bestimmt, ob der Verleiher während der „hinkenden" Beschäftigung des Leiharbeitnehmers beim Erwerber unverändert seinen Entgeltanspruch aus dem Überlassungsverhältnis gegenüber dem Entleiher behält. Vor der Betriebsveräußerung ist zweifelsfrei der Entleiher berechtigt gewesen, den im Verhältnis zum Verleiher wurzelnden Anspruch auf Auswahl und Überlassung der Leiharbeitnehmer entgegenzunehmen.

1. Erste Option

Steht der Anspruch auf die Überlassung von Leiharbeitnehmern nach dem Übergang des entleihenden Betriebs nunmehr dem Erwerber zu, würde der Verleiher bei einem „hinkenden" Tätigwerden des Leiharbeitnehmers im erworbenen Betrieb seiner in der Tätigkeit des Leiharbeitnehmers zum Ausdruck kommenden Überlassungspflicht gegenüber dem Entleiher nachkommen. Der Verleiher würde die Überlassungspflicht gegenüber einem Berechtigten erfüllen. Der Entgeltanspruch des Verleihers gegenüber dem Entleiher bliebe unberührt.[891]

2. Zweite Option

Steht der Anspruch auf die Überlassung von Leiharbeitnehmern nach dem Übergang des entleihenden Betriebs dagegen nicht dem Erwerber, sondern unverändert dem Entleiher zu, erbringt der Leiharbeitnehmer im erworbenen Betrieb seine „hinkenden" Dienste unter dem Weisungsrecht der, im Hinblick auf die Überlassungsleistung, falschen Person. Der Verleiher hätte seine Überlassungsleistung gegenüber einem Nichtberechtigten erbracht. Das bewirkt grundsätzlich, dass der Verleiher seine Überlassungspflicht nicht gegenüber dem Entleiher erfüllen würde, was über § 326 Abs. 1 S. 1 Hs. 1 BGB den Entgeltanspruch des Verleihers gegenüber dem Entleiher in Frage stellt. Abweichendes würde nur gelten, wenn der Entleiher den Erwerber nach §§ 362 Abs. 2, 185 BGB zur Entgegennahme der Überlassungsleistung des Verleihers ermächtigt hat.

III. Übergang des Anspruchs auf die Überlassung

Es ist nun zu untersuchen, ob der Entleiher, der vor der Veräußerung des entleihenden Betriebs berechtigt gewesen ist, den Anspruch auf die Überlassung der Leiharbeitnehmer vom Verleiher entgegenzunehmen, diesen Anspruch mit dem Übergang

---

891 Vgl. Thüsing/*Thüsing*, § 12 AÜG Rn. 31; Boemke/Lembke/*Lembke*, § 12 AÜG Rn. 38.

des entleihenden Betriebs an den Erwerber verloren hat. Dabei ist es denkbar, dass der Anspruch kraft Gesetzes (vgl. 1.) oder durch Rechtsgeschäft (vgl. 2.) vom Entleiher auf den Erwerber übergeht. Soweit dies tatsächlich erfolgt, ist der Erwerber nach dem Übergang des entleihenden Betriebs der Berechtigte bezüglich des Anspruchs auf Dienstverschaffung und Dienstüberlassung.

1. Gesetzlicher Übergang

Eine gesetzliche Überleitung der Berechtigung an der Überlassungsleistung vom Entleiher auf den Erwerber tritt nicht ein, weil keine Vorschrift ersichtlich ist, die dies anordnet. Insbesondere kann § 613a Abs. 1 S. 1 BGB keinen Übergang der Beziehung zwischen Entleiher und Verleiher vom Entleiher auf den Erwerber bewirken (vgl. Kap. 8 § 2 B. II.). Geht aber schon das Verhältnis zwischen Entleiher und Verleiher nicht vom Entleiher auf den Erwerber über, dann kann diesem als „minus" auch nicht der aus diesem Verhältnis folgende Anspruch auf Dienstverschaffung und Dienstüberlassung folgen. Auch kann § 25 Abs. 1 S. 1 HGB eine solche Rechtsfolge nicht begründen, weil hierin nur eine Fiktion für rechtsgeschäftliche Abreden, aber keine Legalzession enthalten ist.[892]

2. Rechtsgeschäftlicher Übergang

Der Erwerber kann den Anspruch auf die Dienstverschaffung und Dienstüberlassung vom Veräußerer (Entleiher) allenfalls im Wege einer rechtsgeschäftlichen Vereinbarung erlangen (§ 398 BGB). Dies würde nach § 398 BGB eine dahingehende Einigung erfordern und zugleich dürfte die Übertragung dieses Anspruchs nicht nach § 399 BGB ausgeschlossen sein.

a) Einigung

Ob zwischen Entleiher und Erwerber eine Einigung über die Übertragung des Anspruchs auf Dienstverschaffung und Dienstüberlassung getroffen wird, ist einzelfallabhängig. Allerdings konnte bereits an anderer Stelle aufgezeigt werden, dass die Einigung zur Übertragung des Geschäftsbetriebs im Zweifel auch die Einigung zur Übertragung der hiermit verbundenen Mittel, d. h. vorliegend der Berechtigung zur Entgegennahme der Überlassungsleistung des Verleihers umfasst. Diese Annahme konnte aus dem Rechtsgedanken zu § 311c BGB hergeleitet werden (vgl. Kap. 7 § 2 C. II. 2. a) unter aa)). Für die von § 25 Abs. 1 S. 2 HGB erfassten Sachverhalte besteht sogar eine dahingehende Vermutung, die nur nach § 25 Abs. 2 HGB widerlegbar ist (vgl. Kap 7 § 2 C. II. 2. a) unter bb)).

---

892 *BGH* vom 20.1.1992, II ZR 115/91, NJW-RR 1992, 866, 867; MüKo-HGB/*Thiessen*, § 25 HGB Rn. 71 ff.

b) Ausschluss der Übertragbarkeit

Die Übertragbarkeit des Anspruchs auf Dienstverschaffung und Dienstüberlassung dürfte allerdings nicht ausgeschlossen sein. Ein solcher Ausschluss ist nach § 399 Alt. 2 BGB dann anzunehmen, sofern dies zwischen Verleiher und Entleiher vereinbart worden ist. Unabhängig hiervon ist die Übertragbarkeit des Anspruchs auf die Überlassungsleistung im Regelfall allerdings schon nach § 399 Alt. 1 BGB ausgeschlossen. Nach dieser Vorschrift ist die Übertragbarkeit eines Anspruchs rechtlich nicht möglich, sofern hierdurch eine Inhaltsänderung des jeweiligen Anspruchs bewirkt wird. Dies ist hinsichtlich des Anspruchs der Dienstverschaffung anzunehmen.

Die Inhaltsänderung zeigt sich mittelbar an § 12 AÜG. Nach dieser Vorschrift ist als Grundlage der Überlassung von Arbeitnehmern ein durch schriftlichen Vertrag begründetes Arbeitnehmerüberlassungsverhältnis erforderlich (§ 12 Abs. 1 S. 1 AÜG: „Der Vertrag zwischen dem Verleiher und dem Entleiher bedarf der Schriftform."). Dabei müssen in dem schriftlichen Arbeitnehmerüberlassungsvertrag verschiedene Informationspflichten zwischen Verleiher und Entleiher eingehalten werden (vgl. § 12 Abs. 1 S. 2, 3 AÜG). Überdies muss nach § 12 Abs. 2 AÜG abgesichert sein, dass der Entleiher über den Wegfall der Verleiherlaubnis vom Verleiher informiert wird.[893] Diese würde durch eine Abtretung des Anspruchs auf die Dienstüberlassung unterlaufen, weil der Erwerber allein den Anspruch auf die Überlassung erlangt, nicht aber in das übrige Verhältnis zwischen Entleiher und Verleiher eingebunden würde (vgl. § 398 BGB „eine Forderung").[894] Ein Übergang der gesamten Rechtsbeziehung zwischen Verleiher und Entleiher vom Entleiher auf den Erwerber lässt sich auch nicht mit § 401 BGB begründen, weil hiervon nur auf den Anspruch bezogene Nebenrechte, nicht aber selbstständige Rechtspositionen erfasst sind.[895] Um solche selbstständigen Rechtspositionen handelt es sich aber im Hinblick auf § 12 Abs. 1 S. 2, 3, Abs. 2 AÜG, weil sie zum Teil schon vor der Übertragung des Betriebs erfüllt werden mussten. Es könnten sich nach der Abtretung z. B. aufgrund des Betriebsübergangs die im Einsatzbetrieb für Stammarbeitnehmer geltenden Arbeitsbedingungen ändern, ohne dass der Verleiher hiervon Kenntnis erlangt. Umgekehrt könnte aber auch die Überlassungserlaubnis entfallen, ohne dass der beschäftigende Erwerber hiervon informiert wird.

---

893 Vgl. Urban-Crell/Germakowski/Bissels/Hurst/*Germakowski*, § 12 AÜG Rn. 20 f.; BeckOK-ArbR/*Kock/Milenk*, § 12 AÜG Rn. 11 ff.; ErfK/*Wank*, § 12 AÜG Rn. 15.
894 Staudinger/*Busche*, Einl. zu §§ 398 ff. BGB Rn. 196 ff.; vgl. hierzu allgemein: BeckOK-BGB/*Rohe*, § 398 BGB Rn. 66 ff. im Hinblick darauf, dass die Gestaltungsrechte und Leistungsverweigerungsrechte nicht auf den Erwerber übergehen, sondern beim bisherigen Gläubiger bleiben; Erman/*Westermann*, § 398 BGB Rn. 2.
895 BeckOK-BGB/*Rohe*, § 401 BGB Rn. 5, 9.

3. Ergebnis

Der Erwerber erlangt durch den Erwerb des entleihenden Betriebs weder kraft Gesetzes noch durch Rechtsgeschäft die Gläubigerstellung zur Entgegennahme der Überlassungsleistung vom Entleiher. Er ist im Hinblick hierauf als Nichtberechtigter anzusehen. Etwas anderes gilt nur, sofern eine Ermächtigung nach §§ 362 Abs. 2, 185 BGB durch den Entleiher vorliegt. Erst Recht kann der Erwerber die Überlassung von Leiharbeitnehmern nicht gegenüber dem Verleiher einfordern, weil er gegenüber diesem keine Gläubigerstellung hat. Auch wird nicht im Anwendungsbereich von § 25 Abs. 1 S. 2 HGB vermutet, dass der Erwerber (Firmenfortführer) der Gläubiger der Überlassungsleistung ist. Dies folgt daraus, dass die Vorschrift die Abtretbarkeit der Forderungen voraussetzt und nur ein Abtretungswille vermutet wird.[896] Vorliegend ist die Abtretung aber nach § 399 Alt. 1 BGB ausgeschlossen. Hierüber kann auch § 25 Abs. 1 S. 2 HGB nicht hinweghelfen.

IV. Konsequenzen

1. Ausgangspunkt: § 275 Abs. 1, § 326 Abs. 1 S. 1 Hs. 1 BGB

Der Erwerber ist grundsätzlich nicht Berechtigter des Anspruchs auf Dienstverschaffung bzw. Dienstüberlassung und seine Berechtigung wird auch nicht nach § 25 Abs. 1 S. 2 HGB vermutet. Die „hinkende" Tätigkeit des Leiharbeitnehmers beim Erwerber, welche die Überlassung durch den Verleiher einschließt, hat zur Folge, dass die Dienstüberlassung an einen Nichtberechtigten erfolgt. Dies gilt jedenfalls dann, wenn man von der Möglichkeit einer Ermächtigung und von dem theoretisch denkbaren Fall absieht, dass der Entleiher als Gläubiger die Überlassungsleistung ausnahmsweise annimmt und den Einsatz der Leiharbeitnehmer für den Erwerber steuert. Abgesehen hiervon führt die Überlassungsleistung des Verleihers dazu, dass sie an einen Nichtberechtigten erfolgt und damit keine Erfüllung der Überlassungspflicht gegenüber dem Entleiher eintritt,[897] weil nur eine pflichtgemäße Leistung die Erfüllung bewirkt.[898] Wird die Überlassungspflicht des Verleihers durch die „hinkende" Tätigkeit des Leiharbeitnehmers beim Erwerber nicht erfüllt, wird sie aufgrund des Fixschuldcharakters der Überlassungsschuld nach § 275 Abs. 1 BGB mit Zeitablauf unmöglich.[899] Dies hat nach § 326 Abs. 1 S. 1 Hs. 1 BGB grundsätzlich das Erlöschen des Entgeltanspruchs des Verleihers gegenüber dem Entleiher zur Folge.[900]

---

896 MüKo-HGB/*Tiessen*, § 25 HGB Rn. 72 ff.
897 Vgl. allgemein Staudinger/*Olzen*, § 362 BGB Rn. 48; MüKo-BGB/*Fetzer*, § 362 BGB Rn. 14; Jauernig/*Stürner*, § 362 BGB Rn. 1, 5 f.; BeckOK-BGB/*Dennhardt*, § 362 BGB Rn. 16.
898 MüKo-BGB/*Fetzer*, § 362 BGB Rn. 3; BeckOK-BGB/*Dennhardt*, § 362 BGB Rn. 14.
899 Vgl. Thüsing/*Thüsing*, § 12 AÜG Rn. 31; Boemke/Lembke/*Lembke*, § 12 AÜG Rn. 38.
900 Thüsing/*Thüsing*, § 12 AÜG Rn. 31; Boemke/Lembke/*Lembke*, § 12 AÜG Rn. 38.

2. Annahmeverzug des Entleihers

Der Verleiher hat nur dann entgegen § 326 Abs. 1 S. 1 Hs. 1 BGB nach § 326 Abs. 2 S. 1 BGB einen Entgeltanspruch gegenüber dem Entleiher als dem Berechtigten des Anspruchs auf die Überlassungsleistung, wenn sich der Entleiher im Fall einer „hinkenden" Tätigkeit des Leiharbeitnehmers beim Erwerber selbst in Annahmeverzug gemäß §§ 293 ff. BGB gegenüber dem Verleiher befindet. Damit der Entleiher in Annahmeverzug nach §§ 293 ff. BGB gerät, ist erforderlich, dass der Verleiher im Sinne von § 294 BGB dem Entleiher die Leistung (Überlassung von Leiharbeitnehmern) angeboten hat.[901] Vorliegend ergibt sich folgendes Problem: In tatsächlicher (objektiver) Hinsicht ist der Entleiher auch nach dem Übergang des entleihenden Betriebs der Inhaber des Anspruchs auf Dienstverschaffung bzw. Dienstüberlassung (vgl. Kap. 7 § 2 C. II.). Dementsprechend sind ihm die Dienste des Leiharbeitnehmers anzubieten. Verrichtet der Leiharbeitnehmer aber bei der „hinkenden" Beschäftigung gegenüber dem Erwerber seine Dienste, wird die Überlassungsleistung des Verleihers, die in der Tätigkeit des Leiharbeitnehmers zum Ausdruck kommt, an den Erwerber erbracht, weil dieser nach dem Übergang des entleihenden Betriebs der Inhaber und damit derjenige ist, welcher den Leiharbeitnehmern die Weisungen erteilt. Der Verleiher hat hingegen aus seiner subjektiven Sicht bei Unkenntnis vom Betriebsübergang seine Leistung zur rechten Zeit, am rechten Ort und gegenüber der rechten Person tatsächlich angeboten, sodass die Voraussetzungen des § 294 BGB vorliegen. Der Umstand, dass die Dienste des Leiharbeitnehmers objektiv dem Erwerber angeboten wurden, kann für § 294 BGB unberücksichtigt bleiben, weil dieser Fall dem Fall gleichzustellen ist, dass der Schuldner zur rechten Zeit am rechten Ort erscheint und der Gläubiger nicht vor Ort ist. In einem solchen Fall entspricht es, sofern eine Leistungszeit im Sinne von § 299 BGB bestimmt ist (für das Anbieten der Überlassungsleistung ist eine Leistungszeit regelmäßig bestimmt), allgemeiner Ansicht, dass der Schuldner ein ordnungsgemäßes Angebot im Sinne von § 294 BGB gemacht hat.[902] Ausgehend hiervon ist anzunehmen, dass der Verleiher durch die Überlassung der Leiharbeitnehmer an die objektiv falsche Person (Erwerber) ein Überlassungsangebot an den Entleiher im Sinne von § 294 BGB gemacht hat. Dies wiederum hat zur Folge, dass der Entleiher mit der Nichtentgegennahme der Überlassungsleistung vom Verleiher in Annahmeverzug nach §§ 293 ff. BGB geraten ist. Nach § 326 Abs. 2 S. 1 Hs. 1 BGB bleibt daher der Entgeltanspruch des Verleihers erhalten.

---

901 Allgemein zum Annahmeverzug des Entleihers bei Nichtbeschäftigung des Leiharbeitnehmers: *Boemke*, BB 2006, 997, 1000 ff.
902 Staudinger/*Feldmann*, § 293 BGB Rn. 5; *Medicus/Lorenz*, Schuldrecht AT, Rn. 517; vgl. hierzu für die Beziehung zwischen Verleiher und Leiharbeitnehmer auch schon Kap. 7 § 2 C. III. 2. b).

V. Ergebnis

Leistet der Leiharbeitnehmer nach Veräußerung des entleihenden Betriebs dort unverändert seine Dienste, erfüllt der Verleiher nicht die Überlassungspflicht gegenüber dem Entleiher, weil der Betriebserwerber als Nichtberechtigter im Hinblick auf die Überlassungsleistung anzusehen ist. Der Anspruch des Verleihers auf das Überlassungsentgelt erlischt trotzdem nicht gegenüber dem Entleiher, sofern der Verleiher die Überlassung der Leiharbeitnehmer zur rechten Zeit am rechten Ort gegenüber dem möglicherweise nicht mehr anwesenden Entleiher angeboten hat.

E. Abwicklung beim Erwerber erbrachter Leistungen des Leiharbeitnehmers

I. Problemstellung

Der Umstand, dass der Leiharbeitnehmer möglicherweise nach dem Übergang des entleihenden Betriebs beim Erwerber „hinkend" tätig wird und der Erwerber aus den durch den Verleiher erbrachten Überlassungsdiensten des Leiharbeitnehmers einen Vorteil zieht, lässt eine weitere Frage aufkommen: Es ist zu klären, ob nicht neben dem Entleiher auch der Erwerber verpflichtet ist, die von ihm genutzten Dienste dem Verleiher zu vergüten. Da das Überlassungsverhältnis nicht vom Entleiher auf den Erwerber übergegangen ist, kann jedenfalls hieraus keine Entgeltpflicht des Erwerbers gegenüber dem Verleiher hergeleitet werden. In Betracht kommt allenfalls eine Vergütungspflicht des Erwerbers nach Bereicherungsrecht, d.h. aus einem kraft Gesetzes zwischen Erwerber und Verleiher begründeten Schuldverhältnis.

II. Vergütungspflicht des Erwerbers nach Bereicherungsrecht

Im Falle einer rechtsgrundlos erfolgten Überlassung eines Leiharbeitnehmers an den Erwerber könnte dieser nach § 812 Abs. 1 S. 1 BGB verpflichtet sein, dem überlassenden Verleiher die erlangten Vorteile auf der Basis üblicher Entgeltsätze zu vergüten.[903] Allerdings setzt ein solcher Anspruch neben dem Fehlen eines Rechtsgrundes für die Zuwendung des Verleihers an den Erwerber voraus, dass der Erwerber die Überlassung der Leiharbeitnehmer durch Leistung des Verleihers (§ 812 Abs. 1 S. 1 Alt. 1 BGB) oder in sonstiger Weise auf dessen Kosten (§ 812 Abs. 1 S. 1 Alt. 2 BGB) erlangt hat:

> „Wer durch die Leistung eines anderen oder in sonstiger Weise auf dessen Kosten etwas ohne rechtlichen Grund erlangt, ist ihm zur Herausgabe verpflichtet."

---

903 Vgl. *BGH* vom 18.7.2000, X ZR 62/98, NJW 2000, 3492, 3494 f.; *BGH* vom 8.11.1979, VII ZR 337/78, NJW 1980, 452, 453; Boemke/Lembke/*Lembke*, § 9 AÜG Rn. 51; Thüsing/*Mengel*, § 9 AÜG Rn. 15; Schüren/Hamann/*Schüren*, § 9 AÜG Rn. 46 ff.; Ulber/*J. Ulber*, § 9 AÜG Rn. 18.

Keine der beiden Alternativen von § 812 Abs. 1 S. 1 BGB ist tatsächlich geeignet, dem Verleiher einen Anspruch gegenüber dem Erwerber zu verschaffen. Zum einen (Alt. 1) erfolgt keine Leistung des Verleihers an den Erwerber, d.h. keine bewusste und zweckgerichtete Mehrung des Vermögens des Erwerbers durch den Verleiher,[904] weil aus der maßgeblichen Sicht des Erwerbers (Leistungsempfängers)[905] Klarheit besteht, dass er in keiner vertraglichen Beziehung zum Verleiher steht. Der Erwerber weiß, dass der Verleiher an den Entleiher leisten will. Er kann nicht an eine Leistung vom Verleiher an sich selbst glauben. Der Erwerber erlangt die Überlassungsleistung aber auch nicht in sonstiger Weise auf Kosten des Verleihers (Alt. 2). Dies zeigt sich deutlich daran, dass der Entleiher diese Dienste als Berechtigter der Überlassungsleistung vergüten muss und daher die „Kosten" trägt. Weiter spricht hierfür, dass der Entleiher dem Erwerber nach dem Rechtsgedanken des § 311c BGB diese Leistungen zumeist versprochen hat, weshalb sie aus der Sicht des Erwerbers als eine Leistung des Entleihers erscheinen. Dieser Ansatz sichert ab, dass die zwischen Entleiher und Erwerber vorgenommene Verteilung der Lasten des Leiharbeitnehmereinsatzes nicht durch einen direkten Anspruch des Verleihers unterlaufen werden können bzw. in ihrer Abwicklung gestört werden.[906] Es erfolgt nach allgemeinen Grundsätzen im Ergebnis die Abwicklung in den jeweiligen Leistungsbeziehungen über Eck.[907] Der Erwerber rechnet mit dem Entleiher ab. Der Entleiher rechnet mit dem Verleiher ab.

---

904 Allgemein: *BGH* vom 31.10.1963, VII ZR 285/61, BGHZ 40, 272, 277; *BGH* vom 30.5.1968, VII ZR 2/66, BGHZ 50, 227, 231, 232; *BGH* vom 10.2.2005, VII ZR 184/04, NJW 2005, 1356, 1356 f.; *BGH* vom 26.9.1985, IX ZR 180/84, NJW 1986, 251; MüKo-BGB/*Schwab*, § 812 BGB Rn. 41.

905 Vgl. *BGH* vom 10.2.2005, VII ZR 184/04, NJW 2005, 1356, 1356 f.; *BGH* vom 23.10.2003, IX ZR 270/02, NJW 2004, 1169; *BGH* vom 26.9.1985, IX ZR 180/84, NJW 1986, 251; *BGH* vom 31.10.1963, VII ZR 285/61, BGHZ 40, 272, 277 f.; BeckOK-BGB/*Wendehorst*, § 812 BGB Rn. 49; *Lorenz*, JuS 2003, 729, 731; MüKo-BGB/*Schwab*, § 812 BGB Rn. 51.

906 Dies entspricht letztlich der allgemeinen Linie des *BGH*, welcher stets betont, dass sich „bei der bereicherungsrechtlichen Behandlung von Vorgängen, an denen mehr als zwei Personen beteiligt sind, jede schematische Lösung [verbietet]. Vielmehr sind in erster Linie die Besonderheiten des einzelnen Falls für die sachgerechte bereicherungsrechtliche Abwicklung zu beachten." – *BGH* vom 23.10.2003, IX ZR 270/02, NJW 2004, 1169.

907 Vgl. *BGH* vom 31.5.1994, VI ZR 12/94, NJW 1994, 2357; *BGH* vom 16.7.1997, V ZR 56/98, NJW 1999, 2890; *BGH* vom 29.4.2008, XI ZR 371/07, NJW 2008, 2331; MüKo-BGB/*Schwab*, § 812 BGB Rn. 53.

§ 3 Sonderfall (Übergang der Beziehung zwischen Entleiher und Leiharbeitnehmer)

A. Vorüberlegungen

Es konnte für den Sonderfall nachgewiesen werden, dass § 613a Abs. 1 S. 1 BGB bzw. Art. 3 Abs. 1 Richtlinie 2001/23/EG bei der Veräußerung des entleihenden Betriebs einen gesetzlichen Übergang des zwischen Entleiher und Leiharbeitnehmer bestehenden Verhältnisses vom Entleiher auf den Erwerber sowie des zwischen Verleiher und Leiharbeitnehmer bestehenden Verhältnisses vom Verleiher auf den Erwerber bewirken (Kap. 6 § 3 C. II. 4. c) und § 4 B. und C., Kap. 7 § 3. B. II.). Diese Erkenntnis ergab sich für solche Fälle, in denen der Überlassung eine künstliche Aufspaltung der Arbeitgeberstellung zugrunde gelegen hat. In der Folge werden beim Erwerber beide Seiten des Arbeitsverhältnisses wieder zusammengefügt. Die vorgenommene bloß formelle Aufspaltung existiert nicht mehr. Zugleich entfällt die zur Herbeiführung der bloß formalen Aufspaltung erforderliche Berechtigung des Verleihers zur Überlassung. Der vormalige Leiharbeitnehmer wird Stammarbeitnehmer des Erwerbers. Die im Betrieb des Erwerbers erbrachten Dienste sind durch das mitgerissene Arbeitsvertragsverhältnis erfasst.

B. Vorgehen

Auch für die vorbezeichnete Ausgangssituation gilt es das Schicksal des Verhältnisses zwischen Verleiher und Entleiher zu klären. Kein Untersuchungsbedarf besteht dabei hinsichtlich der Frage, ob dieses Verhältnis vom Entleiher auf den Erwerber übergeleitet wird. Zwar haben *Elking*[908] und *Forst*[909] einen solchen Übergang mit bzw. ohne dogmatische Begründung befürwortet. Allerdings haben beide zugrunde gelegt, dass die im Anschluss an eine solche Überleitung auf den Erwerber noch „hinkende" Beschäftigung abgestützt werden muss.[910] Nachdem aber gezeigt werden konnte, dass dem Übergang der Beziehung zwischen Entleiher und Leiharbeitnehmer die Beziehung zwischen Verleiher und Leiharbeitnehmer folgt, bedarf es keiner Überleitung der Beziehung zwischen Verleiher und Entleiher vom Entleiher auf den Erwerber, weil der Einsatz des Leiharbeitnehmers bereits gestützt wird. Es wäre sinnwidrig, wenn zusätzlich die Beziehung zwischen Verleiher und Entleiher

---

908 *Elking*, Der Nichtvertragliche Arbeitgeber, S. 316 ff., 318, 323.
909 *Forst*, RdA 2011, 228, 232 f., 234.
910 *Elking*, Der Nichtvertragliche Arbeitgeber, S. 318 „Die Erhaltung des der Arbeitnehmerüberlassung immanenten rechtlichen Dreiecks erfordert einen Vertragspartnerwechsel innerhalb des Dienstverschaffungsvertrags auf Entgeltschuldner- / Entleiherseite."; *Forst*, RdA 2011, 228, 234 „geht man davon aus, dass nur das Leiharbeitsverhältnis übergeht und nicht der Arbeitsvertrag".

übergeleitet wird. Dementsprechend geben § 613a Abs. 1 S. 1 BGB bzw. Art. 3 Abs. 1 Richtlinie 2001/23/EG eine solche Überleitung dieses Verhältnisses nicht her, es gilt das gleiche wie im Regelfall (vgl. Kap. 8 § 2 B. II.).

C. Beendigung der Beziehung zwischen Entleiher und Verleiher

Der Verleiher verfügt im gegenständlichen Sonderfall nach der Veräußerung des entleihenden Betriebs nicht mehr über diejenigen Leiharbeitnehmer, die er überlassen könnte. Beim Entleiher besteht kein Beschäftigungsbedarf mehr, weshalb es nur sachgerecht erscheint, dass die Beziehung zwischen Verleiher und Entleiher in irgendeiner Form vorzeitig beendet wird, sei es automatisch (vgl. I.) oder auf rechtsgeschäftlichem Wege (vgl. II.).

I. Automatische Beendigung

Die Veräußerung des entleihenden Betriebs bewirkt nach der Überleitung der jeweiligen Beziehungen zwischen Entleiher und Leiharbeitnehmer vom Entleiher auf den Erwerber sowie der zwischen Verleiher und Leiharbeitnehmer vom Verleiher auf den Erwerber keine automatische Beendigung der Beziehung zwischen Verleiher und Entleiher. Es kann sich allenfalls im Wege der ergänzenden Auslegung ergeben, dass die Beziehung zwischen Entleiher und Verleiher unter der auflösenden Bedingung gestanden hat, dass dieses Verhältnis automatisch enden soll, wenn die künstlich getrennte Arbeitgeberstellung wegfällt. Lässt sich ein entsprechender Wille feststellen, dann endet die Beziehung zwischen Entleiher und Verleiher automatisch mit Bedingungseintritt.[911] Anderenfalls besteht sie zunächst fort.

II. Beendigung durch außerordentliche Kündigung

Unabhängig davon, ob die Beziehung zwischen Entleiher und Verleiher im Wege der ergänzenden Vertragsauslegung automatisch mit Bedingungseintritt endet, kann diese jedenfalls nach § 313 Abs. 1, 3 BGB bzw. § 314 BGB außerordentlich gekündigt werden.

1. § 313 Abs. 1, 3 BGB

Für eine außerordentliche Kündigung nach § 313 Abs. 1, 3 BGB ist es erforderlich, dass sich die Umstände, die zur Grundlage des Vertrags geworden sind, nach Vertragsschluss schwerwiegend so verändert haben, dass die Parteien den Vertrag nicht oder mit anderem Inhalt geschlossen hätten, wenn sie diese Veränderung vorausgesehen hätten, und einem Teil unter Berücksichtigung aller Umstände des Einzelfalls,

---

911 Hk-ArbR/*Lorenz*, § 12 AÜG Rn. 8; Thüsing/*Thüsing*, § 12 AÜG Rn. 40; Ulber/*J.Ulber*, § 12 AÜG Rn. 45.

insbesondere der vertraglichen oder gesetzlichen Risikoverteilung, das Festhalten am unveränderten Vertrag nicht zugemutet werden kann und eine Anpassung des Vertrags nicht möglich oder einem Teil nicht zumutbar ist.[912] Dies ist im Sonderfall anzunehmen, weil sich durch die Veräußerung des entleihenden Betriebs die Umstände, welche nach den Vorstellungen von Verleiher und Entleiher als Grundlage des Arbeitnehmerüberlassungsvertrags gedient haben, grundlegend geändert haben. Es ist nicht nur die Einsatzmöglichkeit für den Leiharbeitnehmer entfallen. Der Verleiher hat zudem das Arbeitsvertragsverhältnis zum betreffenden Leiharbeitnehmer verloren. Zugleich hat sich sowohl für Verleiher als auch Entleiher das Bedürfnis für eine formale Aufspaltung des Arbeitsverhältnisses erledigt. Es entfällt daher auch der Sinn dieser Aufspaltung. Ohne ein entsprechendes Bedürfnis hätten beide Parteien einen derartigen Arbeitnehmerüberlassungsvertrag nicht geschlossen. Weder dem Verleiher noch dem Entleiher kann eine Fortsetzung und Durchführung des sinnentleerten, für beide Seiten nicht mehr zweckentsprechenden Arbeitnehmerüberlassungsverhältnisses zugemutet werden. Das vollkommen sinnentleerte Schuldverhältnis muss nicht mehr aufrechterhalten werden. Das Festhalten am Grundsatz *pacta sunt servanda* ist in diesem Fall nicht sachgerecht. Schließlich ist auch eine sachgerechte Anpassung des Verhältnisses zwischen Verleiher und Entleiher nicht möglich, weil dies sinnlos wäre,[913] weshalb eine Kündigung erfolgen kann.

2. § 314 BGB

Ein Recht zur außerordentlichen Kündigung ergibt sich zudem aus § 314 BGB. In diesem Sinne ist eine außerordentliche Kündigung möglich, wenn ein wichtiger Grund zur Kündigung gegeben ist. Die Fortsetzung des Schuldverhältnisses muss bis zu dessen Beendigung durch eine ordentliche Kündigung oder durch den Auslauf einer Befristung für eine der Parteien unzumutbar sein.[914] Die außerordentliche Kündigung ist ein dem Vertrag immanentes Mittel zur Auflösung der jeweiligen Beziehung,[915] die strengen Anforderungen von § 313 Abs. 1, 3 BGB gelten nicht.[916] Der wichtige Grund muss aber grundsätzlich an solche Umstände anknüpfen, die im Risikobereich des Kündigungsgegners liegen.[917] Im Falle einer vollkommen

---

912 Vgl. allgemein MüKo-BGB/*Finkenauer*, § 313 BGB Rn. 110 ff; vgl. hierzu schon für den Regelfall Kap. 8 § 2 C. I. 2. b).
913 Vgl. allgemein MüKo-BGB/*Finkenauer*, § 313 BGB Rn. 115.
914 BT-Drs. 14/6040, 178; *BGH* vom 11.11.2010, III ZR 57/10, NJW-RR 2011, 916; MüKo-BGB/*Gaier*, § 314 BGB Rn. 10; Jauernig/*Stadler*, § 314 BGB Rn. 5; vgl. hierzu auch schon für den Regelfall Kap. 8 § 2 C. I. 2 unter c.
915 Palandt/*Grüneberg*, § 314 BGB Rn. 1 für Dauerschuldverhältnisse entwickelte Kündigungsrecht; BeckOK-BGB/*Lorenz*, § 314 Rn. 7.
916 BeckOK-BGB/*Lorenz*, § 314 BGB Rn. 7; Jauernig/*Stadler*, § 314 BGB Rn. 2.
917 Vgl. *BGH* vom 11.11.2010, III ZR 57/10, NJW-RR 2011, 916; *BGH* vom 27.3.1991, IV ZR 130/90, NJW 1991, 1828, 1829; *BGH* vom 29.11.1995, XII ZR 230/94, NJW 1996, 714; Erman/*Böttcher*, § 314 BGB Rn. 4d; BeckOK-BGB/*Lorenz*, § 314 BGB Rn. 7; MüKo-BGB/*Gaier*, § 314 BGB Rn. 10; Palandt/*Grüneberg*, § 314 BGB Rn. 7.

Sinnentleerung des Verhältnisses zwischen Verleiher und Entleiher ist ein wichtiger Kündigungsgrund anzunehmen, weil es keiner der beiden Parteien zumutbar ist, ein vollständig sinnentleertes Schuldverhältnis fortzuführen. Vielmehr besteht für Verleiher und Entleiher gleichermaßen ein Interesse, sich von den Leistungspflichten, welche sie nicht mehr wie vorgesehen erfüllen (Überlassungspflicht seitens des Verleihers) und nicht mehr zweckgemäß nutzen können (Einsatz der Leiharbeitnehmer seitens des Entleihers) zu lösen. Dass die Ursache hierfür durch den Entleiher gesetzt wurde, schließt das Kündigungsrecht vorliegend nicht aus, obwohl dabei vom allgemeinen Grundsatz, dass der Grund zur Kündigung aus der Sphäre Kündigungsgegners kommen muss, abgewichen wird. Bei näherer Betrachtung zeigt sich nämlich, dass Entleiher und Verleiher gleichermaßen dafür verantwortlich sind, dass das Leiharbeitsverhältnis mitgerissen und damit dem Verleiher der Leiharbeitnehmer genommen wird. Beide haben die bloß formelle Aufspaltung des Arbeitsverhältnisses einvernehmlich vorgenommen, welche, auch soweit sie nicht zur Bedingung erhoben wurde, doch dem Schuldverhältnis immanent ist.

D. Ergebnis

Führt die Veräußerung des entleihenden Betriebs ausnahmsweise zum gesetzlichen Übergang der Beziehung zwischen Entleiher und Leiharbeitnehmer vom Entleiher auf den Erwerber sowie zum Übergang der zwischen Verleiher und Leiharbeitnehmer vom Verleiher auf den Erwerber, erfolgt nicht zugleich eine Überleitung des Verhältnisses zwischen Verleiher und Entleiher vom Entleiher auf den Erwerber. Hierfür besteht kein Bedürfnis. Das in einem solchen Fall sinnentleerte Verhältnis besteht vielmehr zwischen Verleiher und Entleiher fort. Es kann aber, weil sich seine Funktion vollkommen erledigt hat, außerordentlich beendet werden (§§ 313 Abs. 1, 3, 314 BGB). Auch ist es denkbar, dass dieses Verhältnis schon zuvor automatisch endet, jedenfalls soweit sich im Wege ergänzender Vertragsauslegung ergibt, dass der Bestand dieser Beziehung unter der Bedingung steht, dass die Notwendigkeit einer künstlichen Aufspaltung zwischen der Anstellungs- und der Beschäftigungsgesellschaft nicht verloren geht.

Kapitel 9: Zusammenfassung und Ergebnisse

Zum Abschluss sollen die im Rahmen der Arbeit angestellten Gedankengänge zur Ermittlung der Auswirkungen der Veräußerung eines entleihenden Betriebs auf die jeweiligen in der Arbeitnehmerüberlassung existierenden Beziehungen aufgezeigt und die gewonnenen Ergebnisse dargestellt werden.

§ 1 Problemstellung

Bis in die jüngere Vergangenheit entsprach es allgemeiner Ansicht, dass bei der Veräußerung eines entleihenden Betriebs die für solche Sachverhalte einschlägige Norm des § 613a BGB Abs. 1 S. 1 BGB nicht im Hinblick auf die im Einsatzbetrieb tätigen Leiharbeitnehmer Anwendung findet. Eine gesetzliche Überleitung des zwischen Leiharbeitnehmer und Verleiher bestehenden Arbeitsverhältnisses auf den Erwerber des Einsatzbetriebs war stets, abgesehen vom Fall eines zuvor zwischen Entleiher und Leiharbeitnehmer gemäß § 10 Abs. 1 AÜG fingierten Arbeitsverhältnisses, abgelehnt worden. Die Nichtanwendbarkeit von § 613a Abs. 1 S. 1 BGB auf die im entleihenden Betrieb eingesetzten Leiharbeitnehmer ist stets damit begründet worden, dass § 613a Abs. 1 S. 1 BGB ein Arbeitsvertragsverhältnis zum Betriebsinhaber erfordert und die Beziehung zwischen Entleiher und Leiharbeitnehmer durch ein fehlendes Pflichtenband zwischen beiden gekennzeichnet ist, weshalb § 613a Abs. 1 S. 1 BGB unanwendbar sei. Die Entscheidung des *EuGH* in der Rechtssache Albron Catering vom 21.10.2010 hat diese allgemein vorzufindende Ansicht zu den Auswirkungen der Veräußerung eines entleihenden Betriebs und die damit in Zusammenhang stehende Frage der Anwendbarkeit von § 613a Abs. 1 S. 1 BGB auf die im Einsatzbetrieb tätigen Leiharbeitnehmer erschüttert und eine ebenso umfangreiche wie kontroverse Diskussion ausgelöst, in deren Rahmen zum Teil ein vollkommener Wandel der zuvor bestehenden rechtlichen Ansätze vertreten wird.

§ 2 Meinungsstand nach Albron Catering

Gegenstand der Albron Entscheidung war ein spezieller Fall einer dauerhaften konzerninternen Entsendung eines Arbeitnehmers durch eine bloße Personalführungsgesellschaft. Für (jedenfalls) diesen Sonderfall hat der *EuGH* entschieden, dass auch der Entleiher als sog. nichtvertraglicher Arbeitgeber die Anwendung der Richtlinie 2001/23/EG (als Spiegelbild zu § 613a Abs. 1 S. 1 BGB) im Hinblick auf die bei ihm eingesetzten Arbeitnehmer auslösen kann. Auch wenn der *EuGH* dies nicht ausdrücklich gesagt hat, hat er für diesen Sonderfall letztlich unausgesprochen eine gesetzliche Überleitung des zwischen Verleiher und Leiharbeitnehmer bestehenden Arbeitsvertragsverhältnisses vom Verleiher auf den Erwerber befürwortet, obwohl eine Betriebsveräußerung des Entleihers vorlag. Ausgehend hiervon hat sich im deutschen Recht ein unüberschaubarer Meinungsstand entwickelt. Ein Teil will die Bindungswirkung der Albron Entscheidung im deutschen Recht auf den konkret vom *EuGH* entschiedenen Sonderfall beschränken. Nach der gegensätzlichen Ansicht soll der *EuGH* in der Albron Entscheidung eine allgemeine Aussage für die gesamte Leiharbeit getroffen haben, weshalb eine entsprechend weitreichende Bindungswirkung im deutschen Recht bestehe. Teilweise wird die Bindungswirkung der Albron Entscheidung im deutschen Recht auch nur auf „dauerhafte" Überlassungen erstreckt. Ausgehend von dieser ersten „Weichenstellung" im Hinblick auf die Ausgestaltung der Überlassung lassen sich zahlreiche weitergehende „Verästelungen" des Meinungsbilds vorfinden. Diese reichen von der Annahme, dass die Folge der Veräußerung eines entleihenden Betriebs im deutschen Recht in der Überleitung der Arbeitsvertragsbeziehung des Leiharbeitnehmers zum Verleiher vom Verleiher auf den Erwerber liege, bis hin zum Ansatz einer Überleitung des zwischen Entleiher und Leiharbeitnehmer bestehenden Beschäftigungsverhältnisses vom Entleiher auf den Erwerber, wobei teilweise eine zusätzliche Überleitung des zwischen Verleiher und Entleiher bestehenden Überlassungsverhältnisses vom Entleiher auf den Erwerber befürwortet wird. Andere Stimmen verbleiben hingegen für die „normale", d. h. nicht der dem *EuGH* im Fall Albron Catering vorliegenden Gestaltung entsprechenden Arbeitnehmerüberlassung insgesamt bei einer Nichtanwendbarkeit von § 613a Abs. 1 S. 1 BGB auf die im entleihenden Betrieb eingesetzten Leiharbeitnehmer. Schließlich wird teilweise angenommen, dass sich der infolge der Entscheidung Albron Catering entfachte Streit dadurch praktisch schon wieder erledigt habe, dass nach der Neufassung von § 1 Abs. 1 S. 2 AÜG zum 1.12.2011 („vorübergehende Überlassung") „dauerhafte" Überlassungen nicht mehr zulässig sind.

§ 3 Ansatz zur Bewältigung der Untersuchungsfrage

Im Rahmen der Untersuchung konnte nachgewiesen werden, dass das vorzufindende Meinungsbild die dogmatischen Grundlagen und insbesondere die gesetzlichen Normen überwiegend gänzlich aus dem Blick verliert und keiner der Ansätze in der Lage ist, eine Antwort für den Bestand sämtlicher Beziehungen der Arbeitnehmerüberlassung nach der Veräußerung des entleihenden Betriebs zu liefern. Es hat sich in vielfacher Hinsicht ein ergebnisorientiertes Vorgehen der vorzufindenden Ansätze nachweisen lassen. Ausgehend hiervon konnte unter Rückgriff auf die im BGB vorzufindenden allgemeinen Wertungen herausgearbeitet werden, dass sich die Auswirkungen der Veräußerung eines entleihenden Betriebs auf die Beziehungen zwischen Verleiher, Leiharbeitnehmer und Entleiher nur dann umfassend untersuchen lassen, wenn es gelingt, die der Arbeitnehmerüberlassung typische Dreiecksstruktur innerhalb der Untersuchungsfrage zu zerschneiden. Nur dieses Vorgehen ermöglicht es, die vorzufindenden Schwächen im vorhandenen Meinungsbild zu vermeiden und die wechselseitige faktische Abhängigkeit der zwischen Verleiher, Leiharbeitnehmer und Entleiher bestehenden Verhältnisse zu durchbrechen und zugleich eine umfassende Aussage für den weiteren Bestand jedes einzelnen die Arbeitnehmerüberlassung ausgestaltenden Verhältnisses zu erreichen. Die jeweiligen Beziehungen müssen nacheinander und aufbauend aufeinander isoliert untersucht werden. Schnell hat sich gezeigt, dass das Verhältnis zwischen Entleiher und Leiharbeitnehmer als erstes zu untersuchen ist, weil dieses „am nächsten", d. h. unmittelbar von der Veräußerung des entleihenden Betriebs betroffen ist. Für den Leiharbeitnehmer entfallen durch die Veräußerung des entleihenden Betriebs zwangsläufig die Einsatzmöglichkeit beim Entleiher und der damit verbundene Einsatz unter dessen Weisungsrecht. Da die Untersuchung mit dieser Beziehung beginnt, übernimmt dieses Verhältnis innerhalb der Untersuchung die führende Rolle. Der Grund hierfür ist, dass sein Bestand die Grundlage für die weiteren Folgen im Bestand der beiden anderen Verhältnisse (zwischen Verleiher und Leiharbeitnehmer sowie zwischen Verleiher und Entleiher) bildet.

§ 4 Beziehung zwischen Entleiher und Leiharbeitnehmer

A. Vorgaben durch das nationale Recht

Die Veräußerung des entleihenden Betriebs bewirkt zumindest im Grundsatz nicht, dass die Beziehung zwischen Entleiher und Leiharbeitnehmer vom Entleiher auf den Erwerber gemäß § 613a Abs. 1 S. 1 BGB übergeleitet wird. § 613a Abs. 1 S. 1 BGB ist in diesem Verhältnis grundsätzlich unanwendbar. Auch wenn der Wortlaut von § 613a Abs. 1 S. 1 BGB, welcher auf das „Arbeitsverhältnis" abstellt, entgegen der herrschenden Ansicht nicht per se ausschließt, dass auch vertragslose Beziehungen sprachlich als „Arbeitsverhältnis" qualifiziert werden können, und damit eine Erfassung der Beziehung zwischen Entleiher und Leiharbeitnehmer denkbar erscheinen lässt, musste spätestens beim Normtelos eine Erfassung der Beziehung zwischen Entleiher und Leiharbeitnehmer ausscheiden. Dies beruht darauf, dass der Gesetzgeber mittels § 613a Abs. 1 S. 1 BGB primär verhindern wollte, dass die Arbeitnehmer ausschließlich aufgrund des Betriebsübergangs ihr Arbeitsverhältnis und damit auch ihren sozialen Besitzstand verlieren. Es soll die Einheit von Arbeitsplatz und Arbeitsverhältnis beim Erwerber fortbestehen. Da sich der Leiharbeitnehmer aber auch nach dem Wegfall der Einsatzmöglichkeit im entleihenden Betrieb unverändert auf sein Arbeitsvertragsverhältnis zum Verleiher berufen kann und dort seinen leiharbeitsspezifischen Arbeitsplatz besitzt, ist er keiner Gefährdung seines sozialen Besitzstands ausgesetzt. Vielmehr ist es typisch für die Arbeitnehmerüberlassung, dass der Leiharbeitnehmer wechselnd in verschiedenen Betrieben tätig ist, weshalb der Verleiher auch regelmäßig einen „Pool" an verschiedenen Einsatzmöglichkeiten für den Leiharbeitnehmer vorhält. Dies wiederum gewährleistet, dass der Verleiher den Leiharbeitnehmer im Nachgang zur Veräußerung des entleihenden Betriebs nicht automatisch betriebsbedingt kündigen kann bzw. muss. Sollte es dennoch im Einzelfall ausnahmsweise hierzu kommen, dann realisiert sich keine durch die Veräußerung des entleihenden Betriebs typische Gefahr, weil der Leiharbeitnehmer jederzeit und unabhängig vom Betriebsübergang mit einem Wegfall seines Arbeitsplatzes im Einsatzbetrieb und einem damit verbundenen Überhang an Arbeitskräften beim Verleiher rechnen muss. Zudem hat § 613a Abs. 4 S. 1 BGB (als Komplementärvorschrift zu § 613a Abs. 1 S. 1 BGB) gezeigt, dass eine Anwendung von § 613a Abs. 1 S. 1 BGB ausschließlich auf solche Arbeitsverhältnisse, die sich durch ein Pflichtenband zum Betriebsinhaber auszeichnen, erfolgen kann. Hinzu kommt, dass der Gesetzgeber mit § 613a Abs. 1 S. 1 BGB auch die Kontinuität eines bei Betriebsübergang bestehenden Betriebsrats durch die gesetzliche Überleitung der bestehenden Arbeitsverhältnisse, auch der bestehenden Arbeitsverhältnisse von Betriebsratsmitgliedern, absichern wollte. Da es aber ausgeschlossen ist, dass Leiharbeitnehmer im entleihenden Betrieb die dortige Belegschaft über das Amt eines Betriebsrats repräsentieren, weil ihnen hierfür das passive Wahlrecht fehlt, greift auch dieser Normzweck nicht innerhalb des zwischen Entleiher und Leiharbeitnehmer bestehenden Verhältnisses ein.

B. Vorgaben durch das europäische Recht

Das für das deutsche Recht ermittelte Ergebnis, d.h. die grundsätzliche Nichtanwendbarkeit von § 613a Abs. 1 S. 1 BGB auf das Verhältnis zwischen Entleiher und Leiharbeitnehmer wird durch die Auslegung des § 613a Abs. 1 S. 1 BGB hierarchisch übergeordneten Art. 3 Abs. 1 Richtlinie 2001/23/EG bestätigt. Auch hier konnte vergleichbar zu § 613a Abs. 1 S. 1 BGB nachgewiesen werden, dass jedenfalls der Sinn und Zweck von Art. 3 Abs. 1 Richtlinie 2001/23/EG gegen eine Erfassung der Beziehung zwischen Leiharbeitnehmer und Entleiher spricht. Neben Art. 4 Abs. 1 S. 1 Richtlinie 2001/23/EG, der das Gegenstück zum nationalen Kündigungsverbot in § 613a Abs. 4 S. 1 BGB ist, hat sich dieses Ergebnis auch anhand von Art. 2 Abs. 2 S. 2 lit. c Richtlinie 2001/23/EG, aber auch in den Wertungen der Richtlinie 2008/104/EG bestätigt. Abweichend und über § 613a Abs. 1 S. 1 BGB hinausgehend hat die Auslegung von Art. 3 Abs. 1 Richtlinie 2001/23/EG aber gezeigt, dass diese Regelung im Falle der Veräußerung eines entleihenden Betriebs ausnahmsweise auf die Beziehung zwischen Entleiher und Leiharbeitnehmer Anwendung findet, wenn die Aufspaltung der Arbeitgeberstellung allein auf einer künstlich geschaffenen Trennung beruht und der Einsatz des Leiharbeitnehmers in Wahrheit, unter Ausblendung der künstlichen Trennung, auf einen ausschließlichen Einsatz in dem entleihenden Betrieb gerichtet ist. Insoweit hat sich das im Fall Albron Catering durch den *EuGH* ermittelte Ergebnis bestätigt.[918] Darüber hinaus konnte weiterführend aufgezeigt werden, dass der vielfach als entscheidend angesehenen Dauerhaftigkeit des Einsatzes im Sinne eines langen, z.B. mehrjährigen Einsatzes keine entscheidungserhebliche Relevanz zukommt. Es ist für die Anwendung der Richtlinie 2001/23/EG in diesem Fall allein entscheidet, dass eine künstliche Aufspaltung

---

918 Wobei der *EuGH* aber keine isolierte Untersuchung der jeweiligen Beziehungen vorgenommen hat. Dem befürworteten Übergang der Beziehung zwischen Verleiher und Leiharbeitnehmer vom Verleiher auf den Erwerber wird vorliegend nur der Gedanke zugrunde gelegt, dass dieses Verhältnis auch das tatsächliche Beschäftigungsverhältnis zwischen Entleiher und Leiharbeitnehmer, welches mit dem übergegangenen Arbeitsplatz verbunden ist, erfasst und auch dieses übergeht.

der Arbeitgeberstellung erfolgt. Ausschließlich in solchen Fallgestaltungen wird eine Überleitung des zwischen Leiharbeitnehmer und Entleiher bestehenden Beschäftigungsverhältnisses vom Entleiher auf den Erwerber bewirkt.

C. Gesamtergebnis für die Beziehung

Zunächst hatte sich ein (scheinbarer) Widerspruch zwischen Art. 3 Abs. 1 Richtlinie 2001/23/EG und § 613a Abs. 1 S. 1 BGB gezeigt, weil die Auslegung von § 613a Abs. 1 S. 1 BGB als nationaler Norm keine Erfassung der Beziehung zwischen Entleiher und Leiharbeitnehmer in den Fällen einer bloß künstlich geschaffenen Aufspaltung der Arbeitgeberstellung ergeben hat. Dieser Widerspruch besteht aber ausschließlich auf den ersten Blick, weil sich bei genauerer Betrachtung gezeigt hat, dass sich das unmittelbar aus der Richtlinie 2001/23/EG abgeleitete Ergebnis zur Erfassung der Beziehung zwischen Entleiher und Leiharbeitnehmer für die Fälle einer künstlich geschaffenen Trennung der Arbeitgeberstellung zwischen zwei Personen auch im deutschen Recht zeigt. Die nationale Methodenlehre sieht eine gesetzliche Überleitung der Beziehung zwischen Entleiher und Leiharbeitnehmer vom Entleiher auf den Erwerber in solchen Fallgestaltungen über den „Umweg" des Rechtsinstituts der Gesetzesumgehung bzw. einen wertenden und bereits im Betriebsverfassungsrecht vorzufindenden Ansatz gleichermaßen vor. Der Normzweck von § 613a Abs. 1 S. 1 BGB in Verbindung mit dem Verbot der Gesetzesumgehung bzw. der wertenden und auf den Einzelfall zugeschnittenen Zuordnung des Leiharbeitnehmers zur wirtschaftlichen Einheit des Verleihers und/oder des Entleihers entspricht für den bezeichneten Sonderfall dem durch die Richtlinie 2001/23/EG ermittelten Ergebnis. Ausschließlich in solchen Gestaltungen kommt es ausnahmsweise zu einer gesetzlichen Überleitung des bestehenden Beschäftigungsverhältnisses vom Entleiher auf den Erwerber.

§ 5 Beziehung zwischen Verleiher und Leiharbeitnehmer

Ausgehend von den ermittelten Ergebnissen zum Bestand der Beziehung zwischen Entleiher und Leiharbeitnehmer nach dem Übergang des entleihenden Betriebs auf den Erwerber ist der Bestand der Beziehung zwischen Verleiher und Leiharbeitnehmer untersucht worden. Dabei hat sich auch hier das für die Beziehung zwischen Entleiher und Leiharbeitnehmer gespaltene Ergebnis zwischen normalen Überlassungsfällen und jenen, denen eine ausschließlich künstliche Trennung der Arbeitgeberstellung zugrunde gelegen hat, fortgesetzt.

A. Gewöhnliche Überlassungssachverhalte

Für den Regelfall hat sich ergeben, dass weder § 613a Abs. 1 S. 1 BGB noch Art. 3 Abs. 1 Richtlinie 2001/23/EG bei der Veräußerung eines entleihenden Betriebs auf die Beziehung zwischen Verleiher und Leiharbeitnehmer Anwendung finden kann. Dies ergab sich daraus, dass bei der Veräußerung eines entleihenden Betriebs grundsätzlich nur der Entleiher als Betriebsveräußerer anzusehen ist. Es kann daher allenfalls zu einer gesetzlichen Überleitung solcher Rechte und Pflichten kommen, die beim Entleiher anknüpfen. Da der Verleiher jedenfalls nicht als Veräußerer gilt, können seine Rechte und Pflichten zum Leiharbeitnehmer nicht auf den Erwerber des entleihenden Betriebs übergeleitet werden. Zudem passt das Kündigungsverbot in § 613a Abs. 1 S. 1 BGB bzw. Art. 4 Abs. S. 1 Richtlinie 2001/23/EG nach seinem Inhalt nicht auf die gesetzliche Überleitung des zwischen Verleiher und Leiharbeitnehmer bestehenden Verhältnisses, wenn es zu einem Übergang des entleihenden Betriebs auf einen Dritten kommt. Der Betriebserwerber des entleihenden Betriebs ist regelmäßig nicht auf einen Leiharbeitnehmereinsatz ausgerichtet, weshalb er den Leiharbeitnehmer, dessen Arbeitsverhältnis auf einen wechselnden Einsatz in verschiedenen Betrieben ausgerichtet ist, nicht vertragsgemäß beschäftigen kann. Die Folge hiervon wäre, dass der Erwerber das vom Verleiher erworbene Arbeitsvertragsverhältnis zum Leiharbeitnehmer betriebsbedingt kündigen kann bzw. vielmehr kündigen muss, weil es an einem dauerhaften Beschäftigungsbedarf für den Leiharbeitnehmer fehlt. Dies wiederum widerspricht dem Anliegen von § 613a Abs. 1 S. 1 BGB bzw. Art. 3 Abs. S. 1 Richtlinie 2001/23/EG. Die Beziehung zwischen Verleiher und Leiharbeitnehmer besteht nach der Veräußerung des entleihenden Betriebs im Regelfall unverändert fort. Weitergehend konnte für den Fall, dass der Leiharbeitnehmer in Unkenntnis des Betriebsübergangs im entleihenden Betrieb, nunmehr unter Leitung des Erwerbers, tatsächlich tätig wird, aufgezeigt werden, dass der Leiharbeitnehmer grundsätzlich auch in solchen Fällen seiner Arbeitspflicht gegenüber dem Verleiher nachkommt und er im Gegenzug seinen Lohnanspruch gegenüber dem Verleiher behält. Diese Ergebnisse folgten daraus, dass der Betriebserwerber im Regelfall nach dem Übergang des entleihenden Betriebs jedenfalls im Hinblick auf den Gedanken in § 311c BGB als Inhaber der Dienstberechtigung angesehen werden kann. Aufgrund des nach dem Übergang des entleihenden Betriebs unveränderten Bestands der Beziehung zwischen Verleiher und Leiharbeitnehmer konnte gleichfalls aufgezeigt werden, dass dieses Verhältnis für die Zukunft nur nach den allgemeinen Grundsätzen ein Ende finden kann.

B. Sonderfall

Für den Sonderfall einer künstlich geschaffenen Trennung der Arbeitgeberstellung zwischen dem Vertrags- und dem Einsatzarbeitgeber hat die Untersuchung dagegen gezeigt, dass sowohl § 613a Abs. 1 S. 1 BGB als auch Art. 3 Abs. 1 Richtlinie 2001/23/EG im Falle der Veräußerung des entleihenden Betriebs eine gesetzliche Überleitung des zwischen Verleiher und Leiharbeitnehmer bestehenden Arbeitsvertragsverhältnisses vom Verleiher auf den Erwerber vorgeben. Der zuvor ermittelte Übergang der Beziehung zwischen Entleiher und Leiharbeitnehmer vom Entleiher auf den Erwerber reißt die Beziehung zwischen Verleiher und Leiharbeitnehmer mit. Dieses Ergebnis ließ sich maßgeblich aus dem jeweiligen Normtelos von § 613a Abs. 1 S. 1 BGB bzw. Art. 3 Abs. 1 Richtlinie 2001/23/EG ableiten. In Fällen einer künstlichen Aufspaltung der Arbeitgeberstellung ist der Arbeitsplatz des Leiharbeitnehmers in

Wahrheit allein im Betrieb des Entleihers. Geht dieser Arbeitsplatz aber durch die Überleitung des tatsächlichen Beschäftigungsverhältnisses zwischen Entleiher und Leiharbeitnehmer auf den Erwerber über, muss diesem das Pflichtenband zwischen Verleiher und Leiharbeitnehmer folgen, weil in diesem die Rechte und Pflichten wurzeln, welche die Beschäftigung auf dem übergegangenen Arbeitsplatz ermöglichen und zugleich absichern. Für den bezeichneten Sonderfall führt die Veräußerung des entleihenden Betriebs letztlich dazu, dass die künstlich geschaffene Trennung zwischen dem Vertrags- und Beschäftigungsarbeitgeber in sich zusammenfällt und sich beides in der Person des Erwerbers vereinigt.

§ 6 Beziehung zwischen Verleiher und Entleiher

Auch bei den Auswirkungen der Veräußerung eines entleihenden Betriebs auf die Beziehung zwischen Verleiher und Entleiher hat sich das bereits für die Beziehung zwischen Entleiher und Leiharbeitnehmer sowie für die Beziehung zwischen Verleiher und Leiharbeitnehmer gespaltene Auslegungsergebnis zwischen normalen Überlassungsfällen und jenen, denen eine ausschließlich künstliche Trennung der Arbeitgeberstellung zugrunde gelegen hat, fortgesetzt.

A. Gewöhnliche Überlassungssachverhalte

Für den Regelfall konnte aufgezeigt werden, dass weder § 613a Abs. 1 S. 1 BGB noch Art. 3 Abs. 1 Richtlinie 2001/23/EG die Beziehung zwischen Verleiher und Entleiher erfassen und diese nicht bei der Veräußerung des entleihenden Betriebs vom Entleiher auf den Erwerber übergeleitet wird. Dies folgte einmal daraus, dass im Regelfall das zwischen Entleiher und Leiharbeitnehmer bestehende Beschäftigungsverhältnis bei der Veräußerung des entleihenden Betriebs nicht vom Entleiher auf den Erwerber übergeleitet wird und daher keinerlei Bedürfnis für die Überleitung der Beziehung zwischen Entleiher und Verleiher vom Entleiher auf den Erwerber besteht. Überdies hat die Beziehung zwischen Entleiher und Verleiher keinerlei arbeitsrechtlichen Charakter, weshalb weder § 613a Abs. 1 S. 1 BGB noch Art. 3 Abs. 1 Richtlinie 2001/23/EG, welche ausschließlich auf „Arbeitsverhältnisse" bzw. „Arbeitsverträge" zugeschnitten sind, ihrem Wortlaut oder ihrer inhaltlichen Ausrichtung nach auf dieses Verhältnis passen. Die Beziehung zwischen Entleiher und Verleiher besteht nach der Veräußerung des entleihenden Betriebs zunächst unverändert fort. Sie endet nicht automatisch dadurch, dass der Entleiher kein Interesse mehr an deren Fortführung hat, weil er nunmehr über keinen Betrieb, der eine Beschäftigung des Leiharbeitnehmers ermöglicht, verfügt. Auch kann der Entleiher dieses Verhältnis weder nach § 313 Abs. 1, 3 BGB noch nach § 314 BGB außerordentlich kündigen. Dies folgt daraus, dass grundsätzlich jede Vertragspartei das Verwendungsrisiko der „eingekauften" Leistung selbst trägt und der Entleiher durch die Veräußerung des entleihenden Betriebs selbst die Ursache dafür gesetzt hat, dass die Beziehung zum Verleiher sinnentleert wird. Sollte der Leiharbeitnehmer in Unkenntnis des Betriebsübergangs unter der Leitung des Betriebserwerbers die Dienste in dessen Betrieb erbringen, hat dies gewöhnlich zur Folge, dass der Verleiher seiner Überlassungspflicht gegenüber dem Entleiher, die in der Tätigkeit des Leiharbeitnehmers im erworbenen Betrieb zum Ausdruck kommt, nicht nachkommt. Dies beruht darauf, dass der Erwerber in der Regel nicht vom Entleiher den aus dem Überlassungsverhältnis zum Verleiher folgenden Anspruch auf die Dienstüberlassung erwirbt und dieser daher als Nichtberechtigter im Hinblick hierauf anzusehen ist. Dennoch behält der Verleiher gegenüber dem Entleiher entgegen dem Grundsatz von § 326 Abs. 1 BGB seinen Anspruch auf die Überlassungsvergütung, weil und soweit der Verleiher die Überlassung der Leiharbeitnehmer zur rechten Zeit am rechten Ort gegenüber dem möglicherweise nicht mehr anwesenden Entleiher angeboten hat (vgl. § 326 Abs. 2 S. 2 BGB). Die jeweils (fehlerhaft) erbrachten Leistungen, d. h. der Umstand, dass der Erwerber die Dienste des Leiharbeitnehmers nutzen kann, ohne dafür ein Entgelt zu entrichten, und der Umstand, dass der Entleiher grundsätzlich dem Verleiher die Überlassungsvergütung für die Dienste des Leiharbeitnehmers entrichten muss, die er offensichtlich nicht genutzt hat, sind in den jeweiligen Leistungsbeziehungen auszugleichen.

B. Sonderfall

Für den Sonderfall einer bloß künstlich geschaffenen Trennung zwischen dem Vertrags- und dem Beschäftigungsarbeitgeber konnte für die zwischen Verleiher und Entleiher bestehende Beziehung aufgezeigt werden, dass sich die Frage einer Überleitung dieses Verhältnisses vom Entleiher auf den Erwerber im Sinne von § 613a Abs. 1 S. 1 BGB bzw. Art. 3 Abs. 1 Richtlinie 2001/23/EG erst gar nicht stellt. Dies beruht darauf, dass der Erwerber im vorbezeichneten Sonderfall die Arbeitsvertragsbeziehung vom Verleiher erwirbt und es keiner Ausgestaltung durch ein Überlassungsverhältnis bedarf. Der bei *vorläufiger* Betrachtung unveränderte Bestand des zwischen Verleiher und Entleiher bestehenden Verhältnisses wird nicht durch eine automatische Beendigung dieser Beziehung zu Fall gebracht, soweit eine solche nicht vereinbart wurde (auflösende Bedingung). Es ist in diesem Sonderfall der Überlassung aber gemäß §§ 313 Abs. 1, 3, 314 BGB die Möglichkeit zur außerordentlichen Kündigung des Überlassungsverhältnisses anzunehmen, weil für *beide* Seiten gleichermaßen ein Interessenfortfall besteht.

Literaturverzeichnis

Abele, Roland: Betriebsübergang und Arbeitnehmerüberlassung im Konzern, FA 2011, 7.

Althammer, Christoph: Bindungswirkung der Entscheidungen des EuGH, in: *Gsell, Beate / Hau Wolfgang* (Hrsg.): Zivilgerichtsbarkeit und Europäisches Justizsystem, 2012 (zit.: *Bearbeiter*, in: Zivilgerichtsbarkeit und Europäisches Justizsystem).

Alvensleben, Constantin: Die Rechte der Arbeitnehmer bei Betriebsübergang im Europäischen Gemeinschaftsrecht, 1991.

Ascheid, Reiner / Preis, Ulrich / Schmidt, Ingrid: Kündigungsrecht, 4. Aufl. 2012 (zit.: APS/*Bearbeiter*).

Auer, Marietta: Neues zu Umfang und Grenzen der richtlinienkonformen Auslegung, NJW 2007, 1106.

Bamberger, Heinz Georg / Roth, Herbert: Beck'scher Online-Kommentar BGB, Ed. 33 1.11.2014 (zit.: BeckOK-BGB/*Bearbeiter*).

Bartl, Ewald / Romanowski, Roman: Keine Leiharbeit auf Dauerarbeitsplätzen!, NZA 2012, 845.

Bauer, Jobst Hubertus: Unternehmensveräußerung und Arbeitsrecht, 1983.

Bauer, Jobst Hubertus / Heimann, Daniel: Leiharbeit und Werkvertrag – Achse des Bösen?, NJW 2013, 3287.

Bauer, Jobst Hubertus / v. Medem, Andreas: § 613 a BGB: Übergang von Leiharbeitsverhältnissen bei Übertragung des Entleiherbetriebs?, NZA 2011, 20.

Baumbach, Adolf / Hopt, Klaus J.: Handelsgesetzbuch: HGB, 36. Aufl. 2014.

Bayreuther, Frank: Betriebsbedingte Kündigung eines Leiharbeitnehmers nach Wegfall eines Auftrags, RdA 2007, 176.

Becker, Friedrich: Betriebsverfassungsrechtliche Aspekte beim drittbezogenen Personaleinsatz, AuR 1982, 369.

Becker, Friedrich / Kreikebaum, Hartmut: Zeitarbeit, 1974.

Becker, Friedrich / Wulfgramm, Jörg: Kommentar zum Arbeitnehmerüberlassungsgesetz, 2. Aufl. 1981.

Becker, Tilmann / Schäfer, Alexander: Die Anfechtung von Vollmachten, JA 2006, 597.

Benecke, Martina: Gesetzesumgehung im Zivilrecht, 2004.

Berger, Christian: Lizenzen in der Insolvenz des Lizenzgebers, GRUR 2013, 321.

Bergmann, Jan: Handlexikon der Europäischen Union, 4. Aufl. 2012.

Bernsau, Georg / Dreher, Daniel / Hauck, Friedrich: Betriebsübergang Kommentar zu § 613a BGB unter Einschluss von betriebsverfassungsrechtlichen und insolvenzrechtlichen Vorschriften, 3. Aufl. 2010.

Beseler, Lothar / Düwell, Franz Josef: Betriebsübergang und Umstrukturierung von Unternehmen, 1. Aufl. 2014 (zit.: Beseler/Düwell/*Bearbeiter*).

Bitter, Georg / Rauhut, Tilman: Grundzüge zivilrechtlicher Methodik, JuS 2009, 289.

Blanke, Thomas: Die betriebsverfassungsrechtliche Stellung der Leiharbeit, DB 2008, 1153.

Boemke, Burkhard: Annahmeverzug des Entleihers bei Nichtbeschäftigung des Leiharbeitnehmers?, BB 2006, 997.

–: Die EG-Leiharbeitsrichtlinie und ihre Einflüsse auf das deutsche Recht, RIW 2009, 177.

–: Schuldvertrag und Arbeitsverhältnis, 1999.

–: Studienbuch Arbeitsrecht, 2. Aufl. 2004.

Boemke, Burkhard / Lembke, Mark: Arbeitnehmerüberlassungsgesetz, 3. Aufl. 2013 (zit.: Boemke/Lembke/*Bearbeiter*).

Boemke, Burkhard / Ulrici Bernhard: BGB Allgemeiner Teil, 2. Aufl. 2013.

Böhm, Wolfgang: Änderungen für konzerninterne Personalgestellung durch § 1 AÜG n. F., DB 2012, 918.

Borngräber, Helmut: Arbeitsverhältnis bei Betriebsübergang – Der Eintritt des neuen Betriebsinhabers in die Rechte und Pflichten aus den Arbeitsverhältnissen beim Betriebsübergang durch Rechtsgeschäft (§ 613a Abs. 1 BGB), 1977.

Börsch, Michael: Die Planwidrigkeit der Lücke, JA 2000, 117.

Bötticher, Eduard: Zum Übergang der Arbeitsverhältnisse auf den Betriebsnachfolger, in: Festschrift für Arthur Nikisch, 1958, 1.

Brauneisen, Kai Thomas / Ibes, Julius W.: Der Tatbestand der Arbeitnehmerüberlassung – Zur Abgrenzung verschiedener Formen des Fremdpersonaleinsatzes in Unternehmen, RdA 2014, 213.

Brors, Christiane: „Vorübergehend" – zur Methodik der Auslegung von RL am Bsp. des Merkmals „vorübergehend" aus Art. 1 Abs. 1 der RL 2008/104/EG (Leiharbeits-RL), AuR 2013, 108.

Brose, Wiebke: Sachgrundlose Befristung und betriebsbedingte Kündigung von Leiharbeitnehmern – Ein unausgewogenes Rechtsprechungskonzept, DB 2008, 1378.

Brox, Hans / Walker, Wolf-Dietrich: Allgemeines Schuldrecht, 37. Aufl. 2013.

Bultmann, Peter Friedrich: Rechtsfortbildung von EG-Richtlinienrecht, JZ 2004, 1100.

Callies, Christian / Ruffert, Matthias: EUV/AEUV Kommentar, 4. Aufl. 2011.

Commandeur, Gert / Kleinebrink, Wolfgang: Betriebs- und Firmenübernahme, 2. Aufl. 2002.

Däubler, Wolfgang / Hjort, Jens Peter / Schubert, Michael / Wolmerath, Martin: NomosKommentar Arbeitsrecht, 3. Aufl. 2013 (zit.: Hk-ArbR/*Bearbeiter*).

Dauses, Manfred A.: Das Vorabentscheidungsverfahren nach Artikel 177 EWG-Vertrag, 1986.

Dölle, Hans: Zivilrechtliche Elemente der Arbeitnehmerüberlassung, GRUR Int. 1973, 469.

Dornbusch, Gregor / Fischermeier, Ernst / Löwisch, Manfred: Fachanwalts-Kommentar Arbeitsrecht, 6. Aufl. 2014 (zit.: Dornbusch/Fischermeier/ Löwisch/*Bearbeiter*).

Dörner, Hans-Jürgen: Der Leiharbeitnehmer in der Betriebsverfassung, in: Festschrift für Hellmut Wissmann, 2005, 286.

Dütz, Wilhelm / Thüsing, Gregor: Arbeitsrecht, 19. Aufl. 2014.

Edenfeld, Stefan: Der Betriebsübergang – ein nach wie vor aktuelles Problem, AuA 1996, 379.

Eisele, Hans-Günther: Zustimmungsverweigerungsrecht des Betriebsrates bei Einstellung von Leiharbeitnehmern auf Dauerarbeitsplätzen, ArbRAktuell 2012, 592.

Elking, Lennart: Der „Nichtvertragliche Arbeitgeber" – Leiharbeit im Betriebsübergang auf Entleiherseite, 2014.

Erfurter Kommentar zum Arbeitsrecht, 15. Aufl. 2015 (zit.: ErfK/*Bearbeiter*).

Erman, Walter: BGB Kommentar, Band I §§ 1–758, 14. Aufl. 2014 (zit.: Erman/ *Bearbeiter*).

Esser, Josef / Schmidt, Eike: Schuldrecht Band I Allgemeiner Teil Teilband 1, 8. Aufl. 1995.

Falkenberg, Rolf-Dieter: Auswirkungen des § 613a BGB in der betrieblichen Praxis, DB 1980, 783.

Fischer, Lorenz: Individualrechtliche Probleme beim Betriebsübergang nach § 613a BGB, 1980.

Fleischer, Holger: Der Rechtsmißbrauch zwischen Gemeineuropäischem Privatrecht und Gemeinschaftsprivatrecht, JZ 2003, 865.

Flume, Werner: Zum Bereicherungsausgleich bei Zahlungen in Drei-Personen-Verhältnissen, NJW 1991, 2521.

Forst, Gerrit: Leiharbeitnehmer im Betriebsübergang, RdA 2011, 228.

–: Arbeitnehmer – Beschäftigte – Mitarbeiter, RdA 2014, 157.

–: Betriebsübergang, Leiharbeitnehmer, Entleiherbetrieb / "Albron Catering" Kurzkommentar EuGH vom 21.10.2010, C-242/09, EWiR 2010, 737.

Francken, Johannes Peter: Erforderliche Nachbesserungen im Arbeitnehmerüberlassungsgesetz, NZA 2013, 1192.

Fuchs, Maximilian / Marhold, Franz: Europäisches Arbeitsrecht, 3. Aufl. 2010.

Fuhlrott, Michael: BAG ändert Rechtsprechung zur Berücksichtigung von Leiharbeitnehmern, GWR 2013, 332.

Fuhlrott, Michael / Fabritius, Burkhard: Besonderheiten der betriebsbedingten Kündigung von Leiharbeitnehmern, NZA 2014, 122.

Gaul, Björn: Das Arbeitsrecht der Betriebs- und Unternehmensspaltung, 2002.

Gaul, Björn / Ludwig, Daniel: Wird § 613a BGB jetzt uferlos? – Neues von EuGH und BAG zu Leiharbeitnehmern beim Betriebsübergang, DB 2011, 298.

Gaul, Dieter: Der Betriebsübergang, 2. überarbeitete Aufl. 1993.

Gaul, Dieter: Betriebsinhaberwechsel und Arbeitsverhältnis, 1966.

Geiger, Rudolf / Khan, Daniel-Erasmus / Kotzur, Markus: EUV/AEUV, 5. Aufl. 2010 (zit.: Geiger/Khan/Kotzur/*Bearbeiter*).

Geschäftsanweisung AÜG, Februar 2014.

Gitter, Wolfgang: Betriebsübergang und Arbeitsverhältnis unter besonderer Berücksichtigung der Zustimmung des Arbeitnehmers, in: Festschrift 25 Jahre BAG, 1979, 133.

Grabitz, Eberhard / Hilf, Meinhard / Nettesheim, Martin: Das Recht der Europäischen Union, 53. EL Mai 2014 (zit.: Grabitz/Hilf/ Nettesheim/ *Bearbeiter*).

Greiner, Stefan: Zwischen Kücük, Albron Catering, Della Rocca und Cartesio – Die Entscheidung des BAG vom 15.5.2013 (NZA 2013, 1214) als europarechtlicher Mikrokosmos, NZA 2014, 284.

Griebeling, Gert: Die Merkmale des Arbeitsverhältnisses, NZA 1998, 1137.

Grimm, Detlef / Brock, Martin: Praxis der Arbeitnehmerüberlassung, 2004.

Grundmann, Stefan / Riesenhuber, Karl: Die Auslegung des Europäischen Privat- und Schuldvertragsrechts, JuS 2001, 529.

Grunsky, Wolfgang / Waas, Bernd / Benecke, Martina / Greiner, Stefan: Arbeitsgerichtsgesetz, 8. Aufl. 2014 (zit.: Grunsky/Waas/Benecke/Greiner/*Bearbeiter*).

Hamann, Wolfgang: „Vorübergehend" i.s.v. § 1 Abs. 1 S. 2 AÜG – Regelungsauftrag für den Gesetzgeber, RdA 2014, 271.

–: Betriebsverfassungsrechtliche Auswirkungen der Reform der Arbeitnehmerüberlassung, NZA 2003, 526.

–: Vorbeschäftigungsverbot bei Arbeitnehmerüberlassung im Konzern, jurisPR-ArbR 29/2011 Anm. 1.

–: Betriebsübergang bei Leiharbeitsunternehmen, jurisPR-ArbR 9/2014 Anm. 3.

–: Die Reform des AÜG im Jahr 2011, RdA 2011, 321.

–: Kurswechsel bei der Arbeitnehmerüberlassung?, NZA 2011, 70.

–: Leiharbeitnehmer statt eigene Arbeitnehmer – Zulässigkeit und Grenzen einer Personalaustauschstrategie, NZA 2010, 1211.

Hanau, Peter / Steinmeyer, Heinz-Dietrich / Wank, Rolf: Handbuch des europäischen Arbeits- und Sozialrechts, 2002.

Heiderhoff, Bettina: Gemeinschaftsprivatrecht, 2. Aufl. 2007.

–: Europäisches Privatrecht, 3. Aufl. 2012.

Heidl, Thomas / Schall, Alexander: NomosKommentar HGB, 1. Aufl. 2011 (zit.: Hk-HGB/*Bearbeiter*).

Heinze, Meinhard: Die Arbeitgeber-Nachfolge bei Betriebsübergang – Die Regelungsstruktur des § 613a BGB und rechtliche Konsequenzen, insbesondere im Konkurs, DB 1980, 205.

Henssler, Martin / Willemsen, Heinz Josef / Kalb, Heinz-Jürgen: Arbeitsrecht Kommentar, 6. Aufl. 2014 (zit.: HWK/*Bearbeiter*).

Herberger, Maximilian / Martinek, Michael / Rüßmann, Helmut / Weth, Stephan: juris PraxisKommentar Band 2 Schuldrecht, 7. Aufl. 2014.

Herdegen, Matthias: Europarecht, 16. Aufl. 2014.

Hergenröder, Curt Wolfgang: Betriebsinhaberwechsel I, in: AR-Blattei SD 500.1, Stand: Mai 2007 ff.

Herschel, Wilhelm: Der fehlerhafte Arbeitsvertrag, AuR 1983, 225.

Heuchemer, Frank-Karl / Schielke, Christian: Herausforderungen für die Zeitarbeitsbranche, BB 2011, 758.

Hölters, Wolfgang: Handbuch Unternehmenskauf, 7. Aufl. 2010.

Hörnig, Fritz: Die betriebsbedingte Kündigung, RdA 1957, 132.

Hromadka, Wolfgang: Passauer Arbeitsrechtssymposium Umstrukturierung von Unternehmen in Theorie und Praxis, NZA Beilage 1/2009, 1.

Hromadka, Wolfgang / Maschmann, Frank: Arbeitsrecht Band 1, 6. Aufl. 2014.

–: Arbeitsrecht Band 2, 6. Aufl. 2014.

Hueck, Alfred: Arbeitsvertrag und Arbeitsverhältnis im neuen Arbeitsvertragsgesetz, in: JherJb 74 (1924), 358.

Hueck, Alfred / Nipperdey, Hans Carl: Grundriss des Arbeitsrechts, 5. Aufl. 1970.

–: Lehrbuch des Arbeitsrechts Band I, 7. Aufl. 1963.

Huke, Rainer / Neufeld, Tobias / Luickhardt, Vera: Das neue AÜG: Erste Praxiserfahrungen und Hinweise zum Umgang mit den neuen Regelungen, BB 2012, 961.

Hümmerich, Klaus / Boecken, Winfried / Düwell, Franz Josef: AnwaltKommentar Arbeitsrecht, 2. Aufl. 2010 (zit.: Hümmerich/Boecken/Düwell/*Bearbeiter*).

Jauernig, Othmar: Bürgerliches Gesetzbuch, 15. Aufl. 2014 (zit.: Jauernig/*Bearbeiter*).

Johlen, Heribert / Oerder, Michael: Münchener Anwaltshandbuch Verwaltungsrecht, 3. Aufl. 2012.

Joussen, Jacob: Der unwirksame Arbeitsvertrag, Jura 2014, 798.

Junker, Abbo: Grundkurs Arbeitsrecht, 13. Aufl. 2014 (zit.: *Junker*, Arbeitsrecht).

Kastelik-Smaza, Agnieszka: Das Vorabentscheidungsverfahren aus der Sicht des individuellen Rechtsschutzes, 2009.

Kaufmann, Stefanie: Die betriebsverfassungsrechtliche Zuordnung gewerbsmäßig überlassener Leiharbeitnehmer, 2004.

Kerschner, Helmut / Köhler, Hermine: Betriebsveräußerung und Arbeitsrecht – Haftung des Betriebserwerbers beim Übergang von Arbeitsverhältnissen, 1983.

Kim, Ki Sun: Die konzerninterne Arbeitnehmerüberlassung durch die Personalführungsgesellschaft und das Betriebsverfassungsrecht, 2011.

Kindereit, Lothar: Probleme der Leiharbeitsverhältnisse, AuR 1971, 327.

Kirschner, LAGPräs.: Betriebsnachfolge und Betriebsinhaberwechsel, DB 1964, 1061.

Kittner, Michael / Däubler, Wolfgang / Zwanziger, Bertram: KSchR-Kündigungsschutzrecht, 9. Aufl. 2014 (zit.: KDZ/*Bearbeiter*).

Kock, Martin: Neue Pflichten für Entleiher: Information über freie Stellen und Zugang zu Gemeinschaftseinrichtungen und -diensten (§ 13a und § 13b AÜG), BB 2012, 323.

Köhler, Helmut: BGB Allgemeiner Teil, 38. Aufl. 2014.

Kokott, Juliane: Auslegung europäischen oder Anwendung nationalen Rechts?, RdA 2006, Sonderbeilage Heft 6, 30.

Konzen, Horst: Arbeitsrechtliche Drittbeziehungen – Gedanken über Grundlagen und Wirkungen der „gespaltenen Arbeitgeberstellung", ZfA 1982, 259.

–: Wirkung von Richtlinien in der neueren arbeitsrechtlichen Judikatur des EuGH, in: Festschrift für Rolf Birk, 2008, 439.

KR Gemeinschaftskommentar zum Kündigungsschutzgesetz und zu sonstigen kündigungsschutzrechtlichen Vorschriften, 10. Aufl. 2013 (zit.: KR/*Bearbeiter*).

Kraft, Alfons: Betriebsübergang und Arbeitsverhältnis in der Rechtsprechung des Bundesarbeitsgerichtes, in: Festschrift 25 Jahre BAG, 1979, 299.

Krannich, Daniel / Simon, Regina: Das neue Arbeitnehmerüberlassungsgesetz – zur Auslegung des Begriffs „vorübergehend" in § 1 Abs. 1 AÜG n.F., BB 2012, 1414.

Kreitner, Jochen: Kündigungsrechtliche Probleme beim Betriebsinhaberwechsel, 1989.

Krimphove, Dieter: Europäisches Arbeitsrecht, 2. Aufl. 2001.

Kühn, Thomas: Der Betriebsübergang bei Leiharbeit, NJW 2011, 1408.

Larenz, Karl / Canaris, Claus-Wilhelm: Lehrbuch des Schuldrechts Zweiter Band Besonderer Teil, 2. Halbband, 13. Aufl. 1994.

Leenen, Detlef: Die Auslegung von Richtlinien und die richtlinienkonforme Auslegung und Fortbildung des nationalen Rechts, Jura 2012, 753.

Leinemann, Wolfgang: Kasseler Handbuch zum Arbeitsrecht Band 2, 2. Aufl. 2000 (zit.: Kass.Hdb/*Bearbeiter*).

Lembke, Mark: Neue Rechte von Leiharbeitnehmern gegenüber Entleihern, NZA 2011, 319.

–: Gesetzesvorhaben der großen Koalition im Bereich der Arbeitnehmerüberlassung, BB 2014, 1333.

–: Arbeitnehmerüberlassung im Konzern, BB 2012, 2497.

–: Der Einsatz von Fremdpersonal im Rahmen von freier Mitarbeit, Werkverträgen und Leiharbeit, NZA 2013, 1312.

–: Aktuelle Brennpunkte in der Zeitarbeit, BB 2010, 1533.

–: Die geplanten Änderungen im Recht der Arbeitnehmerüberlassung, DB 2011, 414.

Lembke, Mark / Ludwig, Pascal M.: Die Leiharbeit im Wechselspiel europäischer und nationaler Regulierung, NJW 2014, 1329.

Leuchten, Alexius: Das neue Recht der Leiharbeit – Die wesentlichen Neuerungen im AÜG, NZA 2011, 608.

Lipinski, Wolfgang / Praß, Anne: BAG zu „vorübergehend" – mehr Fragen als Antworten!, BB 2014, 1465.

Loewenheim, Ulrich: Bereicherungsrecht, 3. Aufl. 2007.

Looschelders, Dirk: Schuldrecht Besonderer Teil, 9. Aufl. 2014.

Lorenz, Stephan: Bereicherungsrechtliche Drittbeziehungen, JuS 2003, 729.

Ludwig, Gero: Das Problem der dauerhaften Arbeitnehmerüberlassung, BB 2013, 1276.

Luther, Christoph: Die juristische Analogie, Jura 2013, 449.

Medicus, Dieter / Lorenz, Stephan: Schuldrecht I Allgemeiner Teil, 20. Aufl. 2012.

–: Schuldrecht II Besonderer Teil, 17. Aufl. 2014.

Mengel, Anja: Befristung – Arbeitnehmerüberlassung – Rechtsmissbrauch, Besprechung des Urteils BAG v. 18.10.2006 – 7 AZR 145/06, RdA 2008, 175.

Moderegger, Christian: Die Kündigung von Leiharbeitnehmern, ArbRB 2014, 118.

Moll, Wilhelm: Die Rechtsstellung des Arbeitnehmers nach einem Betriebsübergang, NJW 1993, 2016.

Mückl, Patrick: Betriebsübergang erfasst auch Leiharbeitnehmer, GWR 2011, 45.

Münchener Handbuch zum Arbeitsrecht, 3. Aufl. 2009 (zit.: Münch.Hdb.-ArbR/*Bearbeiter*).

Münchener Kommentar zum Aktiengesetz, 3. Aufl. 2008 (zit.: MüKo-AktG/*Bearbeiter*).

Münchener Kommentar zum Bürgerlichen Gesetzbuch, 6. Aufl. 2012 (zit.: MüKo-BGB/*Bearbeiter*).

Münchener Kommentar zum HGB, 3. Aufl. 2010 (zit.: MüKo-HGB/*Bearbeiter*).

Neufeld, Tobias / Luickhardt, Vera: Aktuelle Fragen und Rechtsprechung – Leiharbeitnehmer im Betrieb, AuA 2012, 72.

Nießen, Tobias / Fabritius, Burkhard: Was ist vorübergehende Arbeitnehmerüberlassung – Das Rätsel weiter ungelöst?, NJW 2014, 263.

Nikisch, Arthur: Arbeitsrecht Erster Band, 3. Aufl. 1961.

Oetker, Hartmut / Preis, Ulrich: Europäisches Arbeits- und Sozialrecht : EAS; Rechtsvorschriften, systematische Darstellungen, Entscheidungssammlung, EL 181 (2014).

Palandt, Otto: Bürgerliches Gesetzbuch, 74. Aufl. 2015 (zit.: Palandt/*Bearbeiter*).

Pechstein, Matthias: EU-Prozessrecht, 4. Aufl. 2011.

Petersen, Jens: Die Drittwirkung von Leistungspflichten, Jura 2013, 1230.

–: Der Dritte im Allgemeinen Schuldrecht, Jura 2014, 580.

Posth, Martin: Arbeitsrechtliche Probleme beim Betriebsinhaberwechsel (§ 613a BGB), 1978.

Pottmeyer, Klaus: Die Überleitung der Arbeitsverhältnisse im Falle des Betriebsinhaberwechsels nach § 613a BGB und die Mitbestimmung gemäß §§ 111 ff. BetrVG, 1987.

Powietzka, Arnim / Christ, Florian: Betriebsübergang für Leiharbeitnehmer im Entleiherbetrieb? Konsequenzen der „Albron"-Entscheidung des EuGH, ZESAR 2013, 313.

Preis, Ulrich: Arbeitsrecht - Individualarbeitsrecht, 4. Aufl. 2012.

–: Prinzipien des Kündigungsrechts bei Arbeitsverhältnissen, 1987.

Preiß, Stefan: Die Berechtigung zur Anfechtung einer Willenserklärung in Mehrpersonenverhältnissen, JA 2010, 6.

Prütting, Hanns / Wegen, Gerhard / Weinreich, Gerd: BGB Kommentar, 9. Aufl. 2014 (zit.: Prütting/Wegen/Weinreich/*Bearbeiter*).

Raab, Thomas: Betriebsübergang und Leiharbeit, EuZA 2011, 537.

Raif, Alexander: Reform der Leiharbeit – Was ändert sich für Unternehmen?, GWR 2011, 303.

Ramm, Thilo: Die Aufspaltung der Arbeitgeberfunktionen (Leiharbeitsverhältnis, mittelbares Arbeitsverhältnis, Arbeitnehmerüberlassung und Gesamthafenarbeitsverhältnis), ZfA 1973, 263.

Rebhahn, Robert: Probleme der Ausführung der Betriebsübergangsrichtlinie in Kontinentaleuropa, RdA Sonderbeilage Heft 6/2006, 4.

Regenfus, Thomas: Die „doppelte Analogie" – Erscheinungsformen und Voraussetzungen, JA 2009, 579.

Reinsch, Julia: Das Rechtsverhältnis zwischen Entleiher und Leiharbeitnehmer, 2008.

Rieble, Volker / Junker, Abbo / Giesen, Richard: Arbeitsrecht im Konzern, 2010 (zit.: *Bearbeiter*, in: Arbeitsrecht im Konzern).

Rieble, Volker / Vielmeier, Stephan: Umsetzungsdefizite der Leiharbeitsrichtlinie, EuZA 2011, 474.

Riesenhuber, Karl: Europäisches Arbeitsrecht, 2009.

Riesenhuber, Karl / Domröse Ronny: Der Tatbestand der Geschäftsgrundlagenstörung in § 313 BGB – Dogmatik und Falllösungstechnik, JuS 2006, 208.

Rolfs, Christian / Giesen, Richard / Kreikebohm, Ralf / Udsching, Peter: Beck'scher Online-Kommentar Arbeitsrecht, Ed. 33, 1.9.2014 (zit.: BeckOK-ArbR/*Bearbeiter*).

Rüthers, Bernd / Bakker, Rainer: Arbeitnehmerentsendung und Betriebsinhaberwechsel im Konzern, ZfA 1990, 245.

Rüthers, Bernd / Stadler, Astrid: Allgemeiner Teil des BGB, 17. Aufl. 2011.

Sack, Rolf: Der rechtswidrige Arbeitsvertrag, RdA 1975, 171.

Sagan, Adam: Die aktuelle Rechtsprechung des EuGH zum Recht der Gleichbehandlung und des Betriebsübergangs, ZESAR 2011, 412.

Salje, Peter: Der Vertrag zu Lasten Dritter im Sozialrecht, NZA 1990, 299.

Sandmann, Georg / Marschall, Dieter: Arbeitnehmerüberlassungsgesetz, 59. EL 2012.

Schaub, Günther: Arbeitsrechts-Handbuch, 15. Aufl. 2013 (zit.: ArbR.Hdb.-Schaub/ *Bearbeiter*).

Schiefer, Bernd: Rechtsfolgen des Betriebsübergangs nach § 613a BGB, NJW 1998, 1817.

Schiefer, Bernd / Worzalla, Michael: Betriebsübergang (§ 613a BGB) – Fragen über Fragen, DB 2008, 1566.

Schiek, Dagmar: Europäisches Arbeitsrecht, 3. Aufl. 2007.

Schirmer, Uwe: Die betriebsverfassungsrechtliche Stellung des Leiharbeitnehmers im Entleiherbetrieb, in: Festschrift 50 Jahre Bundearbeitsgericht, 2004, 1063.

Schlachter, Monika: Methoden der Rechtsgewinnung zwischen EuGH und der Arbeitsgerichtsbarkeit, ZfA 2007, 249.

Schlochauer, Ursula: Überlegungen zu einer Kodifizierung des Arbeitsrechts, in: Festschrift für Otfried Wlotzke, 1996, 121.

Schmidt, Damian / Wittig, Henning: Der Betriebsübergang gemäß § 613a Abs. 1 S. 1 BGB, Jura 2007, 568.

Schmidt, Johannes / Topoglu, Yavuz: Gemeinschaftsbetrieb als Gestaltungsinstrument des konzerninternen Fremdpersonaleinsatzes – eine Alternative zur Arbeitnehmerüberlassung, ArbRAktuell 2014, 6.

Schmidt, Klaus: Der Betriebsinhaberwechsel im Regierungsentwurf eines Betriebsverfassungsgesetzes, BB 1971, 1199.

Schmitt, Jochem: Zur Rechtsnatur des Übergangs der Arbeitsverhältnisse gemäß § 613a BGB, ZfA 1979, 503.

Schnorr von Carlosfeld, Ludwig: Arbeitsrecht, 1954.

Schön, Wolfgang: Der „Rechtsmissbrauch" im Europäischen Gesellschaftsrecht, in: Festschrift für Herbert Wiedemann, 2002, 1271.

Schroeder, Werner: Die Auslegung des EU-Rechts, JuS 2004, 180.

Schruiff, Franz: Die Betriebsübergangsrichtlinie der EG in der Fassung 2001/23/EG, 2004.

Schubert, Claudia / Schmitt, Laura: Die Rechtsprechung des Bundesarbeitsgerichts im Jahre 2012, ZfA 2013, 433.

Schubert, Jens M.: Das Normalarbeitsverhältnis in der arbeits- und sozialrechtlichen Wirklichkeit, NJW 2010, 2613.

Schüren, Peter: Leiharbeit in Deutschland, RdA 2007, 231.

Schüren, Peter / Hamann, Wolfgang: Arbeitnehmerüberlassungsgesetz, 4. Aufl. 2010 (zit.: Schüren/Hamann/*Bearbeiter*).

Schwab, Norbert / Weth, Stephan: Arbeitsgerichtsgesetz Kommentar, 3. Aufl. 2012 (zit.: Schwab/Weth/*Bearbeiter*).

Schwanda, Klaus: Der Betriebsübergang in § 613a BGB unter besonderer Berücksichtigung des Betriebsbegriffs, 1992.

Schwarze, Roland: Die Anfechtung der ausgeübten (Innen-)Vollmacht, JZ 2004, 588.

Seel, Henning-Alexander: Neues AÜG in der Praxis – Eine Übersicht über die wesentlichen „vorübergehend unklaren" Fragen, öAT 2013, 23.

Seiter, Hugo: Betriebsinhaberwechsel, 1980.

Sextl, Michael: Die Mitbestimmung des Entleiherbetriebsrats vor der Übernahme von Leiharbeitnehmern gemäß § 14 Abs. 3 AÜG, 2014.

Sieg, Rainer / Maschmann, Frank: Unternehmensumstrukturierung aus arbeitsrechtlicher Sicht, 2. Aufl. 2010.

Simon, Regina: Übergang einer Betriebsgesellschaft – Wahrung von Arbeitnehmeransprüchen, ELR 2011, 97.

Soergel, Hans Theodor: BGB Kommentar, Band 4/1, Stand 1997 (zit.: Soergel/*Bearbeiter*).

Staudinger, Julius v.: Einleitung zum BGB I, §§ 1–14 BGB, VerschG, Neubearbeitung 2013 (zit.: Staudinger/*Bearbeiter*).

–: BGB §§ 164–240 – (Allgemeiner Teil 5), Neubearbeitung 2014 (zit.: Staudinger/*Bearbeiter*).

–: BGB §§ 241–243 – (Einleitung zum Schuldrecht, Treu und Glauben), Neubearbeitung 2015 (zit.: Staudinger/*Bearbeiter*).

–: BGB §§ 255–304 – (Leistungsstörungsrecht 1), Neubearbeitung 2014 (zit.: Staudinger/*Bearbeiter*).

–: BGB §§ 311b, 311c – (Verträge über Grundstücke, das Vermögen und den Nachlass), Neubearbeitung 2012 (zit.: Staudinger/*Bearbeiter*).

–: BGB §§ 328–345 – (Vertrag zugunsten Dritter, Draufgabe, Vertragsstrafe), Neubearbeitung 2009 (zit.: Staudinger/*Bearbeiter*).

–: BGB §§ 362–396 – (Erfüllung, Hinterlegung, Aufrechnung), Neubearbeitung 2011 (zit.: Staudinger/*Bearbeiter*).

–: BGB §§ 397–432 – (Erlass, Abtretung, Schuldübernahme, Mehrheit von Schuldnern und Gläubigern), Neubearbeitung 2012 (zit.: Staudinger/*Bearbeiter*).

–: BGB §§ 611–613 – (Dienstvertragsrecht 1), Neubearbeitung 2011 (zit.: Staudinger/*Bearbeiter*).

–: BGB §§ 613a–619a – (Dienstvertragsrecht 2), Neubearbeitung 2011 (zit.: Staudinger/*Bearbeiter*).

–: BGB §§ 620–630 – (Dienstvertragsrecht 3), Neubearbeitung 2012 (zit.: Staudinger/*Bearbeiter*).

–: BGB §§ 826–829 – ProdHaftG (Unerlaubte Handlung 2, Produkthaftung), Neubearbeitung 2009 (zit.: Staudinger/*Bearbeiter*).

–: Eckpfeiler des Zivilrechts, Neubearbeitung 2014 / 2015 (zit.: Staudinger/*Bearbeiter*).

Steckhan, Hans Werner: Der Bestandsschutz des Arbeitnehmers beim Betriebsübergang, in: Festschrift für Schnorr von Carlosfeld, 1972, 463.

Streinz, Rudolf: EUV/AEUV, 2. Aufl. 2012 (zit.: Streinz/*Bearbeiter*).

–: Europarecht, 9. Aufl. 2012.

Teichmann, Arndt: Die „Gesetzesumgehung" im Spiegel der Rechtsprechung, JZ 2003, 761.

Theuersbacher, Paul: Das Leiharbeitsverhältnis, 1960.

Thüsing, Gregor: Europäisches Arbeitsrecht, 2. Aufl. 2011.

–: Arbeitnehmerüberlassungsgesetz, 3. Aufl. 2012 (zit.: Thüsing/*Bearbeiter*).

–: Dauerhafte Arbeitnehmerüberlassung: Neues vom BAG, vom EuGH und auch vom Gesetzgeber, NZA 2014, 10.

–: Vorübergehende und nicht vorübergehende Arbeitnehmerüberlassung: Das Rätselraten geht weiter, NZA 2013, 1248.

Thüsing, Gregor / Stiebert, Tom: Zum Begriff „vorübergehend" in § 1 Abs. 1 S. 2 AÜG, DB 2012, 632.

Thüsing, Gregor / Thieken, Jan: Der Begriff der „wirtschaftlichen Tätigkeit" im neuen AÜG, DB 2012, 347.

Ulber, Jürgen: Arbeitnehmerüberlassungsgesetz, 4. Aufl. 2011 (zit.: Ulber/*Bearbeiter*).

Ulrici, Bernhard: Rechtsweg für Schadensersatzklage des Leiharbeitnehmers gegen den Entleiher, jurisPR-ArbR 36/2010 Anm. 4.

–: Rechtsweg bei Arbeitnehmerüberlassung, jurisPR-ArbR 26/2011 Anm. 3.

–: Verbote oder Einschränkungen des Einsatzes von Leiharbeit, jurisPR-ArbR 1/2015 Anm. 6.

Urban-Crell, Sandra / Germakowski, Gudrun / Bissels, Alexander / Hurst, Adrian: AÜG Arbeitnehmerüberlassungsgesetz, 2. Aufl. 2013 (zit.: Urban-Crell/Germakowski/Bissels/Hurst/*Bearbeiter*).

Urban-Crell, Sandra / Schulz, Christian: Arbeitnehmerüberlassung und Arbeitsvermittlung, 2003.

v. Hoyningen Huene, Gerrick / Windbichler, Christine: Der Übergang von Betriebsteilen nach § 613a BGB, RdA 1977, 329.

Vielmeier, Stephan: Zugang zu Gemeinschaftseinrichtungen nach § 13b AÜG, NZA 2012, 535.

Vierthaler, Niki: Die Arbeitskräfteüberlassung und der Betriebsübergang, 2013.

Viethen, Hans Peter: Kodifizierung des Arbeitsvertragsrechts, in: Festschrift für Otfried Wlotzke, 1996, 191.

von der Groeben, Hans / Schwarze, Jürgen: Kommentar zum EU-/EG-Vertrag, 6. Aufl. 2003.

Waas, Bernd: Zur Konsolidierung des Betriebsbegriffs in der Rechtsprechung von EuGH und BAG zum Betriebsübergang, ZfA 2001, 377.

–: Das sogenannte „mittelbare Arbeitsverhältnis", RdA 1993, 153.

Walker, Wolf-Dietrich: Der Vollzug des Arbeitsverhältnisses ohne wirksamen Arbeitsvertrag, JA 1985, 138.

Waltermann, Raimund: Arbeitsrecht, 17. Aufl. 2014.

Wank, Rolf: Abschied vom Normalarbeitsverhältnis? – Welche arbeits- und sozialrechtlichen Regelungen empfehlen sich im Hinblick auf die Zunahme neuer Beschäftigungsformen und die wachsende Diskontinuität von Erwerbsbiographien?, RdA 2010, 193.

–: Der Betriebsübergang in der Rechtsprechung von EuGH und BAG, in: Festschrift 50 Jahre BAG, 2004, 245.

Weber, Christoph: Das aufgespaltene Arbeitsverhältnis, 1992.

Weber, Martin: Grenzen EU-rechtskonformer Auslegung und Rechtsfortbildung, 2009.

Weiß, Stefanie: Arbeitsverhältnisse im Rahmen eines Betriebsübergangs: § 613a BGB und die Rechtsprechung des EuGH, 1. Aufl. 2009.

Wendling, Gerhard: Rechtsgeschäftlicher Betriebsübergang und Arbeitsverhältnis – zugleich ein Beitrag zur dogmatischen Struktur des § 613a BGB, 1980.

Wiebauer, Bernd: Zeitarbeit und Arbeitszeit, NZA 2012, 68.

Wieling, Hans Josef: Bereicherungsrecht, 4. Aufl. 2007.

Willemsen, Heinz Josef: Europäisches und deutsches Arbeitsrecht im Widerstreit? Aktuelle „Baustellen" im Recht des Betriebsübergangs, NZA Beilage 4/2008, 155.

–: Erosion des Arbeitgeberbegriffs nach der Albron-Entscheidung des EuGH? – Betriebsübergang bei gespaltener Arbeitgeberfunktion, NJW 2011, 1546.

–: Aktuelle Rechtsprechung des EuGH zum Arbeits- und Sozialrecht Befristung und Betriebsübergang, RdA 2012, 291.

Willemsen, Heinz Josef / Hohenstatt, Klaus-Stefan / Schweibert, Ulrike / Seibt, Christoph: Umstrukturierung und Übertragung von Unternehmen, 4. Aufl. 2011.

Wolf, Manfred / Neuner, Jörg: Allgemeiner Teil des Bürgerlichen Rechts, 10. Aufl. 2012.

Würdinger, Markus: Die Analogiefähigkeit von Normen, AcP 206 (2006), 946.

Zippelius, Reinhold: Juristische Methodenlehre, 11. Aufl. 2012.

Zöllner, Wolfgang / Loritz, Karl-Georg / Hergenröder, Curt Wolfgang: Arbeitsrecht, 6. Aufl. 2008.

Zürn, Andreas / Maron, Christian: Der Koalitionsvertrag der 18. Legislaturperiode aus arbeitsrechtlicher Sicht, BB 2014, 629.